供应链协同减碳与低碳韧性研究

李 进 王永贵 张海霞 著

科 学 出 版 社

北 京

内 容 简 介

党的二十大以来，我国高度重视低碳经济和低碳供应链的构建与发展。低碳供应链作为多元化主体构成的链式结构，其协同减碳与低碳韧性是新时代可持续发展和"双碳"背景下的重要议题。本书立足全球气候治理与国内低碳转型双重维度，聚焦多主体协同视角下的供应链低碳治理难题，系统构建"理论框架-方法创新-政策设计"三位一体的研究体系。从基础理论、网络设计、竞争策略、模式选择、规制政策、决策建议六个角度，探索供应链协同减碳与低碳韧性研究问题。其特色是从多学科融合和交叉研究的角度，以多主体协同减碳和提高低碳韧性为研究核心，开展低碳供应链多主体协同减排模式、网络设计多目标不确定规划、竞争策略选择、减碳渠道模式、碳规制政策和协同减碳决策建议的相关问题研究，并分别从运营和监管两个层面，围绕协同减排、网络设计、竞争策略、减碳模式、规制政策五个方面提出对应的供应链协同减碳的决策建议，为企业实践可持续运营管理和政府完善相关法律体系提供管理建议与政策参考。

本书适合与低碳供应链管理、物流管理和供应链韧性管理相关的政府管理者、企业从业者和高校师生阅读。

图书在版编目（CIP）数据

供应链协同减碳与低碳韧性研究/李进，王永贵，张海霞著. —— 北京：科学出版社，2024.12. —— ISBN 978-7-03-080101-2

Ⅰ.F252.1

中国国家版本馆CIP数据核字第2024G6Y958号

责任编辑：魏如萍/责任校对：姜丽策
责任印制：张　伟/封面设计：有道文化

科学出版社 出版

北京东黄城根北街16号
邮政编码：100717
http://www.sciencep.com

北京建宏印刷有限公司印刷
科学出版社发行　各地新华书店经销

*

2024年12月第 一 版　开本：720×1000　1/16
2024年12月第一次印刷　印张：22
字数：450 000

定价：258.00 元
（如有印装质量问题，我社负责调换）

作 者 简 介

  李进，博士，二级教授，浙江工商大学管理工程与电子商务学院（跨境电商学院）学术副院长、党委委员。浙江省新型重点专业智库现代商贸研究中心智库副主任、中国管理科学与工程学会供应链与运营管理分会（ISCOM）委员、中国信息经济学会民营企业数智化转型专业委员会理事。入选浙江省高校领军人才（创新领军人才）、浙江省高等学校中青年学科带头人、浙江省之江青年社科学者、西湖学者、全球前 2% 顶尖科学家。主要研究低碳供应链管理、数智化运营管理，主持国家社会科学基金重点项目、国家自然科学基金项目等省部级以上课题 15 项。以第一作者或通讯作者在 *Production and Operations Management*、*European Journal of Operational Research*、*Omega* 和《系统工程理论与实践》等国内外权威期刊发表论文 50 余篇。获浙江省哲学社会科学优秀成果奖一等奖、山东省高等学校优秀科研成果奖人文社科类一等奖等，研究报告获中央领导肯定性批示 3 篇、省部级以上采纳 5 篇。

  王永贵，博士，二级教授，浙江工商大学校长。教育部高校哲学社会科学自主知识体系建设战略咨询委员会委员、国家杰出青年科学基金获得者、教育部长江学者特聘教授、"万人计划"哲学社会科学领军人才；国家有突出贡献中青年专家、百千万人才工程国家级人选、文化名家暨"四个一批"人才、国务院政府特殊津贴专家。2014—2023 年高被引中国学者，全球前 2% 顶尖科学家，《管理世界》编委、《商业经济与管理》主编，*Journal of Business Research* 副主编。主要研究数字营销与服务营销、数字化创新，主持国家社会科学基金重大项目、国家自然科学基金重点项目等国家级课题 10 余项，获高等教育国家级教学成果奖、教育部高等学校科学研究优秀成果奖等近 20 项，研究成果发表在 *Journal of Marketing*、*Journal of International Business Studies*、*Journal of Management* 及《管理世界》等领先期刊上，出版论著和教材 20 余部。

  张海霞，博士，浙江工商大学公共管理学院教授、西湖学者，社会科学部副部长、社会科学研究院副院长，兼任中国民主同盟中央委员会生态环境委员会副主任委员、中国自然资源学会国家公园分会副主任、浙江省休闲学会副会长、浙江工商大学中国智能管理研究院副院长等职务，兼任《国家公园》《自然保护地》等刊物编委。主要从事国家公园与旅游规制、国家公园特许经营研究，重要刊物第一作者发表期刊论文 50 余篇，出版专著《中国国家公园特许经营机制研究》《国家公园的旅游规制研究》，主持国家社会科学基金项目、国家自然科学基金重点项目、一般项目、重大项目子课题等 5 项，主持教育部、文化和旅游部、国家发展改革委、生态环境部等省部级以上项目 20 余项，获省部级优秀科研成果奖 5 项。

序 一

获悉李进、王永贵和张海霞三位教授合作撰写的《供应链协同减碳与低碳韧性研究》新书出版，我深感欣慰。这是一本系统地从理论上总结和提升供应链协同减碳与低碳韧性的著作，我十分乐意把该书推荐给广大读者。

在当下全球气候变化对人类存续与发展构成严峻挑战的时代，气温的持续攀升与极端气候事件的频繁发生无疑给自然生态、经济发展乃至社会稳定带来了前所未有的重压。面对这一全球性难题，各国纷纷踏上低碳转型之路，力图减缓气候变化带来的影响。供应链作为经济活动中不可或缺的一环，其碳排放问题正日益成为社会各界关注的焦点。在这种背景下，研究供应链协同减碳与低碳韧性具有极其重要的现实意义。

供应链协同减碳是实现低碳发展的关键途径之一。传统的供应链管理往往侧重成本、效率和质量等方面，对碳排放问题关注不足。然而，随着全球对气候变化的重视程度不断提高，企业面临着越来越大的减排压力。通过供应链协同，可以实现资源的优化配置，提高能源利用效率，降低碳排放强度。例如，供应商、制造商、分销商和零售商等供应链主体可以共同制定减排目标，共享减排技术和经验，协同推进减排行动。此外，供应链协同还可以促进绿色创新，推动新能源、新材料和新技术的应用，为实现低碳发展提供有力支撑。

企业作为供应链的核心主体，在传统经营模式下，往往各自为战，专注于自身的生产经营活动，对整个供应链的碳排放缺乏全局考量。虽然一些企业已经开始意识到减排的重要性，但由于缺乏协同机制，单个企业的减排努力往往难以取得显著成效。同时，供应链在面对气候变化带来的不确定性（如极端天气、能源价格波动等）时，往往表现出脆弱性，缺乏足够的韧性来维持正常运转。

党的二十大以来，我国高度重视低碳经济和低碳供应链的构建与发展。在此背景下，李进、王永贵和张海霞三位教授合作撰写的这本书更显弥足珍贵。该书构建了低碳供应链多主体协同减排模式，详细分析了政府、社会、企业和消费者等主体在减碳治理中的利益关系和运行机理，为解决供应链协同减碳问题创新性地提供了理论框架。同时，在网络设计、竞争策略、模式选择、规制政策等方面，也为供应链在低碳转型过程中面临的实际问题提供了切实可行的解决方案。例如，在网络设计方面，通过多目标模糊规划等方法，考虑了战略层和战术层的多种决策因素，为优化供应链网络结构提供了科学依据；在竞争策略方面，通过构建博弈模型，分析了不同竞争策略下制造商的决策选择及其对低碳水平和利润的影响，为企业在竞争环境下制定合理的低碳策略提供了参考。

该书不仅从学术角度对供应链协同减碳与低碳韧性进行了深入研究，而且分别从政府和企业两个层面提出了具有针对性的决策建议。对于政府而言，有助于完善相关法律体系和政策引导；对于企业来说，能够指导其优化内部管理和加强供应链合作。

该书不仅在学术研究上具有积极的创新和突破，为供应链协同减碳与低碳韧性领域的理论发展增添了新的内涵和维度，而且在实践应用方面具有很好的指导价值，为政府和企业在低碳转型过程中提供了切实可行的行动指南。我相信，广大读者通过阅读该书，将对供应链协同减碳与低碳韧性有更深入的理解和认识，从而更好地参与到全球低碳转型的行动中来。

中国工程院院士

湖南工商大学党委书记

2024 年 11 月

序　二

在这个全球气候变化日益严峻的时代，低碳供应链管理已成为全世界不得不面对的重要课题。得知李进、王永贵和张海霞三位教授合作撰写的《供应链协同减碳与低碳韧性研究》一书即将出版，这无疑是低碳供应链研究领域的一件盛事。该书以低碳供应链为研究对象，构建多主体协同减碳模式，以提高低碳韧性为核心，深入剖析了供应链减碳的复杂性与系统性，突破企业的传统运营思维，为政府提供政策参考指南，助力构建一个更加绿色、低碳且富有韧性的全球供应链生态体系，我十分乐意把该书推荐给广大读者。

自 2021 年国家发展改革委发布《"十四五"循环经济发展规划》以来，我国在推动绿色设计、完善回收网络、促进再制造产业发展等方面取得了显著进展。党的二十届三中全会和国务院的《关于加快经济社会发展全面绿色转型的意见》更是强调了资源循环利用产业的重要性。在这样的大背景下，传统的高能耗、高排放供应链模式已不再适应时代发展的需求，向低碳供应链转型成为必然趋势。

我长期从事绿色供应链和可持续发展方面的研究。在探索中发现，传统的"资源—产品—废弃物"线性经济模式因其固有的资源利用率低和废弃物处理问题，已不再符合当前经济发展的需求。循环供应链管理基于"资源—产品—再生资源"的循环经济模式，作为现代可持续供应链的一部分，旨在利用翻新、再制造、再循环等措施，尽可能减少资源消耗和废弃物排放，实现以最小的环境代价换取长期的经济效益，这一点正是该书所长。该书对循环供应链管理在低碳转型进程中的多维度创新实践与深度理论挖掘进行了全景式呈现。该书研究了在复杂多变的市场环境下，供应链企业如何突破传统的分散化和内卷化壁垒，通过信息共享、技术合作及资源整合等方式，形成紧密有效的减碳共同体等问题，强调了低碳供应链的构建并非一蹴而就，涉及众多复杂的环节与多元参与主体。从原材料的采购、生产制造过程中的能源消耗，到产品的配送、销售及最终的回收利用的全生命周期视角，每一个环节都与碳排放息息相关。

政府作为社会效益最大化的顶层设计者，在低碳协同决策中发挥着不可或缺的作用，而企业往往由于短期的成本考量、市场竞争压力及技术研发难度等因素，在主动开展低碳合作与协同方面动力不足。因此，政府有必要通过一系列政策设计激励企业进行合作，更加低碳地进行多主体协同，提高供应链低碳韧性。对于率先采用新型低碳生产技术的企业给予技术研发补贴，助力其克服技术创新初期的高额投入难题；针对积极参与低碳供应链合作项目的企业提供合作机会，鼓励它们打破传统的竞争壁垒，携手开展资源整合与信息共享；对于在节能减排方面取得显著成效的企业实施绩效奖励补贴，进一步激发企业持续提升低碳运营水平的积极性。供应链的低碳韧性不仅关系单个企业在低碳转型浪潮中的生存与发展能力，而且对整个产业集群乃至国家经济体系在应对气候变化冲击、资源短缺危机等复杂局面时的稳定性和可持续性有着深远的影响。该书围绕共治模式、协同减碳与政策机制三方面开展一体化研究，对协同治理和低碳供应链研究领域都有着卓越的贡献。

在低碳供应链领域，该书的研究成果尤为突出。它不仅着重强调了企业间协作的重要性，而且在互联网技术、平台经济、大数据和人工智能的推动下，指出了数智化平台及其商业模式已成为促进多方协同在实际应用中的关键工具。在理论层面，该书创新性地提出了低碳供应链多主体协同减碳框架，将环境、经济和社会三个关键维度相融合，为可持续供应链的理解与评估提供了全新的视角，对可持续发展理论、供应链管理理论和政策机制设计理论均做出了显著的理论贡献。在实践层面，该书通过一系列国际和国内问题研究，提出了政府落实供应链协同减碳的政策建议和企业实施供应链协同减碳的对策建议，不仅证明了理论的可行性，而且为读者提供了实用的策略和工具，推动了可持续发展和低碳供应链管理的实践进程。

在"双碳"目标和供应链多主体协同的理念引导下，我们迫切需要也完全有能力通过供应链协同减碳与低碳韧性提高，探索新的可持续供应链管理理念，以深化供应链上下游企业协同减碳，实现资源整合，加速产业的绿色化、低碳化、可持续化转型，以此构建以循环经济为主体的可持续发展的产销生态链。我相信，无论是从事供应链管理研究的学者、相关专业的学生，还是在企业中负责战略规划与运营管理的从业者，广大读者在阅读该书后都能受益匪浅，从而为推动我国乃至全球的供应链绿色转型贡献力量，在实现"双碳"目标的伟大征程中迈出坚实的步伐。

国家杰出青年基金获得者

上海交通大学安泰经济与管理学院教授、副院长

2024 年 12 月于上海

前　言

党的二十大报告指出，"协同推进降碳、减污、扩绿、增长，推进生态优先、节约集约、绿色低碳发展""推动经济社会发展绿色化、低碳化是实现高质量发展的关键环节"①。《中华人民共和国国民经济和社会发展第十四个五年规划和2035年远景目标纲要》也明确提出"协同推进减污降碳""完善能源消费总量和强度双控制度，重点控制化石能源消费""推动能源清洁低碳安全高效利用，深入推进工业、建筑、交通等领域低碳转型""坚持生态优先、绿色发展，推进资源总量管理、科学配置、全面节约、循环利用，协同推进经济高质量发展和生态环境高水平保护"②。在此背景下，我国迫切需要构建完善的低碳供应链生态体系。

低碳供应链是在供应链中融入低碳、环保理念与技术，形成从原材料采购到产品设计、制造、交付全生命周期支持的完整低碳化供应链体系，其本质是以最小的环境代价实现可持续发展。低碳供应链的社会共治就是在环保治理中不仅依靠政府及其监管部门的力量，而且调动企业、公众和社会参与的积极性与主动性，形成多主体共治合力。因此，在低碳经济背景下，如何从治理模式创新的视角分析和研究低碳供应链多主体协同减排与低碳韧性，既是一个值得深入探索的学术问题，也具有重要的现实意义。

本书从多学科融合和交叉研究的角度，以低碳多元共治为研究核心，围绕共治模式、协同减排与政策机制三方面的一体化研究，从模式构建、运营管理与政策设计三个分析层面，将社会共治与协同优化理论应用于低碳供应链管理，探索构建低碳供应链社会共治模式，研究低碳供应链网络设计、协同减排策略、模式选择与政府激励政策，进而分析各利益主体低碳协同的利益分配与减碳韧性，对科学设计低碳供应链社会共治模式及应用具有重要的借鉴价值，对供应链研究领域的拓展及系统协同优化理论也具有重要的学术价值。

本书系统研究了低碳供应链的多主体协同减碳与低碳韧性，包括基础理论篇、网络设计篇、竞争策略篇、模式选择篇、规制政策篇和决策建议篇六篇共十六章，主要研究内容如下。

基础理论篇分析全球低碳供应链发展的机遇与挑战，研究中国低碳供应链发展需求，回顾低碳供应链管理的文献基础，探讨低碳供应链的内涵与相关理论；提出低碳

---

① 中国政府网. 习近平:高举中国特色社会主义伟大旗帜 为全面建设社会主义现代化国家而团结奋斗——在中国共产党第二十次全国代表大会上的报告[EB/OL]. (2022-10-25) [2024-12-16]. https://www.gov.cn/xinwen/2022/10/25/content_5721685.htm.

② 中国政府网. 中华人民共和国国民经济和社会发展第十四个五年规划和2035年远景目标纲要[EB/OL]. (2021-03-13) [2024-12-16]. https://www.gov.cn/xinwen/2021/03/13/content_5592681.htm.

供应链多主体协同减排模式,建立低碳供应链多主体协同减排基本分析框架,分析各主体之间的利益关系,探讨在减碳治理中政府、社会公众、企业和消费者四类主体多元共治的运行机理,设计协同减排对等网络(peer-to-peer network,P2P)信息运行机制。

在网络设计篇,首先,研究基于可信性的低碳物流网络设计多目标模糊规划问题。针对模糊环境下多级低碳物流网络设计的战略定位和配置问题,引入二氧化碳当量作为衡量物流网络对环境影响的评估指标,考虑战略层的设施定位与配置决策和战术层的多商品流、多生产技术、多运输方式的选择决策,探讨考虑物流网络中的碳排放影响和参数的模糊性下的供应链网络设计问题。其次,研究模糊环境下低碳闭环供应链网络多目标规划与低碳韧性。针对模糊环境下集成正向和逆向物流的多层级、多产品的,涉及制造工厂、客户、回收中心和处置中心多个参与主体的闭环供应链网络设计问题,考虑供应链网络设计中最小化总成本和总二氧化碳排放,建立低碳闭环供应链网络设计的机会约束多目标模糊规划模型,探讨网络参数的模糊性对低碳闭环供应链网络设计的影响。

在竞争策略篇,首先,探索基于价格竞争的低碳供应链分散化协同减碳策略。构建考虑消费者低碳意识和价格竞争的制造商入侵博弈模型,允许制造商在集中式入侵和分散式入侵之间做出选择,提出分散式入侵不仅有利于制造商,而且能提高整个供应链的环境绩效和社会福利。其次,研究基于产量竞争的双渠道供应链协同减碳策略。考虑消费者低碳偏好、产量竞争和入侵成本等,制造商通过一个转移价格赋予其零售部门自主定价权,构建制造商生产低碳产品的分散式入侵模型,探讨消费者低碳偏好和产量竞争对制造商集中式入侵和分散式入侵下低碳水平、销售决策和利润的影响。最后,研究低碳供应链竞争下的部分集中化协同策略。考虑商业实践中普遍存在且研究较少的部分纵向集中化供应链结构,构建具有低碳供应链竞争的部分纵向集中化博弈模型,论证部分纵向集中化能够成为最优的低碳供应链结构,实现供应链的多主体协调。

在模式选择篇,首先,研究供应链协同减碳直销模式与低碳韧性。针对考虑社会福利和环境绩效的具有可替代低碳产品的双渠道供应链,研究制造商减碳和直销决策,分析低碳供应链的减碳效率,探讨消费者低碳意识和产品可替代性对供应链及其企业的盈利能力、社会福利和环境绩效的影响。然后,研究供应链协同减碳的平台销售模式与低碳韧性。构建由制造商、零售商和电商平台组成的两级供应链斯塔克尔伯格(Stackelberg)博弈模型,制造商投资低碳产品并通过传统的线下零售商和在线电商平台销售给低碳消费者,探讨制造商的低碳研发及分销和代销选择决策,揭示代销模式除了有利于提高产品的低碳性,还可以实现供应链各方的共赢。

在规制政策篇,首先,设计考虑消费者低碳偏好和零售商低碳推广努力的政府激励政策。考虑消费者低碳意识与零售商低碳推广努力的作用,研究制造商决定产品减排率和政府制定减排标准两种供应链协同减排决策模型,分析两种政策激励下政府补贴、产品减排量、供应链成员的盈利能力和社会福利等的变化。其次,研究基于消费者低碳偏好和制造商入侵的政府补贴政策。分别构建基于产品减排量补贴和研发成本补贴的双渠道低碳供应链博弈模型,不仅探讨制造商集中式入侵策略,而且重点研究基于转移价格的分散式入侵策略,探讨双渠道低碳供应链中制造商采用何种入侵策略及政府采用何种补贴方式会更有优势。最后,探究碳限额与交易机制下竞争供应链协同减碳与政策。在碳限额与交易机制管制下,研究基于供应链竞争的最优减排策略及决策结构选择问题,分析何种决策方式更有利于供应链减排和盈利,并探讨碳配额和碳价格的影响及其政府激励政策设计。

在决策建议篇,首先,提出政府有效落实供应链协同减碳的政策建议。分析政府落实低碳供应链的社会问题和法律法规、我国低碳供应链的政策发展定位和我国政府构建供应链协同减碳体系机制的发展建议。其次,给出企业有效实施供应链协同减碳的对策建议。研究企业实施供应链协同减碳的总体态势,分析我国企业实施低碳供应链的特点与不足,提出我国企业实施供应链协同减碳的对策建议。

本书汇聚了一群杰出的中青年学者的智慧与努力,他们在供应链管理领域拥有深厚的学术背景和丰富的实践经验。在这些学者中,许多人来自国内外顶尖学府及国际上享有盛誉的学术机构,不乏国家杰出青年科学基金获得者、国家“万人计划”领军人才等国家级人才,以及跻身全球前 2%顶尖科学家之列的杰出人才。他们不仅主持过国家级重点重大科研项目,而且在国际 UTD24 顶级期刊和国内权威学术刊物上发表了众多研究论文,同时为我国政府和龙头企业提供咨询服务,积累了丰硕的研究成果和资深的研究经验。

本书是团队合作的结晶。各章的撰写与修改分工如下:第一章为王永贵和张扬泉,第二章、第三章为李进、陈衍泰、张海霞和张扬泉,第四章为李进和王永贵,第五章为李进和张海霞,第六章为李进和朱道立(复旦大学),第七章为李进、廖毅(西南财经大学)和施春明(加拿大劳瑞尔大学),第八章为李进、张海霞和张江华(山东大学),第九章为李进、蔡港树(美国圣克拉拉大学)和杨石磊(西南财经大学),第十章为李进、陈衍泰和施春明,第十一章为李进、施春明和孙琦,第十二章为李进、陈衍泰和刘格格,第十三章为李进、刘格格和张扬泉,第十四章为李进、张海霞和伍蓓,第十五章为蔡港树和陆美宣,第十六章为陈衍泰、张海霞和陆美宣。李进对全书进行统稿、定稿。

本书是在整个团队的通力合作下顺利完成的,特别感谢每位团队成员的辛勤付出和无私贡献。在本书的撰写和修改过程中,有幸得到了多位学术界和业界领袖的宝贵建议与支持,特别感谢中国科学院杨晓光教授、天津大学张维教授和熊熊教授、浙江大学杨翼教授和霍宝锋教授、福州大学王应明教授、南开大学李勇建教授、复旦大学吴肖乐教授、华南理工大学牛保庄教授和钟远光教授、哈尔滨工业大学张紫琼教授、浙江工业大学曹柬教授、浙江理工大学廖中举教授，以及浙江工商大学陈衍泰教授、苏为华教授、王晓蓬教授、厉小军教授、肖亮教授、伍蓓教授和张崇辉教授。他们以其卓越的学术视野和实践经验，为本书的深度和广度提供了不可或缺的指导。浙江工商大学郁建兴书记在百忙之中也为本书问诊把脉，提出了许多建设性意见，在此向他表达崇高的敬意。我还清晰地记得，2024年初冬，郁书记向我分享他的大作《重构基层社会》的研究历程，郁书记特别指出，《供应链协同减碳与低碳韧性研究》不应该只是过去十多年研究的总结，更是一部面向未来的著作。特别感谢可持续发展领域两位泰斗级学者陈晓红院士和朱庆华教授，他们不仅为本书贡献了真知灼见，还慨然为本书作序。

感谢国家社会科学基金重点项目"供应链数字化渠道减碳的协同模式、机制与路径研究"（23AGL019）、国家社会科学基金重大项目"中国式现代化的统计监测评价问题研究"（23&ZD037）和"基于'海洋强国'战略的海洋经济统计核算、监测与评价体系创新研究"（21&ZD154）、国家自然科学基金重点项目"基于数据驱动的企业动态能力构成与发展研究"（72032008）、教育部哲学社会科学研究重大课题攻关项目"我国民营中小企业参与'一带一路'国际产能合作战略研究"（17JZD018），以及浙江省自然科学基金重点项目"基于部分持股与权力结构的供应链减碳竞合模型与规制政策研究"（LZ24G020001）对本书的出版资助。

在本书的创作旅程中，作者广泛涉猎，深入研究了丰富的文献资料，同时汲取了该领域专家学者的学术成果与智慧。在此，向所有为本书提供知识滋养的作者致以最深切的敬意和感谢。您的研究成果不仅为本书的研究提供了坚实的基础，而且为本书的学术深度和广度增添了宝贵的价值。还要特别感谢科学出版社各位编辑的辛勤工作和专业指导。没有您的支持和帮助，本书的出版工作不可能如此顺利。

尽管我们竭尽全力，但由于作者学识和经验的局限，书中可能仍存在疏漏和不足之处。诚挚地欢迎广大读者提出宝贵的批评和建议。您的每一份反馈都是我们不断进步的动力，也是我们共同探索供应链管理领域更多可能的研究和未来前沿方向的宝贵财富。

期待与读者一道，不断深化对供应链管理的理解，拓展研究的边界，共同推动该领域的学术发展和实践创新。在未来版本的修订中，我们将积极吸纳各方意见，努力提升书籍的质量，使之更加完善，更好地服务于学术界和业界的同仁。再次感谢您的关注和支持，让我们携手前行，在供应链管理的广阔天地中共同追求卓越。

李　进
2024 年 12 月于杭州

目　录

基础理论篇
低碳供应链的理论基础研究

第一章 低碳供应链的发展现状及需求

随着全球温室效应加剧及环境污染问题日益严峻，消费者对低碳环保的重视程度不断提升，低碳供应链的重要性越发显著。低碳供应链作为供应链管理与全球理论研究的前沿议题，其实施在全球范围内面临着不少挑战，特别是在我国，特殊的国情、制度框架、环境政策及供应链管理的当前状况为其增添了更为复杂的实际难题。本章聚焦低碳供应链的核心议题，首先深入剖析全球范围内低碳供应链的发展现状，然后综合探讨我国在这一领域的发展需求。

第一节 全球低碳供应链发展现状

随着全球工业化步伐的加快，环境问题（如全球气候变化、资源消耗殆尽及生态系统受损等）越发凸显，这促使国际社会深刻认识到供应链可持续发展的紧迫性与重要性。在此背景下，保护生态环境与促进经济发展并重，实现经济、社会与环境的和谐共生，已成为全球共识。各国政府纷纷出台鼓励企业实行绿色供应链管理（green supply chain management，GSCM）的政策以推动这一目标的实现。低碳供应链作为现代经济增长和供应链管理的新范式，追求与可持续发展的核心理念相契合的资源、经济、环境三重效益在企业运营与生态保护之间的平衡。1996 年，美国密歇根州立大学制造研究协会在环境责任制造（environmentally responsible manufacturing，ERM）研究中首次提出低碳供应链的概念，迅速在多个学科领域引起广泛关注，成为全球研究的重要课题。在实践层面，低碳供应链作为一种前瞻性的可持续发展战略，正被越来越多的国家和企业接纳并实施，致力于推动全球经济的绿色低碳转型。

英国是最先采用低碳供应链的国家。早在 2003 年，英国政府就率先提出了"低碳经济"的概念——《能源白皮书：能源的未来——迈向低碳经济》（*Energy White Paper: Our Energy Future–Creating a Low Carbon Economy*）。2020 年 11 月，英国政府进一步发布了《绿色工业革命十点计划》（*The Ten Point Plan for a Green Industrial Revolution*），明确了十个关键行动领域，为低碳供应链的发展提供了清晰的路线图，包括发展海上风电、低碳氢能、先进核能等。2020 年 12 月，英国发布了《能源白皮书：为零碳未来注入动力》（*Energy White Paper: Powering Our Net Zero Future*），对能源系统的改造路径进行了规划，并明确了到 2050 年实现碳净排放为零的目标。2021 年 1 月 1 日，英国正式启动以设定工业制造企业温室气体排放总量上限和旨在实现碳减排的市场机制企业激励计划为主要目的的《英国碳排放交易计划》（*UK Emissions Trading*

Scheme）。2021 年 3 月，英国为增强工业竞争力，减少重工业和能源密集型行业的碳排放，率先在七国集团（Group of Seven，G7）发布了支持低碳技术研发和应用的《工业脱碳战略》（*Industrial Decarbonisation Strategy*）。随着低碳供应链理念的不断深入，越来越多的国家和地区开始关注并积极探索将环保和低碳理念融入供应链管理的路径。欧盟、日本、美国、德国等国家和地区纷纷出台促进企业控制碳排放、提高能源利用效率的低碳供应链相关政策法规，包括设定减排目标、推行绿色采购政策、实施碳排放权交易方案等，并鼓励企业采用低碳技术，践行绿色生产。

欧盟作为全球推动气候治理政策的先驱，在低碳供应链管理方面的政策与实践为全球树立了典范。作为全球首个跨国温室气体排放权交易体系，欧盟碳排放权交易系统（European Union Emission Trading Scheme，EU ETS）自 2005 年 1 月 1 日起正式实施，为低碳供应链的发展奠定了坚实的基础。近年来，欧盟不断推出新的政策举措，进一步强化低碳供应链管理。2019 年 12 月以来，《欧洲绿色协议》（*European Green Deal*，EGD）、《欧洲气候法》（*European Climate Law*，ECL）及《"减碳 55" 一揽子行动计划》（*Fit for 55 Package*）等文件的发布为低碳供应链管理提供了明确的法律框架和行动指南。其中，《欧洲绿色协议》提出，到 2030 年，与 1990 年水平相比，温室气体净排放量至少减少 55%，并将 2050 年的目标定为实现净零排放。2021 年 3 月 10 日，欧洲议会通过碳边境调节机制（carbon border adjustment mechanism，CBAM）议案，要求进口至欧盟的商品以配额方式缴纳碳边境税，以确保进口产品承担与欧盟内同类产品相同的碳成本，从而避免碳泄漏。2023 年 3 月，欧盟委员会公布《净零工业法案》（*Net-Zero Industry Act*），推动欧盟工业向碳中和转型，特别是在高科技和环保技术领域实现突破。此外，全球化物联网开发者平台涂鸦智能联合智商研究院发布的《2024 全球家庭低碳节能发展路径报告》指出，欧洲家庭在低碳发展方面已取得显著成效，并有望在全球范围内逐步推广，充分说明欧洲家庭对低碳节能理念的深入理解和积极践行。2024 年 4 月 24 日，欧洲议会审议通过对《包装和包装废弃物法规》（*Packaging and Packaging Waste Regulation*，PPWR）的修订，提出通过减少包装废弃物、鼓励重复使用或回收等措施，加快实现低碳发展目标。

日本受自然资源相对匮乏、国土面积狭小等因素制约，长期以来对外部能源供给的依赖程度非常高，因此十分重视转变能源结构和发展清洁能源。2000 年，日本制定《循环型社会形成推进基本法》，严格控制自然资源的消耗。2001 年，日本相继通过修订《固体废弃物处理和公共清洁法》并实施《资源有效利用促进法》《容器包装分类收集和循环利用促进法》《特定家用电器再生利用法》《建筑材料回收再利用法》《食品资源再生利用促进法》等一系列专门针对固体废弃物、容器、包装物处理与管理的法律，形成了以循环型社会为目标的多层次法律法规体系。2020 年 10 月，日本首次明确提出 2050 年实现碳中和的目标，并指出经济增长战略的核心——经济与环境的良性循环。2020 年 12 月，日本政府发布了旨在为实现碳中和提供产业指导的《2050

年碳中和绿色增长战略》。2021 年，日本政府首次将可再生能源发展提升至修订后的《第六次能源基本计划》中的"最优先"地位，强调在确保能源安全、促进日本能源可持续发展的基础上，实现能源供应稳定性、经济性和环境适应性等方面的协调。

韩国自 1987 年起开始重视发展新能源和可再生能源，并制定了《新能源与可再生能源技术发展基本纲要》。2008 年，韩国政府进一步明确其能源战略，通过《国家能源基本计划》《绿色能源发展战略》两项重要文件，确立了减少化石燃料依赖和加速可再生能源发展的目标，并提出了提升能源循环利用率的战略规划。2010 年，《低碳绿色增长基本法》的出台为 2009 年发布的《新增长动力规划及发展战略》《绿色研究开发计划及绿色 IT 国家战略》《绿色增长国家战略及五年计划》等一系列基于绿色低碳增长战略制定的政策文件提供了法律支持。同时，韩国确立了全国范围内温室气体减排目标，并初步搭建起绿色低碳增长的基本框架。在追求碳中和的道路上，韩国坚持技术创新与国际合作双轮驱动的发展策略。2021 年 12 月，韩国与澳大利亚签署了关于加强关键矿产供应链合作的谅解备忘录和加强碳中和技术实施计划与清洁氢能经济合作的实施方案，进一步拓宽了该国的碳中和国际合作道路。2023 年 11 月，韩国发布《绿色船舶燃料供应链建设计划》，充分凸显其在绿色船舶燃料供应链建设方面的坚定决心。

美国在构建低碳供应链的法律法规体系方面起步较早，其法律基础可追溯至 1969 年的《国家环境政策法》（*National Environmental Policy Act*，NEPA）、1976 年的《资源保护与回收法》（*Resources Conservation & Recovery Act*，RCRA）等，以及 1970 年成立的美国环境保护署（Environmental Protection Agency，EPA），为美国低碳供应链的发展提供了明确的法律导向与实践指南，有力推动了供应链各环节的绿色转型。进入 21 世纪，美国制定了一系列限制污染源、促进废物回收再利用的政策法规，进一步发展低碳供应链。2004 年，美国政府发布了《包装中的毒物》（*Toxics in Packaging*，TIP），强调对包装材料实行管制措施，减少其对环境造成不可挽回的负面影响。2007 年，美国加利福尼亚州政府发布了《电子废物回收法》（*Electronic Waste Recycling Act*，EWRA），要求实施电子设备回收计划，限制电子设备中重金属等有害物质的使用，以提高电子设备的回收利用率。2022 年，美国政府推出了《保护供应链以实现清洁能源转型美国战略》（*America's Strategy to Secure the Supply Chain for a Robust Clean Energy Transition*），提出要减少对外部供应链的依赖，特别是在能源和关键矿产方面的依赖，以加速推动该国清洁能源与低碳技术的应用和发展。基于一系列法律法规的制定、发布和实施，美国不仅通过改善环境数据的可获取性、加强环保法规的执行力度等措施推动供应链向环保和低碳排放方向转型，而且为整个国家注入了强劲的低碳环保和可持续发展动力。

国外陆续出台的旨在推动低碳供应链发展的法律法规及相关政策在深刻影响其国内经济与环境的同时，也为我国低碳供应链的发展打开了新的机遇窗口，带来了不容忽视的挑战。

一、机遇

（一）技术创新与应用加速

国外在推动低碳发展方面积极施策，鼓励技术创新。例如，欧盟的相关电池法案通过推动电池全生命周期碳足迹的透明化管理，为全球电池及相关企业指明了技术创新的方向，一方面为我国电池行业提供了技术革新的动力，另一方面提升了我国企业在国际低碳技术研发方面的竞争力。同时，国外在低碳物流、信息系统优化等方面的显著进展为我国低碳供应链的发展提供了宝贵的参考与借鉴，推动我国企业在低碳技术研发与应用方面不断取得新突破，进而提升供应链的低碳化水平。

（二）市场需求持续扩大

消费者对环境友好型产品的需求在全球气候变化问题加剧的背景下持续扩大。国际社会对低碳政策的不断推进将进一步扩大对这类产品的需求，为我国低碳产品打开更广阔的国际市场。市场需求扩大一方面促进了我国低碳产业的快速成长，另一方面为我国企业在全球市场上寻求新的增长机会提供了契机。

（三）产业链优化升级

国外低碳政策要求企业加强供应链碳减排管理，这将促使我国企业进一步优化产业链结构，提高整体效率，降低碳排放。欧盟、美国等国家和地区进行的低碳转型对全球产业链、供应链产生了深远影响，为我国企业加快低碳转型、加强产业链整合与协同提供了契机。

二、挑战

（一）法规与政策差异带来合规难题

不同国家和地区低碳政策的差异及缺乏统一国际碳标签测度标准导致我国企业进入国际市场面临复杂的法规要求、碳减排标准和认证流程的挑战。任何企业在进行商业活动时，身处在特定的制度环境，法规与政策差异无疑会增加企业合规成本和难度，进而制约我国低碳供应链快速发展（王永贵和洪傲然，2020）。

（二）技术壁垒限制发展

相较于部分发达国家，我国在低碳技术的研发及实践应用方面尚存一定的差距。一方面，低碳技术发展的差距容易造成技术壁垒，使得我国企业在获取前沿技术、高端设备等方面面临更大的挑战，进而影响我国的整体低碳技术发展。另一方面，低碳技术的研发工作需要巨额的资金支持，我国企业在这一领域的资金投入仍显不足，也成为制约我国低碳供应链快速发展的一个重要因素。

（三）贸易壁垒影响出口竞争力

国外低碳政策可能引发贸易壁垒，如碳关税等，对我国出口产品尤其是能源密集型和高碳排放产品产生不利影响。这不仅可能导致我国企业在国际市场上失去竞争优势，而且可能提高市场准入门槛，给我国企业的市场进入和扩张造成困难。

（四）供应链协同难度加大

建低碳供应链离不开供应链成员的紧密协同与高效信息共享。然而，供应链成员间潜在的利益冲突与信息不对称问题对供应链协同构成显著挑战（王永贵和洪傲然，2020）。由于我国供应链企业对低碳的重视程度不一和信息共享程度不高，建立有效协同机制和实现供应链碳减排目标的难度进一步加大（Wang et al.，2017）。

第二节　中国低碳供应链发展需求

作为世界制造业的巨头和庞大消费市场的拥有者，我国在实现低碳供应链转型的过程中面临着尤为艰巨的挑战。从能源消耗的角度出发，《中国统计年鉴2023》①显示，2019～2023年，我国的能源消费总量呈现上升趋势，2020年达到49.8亿吨标准煤，较上一年度同比增长2.2%，至2022年更是跃升至54.1亿吨标准煤，较上一年度同比增长2.9%。作为全球最大的能源消费国之一，我国的能源需求极为庞大，且煤炭在其能源消费结构中依然占据核心位置，不仅对我国的环境质量和气候变化产生深远影响，而且对全球能源市场和环境保护构成重大挑战。《2023年BP世界能源展望》②指出，我国的煤炭消费量占全球煤炭消费总量的一半以上，而欧盟等发达国家和地区的煤炭消费比例逐年下降，许多国家的清洁能源消费比例已高达或超过50%。尽管我国的能源消耗总量逐年上升，但能源消费结构逐步优化。国家统计局数据③显示，我国非化石能源消费比例稳步上升，而煤炭消费比例下降。2020年，非化石能源消费比例已达到15.9%，煤炭消费比例则降至56.8%。然而，与全球领先的可再生能源利用国家相比，我国的可再生能源消费比例仍然相对较低。以风电的发展情况为例，国际能源署（International Energy Agency，IEA）数据④显示，2023年，中国风电占电力消费的比例约为10%，而丹麦等国家的风电占电力消费的比例高达40%以上。虽然我国在过去数年极力控制能源消费总量持续增长的趋势和尽最大努力优化能源消费结构，但如何解决能源供应安全、环境污染、气候变化及经济增长与能源消耗之间的矛盾等问题依然是可持续发展的重点。为此，我国需要采取更加积极有效的措施，加强推动能源结构转型、提高能源利用效率、加强节能减排等方面的工作，这不仅是我国实现低碳

---

① 国家统计局. 中国统计年鉴2023[EB/OL]. [2024-12-16]. https://www.stats.gov.cn/sj/ndsj/.

② BP集团. 2023年BP世界能源展望[EB/OL]. [2024-12-16]. https://www.bp.com.cn/content/dam/bp/country-sites/zh_cn/china/home/news/2023/pdf/bp-energy-outlook-2023-CN-.pdf.

③ 国家统计局. 胡汉舟：能源保供有力有效 绿色低碳转型进程加快[EB/OL]. (2024-01-18) [2024-12-16]. https://www.stats.gov.cn/xxgk/jd/sjjd2020/202401/t20240118_1946719.html.

④ IEA. Data and statistics[EB/OL]. [2024-12-16]. https://www.iea.org/data-and-statistics.

供应链转型的关键所在，而且是为全球环境保护和可持续发展做出贡献的必然要求。

在低碳技术创新领域，IEA 数据①显示，欧盟在可再生能源技术研发上的投资力度（以其地区生产总值为基准计算）是我国相应投资力度的 2 倍以上，进一步说明我国在低碳技术创新领域的研发投资比例及规模相对较小。世界知识产权组织（World Intellectual Property Organization，WIPO）发布的《全球绿色低碳专利统计分析报告》②进一步指出，我国在低碳技术领域的专利授权率约为 50%，而部分发达国家已达到 80%以上，在一定程度上反映出我国在提升低碳技术专利的质量与创新性方面仍有较大的发展空间。尽管我国在光伏产业中处于领先地位，主导着全球光伏产业的生产和应用，但在光伏组件制造与核心设备的技术专利及知识产权方面，欧盟和美国等国家和地区拥有更为深厚的积累。类似地，在风机设计、控制技术及风能利用效率等关键领域，欧盟和美国也展现出显著的领先地位。在新能源汽车领域，我国虽然销量与产量均居世界前列，但在电池技术、充电基础设施建设及智能驾驶技术等关键环节，欧盟和美国的技术更为成熟和先进，例如，欧盟和美国部分新能源汽车企业已经开始研发固态电池技术，力求在电池的能量密度和安全性方面实现重大突破。

在碳交易市场领域，根据《生态环境部：全国碳市场建设达到预期目标》③的报告，截至 2023 年 10 月 25 日，我国碳市场已取得显著进展，累计成交额达到 194.37 亿元，碳排放配额成交量累计达到 3.65 亿吨。然而，与《路孚特 2022 年全球碳市场年报》④中提及的 EU ETS 相比，我国碳市场建设相对滞后，在市场规模和交易量方面仍有待提升。2022 年，EU ETS 的交易额高达 7515 亿欧元，占全球碳市场交易总额的 87%。相比之下，我国的碳市场规模和交易额较低，显示出我国在碳市场领域与欧盟等地区的差距。生态环境部发布的《全国碳排放权交易市场第一个履约周期报告》⑤进一步指出，在首个履约周期（2019—2020 年）内，我国碳市场成交均价稳定在 42.85 元/吨。与此相比，EU ETS 的碳价普遍高于我国，且价格波动更为平稳。在行业覆盖方面，我国碳市场目前主要集中在电力行业，其他行业的参与度正在逐步提高；而 EU ETS 参与企业数量众多，已广泛覆盖电力、工业、航空、建筑等多个行业。为推动我国碳市场的持续健康发展，政府需进一步加大政策引导和支持力度，不断完善碳交易机制，逐步扩大市场覆盖范围，从而提升市场的活跃度和竞争力。

---

① 　IEA. Data and statistics[EB/OL]. [2024-12-16]. https://www.iea.org/data-and-statistics.
② 　国家知识产权局. 全球绿色低碳专利统计分析报告[EB/OL]. (2023-05-17) [2024-12-16]. https://www.cnipa.gov.cn/art/2023/5/17/art_88_185467.html.
③ 　中国政府网. 生态环境部：全国碳市场建设达到预期目标[EB/OL]. (2023-10-27) [2024-12-16]. https://www.gov.cn/lianbo/bumen/202310/content_6912408.htm.
④ 　生态中国网. 《路孚特 2022 年全球碳市场年报》节选：2022 年全球碳市场交易额同比增 14%，再创新高[EB/OL]. (2023-04-04) [2024-12-16]. https://www.eco.gov.cn/news_info/63120.html.
⑤ 　生态环境部. 生态环境部发布《全国碳排放权交易市场第一个履约周期报告》[EB/OL]. (2023-01-01) [2024-12-16]. https://www.mee.gov.cn/ywgz/ydqhbh/wsqtkz/202301/t20230101_1009228.shtml.

在消费者低碳偏好领域，《中国消费市场绿色低碳可持续趋势调查报告（2023）》[①]显示，超九成受访者期望国家能更加关注消费者端的绿色低碳需求，并期望出台相关政策措施以推动这一趋势；特别是在北上广深等一线城市，消费者对绿色低碳消费的重视程度显著提升，其中，00 后群体尤为突出，高达 88%的 00 后消费者展现出对绿色低碳消费产品的强烈购买意愿。《2022 中国可持续消费报告》[②]同样强调了低碳信息对消费者购买决策的影响力。该报告指出，有大约 78%的受访者承认，低碳消费信息对他们的购买选择具有显著影响，进一步凸显了低碳理念在消费者心中的关键位置。随着政府对绿色低碳发展的日益重视和积极推动，以及企业在该领域的不断探索与实践，我国消费者的低碳偏好将会越发显著，绿色低碳消费将成为一股不可忽视的主流趋势。

（1）"十五"规划期间（2001—2005 年）。2003 年 1 月 1 日起，《中华人民共和国清洁生产促进法》[③]正式施行，该法第二条定义了清洁生产是指不断采取改进设计、使用清洁的能源和原料、采用先进的工艺技术与设备、改善管理、综合利用等措施，从源头削减污染，提高资源利用效率，减少或者避免生产、服务和产品使用过程中污染物的产生和排放，以减轻或者消除对人类健康和环境的危害。2003 年 9 月 1 日，《中华人民共和国环境影响评价法》[④]生效，该法第九条规范了环境影响评价的规划的具体范围，由国务院环境保护行政主管部门会同国务院有关部门规定，报国务院批准。2004 年 11 月 25 日，国家发展改革委推出了我国首个《节能中长期专项规划》[⑤]，明确节能为经济可持续发展的策略，提出一系列节能措施，包括工业、交通、建筑和商业民用领域，并制定保障措施，如实施节能优先政策、节能能源和环境政策的制定与执行、节能管理法规的加强、节能技术的推广等。2005 年 4 月 1 日，修订后的《中华人民共和国固体废物污染环境防治法》[⑥]开始实施，该法第五条指出产品的生产者、销售者、进口者、使用者对其产生的固体废物依法承担污染防治责任。2005 年 7 月 2 日，国务院发布《国务院关于加快发展循环经济的若干意见》[⑦]，强调资源的减量化、再利用和资源

[①] 每日经济新闻. 中国消费市场绿色低碳可持续趋势调查报告（2023）[EB/OL]. (2024-03-26) [2024-12-16]. https://www.nbd.com.cn/corp/appProject/pdf-h5.html?pdf=https://nbd-luyan-1252627319.cos.ap-shanghai.myqcloud.com/nbd-console/e03698981ea39ee8d9fe3ddad23e9e3a.pdf&id=2.

[②] 北京商道纵横信息科技有限责任公司. 高质量发展格局下的低碳消费新趋势——《2022 中国可持续消费报告》发布[EB/OL]. (2022-12-21) [2024-12-16]. http://www.syntao.com/newsinfo/4848997.html.

[③] 中国政府网. 中华人民共和国主席令（第七十二号） 中华人民共和国清洁生产促进法[EB/OL]. (2002-06-29) [2024-12-16]. https://www.gov.cn/gongbao/content/2002/content_61640.htm.

[④] 中国政府网. 中华人民共和国主席令（第七十七号） 中华人民共和国环境影响评价法[EB/OL]. (2002-10-28) [2024-12-16]. https://www.gov.cn/gongbao/content/2002/content_61822.htm.

[⑤] 国家发展改革委. 国家发展改革委发布我国第一个《节能中长期专项规划》[EB/OL]. (2004-11-25) [2024-12-16]. https://www.ndrc.gov.cn/xxgk/jd/jd/200506/t20050628_1183006.html.

[⑥] 中国政府网. 中华人民共和国固体废物污染环境防治法（主席令第三十一号）[EB/OL]. (2004-12-29) [2024-12-16]. https://www.gov.cn/flfg/2005-06/21/content_8289.htm.

[⑦] 中国政府网. 国务院关于加快发展循环经济的若干意见[EB/OL]. (2005-09-08) [2024-12-16]. https://www.gov.cn/zwgk/2005-09/08/content_30305.htm.

化在循环经济发展中的重要性，鼓励企业建立循环经济闭环体系，探索废弃物资源化的新模式，为低碳供应链中的资源高效利用和废弃物处理提供了指导。2005年12月3日，国务院发布《国务院关于落实科学发展观加强环境保护的决定》[①]，再次强调环境保护在国家现代化进程中的核心地位，并配套提出了一系列加强环境保护的政策措施。

（2）"十一五"规划期间（2006—2010年）。2006年1月1日，《中华人民共和国可再生能源法》[②]生效，该法第四条将可再生能源的开发利用列为能源发展的优先领域，通过制定可再生能源开发利用总量目标和采取相应措施，推动可再生能源市场的建立和发展；2006年，华为技术有限公司发布《绿色采购宣言》[③]，承诺优先采购具有良好环保性能或使用再生材料的产品；2007年6月3日，国务院发布《中国应对气候变化国家方案》[④]，明确了应对气候变化的战略目标、基本原则、重点领域及一系列政策措施；2007年7月18日，国家环境保护总局、中国人民银行、中国银行业监督管理委员会联合发布《关于落实环保政策法规防范信贷风险的意见》[⑤]，提出对不符合产业政策和环境违法的企业及项目实施信贷控制，并要求金融机构在审批贷款时充分考虑企业的环保合规情况；2007年9月，国家发展改革委组织制定《可再生能源中长期发展规划》[⑥]，在强调加强政策支持和市场机制建设的基础上，提出了到2020年我国可再生能源发展的指导思想、主要任务、发展目标、重点领域和保障措施；2008年10月29日，国务院新闻办公室发布《中国应对气候变化的政策与行动》白皮书[⑦]，展示了中国在减缓和适应气候变化方面的政策和行动，向世界传递了中国积极应对气候变化的决心；2009年1月1日，《中华人民共和国循环经济促进法》[⑧]施行，鼓励企业单位和机构建立管理制度，并采取措施减少资源消耗和废物产生，提高废物再利用和资源化水平；2010年7月19日，国家发展改革委发布《关于开展低碳省区和低碳

---

① 中国政府网. 国务院关于落实科学发展观加强环境保护的决定[EB/OL]. (2005-12-13) [2024-12-16]. https://www.gov.cn/zwgk/2005-12/13/content_125680.htm.

② 中国政府网. 中华人民共和国可再生能源法（主席令第三十三号）[EB/OL]. (2005-06-21) [2024-12-16]. https://www.gov.cn/ziliao/flfg/2005-06/21/content_8275.htm.

③ 工业和信息化部. 企业绿色供应链管理案例汇编（三）[EB/OL]. (2018-12-17) [2024-12-16]. https://www.miit.gov.cn/jgsj/jns/gzdt/art/2020/art_71243ec133464ce5979b1b41d16bbde0.html.

④ 中国政府网.我国发布《中国应对气候变化国家方案》（全文）[EB/OL]. (2007-06-04) [2024-12-16]. https://www.gov.cn/gzdt/2007-06/04/content_635590.htm.

⑤ 生态环境部. 关于落实环保政策法规防范信贷风险的意见[EB/OL]. (2009-10-22) [2024-12-16]. https://www.mee.gov.cn/gkml/zj/wj/200910/t20091022_172469.htm.

⑥ 国家发展改革委. 关于印发可再生能源中长期发展规划的通知（发改能源[2007]2174 号）[EB/OL]. (2007-09-04) [2024-12-16]. https://www.ndrc.gov.cn/xxgk/zcfb/ghwb/200709/t20070904_962079.html.

⑦ 中国政府网. 中国应对气候变化的政策与行动[EB/OL]. (2008-10-29) [2024-12-16]. https://www.gov.cn/zhengce/2008-10/29/content_2615768.htm.

⑧ 中国政府网. 中华人民共和国循环经济促进法（主席令第四号）[EB/OL]. (2008-08-29) [2024-12-16]. https://www.gov.cn/zhengce/2008-08/29/content_2602220.htm.

城市试点工作的通知》①，确定了首批国家低碳试点地区，并提出了试点工作的具体要求，包括建立温室气体排放数据统计和管理体系等。

（3）"十二五"规划期间（2011—2015 年）。2011 年 10 月 29 日，国家发展改革委发布《关于开展碳排放权交易试点工作的通知》②，批准了在北京、天津、上海、重庆、广东等地开展碳排放权交易试点工作，要求各试点地区要研究制定碳排放权交易试点管理办法，明确基本规则，测算并确定本地区温室气体排放总量控制目标，研究制定温室气体排放指标分配方案，建立本地区碳排放权交易监管体系和登记注册系统，培育和建设交易平台，做好碳排放权交易试点支撑体系建设；2012 年 6 月 28 日，国务院发布《节能与新能源汽车产业发展规划（2012—2020 年）》③，通过技术创新、产业化推进和市场推广等重点任务的实施，以及政府引导与市场驱动、自主创新与开放合作、培育产业与加强配套等政策的支持，明确了新能源汽车产业的发展蓝图、重点任务和政策导向，并为新能源汽车产业的发展提供了明确的指导和政策支持；2012 年 7 月 11 日，国家发展改革委发布《万家企业节能目标责任考核实施方案》④，提议建立节能目标责任和评价考核机制，以激励各级政府和企业实现节能目标，加快低碳供应链的建设；2013 年 8 月 1 日，国务院发布《关于加快发展节能环保产业的意见》⑤，提出了包括支持技术创新和市场主体培养在内的政策措施，以加速节能环保产业的低碳化发展；2015 年 1 月 1 日，修订后的《中华人民共和国环境保护法》⑥生效，明确了保护优先、预防为主、综合治理、公众参与和损害担责等环境保护基本原则，一方面强化了各级人民政府应当对本行政区域的环境质量负责，并加大保护和改善环境、防治污染和其他公害的财政投入的责任，另一方面加强了企业事业单位和其他生产经营者应当防止、减少环境污染和生态破坏，并对所造成的损害依法承担的责任；2014 年 12 月 22 日，商务部、环境保护部、工业和信息化部联合印发《企业绿色采购指南（试行）》⑦，鼓励企业建立绿色供应链管理体系、承担环境保护等社会责任和实施绿色采购，并对各级商务、环境保护、工业和信息化部门

① 国家发展改革委. 关于开展低碳省区和低碳城市试点工作的通知（发改气候[2010]1587 号）[EB/OL]. (2010-08-10) [2024-12-16]. https://www.ndrc.gov.cn/xxgk/zcfb/tz/201008/t20100810_964674.html.

② 国家发展改革委. 关于开展碳排放权交易试点工作的通知（发改办气候[2011]2601 号）[EB/OL]. (2012-01-13) [2024-12-16]. https://www.ndrc.gov.cn/xxgk/zcfb/tz/201201/t20120113_964370.html.

③ 中国政府网. 国务院关于印发节能与新能源汽车产业发展规划（2012－2020 年）的通知[EB/OL]. (2012-07-09) [2024-12-16]. https://www.gov.cn/zwgk/2012-07/09/content_2179032.htm.

④ 国家发展改革委. 关于印发万家企业节能目标责任考核实施方案的通知（发改办环资[2012]1923 号）[EB/OL]. (2012-07-27) [2024-12-16]. https://www.ndrc.gov.cn/xxgk/zcfb/tz/201207/t20120727_964467.html.

⑤ 中国政府网. 国务院印发关于加快发展节能环保产业的意见[EB/OL]. (2013-08-11) [2024-12-16]. https://www.gov.cn/jrzg/2013-08/11/content_2464242.htm.

⑥ 中国政府网. 中华人民共和国环境保护法（主席令第九号）[EB/OL]. (2014-04-25) [2024-12-16]. https://www.gov.cn/zhengce/2014-04/25/content_2666434.htm.

⑦ 生态环境部. 商务部 环境保护部 工业和信息化部关于印发《企业绿色采购指南（试行）》的通知[EB/OL]. (2014-12-26) [2024-12-16]. https://www.mee.gov.cn/gkml/hbb/gwy/201412/t20141226_293493.htm.

提出加大对企业绿色采购的指导力度的工作要求；2015年4月4日，国务院发布《关于加强节能标准化工作的意见》①，提出了到2020年建成指标先进、符合中国国情的节能标准体系的目标，包括实现主要高耗能行业的能耗限额标准全覆盖，以及提升能效指标达到国际先进水平。

（4）"十三五"规划期间（2016—2020年）。2016年6月30日，工业和信息化部发布《工业绿色发展规划（2016—2020年）》②，提出坚持节约优先，大力推进能源消费革命，提高工业能源利用效率，促进企业降本增效，加快形成绿色集约化生产方式，增强制造业核心竞争力的主要任务；2016年9月14日，工业和信息化部发布《绿色制造工程实施指南（2016—2020年）》③，明确了绿色制造工程的目标、任务和重点，包括绿色设计、绿色生产、绿色管理等方面；2016年9月20日，工业和信息化部办公厅发布《工业和信息化部办公厅关于开展绿色制造体系建设的通知》④，提出到2020年初步建立绿色制造体系和基本建成相关标准体系和评价体系的计划，在针对重点行业中的绿色设计产品和绿色工厂分别制定合理的评价标准的基础上，为绿色园区和绿色供应链建立标准；2017年10月5日，国务院发布的《国务院办公厅关于积极推进供应链创新与应用的指导意见》⑤倡导绿色供应链，包括倡导绿色制造、坚持绿色流通、建立逆向物流体系三个方面；2019年1月17日，工业和信息化部进一步发布《机械行业绿色供应链管理企业评价指标体系》《汽车行业绿色供应链管理企业评价指标体系》《电子电器行业绿色供应链管理企业评价指标体系》⑥，建立针对机械、汽车和电子电器行业的绿色供应链管理企业评价指标体系。

（5）"十四五"规划期间（2021—2025年）。2021年2月22日，国务院发布《国务院关于加快建立健全绿色低碳循环发展经济体系的指导意见》⑦，明确要求在规划、设计、投资、建设、生产、流通、生活及消费等领域或环节中推行绿色理念，以构建全面的绿色低碳循环发展经济体系；2022年1月24日，国务院印发《"十四五"节能减排

---

① 中国政府网. 国务院办公厅印发《关于加强节能标准化工作的意见》[EB/OL]. (2005-04-04) [2024-12-16]. https://www.gov.cn/xinwen/2015-04/04/content_2842928.htm.

② 国家发展改革委. 工业绿色发展规划（2016—2020年）[EB/OL]. (2017-06-21) [2024-12-16]. https://www.ndrc.gov.cn/fggz/fzzlgh/gjjzxgh/201706/t20170621_1196817.html.

③ 工业和信息化部. 《绿色制造工程实施指南（2016—2020年）》正式发布[EB/OL]. (2016-09-14) [2024-12-16]. https://wap.miit.gov.cn/jgsj/jns/lszz/art/2020/art_54723acbfcbd4b32a8086de4c329a297.html.

④ 工业和信息化部. 工业和信息化部办公厅关于开展绿色制造体系建设的通知[EB/OL]. (2016-09-20) [2024-12-16]. https://www.miit.gov.cn/jgsj/jns/wjfb/art/2020/art_40aa852f1c654540bc53b7f9594809e1.html.

⑤ 中国政府网. 国务院办公厅关于积极推进供应链创新与应用的指导意见[EB/OL]. (2017-10-05) [2024-12-16]. https://www.gov.cn/gongbao/content/2017/content_5234516.htm.

⑥ 工业和信息化部. 《机械行业绿色供应链管理企业评价指标体系》《汽车行业绿色供应链管理企业评价指标体系》和《电子电器行业绿色供应链管理企业评价指标体系》[EB/OL]. (2019-01-17) [2024-12-16]. https://www.miit.gov.cn/jgsj/jns/wjfb/art/2019/art_43d5fe4ade6a444d92089435cdaab706.html.

⑦ 中国政府网. 国务院关于加快建立健全绿色低碳循环发展经济体系的指导意见[EB/OL]. (2021-02-22) [2024-12-16]. https://www.gov.cn/zhengce/content/2021/02/22/content_5588274.htm?5xyFrom=site-NT.

综合工作方案》①，明确了未来一段时间内节能减排的主要目标和重点任务，并部署了重点行业绿色升级工程、公共机构能效提升工程等重点工程和能耗双控制度、污染物排放总量控制制度等政策机制来确保目标的实现；2022 年 12 月 15 日，国务院印发《"十四五"现代物流发展规划》②，强调将绿色环保理念融入现代物流发展全链条，以提升物流业的可持续发展能力；2024 年 2 月 5 日，工业和信息化部等七部门联合印发《工业和信息化部等七部门关于加快推动制造业绿色化发展的指导意见》③，指出低碳供应链在推动制造业绿色低碳转型中的关键作用；2024 年 5 月 7 日，工业和信息化部、交通运输部和商务部联合印发《制造业企业供应链管理水平提升指南（试行）》④，鼓励企业在供应链设计中融入低碳化、循环化理念，实践绿色采购，采用环保工艺、技术和设备，并探索产品碳足迹的核算方法；2024 年 5 月 1 日起施行的《碳排放权交易管理暂行条例》⑤规定，重点排放单位需采取措施控制温室气体排放，并依据国家相关规定及国务院生态环境主管部门制定的技术规范，制定并严格执行温室气体排放数据的质量控制方案。

　　可见，我国现有的政策法规已积极加快并落实了低碳供应链构建的相关工作。然而，考虑到制造业庞大的能源消耗基础，以及低碳供应链发展起步较晚、体系尚未健全的现状，我国在多个领域仍需强化努力，包括低碳技术研发、产品创新、物流优化、供应链体系建设、法制完善、碳市场机制建立及公众环保意识提升等。针对这一现实，我国不仅要深化供应链管理层面的创新，而且需紧密结合国家实际情况，促进各行业的低碳转型，以积极响应全球环保与气候变化的应对行动。这要求我们在遵循低碳供应链管理标准的同时，也要注重碳减排效率、资源高效利用，并兼顾供应链各参与方的社会责任，即需在遵循经济、环境、社会全面协调与可持续发展原则的基础上，解决供应链管理与我国独特碳减排需求的双重问题。

---

① 中国政府网. 国务院印发《"十四五"节能减排综合工作方案》[EB/OL]. (2022-01-24) [2024-12-16]. https://www.gov.cn/xinwen/2022-01/24/content_5670214.htm.

② 中国政府网. 国务院办公厅关于印发"十四五"现代物流发展规划的通知[EB/OL]. (2022-12-15) [2024-12-16]. https://www.gov.cn/zhengce/content/2022-12/15/content_5732092.htm.

③ 中国政府网. 工业和信息化部等七部门关于加快推动制造业绿色化发展的指导意见[EB/OL]. (2024-02-05) [2024-12-16]. https://www.gov.cn/zhengce/zhengceku/202403/content_6935684.htm.

④ 中国政府网. 三部门关于印发《制造业企业供应链管理水平提升指南（试行）》的通知[EB/OL]. (2024-05-07) [2024-12-16]. https://www.gov.cn/zhengce/zhengceku/202405/content_6952605.htm.

⑤ 中国政府网. 碳排放权交易管理暂行条例[EB/OL]. (2024-02-04) [2024-12-16]. https://www.gov.cn/zhengce/content/202402/content_6930137.htm.

第二章　低碳供应链管理的文献基础

随着社会对环境可持续性议题的日益关注，低碳供应链日益成为学术界关注的焦点。本章深入探讨低碳供应链的理论基础和实践应用，通过系统地梳理 *Nature*、*Management Science*、*Operations Research*、*Manufacturing & Service Operations Management*、*Journal of Operations Management*、*Production and Operations Management*、*European Journal of Operational Research*、*Omega*、*International Journal of Production Economics*，以及《管理科学学报》《系统工程理论与实践》《中国管理科学》《管理工程学报》《运筹与管理》《管理学报》等国际和国内期刊的相关文献，从学术发展和重要研究成果两个层面，对低碳供应链的学术进展进行全面的综述，总结低碳供应链理论体系的构建和实践应用的关键成果，展示低碳供应链领域的理论深度和实践广度。

第一节　低碳供应链的理论体系研究

低碳供应链的概念来源于绿色供应链和可持续供应链理念。传统的供应链只关注经济效益，随着供应链的运营活动对环境造成日益严重的负面影响，1996 年环境因素首次被纳入考量，绿色供应链的概念被提出（Zhu et al.，2005）。可持续供应链则要求全面考虑经济、社会和环境三方面的协调性（Linton et al.，2007）。2009 年哥本哈根联合国气候变化大会之后，研究者开始将低碳融入供应链管理。低碳供应链通过引入碳排放的具体指标，加强对碳足迹的细致分析与深入研究，通过供应链上下游各企业的协同合作，降低供应链各环节的碳排放量（Koberg and Longoni，2019）。在低碳经济环境下，低碳供应链管理中常见的合作形式是下游零售商通过宣传上游制造商的减排行为以获得更好的市场绩效（Zhou et al.，2023）。有关绿色供应链和可持续供应链较为系统的文献综述见 Tseng 等（2019）、Martins 和 Pato（2019）、Kumar 等（2023）、Kamble 等（2023）、Fu 等（2024）、Chen 等（2024）、Mahmood 等（2024）的研究。Shaharudin 等（2019）探讨了低碳供应链管理的发展历程与未来研究，认为低碳供应链应充分考虑各参与主体的利益诉求。这些文献较为全面地介绍了有关绿色和低碳供应链在运筹学、管理科学领域的研究成果，为本书的研究奠定了基础。

针对低碳供应链的理论体系研究主要包括：① 低碳供应链协同减排理论，主要包含低碳供应链管理、绿色供应链管理、价值链理论、企业社会责任、协同治理理论；② 低碳供应链网络设计研究，主要包括物流网络设计、低碳供应链网络设计、低碳闭环供应链网络设计；③ 低碳供应链竞争策略研究，主要包括产品差异化、渠道竞争及供应链竞争；④ 低碳供应链模式选择研究，主要内容为双渠道供应链、集中化和分散化战略选择、分销和代销模式选择；⑤ 低碳供应链规制政策研究，主要涉及政府激励政策设计、政府碳管制下的企业减排决策。

一、低碳供应链协同减排理论

低碳供应链协同减排理论包含低碳供应链管理、绿色供应链管理、价值链理论、企业社会责任及协同治理理论。

（一）低碳供应链管理

在全球气候变化对生态环境和人类生活造成巨大威胁的背景下，如何通过供应链上下游协同合作来降低碳排放成为重要的科学问题，低碳供应链管理应运而生。低碳供应链管理是指在供应链规划或设计中将二氧化碳或温室气体作为约束条件或目标的战略，即在供应链运作时要兼顾经济和环境绩效（陈剑，2012）。学者在对低碳供应链管理的相关文献研究梳理后指出，在供应链管理中加入碳排放因素，会影响供应链运营策略优化（吴隽和徐迪，2020；Das and Jharkharia，2018）。刘杰等（2018）在低碳背景下考虑了运输成本最小和碳排放最少的多目标规划模型。Wang 等（2018c）考虑了减排外包情形下制造商生产和外包商减排投入的最优决策。游达明和朱桂菊（2016）综合考虑了制造商生态研发和促销宣传对低碳产品定价的影响，分析了不同决策情形下低碳供应链的最优策略。夏良杰等（2018）研究了竞争零售商模型中低碳供应链推广决策问题及成本信息共享问题。He 等（2023）利用微分博弈模型研究了双边参与策略对低碳供应链动态减排行为及相关绩效的影响。Liu 等（2022）研究了由一个制造商、一个技术企业和一个零售商组成的低碳供应链中，不同权力结构下制造商的最优共同开发支付问题。Ghasemy Yaghin 和 Farmani（2023）研究了出入境运输政策下考虑碳排放的供应链综合规划与差别定价问题。徐浩鑫等（2023b）基于低碳技术创新投资的不确定性，构建了制造商主导型、零售商主导型及双方权力对等三种博弈模型，分析了低碳供应链中最优的减排策略和定价决策问题。马鹏和卢雨佳（2024）研究了碳税政策下考虑三重底线的低碳供应链优化协调问题。Wang 和 Zhao（2023）研究了流程集成角度下弹性供应链的碳足迹减少问题，为供应链追求碳中和提供了行动计划。Li 等（2018）考虑燃料排放和碳排放，通过设计一种自适应禁忌搜索算法，为由固定数量的具有不同容量的车辆组成的车队优化车辆路线。

这些研究不仅丰富了低碳供应链管理的理论基础，而且为产业界提供了降低碳排放、实现可持续发展的策略和方法。

（二）绿色供应链管理

绿色供应链管理旨在实现环境友好、资源利用效率提高和废物减少（Zhu et al.，2012）。它包括绿色产品的研发、材料来源、生产、销售和分销（Hervani et al.，2005）。

研究人员和从业人员都非常关注将环境问题纳入绿色供应链管理的活动中（Yenipazarli，2017；Rezaee et al.，2017）。Liu 和 de Giovanni（2019）考虑了一个动态的供应链，其中，供应商通过工业 4.0 技术采用绿色工艺创新，而制造商决定零售价格。解学梅和朱琪玮（2022）探究了企业绿色供应链管理实践对绿色创新和企业绩效之间深层次的作用机制。Cai 等（2023）研究了绿色供应链成员的最佳信息结构选择问题，对比不披露、自愿披露、强制披露三种信息结构，研究发现供应商总是偏好强制披露，而零售商的偏好取决于批发价格和绿色度对需求的共同影响。Ma 等（2024）研究了信息优势、绿色乐观主义及势力结构等因素对绿色供应链决策和绩效的影响。

　　绿色供应链相关文献主要集中于消费者的低碳意识或竞争方面。消费者的低碳意识一般被视为消费者愿意为环保产品支付更高的价格（Chitra，2007；Liu et al.，2012；Yang et al.，2017a）。这种溢价可以大到足以支付额外的生产成本，有利于促使制造商自愿从事绿色制造。这种支付意愿（willingness to pay，WTP）因行业、消费群体和时间的不同而不同（Laroche et al.，2001；Zhang et al.，2015；Su et al.，2017）。此外，产品替代性也称交叉价格弹性（Li et al.，2020a），经常被用来反映产品的差异化，这可能导致渠道冲突和价格竞争（Li et al.，2021c；Hosseini-Motlagh et al.，2018）。特别地，环境质量（如绿色或非绿色）是产品差异化和替代的一个重要维度（Ren et al.，2018）。Haytko 和 Matulich（2008）认为，提高环境意识的重要方法之一是绿色广告。Chen 和'Ulya（2019）基于消费者的环境意识和政府的奖惩政策，研究了制造商和其零售商如何发挥绿色努力的问题。陈克兵等（2023）研究了可替代产品供应链定价和绿色投入问题，发现随着消费者环保意识增强，绿色敏感度增高，整个供应链系统将会得到更高的收益。张会臣和韩小雅（2024）发现随着消费者环保意识的增强，制造商可能会降低产品售价和专利费用。

　　绿色供应链相关文献还集中于绿色度决策方面。Jamali 和 Rasti-Barzoki（2018）研究了在双渠道供应链下与非绿色产品竞争时的定价和产品绿色度的决策问题。Heydari 等（2019）研究了三层级双渠道绿色供应链的最优决策与协调机制，通过构建过渡模型来优化决策结构、提升产品绿色度、降低电子渠道和零售渠道的价格。李娜等（2021）分析了成员间的利他偏好对产品绿色度及企业经济效益的潜在影响。周艳菊等（2020）基于消费者环保意识、产品绿色度及价格等多个需求影响因素，分别研究了批发价格契约、成本分担契约和两部制契约对绿色产品需求、供应链成员利润及渠道利润的影响。刘名武等（2022）构建了制造商主导和零售商主导的二级供应链模型，比较分析出消费者不同绿色偏好下的供应链决策。林志炳和吴清（2023）通过与单渠道绿色供应链均衡的比较，发现制造商进入线上渠道的条件是由顾客参考价格灵敏度和离散程度两个因素共同作用的。李梦祺等（2023）研究了两条绿色供应链的链间竞争问题，发现随着绿色竞争的加剧，两条供应链上所有参与者的利益都可能受到损害，导致企业对绿色技术的投资减少和产品的绿色度降低。Chen 等（2024）研究了可持续供应链的绿色投资和合同设计的联合决策问题，发现在制造商和零售商都有公平性关注的情况下，制造商更倾向于在利润分享合同下追求绿色产品开发。

上述文献研究普遍关注如何将环境问题融入供应链活动，表明消费者低碳意识、支付意愿、产品替代性及环境质量等因素在绿色供应链决策中起着至关重要的作用。但上述研究较少分析制造商如何根据消费者的绿色意识开发绿色产品。

（三）价值链理论

迈克尔·波特于 1985 年首次提出价值链概念，认为企业价值由日常活动创造，创造价值的活动过程就是价值链，价值链是企业脱颖而出、形成竞争优势以增强实力的实用工具。张继焦（2001）认为通过价值链这一工具，整合企业的日常生产活动、市场营销、人才招聘等多方面，调整各阶段目标，使其成为一个涵盖信息流、物流及资金流的有序整体。大卫·波维特等（2001）对价值网进行阐述，指出价值网是价值链基础上延伸出的概念，涵盖主体更广，以顾客为中心主体，供应商和企业的关系更为紧密，形成命运共同体。Wang 等（2016）认为供应链治理通过合同与信任抑制供应商机会主义，会影响价值链效率与稳定性，如联想通过合同控制供应商流程，体现出对价值链生产环节的规范管理。李跟强和潘文卿（2016）首次将国内外的价值链整合成统一的逻辑架构中，考察中国各区域对全球价值链的嵌入模式。一些学者运用价值链理论，构建生态产品价值实现的系统框架与理论机制，分析生态产品价值的实现（张林波等，2021；朱锦维等，2023）。除此之外，价值链理论还广泛应用于文化创意产业、医药业、制造业、农业食品等众多领域（王春晖，2022；杨越等，2023；徐华亮，2021；Corallo et al.，2024）。

如今，价值链理念从企业内部的单一应用扩展至跨产业和多领域的广泛应用，其内涵和应用范围还在不断丰富。特别是如何将价值链理论应用于供应链多主体的协同减碳问题，这是一个值得深入研究的重要方向。

（四）企业社会责任

企业社会责任在推动供应链可持续发展中发挥着重要作用，也是国内外众多学者关注的焦点。Sen 和 Bhattacharya（2001）实证研究发现企业履行社会责任的水平会直接影响消费者购买能力。林志炳和鲍蕾（2021）探讨了零售商企业社会责任对供应链减排决策及政府补贴效率的影响。Servaes 和 Tamayo（2013）研究发现那些具有较强环保意识、主动愿意承担一定社会责任的企业可以获得额外的收益。在实际生活中，企业作为社会建设中的重要主体，与政府和非政府组织（non-governmental organization，NGO）等众多主体有着密切联系，多种主体间保持着信息的交互（Liu et al.，2019）。企业社会责任使企业在承担社会责任的同时实现了其社会价值，树立起良好的企业形象（Panda，2014）。此外，一些实证分析也表明消费者选择同类产品时更青睐那些具有社会责任的企业品牌（Amaeshi et al.，2008）。现在越来越多的企业在关注自身利润的同时，也承担起企业社会责任，关注服务提供者福利和消费者福利（Hong and Shore，

2023；蔡馨玥等，2024；Kong et al.，2024）。

企业社会责任理论主要阐述了企业需要关注为社会创造价值，而不只是追求自身利润。由上述文献总结可见，企业社会责任不仅直接影响消费者的购买决策和购买力，而且影响供应链成员的减排决策，在供应链管理中具有重要的战略意义和实际效益。

（五）协同治理理论

协同治理理论源于协同学和治理理论。郑巧和肖文涛（2008）提出了协同治理思想，认为公共协同治理需政府、企业等多主体合作维护公益。黄德林等（2012）补充了善治的理念，即避免无效治理、追求公益最大化。李辉和任晓春（2010）指出协同治理需合作主体具备匹配性、一致性等特征，在治理框架中互信、沟通、担责，形成合作模式以实现有效减排治理，为政府公共管理提供观念指导与技术手段。Wang 等（2017）研究供应商与客户紧张关系协同问题，指出定制化给供应商带来成本增加与紧张关系，也可被视作协调方案，发现客户参与加剧供应商项目收支紧张关系，而产品模块化、项目团队技术能力等因素对紧张关系有潜在调节作用。曾渝和黄璜（2021）提出了"参与-依赖"协同治理框架，从两个维度阐释数字平台技术提升协同治理效能的机制，确立了数字化协同治理的四种模式。王永贵等（2023）强调数字化对供应链协同及生态伙伴赋能的关键作用，以施耐德电气为例，指出其构建数字化"朋友圈"（涵盖客户、供应商等传统主体及高校、创业公司、技术联盟等新兴组织）赋能伙伴。何奇龙等（2023）构建政、企、农三方演化博弈模型，探索三方协同治理模式。纪祥等（2024）研究第三方环境信息平台参与下制造商与银行协同治理供应商污染问题，指出政府需推进环境信息公开以促进平台、制造商及银行协作，形成多方共治合力。协同治理理论还广泛应用于城市公共危机管理、项目竞合管理、子系统和项目层次治理等方面（Shan et al.，2023；Rouyre et al.，2024；Tannir et al.，2024）。

由上述文献总结可见，协同治理理论的研究主要集中在组织内部中各个主体如何实现更高效的协同过程并协调各方利益，但该理论应用于碳减排方面的研究还很少，对低碳供应链中多主体协同减排的关注还很缺乏。

二、低碳供应链网络设计研究

供应链网络设计是指在供应链管理中，对供应链中的各环节和节点进行战略性配置、规划和布局的过程。低碳供应链网络设计聚焦如何通过供应链网络规划和布局减少碳排放和提高能效目标，其文献基础主要包括物流网络设计、低碳供应链网络设计、低碳闭环供应链网络设计三方面。

（一）物流网络设计

物流网络设计作为物流管理中极为重要的战略层决策，通常需要精确各类设施的最佳选址、确定数量和容量，同时也要考虑设施之间的物流流量（Pishvaee et al.，2010）。大多数物流网络设计问题利用设施定位理论建立数学模型，包括线性确定模型

（Romeijn et al.，2007；倪玲霖和史峰，2012）、非线性随机模型（Santoso et al.，2005；Shu et al.，2006）等多个类别。近年来，许多学者在原有研究成果的基础上，将更多的现实要素纳入更复杂的物流网络设计模型中，如多种类型的商品（Miranda and Garrido，2004；谢世鑫等，2023）、多个目标（Pishvaee et al.，2010；Altiparmak et al.，2006；钟昌宝等，2012；李进，2015）、定位与路径的整合（代颖等，2012；何波和孟卫东，2010）、直接地和间接地装运机制（Pishvaee and Rabbani，2011）、减量化系统（李小平等，2019）、不确定环境（于国栋等，2024；吴鹏等，2024）等。Govindan 和 Sivakumar（2016）将客户的需求波动和回收物资量的不稳定性作为研究焦点，讨论了在不确定性因素影响下的逆向物流网络设计的关键要素。李进等（2015）研究了低碳环境下由第三方提供运输服务的车辆路径问题，发现以低碳为导向，采用低碳路径和中低车速更有利于实现节能减排。Martin 等（2021）将产品细分定价问题与服务网络设计问题结合，构建了考虑客户选择与内生交货时间的服务网络设计集成优化模型，并设计遗传算法进行求解。Gong 和 Zhang（2022）探讨了价格依赖收益和产品质量不确定性下的定价与逆向物流网络设计问题。Tavakoli Kafiabad 等（2022）考虑到供应商面临的需求不确定性等问题，提出了一种维修物流网络协同设计与规划的两阶段鲁棒优化模型。石褚巍等（2023）针对网络中节点与线路可能受损的不确定性网络设计问题，提出了一种基于两阶段鲁棒优化的新方法。Tasoglu 和 Ali Ilgin（2024）研究了逆向物流网络设计和拆卸线平衡与测序决策的联合优化问题，发现用基于仿真的遗传算法可以降低成本和缩短闲置时间，同时最大限度地提高流程效率和客户满意度。

由上述文献可知，物流网络设计作为物流战略的关键组成部分，已经从传统的设施定位理论发展到综合考虑多商品流、多目标优化、不确定性处理等复杂因素的非线性数学规划模型。

（二）低碳供应链网络设计

低碳供应链网络设计问题近年来引起了学术界的广泛关注。低碳供应链网络设计是在供应链网络的规划决策中加入对碳排放的考量，平衡经济目标和环境目标（Srivastava，2007）。Hugo 和 Pistikopoulos（2005）针对绿色化学品物流网络的设计问题，使用生态指标 99（Eco-indicator 99）数据库构建了双重目标的数学规划模型，寻求最大化总利润的同时最小化对环境的影响。Wang 等（2011b）研究了环境投资决策对物流网络设计问题的影响，建立了平衡总成本和环境影响的多目标优化模型。Quariguasi Frota Neto 等（2009）以最小化总能耗和废物产生为目标，构建了一个面向电子和电器设备回收网络的多目标优化模型。李进和傅培华（2013）提出了考虑车辆运量和速度的碳排放计算方法，建立了具有固定车辆数量的多车型低碳路径优化模型，并设计了一种基于划分的多起点禁忌搜索求解算法。Guo 等（2022）在考虑污染成本和运输时效的基础上建立了多目标低碳物流模型。Kannan 等（2023）提出的多目标混合整数规划模型在降低逆向物流网络成本和碳排放方面表现显著，特别是碳税监管政策对减少碳排放有显著作用。

近年来的学术研究在低碳供应链网络设计方面不仅考虑了成本效益，而且融入了碳排放和环境影响的考量，为实现供应链网络的经济与环境双重目标提供了理论基础和实践指导，但已有文献很少综合考虑参数的模糊性，这也是本研究需要进一步探索的方向。

（三）低碳闭环供应链网络设计

低碳闭环供应链在满足顾客需求情况下最小化成本这一经济目标的基础上，考虑碳排放的影响，加入对环境目标的考量，并实现经济目标和环境目标的平衡。近年来，学术界开始广泛关注低碳闭环供应链网络设计问题。Martí 等（2015）构建了适用于需求不确定性的供应链网络设计模型，并探讨了在不同碳规制政策（如碳限额与碳税）下供应链的应对策略。Bouchery 和 Fransoo（2015）从成本效益、碳排放量及模式转换的角度出发，提出一种新型的多式联运网络设计模型，探讨了内陆多式联运网络动态求解问题。高举红等（2015）构建了一个考虑碳补贴的家电闭环供应链网络规划模型，探讨了不同补贴水平对绿色消费者占比及整个供应链网络规划的影响。Tajani 等（2024）研究设计了一种新颖的闭环供应链，根据产品的价格和绿色度来满足客户需求。近年来，许多学者对闭环供应链的低碳回收机制研究聚焦新能源汽车行业（楼高翔等，2023；丁军飞等，2024；张川等，2024）、产品回收和再利用领域（黄宗盛等，2019；Xu et al.，2023）。

低碳闭环供应链网络设计中的一个重要问题是如何控制参数的不确定性。在低碳闭环供应链网络设计中，不确定性存在于供应、生产、分销、需求估计和产品回收的各环节。供应链的动态性与复杂性加剧了决策过程的不确定性，从而对供应链网络的整体绩效产生了显著影响（Özkır and Başlıgil，2013）。在供应链网络设计的战略层面，忽视不确定性因素会导致系统遭受不可逆转的损害，因此，构建一个在某些参数不明确的情况下也能保持稳定运行的可靠供应链网络至关重要。当前常用的处理供应链网络设计不确定性问题的数学规划方法包括随机规划（Salema et al.，2007；Ramezani et al.，2013；李伯棠等，2017；王洪峰等，2021；Lee et al.，2024；Darmawan，2024；Jiang et al.，2024）和模糊规划（Demirel et al.，2014；张鑫等，2020；张天瑞等，2021；Ala et al.，2024）。当缺乏准确历史数据和面临高计算复杂度的问题时，随机规划方法存在局限（Pishvaee et al.，2011），模糊规划方法则提供了一种更为有效的手段来解决实际应用中参数值不确定的问题，是解决供应链网络设计中不确定性问题的有力工具。

虽然有些文献研究了闭环供应链网络设计的模糊规划问题，例如，Demirel 等（2014）提出了带有清晰和模糊目标的闭环供应链网络设计问题及其遗传算法，但其研究仅关注了目标函数的不确定性，只考虑了单一的优化目标，缺少对闭环供应链网络中的碳排放和模糊性的综合考虑。

三、低碳供应链竞争策略研究

低碳供应链的竞争策略对供应链的环境绩效和经济绩效具有重要影响。本部分主要从产品差异化、渠道竞争和供应链竞争三个主要领域开展文献综述。

（一）产品差异化

在经济学和营销学领域，考虑到某些属性的排序水平，产品差异化可分为水平差异化和垂直差异化。读者可参考 Manez 和 Waterson（2001）、Köket 等（2008）对水平或垂直差异化的全面回顾。在水平差异化的文献中，差异化在于消费者对产品变体的相对偏好，而这些变体是无法进行排名的，如不是所有消费者都喜欢蓝杯子而不是红杯子。水平差异化在不同环境中与定制相结合（Syam et al.，2005；Xia and Rajagopalan，2009）。Berger 等（2007）发现产品水平差异化利于加强品牌认知、塑造专业形象、传递专业信息、提升产品质量评价。Rajagopalan 和 Xia（2012）探讨了一个制造商向两个竞争零售商售卖水平差异化产品的供应链。吴建伟（2016）从产业经济学角度总结横向差异化特征，认为横向产品差异是两产品间部分特征增加、部分减少，且消费者因偏好不同对产品的特征评价也不同。Amaldoss 和 He（2018）研究了在具有不同消费者偏好的横向差异化市场中参考依赖效用对价格竞争的影响问题。一些学者还将产品横向差异化与市场定位相结合进行研究（Dong et al.，2019；Joo et al.，2019）。王永贵和洪傲然（2020）发现企业跨国经营的外部环境（如制度环境、市场模糊性）和内部能力（如创新能力、跨国市场能力）显著影响水平差异化产品定制化战略的效果，并且定制化利大于弊，能缓解信息不对称。Shao（2020）研究横向差异化产品的正确生产策略问题，分析标准化和大规模定制生产策略下的分类和定价决策，并确定最佳生产策略。周沫和刘同（2021）从横向产品差异化角度切入，对互联网企业产品的定价和社会福利进行了研究。Moorman 等（2024）发现产品水平差异化对员工生产力和企业议价能力具有重要影响。den Boer 等（2024）研究需求信息不完整时横向差异化产品的定价与定位问题，并提出基于位置选择模型的最优定价和产品配置方案。

关于垂直差异化的文献通常用产品质量来表示某些属性的水平，其中，质量水平越高越好（Moorthy，1984）。Mussa 和 Rossen（1978）是第一个研究垂直产品差异化的学者，研究表明垄断者决定质量水平以迎合异质性消费者。Altug（2016）研究了一个供应商选择具有不同质量水平的垂直差异化产品系列来服务异质的终端消费者。凌艳涛等（2021）研究了异质性消费者偏好下的绿色产品垂直差异化设计与定价策略问题。官振中等（2021）考虑到市场中存在对质量和价格敏感的消费者，研究了双寡头软件公司垂直差异化产品的最优定价策略问题，并给出帕累托改进。杜华峰和官振中（2023）基于消费者策略性购买行为和企业成本降低需求的双重推动，构建了质量下降型和质量提升型两种垂直差异化产品投放的动态博弈模型，分析了企业的最优策略。Tookanlou 和 Wong（2020）研究了制造商在销售定制产品时的产品线设计决策问题，确定了垂直产品差异化中产品线设计最佳定制水平、交货时间和库存定位。

综上所述，现有研究大多考虑了产品的差异化和竞争，涵盖了水平差异化和垂直差异化两个维度，但没有考虑消费者的环保意识和制造商在低碳供应链中的侵入行为。

（二）渠道竞争

渠道竞争通常涉及不同销售渠道之间的竞争，包括制造商直销、分销商和零售商之间的竞争。零售商入侵是指零售商通过提供自有品牌产品或增加服务来提升自身在供应链中的地位，有时也可能通过直接与制造商合作来绕过分销商。Zhang S C 和 Zhang J X（2020）研究了供应链中制造商的侵占与零售商的融资选择之间的战略互动，发现渠道竞争越激烈，制造商侵占的可能性就越小。也有研究表明，零售商可能通过降低批发价格和增加下游竞争而从制造商入侵中获益（Arya et al.，2007；Chiang et al.，2003）。Sun 等（2019）表明当直销成本较低（足够高）时，制造商（零售商）可以从入侵中获益。Guan 等（2020a）研究表明，零售商能够借助供应商自愿分享的信息来增强消费者对产品品质的预期，从而在制造商直接参与市场竞争的情况下获得益处。Zhang 等（2023）研究了差异化零售商的绿色投资选择对制造商的运营决策、渠道效率、消费者福利和环境的影响，发现零售商之间的竞争越激烈，劣质零售商引入绿色投资的意愿就越低。Huang 等（2024）研究表明，零售商适当引入直播渠道策略可以减少陷入囚徒困境的可能性。

制造商入侵是指制造商绕过传统的分销和零售渠道，直接向消费者销售产品。制造商入侵使得制造商成为渠道竞争的一个新参与者，与原有的分销商和零售商形成竞争关系。聂佳佳和李芳（2022）建立了有制造商入侵的单渠道和双渠道销售的博弈模型，以及无制造商入侵的单渠道和双渠道销售的博弈模型，分析了零售商双渠道策略和制造商入侵策略。张翠华和李慧思（2020）研究了考虑产品质量差异和零售商公平敏感性的制造商入侵决策问题。Zhang 等（2019a）研究了不对称需求信息下的制造商入侵与质量决策问题，发现制造商总是可以受益，但零售商只有在直销成本适中的情况下才能受益。Ma 和 Hong（2021）研究了制造商和零售商同时投资广告的带有制造商侵占的供应链，探讨制造商侵占和不同数量决策序列对参与者广告策略和利润的影响。Zhang L H 和 Zhang C（2022）研究了零售商融资选择与制造商入侵之间的战略互动，发现在高度竞争的渠道环境中，制造商采取入侵策略的意愿会削弱。李金溪等（2023）研究了供应链部分整合下的渠道入侵，发现仅当零售商进行广告宣传时，制造商的入侵行为会导致零售商减少广告投入。还有一些学者发现制造商入侵可能使制造商和零售商受益（Yoon，2016；Chen et al.，2019a；Guan et al.，2019；赵骅等，2022）。张雪峰和李果（2024）研究了平台零售商如何应对制造商渠道入侵，发现在特定情况下直接开放引入不失为一种好方法。李秋香等（2023）研究了制造商最优策略选择及对供应链成员利润的影响，发现制造商是否采用直销渠道入侵与销售成本和产品市场需求状态有关。李进等（2024a）考虑消费者绿色偏好与渠道竞争，分析制造商集中式入侵与分散式入侵模式如何影响产品绿色度、销售策略及利润，并指出分散式入侵有利于提高社会福利。

综上所述，渠道竞争的研究揭示了制造商和零售商在面对直销、分销和零售等不同销售渠道时采取的入侵策略，这些策略通过博弈论和利润分析得以评估，但有关渠道竞争的研究大部分忽视了绿色产品的销售和消费者的绿色偏好。

（三）供应链竞争

竞争环境下的供应链管理的研究文献已经很丰富。早期的研究包括 McGuire 和 Staelin（1983）的经典文献，该文献表明，销售可替代性高的产品的竞争制造商更喜欢分散化而不是集中化。Anderson 和 Bao（2010）发现分散式供应链的收益与市场份额的比例系数相关。Wang 等（2011a）研究了广告竞争中的两条供应链，发现分散式供应链可能加剧广告竞争，伤害制造商。Liu 和 Tyagi（2011）发现当下游企业在产品生产定位上竞争时，具有竞争力的分散化会带来好处。Li 等（2016b）研究了集中化的品牌企业和分散化的山寨产品供应链之间的竞争，发现当他们在产品特征上竞争时，分散化有利于山寨产品供应链。Zhao 和 Shi（2011）发现，分散化在激烈的市场竞争下表现较好，而集中化在大量供应商存在时表现较好。Glock 和 Kim（2015）研究了单供应商多零售商的供应链，发现在一定条件下正向集中可能会使相关各方受益。

目前，关于供应链竞争的文献讨论较多的是竞争性制造商或者竞争性零售商，而对低碳供应链间竞争的研究尚处于起步阶段。现有的关于供应链间竞争的研究大多建立在 McGuire 和 Staelin（1983）的研究基础上，他们研究了两条二级供应链竞争的模型，并指出独家经销的模式在饮料、汽油和汽车等行业均很常见。在此基础上，Anderson 和 Bao（2010）将两条供应链扩展到了任意数量供应链的竞争中，并对不同供应链结构在不同市场份额变异系数和竞争水平下的优劣进行了比较。鲁其辉和朱道立（2009）在供应链间竞争的研究中加入了对价格和质量等多重因素的考虑，并分析了不同协调情景下的最优策略和供应链收益。肖迪等（2008）对不同竞争模式下两条供应链之间的库存竞争行为展开了研究，分析了不确定性需求对供应链利润的影响。Guan 等（2020a）研究了两个竞争供应链中需求信息共享问题。王珊珊等（2020）研究了竞争供应链投资碳减排技术的均衡策略，发现在供应链间竞争激烈的情况下，政府应该减少碳排放税以鼓励企业采纳碳减排技术。邹清明等（2022）研究了公平关切下的供应链决策问题，分析了其对最优定价和碳减排水平及利润的影响。马建华等（2023）通过构建链与链竞争模型，研究了生产者责任延伸制度下竞争供应链渠道结构选择和政府回收奖惩政策设计问题。李梦祺等（2023）基于非合作-合作两型博弈方法，研究了两条绿色供应链间竞争与合作共存的供应链的均衡价格及最优利润问题。罗剑玉等（2023）研究了供应链间竞争中关于制造商提供绿色服务的信息共享问题。Xia 等（2023）研究了供应链间竞争下市场竞争强度和消费者低碳偏好对均衡决策和企业利润的影响问题，发现在供应链间竞争下，低碳生产无法改善竞争强度增加对企业利润的负面影响。郭松波等（2024）研究了竞争药品供应链的最优定价决策问题，探讨了不同规模的非对称药品零售商的药品团购供应链系统协调机制。

综上所述，早期供应链竞争研究多集中在供应链集中化和分散化，近年来大量文献聚焦竞争供应链渠道结构、选择策略研究，对低碳供应链竞争的研究还比较少。

四、低碳供应链模式选择研究

低碳供应链模式选择研究的文献基础主要有双渠道供应链、集中化和分散化战略选择、分销和代销模式选择。

（一）双渠道供应链

学者对双渠道供应链进行了广泛的研究（Lu et al.，2018；Cai et al.，2009；Li et al.，2019a；Qing et al.，2017；Yu et al.，2017；Radhi and Zhang，2019）。Cattani 等（2006）分析了一个双渠道供应链，发现如果直接渠道比传统渠道更方便，制造商不会选择平等定价政策。Radhi 和 Zhang（2019）研究并比较了零售商可以提供同渠道和跨渠道退货的四种可转售退货政策。Jabarzare 和 Rasti-Barzoki（2020）研究了在价格和质量竞争下由一个制造商和一个包装公司组成的双渠道供应链，发现对价格敏感的客户可以从竞争中获益。Modak 和 Kelle（2019）研究了一个具有价格和交货时间依赖性的随机客户需求的双渠道供应链。Zhou 等（2018）研究了免费搭车对双渠道销售工作的影响，并提出了一个成本分担的协调合同。Chen 等（2017b）研究了双渠道供应链中的定价策略与质量控制决策，并证实引入新渠道对提升产品质量具有积极作用。Javadi 和 Hafezalkotob（2019）探讨了政府关税对双渠道供应链中最优定价的影响。Li 等（2021a）研究了双渠道供应链中制造商的侵占策略，研究发现，与集中式侵占相比，分散式侵占对制造商更有利。张令荣等（2023）以企业利润最大化为目标，建立了单一线下渠道减排模型、双渠道不减排模型及双渠道减排模型，并最终通过求解模型得出了渠道定价、减排投入力度及最优渠道选择策略。Hu 等（2022b）表明制造商为了提高产品的市场占有率，往往会通过多种渠道甚至全渠道销售产品。Xiao 等（2023）研究了双渠道供应链中质量差异化和权力结构如何塑造引入激励和公司盈利能力问题。边展和张红艳（2024）聚焦由资金约束制造商、银行、零售商及第三方平台构成的双渠道供应链系统，研究了集中化决策与分散化决策下资金约束制造商的最佳融资策略。吴小节等（2024）构建了传统单一零售渠道和网上直销双渠道两种供应链结构，探讨了在消费者具有双重敏感性下零售商与制造商的渠道偏好，发现双渠道的碳减排水平总是比单渠道的高。Gao 等（2024）研究了一个具有双渠道的可持续、环保的闭环供应链网络，为管理人员做出经济和环境可持续的决策提供了理论框架。

虽然学术界对双渠道供应链进行了较为广泛的探讨，但对包含双渠道和产品绿色问题的供应链研究仍然较少。Gao 等（2020a）考虑了具有零售和直销渠道的绿色供应链中的生态标签问题。王桐远和李延来（2020）发现渠道间的竞争强度、直销渠道的市场占比及制造商绿色投资的效率直接影响整个绿色供应链的利润。Ren 等（2021）提出了供应商主导的绿色供应链中的前向持股、后向持股和交叉持股三种持股策略。Li 等（2021b）研究了制造商在具有可替代绿色产品的双渠道供应链中的侵占决策问题。Pal 和 Sarkar（2021）分析了双渠道绿色供应链中零售商促销行为所带来的影响。Zhang 等（2021）研究了集中化和分散化模式下双渠道供应链的动态定价策略和绿色问题。熊峰等（2022）基于供应链各成员的风险偏好，研究了绿色供应链中产品绿色度和线上与线下双渠道的零售价格，考虑了制造商代销模式和分销模式的选择问题，探究了销售可替代的绿色产品的情况。余娜娜等（2022）探讨了制造商通过提升产品绿色度来刺激市场需求的现象，并研究了双渠道需求间的搭便车效应，发现随着产品绿色度的提高，直销和传统零售渠道的价格均呈现上涨趋势。Li 等（2024）研究了制造商在具有竞争性绿色产品的双渠道供应链中转售和代理销售的决策问题，研究发现，制造商是否更喜欢代理销售（而不是转售）取决于绿色成本因素、收益分成比例和消费者绿色意识。

综合以上文献，已有双渠道供应链问题的研究大多关注经济绩效，考虑消费者低碳意识和环境绩效的双渠道供应链研究还比较缺乏。

（二）集中化和分散化战略选择

目前关于集中化和分散化战略选择的工作可分为三类。第一类工作论证了支持集中化的原因，如允许库存风险的多样化、数量折扣和提高资源配置效率（Eppen，1979；Munson and Hu，2010；Fang，2015；An et al.，2016；Cho，2014）。第二类工作的研究重点是当分散化是供应链的现实结构时，如何取得集中化的结果（Anupindi et al.，2001；Bernstein and Federgruen，2005；Hsieh et al.，2014；Giri and Bardhan，2017）。第三类工作在包括供应链中断、先进制造技术管理、战略库存和灰色市场在内的各种背景下，探讨了横向或纵向分散化的若干战略效益（Schmitt et al.，2015；Gupta et al.，1997；Arya et al.，2015；Kim and Park，2016；Belavina and Girotra，2012）。

近年来，许多学者对这两种战略选择进行了详细的研究。Chen 等（2015a）设计了质量投资成本分担契约协调，通过对三阶段下动态博弈集中化和分散化两种决策模式下质量决策的均衡解分析，找到了成本分担契约的最优分担比例。刘云志和樊治平（2017）针对分散化和集中化两种决策模式，设计出批发价格-质量改进成本分担的组合契约，实现了供应链协调。郑本荣等（2022）将是否在模型中加入在线评论作为考虑对象，分析了分散化和集中化决策模式对双渠道系统中服务投入水平等决策的影响。Li 等（2023）研究了部分集中化供应链结构，研究发现，部分集中化可以成为持久良好供应链的均衡结构。Yang 等（2024）研究了集中化和分散化决策角度下定价决策和利润分配问题，分析跨渠道数据挖掘和渠道消费偏好对供应链决策的影响，发现消费渠道的偏好程度与渠道利润呈正相关。Liu 等（2024）探讨了分散化决策和集中化决策下的双渠道供应链最优定价问题，分析线上评论和售中服务对双渠道供应链的影响，发现最优线上直销价格与线上评论产品感知质量呈正相关，与售中服务呈负相关。

（三）分销和代销模式选择

一些学者在不考虑绿色产品的情况下探索了供应链的分销模式和代销模式（Mai et al.，2021；Chen et al.，2021）。还有学者研究了竞争环境下电商平台的销售模式（Wei et al.，2020；Zhang and Hou，2022；Chen et al.，2020a）。此外，从供应链结构的角度来看，Zhang 和 Hezarkhani（2021）考虑了直销渠道战略、零售渠道战略和双渠道战略。Li 等（2019b）研究了全渠道零售供应链。Zhang S C 和 Zhang J X（2020）专注于可能开设实体店的供应商共享电商平台的需求信息策略。Pu 等（2021）探索了不同线下渠道权力结构下制造商线上渠道的营销和定价策略。Hejazi 等（2021）研究了双渠道供应链中的定价协调。王鹏等（2024）研究了在零售平台是否引入自有品牌并结合不同渠道选择策略下供应链成员竞合博弈中的策略交互行为。

近年来，学者还围绕电商平台销售模式选择问题从不同视角展开了深入研究。Mantin 等（2014）从对称信息视角出发，研究销售模式的选择问题，认为引入代销模式可以增强电商平台同上游供应商的谈判能力。Abhishek 等（2016）构建了一套程式化的理论模型来比较分销模式和代销模式的差异，指出企业对销售模式的偏好取决于电商平台间的竞争强度和渠道溢出效应，且代销模式一般更有效率。Johnson 等（2017）在不完全竞争的市场情境中比较了两种销售模式的异同，指出代销模式通常有利于零售商而不利于供应商。Hu 等（2022a）在 Johnson 等（2017）的基础上，考虑线性与非线性需求结构和跨品牌的零售传递效应，研究电商平台的销售模式选择问题。Hagiu 和 Wright（2014）指出，分销模式和代销模式的选择高度依赖供应商和电商平台对每种特定产品营销活动的信息掌握程度。林强等（2021）对比了在分销模式和代销模式下的现款支付和信贷支付，发现信贷支付模式下供应商仅偏好分销模式，现款支付模式下平台和供应商选择何种销售模式进行合作则取决于佣金费率。Ha 等（2022）将平台销售努力引入销售模式选择中，比较了分销模式、代销模式和混合模式下的企业均衡策略，发现对制造商而言，混合模式总是优于代销模式。Huang 等（2022）从在线销售模式选择的视角，探讨了策略型消费者和自有品牌引入的相互作用，认为消费者策略行为越显著，制造商越偏好代销模式。也有部分学者对非对称信息下的销售模式选择进行了研究（Zhang S C and Zhang J X，2020；林强等，2023）。马德青等（2024）认为消费者的反展厅现象（即消费者在线上渠道获取产品信息后转向线下渠道完成购买的一种交叉渠道行为）的存在使得电商平台在佣金费率很高时仍具有选择分销模式的可能。

五、低碳供应链规制政策研究

低碳供应链规制政策的文献研究主要涉及包括碳补贴、碳税和碳交易在内的政府激励政策设计，以及政府碳管制下的企业减排决策。

（一）政府激励政策设计

消费者对产品的绿色度有不同的要求，在绿色供应链形成初期，由于技术还不成熟，绿色产品设计需要高额的成本，这导致制造商往往缺少绿色研发动力。因此，政府需要通过制定相关政策来鼓励制造商进行绿色生产，例如，提供财政补贴、税收优惠和优先采购等措施以激励和引导制造商进行绿色转型。其中，政府补贴是常见且有效的政策之一（Fogarty and Sagerer，2016）。政府补贴方式通常有两种（温兴琦等，2018）：第一种是政府对产品的绿色绩效程度进行补贴，这往往与产品绿色度相关，例如，国家根据新能源汽车的电池容量、能量密度、充电速度及节油效能等多项指标来设定相应的车辆补贴政策标准；第二种是政府对制造商的绿色研发成本进行补贴，通过资金补贴来降低企业绿色研发风险，例如，设置绿色专项技术改造资金、资助科研项目经费等，这也是提高制造商低碳生产积极性的直接策略之一。

国内外一些学者对绿色供应链中政府补贴和政企博弈行为进行了研究，大多说明了政府补贴对企业绿色生产的正向激励作用。Gao 等（2018）考虑一个供应链，在政府以提高社会福利为目标的激励下，制造商在其直接渠道生产和销售两类绿色产品，研究发现，政府制定产品绿色标准并为制造商提供补贴是至关重要的。Mitra 和 Webster（2008）通过构建补贴制造商、补贴再制造商和同时补贴两者三种博弈模型，研究政府补贴的影响，发现投资制造商与再制造商更有利于提高报废产品的退货率。Huang 和 Hu（2015）构建了在政府补贴机制作用下绿色供应链的定价决策模型，发现政府补贴政策对制造商和消费者均有正面影响，能促进绿色产品市场的快速发展。Bian 和 Zhao（2020）研究发现补贴政策能促使产品制造商减少温室气体的排放，使供应链中其他成员获得更高收益。罗春林（2014）发现在电动汽车供应链中，政府补贴可以使其销量增加，并最终使整个供应链受益。王旭和王非（2019）认为企业绿色创新的有效实施很大程度上受到政府财税补贴的影响。江世英和方鹏骞（2019）认为政府对制造商进行补贴有利于提升产品的绿色度和社会福利。江佳秀等（2022）研究了政府碳补贴政策对供应链减排决策的影响，发现政府提供碳补贴时供应链成员的碳减排效果和收益相较于无碳补贴时均有提升。徐浩鑫等（2023a）探讨了政府补贴比例系数对均衡决策和相关收益的影响，发现均衡决策与政府补贴比例系数呈正相关。Fang 和 Zhao（2023）研究了在横向差异化市场中政府补贴对竞争企业、消费者和环境的影响。但以上文献政府补贴方式较为单一，并未涉及不同政府补贴方式效果的比较。

在考虑不同政府补贴方式对绿色供应链运作的影响方面，韩同银等（2022）研究了政府补贴和公平关切因素对供应链最优定价、绿色度决策及供应链成员利润的影响。凌六一等（2012）对比分析了不同政府补贴方式下的绿色产品市场需求和环境绩效，表明在选择补贴机制时，需综合考虑市场状况、补贴对象等多种因素。孙迪和余玉苗（2018）综合考量消费者偏好和产品绿色度等因素，构建了政府对绿色产品生产者补贴和对消费者补贴两个博弈模型，发现无论采用哪种补贴政策，增大补贴力度都有利于推动企业的绿色生产。尚春燕等（2020）研究了不同政府补贴策略对产品绿色度和供应链成员的影响。夏西强和曹裕（2020）从外包再制造的角度对比分析了不同政府补贴方式对再制造决策、消费者剩余和社会剩余的影响。梁喜和魏承莉（2020）分析了政府同时提供研发补贴和生产补贴对供应链创新动力、价格设定及盈利情况的影响。冯颖等（2022）研究了绿色度补贴与绿色研发创新补贴这两种补贴方式对供应链成员的决策和效益的影响。张福安等（2023）考虑消费者低碳偏好及政府补贴政策，比较分析了不同政府补贴政策及消费者低碳偏好对制造商减排决策、闭环供应链绩效及环境绩效的影响。

　　碳税也是一种减排激励的有效手段，能有效促进低碳发展。Fahimnia 等（2015）探讨了碳税政策方案对战术层面的财务和减排绩效的潜在影响，提出了一个结合经济和环境目标与约束条件的绿色供应链规划模型。Drake 等（2016）研究了排放税和排放限额与交易规制对企业技术选择和产能决策的影响。熊中楷等（2014）分析了在两种渠道结构下，碳税和消费者环保意识对制造商单位碳排放量和供应链成员利润的影响。周艳菊等（2017b）研究发现政府征收碳税能够激励企业降低碳排放水平并增加社会福利。Chen 和 Hao（2015）研究了碳税政策背景下企业制定可持续的定价和生产策略的激励问题。Wang 等（2016a）通过研究两个国家的纺织企业的价格竞争行为，表明发展中国家的纺织企业需要选择合适的绿色排放技术以应对碳税带来的影响。王君等（2021）研究了碳税政策下供应链成员的行为选择问题。夏西强和李飚（2022）研究了政府碳税对再制造的影响，发现碳税政策有助于改善再制造商利润。张炎亮等（2023）构建了原始制造商主导、再制造商主导及势均力敌三种模式下的博弈模型，分析了不同权力结构下碳税政策对供应链决策的影响。Fu 等（2023）研究了排放不对称性与碳税问题，发现引入碳税后可以减轻甚至消除最初的排放不对称性，使碳效率低的企业比碳效率高的企业更有可能从绿色技术中受益。

　　碳限额与交易机制是控制碳排放的有效手段之一（Giarola et al.，2012）。碳交易是指国家向控排企业分配一定的免费碳配额，控排企业将生产剩余或超出配额的碳排放权视为商品在碳交易市场上进行交易（袁开福等，2023）。Ji 等（2017）将祖父机制与标杆机制下碳配额对企业决策、利润、社会福利的影响作对比，发现低碳企业采用祖父机制利润更高，且政府对基准的决定是实现社会福利最大化的一个关键因素。李进和张江华（2014b）研究了碳排放交易机制下的物流配送路径问题，发现碳排放交易机制下的路径安排策略能够有效减少碳排放。Xu 等（2017）研究了碳限额与交易机制下供应链零售商和制造商的产品生产与定价问题，分析了碳价格如何影响供应链企业的利润。Feng 等（2021）研究了碳限额与贸易政策下零售商联合补货的利润分配规则。柏庆国和徐贤浩（2018）研究发现与碳税政策相比，碳限额与交易政策能够使供应链实现高利润和低排放的效果。夏西强等（2022）基于外包制造，分析了碳交易对推动低碳供应链发展的作用，并研究了低碳供应链的协调机制。杨建华和解雯倩

（2022）研究了在碳限额交易机制下，碳限额总量和平台推广服务对减排成本差异化的竞争制造商生产与减排决策的影响。Mirzaee 等（2023）提出了一种碳限额与交易机制作为控制制造商空气污染的方法，设计了绿色供应商选择与订单分配的多目标鲁棒优化模型。Cai 和 Jiang（2023）研究了长期视角下考虑消费者低碳偏好、碳限额与交易规制及权力结构的供应链成员最优定价和碳减排决策问题，发现碳限额与交易规制能否改善环境和低碳供应链绩效取决于碳限额和碳价格。李进等（2024b）研究了碳限额与交易机制规制下供应链竞争的最优减排策略及决策结构选择问题，探讨了碳配额和碳价格的影响。方国昌等（2024）构建了基于碳交易机制的政府与企业碳减排动态博弈模型，通过可视化手段分析双方行为的演变轨迹，探究碳交易推进过程中可能出现的博弈状况，并据此提出针对性的对策建议。

综合以上文献，目前对政府补贴、碳税、碳交易的研究有很多，但大部分文献聚焦单一的激励政策对供应链的影响，综合考虑政府激励、消费者低碳偏好、决策方式的文献还比较少。

（二）政府碳管制下的企业减排决策

在政府实施碳管制政策的背景下，供应链中的企业都在增加对碳减排技术的投资，以降低自身的碳排放量。其中，制造商减排对绿色供应链的作用较为明显，大多数文献讨论了制造商的减排投资工作。在碳排放政策下，Song 和 Leng（2012）研究了强制性碳排放能力、碳排放税和碳排放交易制度下的经典单周期报童问题，研究发现，由于实施碳限额与碳交易政策，企业的预期利润会增加，碳排放会减少。Zhang 等（2011）讨论了碳排放交易和净化处理对碳限额交易系统中依赖排放的制造商生产优化的影响。Benjaafar 等（2013）强调了企业运营决策对碳排放的影响，探讨了企业之间的合作与碳排放的关系。Hoen 等（2014）采用基于现实生活数据的碳排放测量方法，研究得出企业改变运输模式可以获得大量的减排。Theißen 和 Spinler（2014）引入网络分析法，指出制造商企业可以通过选择最佳供应商合作伙伴实现减排的最大化。Jaber 等（2013）在供应链和运营管理的背景下考虑 EU ETS，构建了具有协调机制的两级供应链模型，研究了最优情况下的库存与企业减排成本。Elhedhli 和 Merrick（2012）发现考量碳排放成本会改变供应链的最优配置，即在有碳成本的地区设计供应链时应考虑排放成本。

李进和张江华（2014a）研究了考虑碳排放和速度优化的带时间窗车辆路径问题，发现基于速度优化的路径安排比固定速度的路径安排能更加有效地减少总费用和碳排放。Yang 等（2020）研究了碳限额与交易监管下的再制造闭环供应链，发现再制造能够有效提高制造商和零售商的碳减排成效及盈利能力。魏守道和孙铭（2022）研究了政府提供消费者补贴下供应链间减排研发策略选择问题。Gopalakrishnan 等（2021）提出一种碳减排背景下实现碳足迹均衡的解决方案，有助于解决供应链中公司的碳排放责任计算问题。贺勇等（2022）指出当制造商自主减排时，政府补贴制造商减排研发成本比补贴单位产品减排量所产生的减排效果更好。夏良杰等（2021）研究了在碳交易机制下供应链企业的减排和定价问题，发现制造商与零售商交叉持股能够改变碳价格对制造商减排量的影响。杨建华和解雯倩（2022）指出在政府碳管制下，供应链成员可采用契约、合同，或与下游零售商联合减排等协作方式应对碳限额与交易政策，达到减排目标，实现供应链成员双赢。Tsai 等（2023）研究了不同碳减排管制政策对公司生产结构和盈利能力的影响，发现碳排放信用机制的广泛应用可以抵消生产过程中的碳排放，对公司的可持续竞争力产生重大影响。

以上文献综述表明，在政府碳减排管制政策下，供应链各环节企业通过技术创新和管理优化能够有效降低碳排放，提升整体供应链的竞争力和企业利润，但对供应链竞争的减排策略及决策结构选择问题研究较少。

第二节　低碳供应链的实践应用研究

学者对低碳供应链的实践应用研究主要从国家/地区层面和产业层面展开，通过分析不同国家政策实施和理论研究情况，以及各行业的具体应用实例，系统地探究低碳供应链的实践应用的科学性。

一、国家/地区层面的政府实践研究

国家/地区层面的研究包含欧盟、日本、德国等发达国家和地区，以及菲律宾、俄罗斯、巴西、马来西亚、中国等发展中国家，主要列举了各个国家或地区如何实施低碳供应链，以及各个国家或地区之间在低碳供应链实施上的差距。

第一，欧盟、日本、德国等发达国家和地区低碳供应链的应用研究。世界上最大的碳交易市场是 EU ETS。贾茹（2012）对 2003 年欧盟委员会建立的 EU ETS 进行了研究，发现这一系统不仅覆盖电力行业，而且包括工业、航空、建筑等多个行业，促进了整个供应链的低碳化。经过多年的实践与改革，EU ETS 已发展成为世界上数一数二的碳排放权交易市场，被公认为全球最为有效且相对完善的碳排放权交易体系。2020 年，日本政府提出 2050 年实现碳中和目标，并发布了《2050 年碳中和绿色增长战略》，旨在通过推动可再生能源发展和提高能源效率来实现低碳发展。日本的低碳供应链实践还包括实施《循环型社会形成推进基本法》等政策，强调资源的循环利用。Gao 等（2020b）研究了支付意愿对实现日本未来可再生能源目标的影响。根据可再生能源年生产成本与可再生能源最大支付意愿的差距，估算出采用可再生能源实现国家目标所需的投资补贴，以及日本各都道府县未来的可再生能源潜力，为负责规划灵活能源政策的政策制定者提供了有用的信息。德国政府在 2010 年实施了旨在支持低碳能源转型的立法，德国曾通过引入可再生能源上网电价，成为风能和太阳能技术的全球领导者，但目前进展停滞，化石燃料仍占主导地位。Kemfert（2017）表明德国通往无碳未来的列车已经脱轨，出台的从上网电价转向可再生能源供应招标制度造成了适得其反的效果，并为德国政府提出了三条重回能源转型轨道的建议。

第二，菲律宾、俄罗斯、巴西、马来西亚、中国等发展中国家低碳供应链的应用研究。Mondal 等（2018）对菲律宾电力部门 2014~2040 年的替代性长期能源供应和低碳战略进行了评估，研究了可再生能源对菲律宾能源供应组合多样化以满足未来电力需求的潜在贡献。Kurniawan 等（2022）发现俄罗斯圣彼得堡因工业化和经济增长导致城市扩张，废物生产量激增，现有废物管理系统亟须彻底改革以提升可持续性，并研究和分析了圣彼得堡废物管理的现状及其在促进基于数字化的循环经济中的作用，为城市废物行业向数字化转型提出了有效意见。Jabbour 等（2015）探讨了以低碳经济为目标的可持续供应链生态创新的成功与广泛的人类关键成功因素（human critical success factor，HCSF）的关系，通过定性分析巴西的三个低碳生态创新案例，发现人类关键成功因素在开发低碳产品过程中的作用趋于强化，这也是首个将生态创新、可持续供应链、气候变化和巴西领先企业的案例联系起来的研究。Furlan Matos Alves 等（2017）利用权变理论，探讨供应链相关权变如何与巴西公司组织结构的变化相关，研究发现，适当的低碳管理结构对提高组织对低碳战略潜在利益的认识至关重要，低碳管理举措往往来自组织现有的环境管理体系。

Fernando 和 Hor（2017）通过分析来自 ISO14000 认证公司的调查数据，发现马来西亚能源管理实践仍处于起步阶段，对碳排放的关注在制造业中受到限制，工业公司普遍缺乏开发环境友好型管理实践的竞争压力。Al-Madani 等（2024）分析了 129 家制造企业对能源管理实践的回应，发现马来西亚可再生能源供应链存在不确定性、成本上升、交货时间延长和中断的风险，研究表明，能源审计与再生能源供应链呈正相关，政府的激励措施会影响能源管理实践，管理承诺和能源知识直接影响制造企业的生态绩效。Mao 等（2017）以中国机械、电子、交通运输等零部件行业的 12 个事业部为研究对象，分析内部低碳整合和外部低碳整合与企业绩效的关系，以及低碳供应链内部质量管理的调节作用，发现内部低碳整合有助于提升企业的环境绩效，但会阻碍企业的财务绩效，外部低碳整合同时提高了企业的环境绩效和财务绩效。此外，中国还致力于探索实现低碳目标的有效路径，相关研究也取得了诸多成果。Chen 等（2020b）以减少中国碳排放、不阻碍长期经济发展为目的，研究了碳排放税收计划的设计方法，研究发现，无论客户是否对碳排放敏感，碳税都应因行业而异，应考虑碳减排的供应链权力结构和成本效率。Han 和 Fang（2024）主要研究了区块链技术在低碳供应链中的应用，从物流溯源、供应链金融、供应链协同、可持续管理和风险管理等方面进行了系统综述，讨论了区块链技术在供应链中的未来应用趋势，为中国实现低碳目标提供有力的理论支持。

二、产业层面的企业实践研究

产业层面的研究包含制造业的低碳供应链应用研究，以及包括零售业、生鲜食品行业、建筑业、金融业在内的其他产业的低碳供应链应用研究。

（一）制造业低碳供应链应用研究

当前，我国的经济增长仍然依赖能源密集型产业，供应链的构建和发展也主要围绕着能源企业和制造业等高碳排放行业展开。制造业是立国之本，制造业的低碳转型和可持续发展是大势所趋，但不能过早地完全去工业化，具体研究如下。

在我国大力倡导实现"双碳"目标以及绿色生产、消费的大环境下，公众已高度认可绿色消费的重要性。《公民生态环境行为调查报告（2021 年）》①显示，2021 年绿色消费的人数占比比 2020 年增加了近二成。制造业也在积极响应消费者的绿色偏好，生产绿色度更高的产品。在制造业中，再制造具有重要作用，Yenipazarli（2016）研究了再制造活动及社会因素对企业利润、环境效应和社会福利均衡的影响，发现产品的回收率和环境成本对实现经济、环境与社会三方面的效益具有关键性作用。Chai 等（2024）发现低碳产品再制造受工艺创新影响，工艺创新可以有效地提高再制造性能，提高制造商的回收率。Lenny Koh 等（2013）研究了供应链环境分析工具决策支持系统（decision support system，DSS）的设计和开发，方法框架集成了供应链映射、供应链碳核算、供应链干预和供应链干预评估的不同技术/方法，对未来制造业供应链的可持续性研究、决策科学、管理理论、实践和政策具有重要意义。Govindan 和 Sivakumar（2016）研究了造纸行业的回收和优化采购问题，提出一个包含两阶段混合方法的模型来支持选择最佳绿色供应商和在潜在供应商之间分配订单，发现在生产过程中使用此模型回收产品可减少 26.2%的碳排放。

Shen 等（2017）以中国纺织业为研究对象，发现能源消耗约束下，制造商积极开发清洁技术以减少碳排放，而成本分担契约促使其增加低碳投资，并降低最优保留批发价。王永贵等（2023）考虑数字化在施耐德电气的绿色智能制造与减碳方面的实践，提出应用场景数字化可应用在产品创新、故障诊断、流程优化、质量监督、提质减碳、降本增效等方面。陈晓红等（2024）基于后疫情时代新能源车产业面临的规模不经济难题，研究了供应链成员成本分担契约协调机制，发现生产的规模不经济属性会降低产品的绿色度，但实行成本分担契约能够实现产品绿色度的整体性提升，且在制造商公平关切分散化决策中的改进效果最为明显。Li 和 Shi（2019）考虑多部门公司采购耐用品问题，分析集中化或分散化采购策略对耐用品的定价和采购决策的影响，研究表明，制造商企业采用横向分散化可以增加利润，并且去中心化行为有利于制造商维持采购持久良态。Li 等（2025）以耐用品三级供应链为对象，研究制造商和零售商持有战略库存的不同情况时的相互关系及其对供应链成员定价决策和利润的影响，研究表明，制造商应采取战略库存策略，同时鼓励零售商采取战略库存策略。

---

① 人民网.《公民生态环境行为调查报告（2021 年）》发布[EB/OL]. (2021-12-27) [2024-12-18]. http://finance.people. com.cn/n1/2021/1227/c1004-32318306.html.

（二）其他产业的低碳供应链应用研究

除了制造业，低碳供应链在其他产业也有许多应用研究。例如，在零售业，Ji 等（2017）研究了低碳环境背景下的零售供应链，构建并比较了无碳配额限制、基于祖父机制的碳限额和基于基准机制的碳限额三种决策模型，研究发现，与减排成本较低的制造商合作对于零售商是有利可图的，这为政策制定者和业界提供了一个方向，即基于行业基准的碳配额分配方法更有利于推动可持续发展。在生鲜食品行业，Wang 等（2018b）基于碳限额与交易监管法规，研究了生鲜食品供应链中的冷藏物流服务的碳排放减少问题。Bai 等（2019）考虑了绿色减排水平与零售价格对生鲜品需求量的影响，假设碳排放量与绿色减排水平线性相关，分析了政府低碳政策对供应链决策及利润的影响。在建筑业，Du 等（2021）从供应链角度探讨了装配式建筑碳排放的关键影响因素及其影响关系，研究发现，低碳设计水平和企业低碳意识是装配式建筑减少碳排放的关键影响因素，且技术因素对装配式建筑供应链碳减排的影响最大，供应链协调因素对装配式建筑供应链碳减排的影响最小，为装配式建筑参与者采取低碳措施提供了指导。Wang 等（2022）对建筑行业减少碳排放的有效解决方案进行研究，发现预制建筑具有减排潜力，随着开发商环保意识的逐步增强和预制化的不断推广，低碳实践的效果可以进一步加强。在金融业，Xia 等（2023）研究了供应链间竞争环境下的低碳供应链融资策略选择，发现激烈的竞争削弱了制造商的碳减排投资水平，并且当产品低碳性很高时，制造商不一定能从内部融资中获益。孟庆春等（2023）提出了一种由核心企业集中授信担保的融资模式，研究发现，在考虑低碳投资回报率时，引入利润共享因子能够提升中小供应商的整体盈利能力，实现利益相关方的帕累托优化，为面临低碳资金限制的中小供应商获取供应链资金提供了创新性的解决方案。

第三节　现有研究局限和研究空间

一、现有研究局限

综合上述文献回顾，目前关于低碳供应链协同减排理论、低碳供应链网络设计、低碳供应链竞争策略、低碳供应链模式选择，以及低碳供应链规制政策等方面已经开展了一定数量的研究，并取得了不少成果。但供应链协同减碳与低碳韧性研究工作还存在一些局限性，仍需进一步探索关键的理论和实践。

第一，现有低碳供应链减排治理模式存在多主体协同难的局限性。在推动减排的治理工作中，现有治理策略主要为政府主导型模式、市场自决型模式和社会自治型模式。政府主导型模式虽然能够确保政策的制定和执行，但是往往因政府体系的复杂性而面临效率不高的问题；市场自决型模式可以激发创新和效率，但缺乏有效的政府监管导致市场失灵；社会自治型模式可以提高社会对环境问题的认识和参与度，但公众环保意识的普及程度不一导致环保行动的执行力度和效果参差不齐。因此，需要探索新的协同减排模式，协调政府、社会公众、企业和消费者等主体的利益，达到碳减排治理效果的最优化。

第二，低碳供应链网络设计的模糊性考虑不足。尽管已有研究开始关注低碳供应链网络设计问题，但对模糊性（如需求、成本参数的不确定性）的处理仍然不足。现有文献多采用随机规划或确定模型，而模糊规划作为一种处理不确定性的有效工具，其在低碳供应链网络设计中应用尚不广泛。此外，现有研究在网络设计模型中往往采用简化的假设，如固定的客户需求、确定的运输成本和生产成本，这些假设可能与现实世界的复杂性不符。现有研究多集中在单一产品或单一周期的供应链网络设计，缺乏对多产品、多周期的考虑，而现实世界中的供应链往往是多产品、多周期的。

第三，低碳供应链竞争策略缺乏深入研究。现有文献对制造商入侵的研究通常忽略消费者的低碳意识，以及产品可替代性对供应链决策的影响。尽管已有研究关注了供应链中的碳减排问题，但大多数研究集中在单一供应链或者单个企业层面，而对多供应链之间的竞争互动及协同减碳策略的探讨相对较少。这限制了对供应链网络中碳减排潜力的全面理解。同时，现有文献往往将供应链结构简化为集中化或分散化的二元选择，尽管部分纵向集中化在商业实践中较为常见，但现有研究对其影响和效果的探讨相对有限，这限制了对供应链结构优化和战略决策的深入理解。除此之外，现有文献中对低碳供应链的实证研究相对较少，很多研究停留在理论模型和假设分析层面，缺乏对现实世界中企业低碳行为和政策效果的深入分析。

第四，对低碳供应链模式选择的系统性研究有待加强。已有的双渠道供应链研究大多聚焦决策研究，但考虑消费者低碳意识和环境绩效的双渠道低碳供应链研究比较缺乏。双渠道低碳供应链中，制造商面临着低碳创新的成本与消费者需求增强带来的收益之间的权衡。现有文献对制造商在线销售模式的研究往往忽略了消费者低碳意识的因素，缺乏对消费者低碳意识形成机制、影响因素及其在供应链决策中作用的深入分析。

第五，对低碳供应链规制政策的研究不足。首先，目前的研究往往集中在供应链的单一环节，如制造商或零售商，缺乏对整个供应链协同效应的全面分析；政府补贴方式的研究较为单一，未涉及不同政府补贴方式效果的比较；在考虑政府补贴效果时，并未考虑多渠道中制造商入侵的情形。其次，虽然有探讨政府激励政策的设计，但对不同政策工具的具体效果和适用性缺乏深入比较。除此之外，消费者低碳偏好对供应链决策的影响尚未得到充分考虑，对消费者行为的动态变化研究也不足。

二、现有研究空间

基于以上文献基础和研究局限，本书提出以下研究空间，从而对现有研究进行深入探究。

第一，构建低碳供应链多主体协同减排模式。本书基于对价值链理论、企业社会责任理论、协同治理理论的深入分析和融合，建立低碳供应链多主体协同减排模式框架，不仅关注供应链中各参与主体的动机和利益，而且着重分析企业在减排过程中应承担的责任、系统运行的伦理标准及整个社会对公平性的要求。此外，为了确保低碳供应链多主体协同减排模式的有效运行，本书提出协同减排 P2P 信息运行机制，通过先进的技术手段保障信息交互的安全性和透明度，提高各参与主体间信息交换的效率。

第二，研究多目标模糊规划在低碳供应链网络设计中的应用。本书聚焦不确定环境下的多级低碳物流网络设计问题，融合期望值规划和机会约束规划两种方法，构建基于可信性的低碳物流网络设计多目标模糊规划模型。在设计过程中，不仅同时考虑多级物流网络设计中的经济效益和环境效益，而且综合考虑多级物流网络的模糊性参数、多样化的商品种类、不同生产技术和运输模式的选择等特点，更准确地反映多级物流网络设计的实际情况。在处理模糊参数时，本书采用期望值方法来处理模糊目标函数，并通过机会约束规划方法来设定模糊约束的置信水平。

第三，深入研究低碳供应链的竞争策略。本书基于以上研究局限，研究制造商的入侵策略（集中式入侵与分散式入侵），同时考虑消费者的低碳意识和产品的可替代性，研究制造商生产具有可替代性的低碳产品的双渠道供应链的入侵策略；分析制造商不同入侵决策情况下，消费者低碳意识和产品可替代性对供应链的利润率和社会福利的影响，探索集中式入侵和分散式入侵策略对供应链利润、环境绩效和社会福利的长远影响；探讨供应链竞争中部分纵向集中化的协同策略，分析制造商在不同产品可替代性水平下如何通过调整对零售商的所有权比例来优化供应链利润的均衡结果和战略选择。

第四，开展低碳供应链模式选择的系统性研究。本书通过建模，将消费者的低碳意识、产品竞争、渠道竞争纳入博弈论模型，对销售渠道选择和销售模式选择问题进行研究。在销售渠道选择方面，本书首次研究制造商如何在涉及低碳产品的双渠道中做出投资和定价决策并选择直销战略，允许制造商在零售市场直销并通过低碳产品差异化与零售商竞争，弥补双渠道供应链相关研究的不足。在销售模式选择方面，本书研究制造商的低碳创新和在线销售模式（分销模式与代销模式）决策，聚焦双渠道供应链中制造商在生产竞争性低碳产品时的在线销售模式选择问题，为供应链成员销售模式选择提供参考。

第五，加强低碳供应链规制政策的研究。首先，本书围绕政府碳减排激励，同时考虑消费者低碳意识与零售商低碳推广努力的作用，构建由制造商与零售商构成的二级供应链，研究制造商决定产品减排率和政府制定减排标准两种供应链决策模型，剖析哪种决策模型更适合低碳供应链的发展，分析两种决策模型下政府补贴、产品减排量、供应链成员的盈利能力和社会福利等的变化。其次，本书分析政府基于产品减排量补贴和研发成本补贴的两种补贴政策下制造商选取哪种入侵策略会更有益处，重点分析在分散式入侵下消费者低碳偏好和补贴水平对产品低碳水平和供应链绩效的影响，并在补贴总额相同的前提下对比分析两种补贴策略的有效性。最后，本书研究在碳限额与交易机制管制下竞争性供应链的最优减排策略，探究考虑供应链竞争的减排策略及决策结构选择问题，分析哪种决策方式（集中化决策、分散化决策）更有利于供应链减排和盈利，并探讨碳配额和碳价格的影响。

第三章 低碳供应链的内涵与相关理论

随着工业化进程的加快和能源消耗的增加，温室气体排放对全球气候变化的影响日益严重，对人类社会构成显著威胁。面对这一全球性挑战，低碳经济模式逐渐成为各国政府和企业追求的可持续发展的新路径。在此背景下，低碳供应链管理是实现低碳经济模式的关键实践，其核心目标在于降低供应链各环节的能源消耗和碳排放，以最大限度地减少经济活动对环境的负面影响，并推动经济向绿色和可持续的方向转型。低碳供应链管理不仅代表了供应链管理方式的创新，而且体现了实现低碳经济和可持续发展的复杂性。其中，跨组织合作在实现低碳供应链管理时具有关键作用，即低碳供应链管理的构建并非仅靠单一企业的独立行动，而是依赖供应链内所有相关方的共同努力和协作。因此，低碳供应链管理要求明确供应链上下游各利益相关者和责任相关者，并促进他们之间建立合作伙伴关系，以共同推动企业和整个行业的绿色转型。

本章以循环经济为基石，以政府规制为后盾，以可持续发展为驱动力，以加强低碳转型和韧性为突破口，聚焦供应链全生命周期管理，引入产业生态化、制度合法化、行为责任化、供应链韧性化、全生命周期低碳化等先进理念，系统性地阐释低碳供应链的内涵，并在此基础上构建理论框架，为未来学术探究奠定坚实的理论根基，同时为低碳供应链管理实践提供明确的指导方针和策略。

第一节 低碳供应链的内涵界定和概念模型

本节综合运用低碳经济理论、政府规制理论、韧性理论和产品全生命周期管理理论等多学科视角，对低碳供应链的内涵界定及概念模型进行深入探讨，旨在为低碳供应链管理的实践提供坚实的理论支撑与清晰的路径指引。通过融合这些理论视角，本节扩展低碳供应链的理论范畴，并为实现供应链管理的低碳化提供一套完整的理论支撑，不仅有助于学术界深化对低碳供应链管理的理解，而且为业界在实际操作中提供行动指南，以促进供应链的绿色转型和增强其对环境变化的适应能力。

一、低碳供应链的内涵界定

（一）低碳供应链的定义

全球范围内对低碳经济的关注度持续上升，特别是在 2009 年哥本哈根联合国气候变化大会之后，温室气体排放问题重新成为公众关注的焦点，"低碳"话题迅速流行起来。早在 1994 年，韦布（Webb）首次提出绿色采购的概念，为低碳供应链的兴起奠定了理论基础。低碳供应链概念的形成代表供应链管理向环境友好型方向的自然演进。1996 年，密歇根州立大学制造研究协会进一步推动供应链管理的绿色化，正式提出绿色供应链的概念。为了更有效地控制温室气体（特别是二氧化碳）排放，学术界在供应链研究的基础上，创新性地将碳元素纳入供应链管理的考虑范围，形成低碳供应链的新概念（de Oliveira et al.，2018），标志着供应链管理正在迈上一个更加注重环保和低碳的新阶段。低碳供应链发展历程如图 3-1 所示。

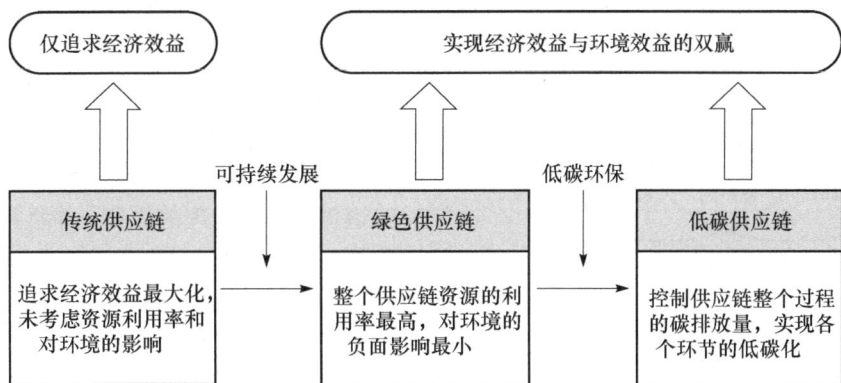

图 3-1　低碳供应链发展历程

作为一个新兴领域，低碳供应链的概念提出时间较短，其内涵仍在持续丰富和完善之中，尚未形成学术界广泛认可的统一定义。作为一种新兴的发展模式，低碳供应链的构建基于低碳制造理念和供应链管理技术，以显著降低碳排放量为目标，致力于通过技术创新、制度革新及新能源开发等手段，精心设计和优化供应链中供应商、生产工厂、分销中心和消费者之间的联系。与传统供应链相比，低碳供应链管理不仅聚焦减少碳足迹，而且致力于提高供应链的整体效能和实现资源的高效配置。不同学者对低碳供应链的定义虽略有差异，但均强调在供应链的各环节中融入低碳、环保的理念，以实现碳排放最小化。目前若干定义在学术界被广泛认可，这里列举一些比较具有代表性的定义：Zsidisin 和 Siferd（2001）认为低碳供应链是一种旨在保护环境的管理模型，通过覆盖产品全生命周期的各个阶段，如设计、采购、生产、销售和消费，实施减少碳排放的措施，以实现环境保护和经济效益的双重目标；Srivastava（2007）强调在供应链管理的各环节中融入环境保护理念的重要性；戴定一（2008）将低碳供应链视为绿色供应链的一个具体实施方式，强调其重点在于提高能源使用效率和减少碳排放；McAdams 等（2010）从传统供应链的视角出发，指出低碳供应链在其基础上融入了低碳理念，并作用于供应链各环节；孙芬和曹杰（2011）在 McAdams 等（2010）的基础上，指出低碳、节能、环保等相关技术也应融入低碳供应链中；Fernando 和 Hor（2017）从供应链各环节节点的视角，指出低碳供应链的实质是实现供应链各环节的碳减排最大化；曹裕等（2020）强调政府补贴和企业社会责任在低碳供应链优化管理过程中的重要性；Li 等（2021d）

强调了绿色营销策略在低碳供应链管理中的重要性,特别是从零售商和消费者的角度来看,绿色营销策略不仅有助于提高消费者的环保意识,而且有助于企业在产品开发阶段提升产品的绿色属性;饶卫振等(2022)研究了政府数字化平台对低碳供应链的作用,强调两者结合的重要性,并提出双重低碳激励策略。

结合供应链和低碳的概念,本节对低碳供应链的内涵做如下理解:低碳供应链是指在全链条范围内,从原材料计划与采购、产品生产制造、物流配送、市场营销、交付使用直至回收处理等各环节,均融入低碳、环保理念,并强调在整个供应链的构建与运作过程中必须全面考虑并致力于减少企业在资源整合时对环境造成的负面影响。此外,在低碳供应链的框架指导下,供应链的各个参与者在决策时应遵循科学、合理的原则,并坚持"三重底线"原则,即确保经济、社会和环境三方面的协调与可持续发展,如图3-2所示。

图3-2 "三重底线"均衡图

（二）低碳供应链参与主体

低碳供应链重在"低碳",是一个由多方利益相关者共同参与的供应链系统,包括政府、企业、消费者及社会组织和第三方机构,每个主体在推动供应链向绿色和低碳转型的过程中各自发挥着重要作用。政府在低碳供应链体系中发挥着至关重要的顶层设计作用,通过政策制定、标准设立和激励措施等,引导企业和社会各界共同走向低碳发展路径;企业作为核心实施者,即实践主体,需在供应链各环节中积极主动采用低碳技术和绿色生产模式,特别地,供应链主导企业应发挥引领作用,推动其上下游合作伙伴共同强化碳足迹的监控与管理;消费者的低碳消费偏好和需求是低碳供应链发展的关键动力,直接影响着企业的生产和销售决策;社会组织与第三方机构,如行业协会、咨询机构和研究机构等,通过制定标准、提供咨询服务和研究支持,助力供应链多参与主体提升运营效率、增强可持续发展能力,并促进供应链各环节的协同与创新。在推进低碳供应链的过程中,必须依据产品各个生命周期阶段的特性,制定相应的管理原则和策略,确保整个供应链向低碳模式转变的过程是有序且高效的。

（三）低碳供应链实施原则

实施低碳供应链,需要通过一系列系统化的方法和原则,从资源利用、能效提升、低碳排放、环境保护,到循环经济、可持续发展,再到绿色设计、绿色制造,以及智能化、信息化管理等多个方面,确保供应链的每个环节均符合低碳、环境保护和可持续性的要求。通过这些原则,企业在降低碳排放、减少资源消耗、提高资源利用效率的同时,一定程度上降低其对环境的破坏性影响,引导供应链朝着更绿色、低碳和可持续的路径发展。

1. 资源节约与能效提升原则

资源节约与能效提升是低碳供应链的首要原则，意味着供应链所有成员都应遵循资源节约与能效提升原则，不管是处于供应链的上游还是处于供应链的下游，都必须注重资源的最大化利用和节约。无论是原材料采购、生产制造还是仓储运输，都应采用节能设备和技术，提高能源利用效率，减少能源消耗。此外，实施精细化管理有助于降低原材料的损耗，并推动资源的循环再利用。

2. 低碳排放与环境保护原则

低碳排放与环境保护是低碳供应链至关重要的组成部分。在供应链的各环节中应当积极采用低碳技术和清洁能源，以降低二氧化碳及其他温室气体的排放量。同时，应优先考虑选择满足环保要求的原材料和产品，以减少有害物的使用和排放。绿色包装和绿色物流的推行也是降低环境影响的重要手段，有助于减少包装废弃物和运输排放对环境的影响。

3. 循环经济与可持续发展原则

循环经济与可持续发展是低碳供应链的重要支撑。首先，推行循环经济模式，实现资源的循环利用和废弃物的无害化处理，要求供应链上下游企业之间紧密合作，共同建立循环经济体系。其次，强化废物的回收和再利用机制，不仅提升了资源的使用效率，而且减轻了对环境的影响。

4. 绿色设计与绿色制造原则

绿色设计与绿色制造是低碳供应链中的关键环节。在产品设计的最初阶段融入环保理念，并采用绿色设计理念和方法，可以有效地减少产品在其全生命周期内对环境的影响。在生产制造过程中，应推行绿色制造模式，采用绿色工艺和设备，减少生产过程中的能源消耗和污染排放。同时，强化产品生命周期管理对于确保产品的绿色使用和有效回收处理同样重要。

5. 智能化与信息化管理原则

在"ABCDE"（人工智能、区块链、云计算、大数据和新兴技术）和"UVCA"（不确定性、模糊性、复杂性、动荡性）为特征的环境下，低碳供应链实施要求企业充分利用"ABCDE"，实现供应链管理的智能化与信息化升级，并从中挖掘"UVCA"，提高运作效率和合理配置资源，同时强化各环节的信息共享机制与协同合作策略，显著增强供应链韧性，以应对复杂多变的商业环境（王永贵等，2021）。

6. 绿色采购与绿色营销原则

在低碳供应链实施过程中，应大力推行绿色采购政策，鼓励制造商和零售商优先选择符合环保标准的产品和服务供应商。在商品零售环节，零售商应当实施绿色营销策略，积极宣扬并推广符合绿色标准的产品与服务，以此提升广大消费者对绿色消费理念的认知程度与接纳意愿。

7. 政策引导与市场机制原则

政府应制定政策和法规，推动供应链低碳转型，优化市场机制，促进绿色产品端对端有效对接，加强监管，确保转型实施。中国市场吸引大量外国投资，不确定环境使其难以协调互动，需要明确的低碳政策和市场机制给予保障（Wang et al.，2016b）。

（四）低碳供应链实施目标

低碳供应链将减碳目标贯穿产品从摇篮到坟墓的全生命周期，特别聚焦生产和回收再利用环节。因此，低碳供应链将针对不同的实施主体，包括制造商、消费者和政府，设定具体的实施目标。对于制造商，应激励其在产品设计和选材时考虑更多环境影响，减少产品在其生命周期各阶段的资源消耗和废物产生；对于消费者，应推动其提升低碳消费意识和积极参与产品的回收与再利用过程，形成更加环保的消费习惯；对于政府，应促进其完善产品全生命周期低碳化过程中的政策和法规，加强对碳排放的监管和公共服务与基础设施的建设。低碳供应链的最终目标是减少碳排放、促进可持续发展、履行社会责任、实现绿色转型和实现碳中和。具体包括促进企业低碳转型、促进政府实施和监督碳减排工作、促进消费者增强低碳消费和保护环境意识三个方面。

1. 促进企业低碳转型

在减少碳排放方面，企业通过优化生产流程和采用低碳技术与清洁能源，降低能源消耗和碳排放；通过推广使用环保包装和优化物流模式，减少物流活动中的碳排放；通过全面评估碳足迹，识别并削减关键排放源。在促进可持续发展方面，企业通过践行绿色采购原则，与供应商协作推进低碳发展；通过实施产品创新策略，持续开发更低碳、环保、可持续的产品；通过积极参与碳市场交易，如碳排放权，促进产业界的碳减排。在履行社会责任方面，企业通过公开披露碳排放数据，接受社会监督；通过倡导员工参与低碳行动，提高员工环保意识；通过参与环保公益活动，履行企业社会责任。在实现绿色转型方面，企业通过制定绿色发展战略，明确低碳转型目标；通过整合资源和技术，推动绿色生产、绿色采购和绿色物流等环节的绿色化；通过引入ISO14001环境管理体系认证等绿色管理体系，确保绿色转型的持续推进。在实现碳中和方面，企业通过制订碳中和计划，明确减排目标和时间表；通过鼓励员工和供应链合作伙伴共同参与碳中和行动，扩大碳减排计划的队伍。

2. 促进政府实施和监督碳减排工作

在制定低碳政策方面，政府应出台鼓励企业实施低碳供应链的政策措施，如财政补贴、税收优惠等；加强对企业碳排放的监管和评估，确保企业履行减排责任。在推广低碳技术方面，政府应支持低碳技术的研发和应用，鼓励企业采用节能减排技术；建立一个以低碳技术为核心的交流平台，推动技术的交流、转移和合作。在建立碳市场方面，政府应建立健全碳排放权交易市场，为企业提供减排激励和资金支持；强化对碳交易市场的监管，以保障市场的公正性、透明度和高效性。在促进国际协作方面，政府应增强与不同国家和地区的合作伙伴关系，共同面对气候变化所带来的挑战；同时，积极参与国际性的碳减排协作机制，以促进全球向低碳经济的转变。

3. 促进消费者增强低碳消费和保护环境意识

在增强公众对低碳生活方式的认识方面，通过加大对消费者进行低碳理念的教育和宣传活动，有效提升其环境保护意识，鼓励其优先选择具有低碳和环境友好特点的商品和服务。在参与低碳行动方面，倡导消费者采取低碳生活方式，如减少一次性用品的使用、优先选择公共交通等；倡导消费者积极投身减少碳排放的行动，包括参与植树活动、实施垃圾分类回收等。在支持绿色品牌方面，鼓励消费者选择支持绿色、低碳的品牌和产品；通过消费者行为的力量，推动企业更加重视低碳转型和可持续发展。

（五）低碳供应链实施对象

对于大部分国家，在企业参与主体方面，低碳供应链的实施对象包括行业龙头企业、供应链各环节、核心供应商及有条件的工业企业等。通过在这些对象中融入绿色低碳理念和技术，共同推动整个供应链向绿色低碳方向转型，实现经济、环境和社会的可持续发展目标。

1. 龙头企业

龙头企业是指在特定行业内占据关键地位的企业，肩负着推动绿色低碳转型的重要使命。2022 年，工业和信息化部、国家发展改革委与生态环境部联合发布的《工业领域碳达峰实施方案》①明确提出，鼓励汽车、机械、电子行业的领军企业在产品设计、生产过程、物流运输等全链条中实施绿色低碳理念。这些企业需要在供应链的优化整合和低碳管理创新方面起到模范带头作用，以此带动整个供应链向绿色低碳方向发展。

2. 供应链各环节

低碳供应链的实施对象不局限于单一企业，而是扩展至整个供应链的每个环节，涵盖了产品的设计、原材料的采购、生产过程、物流分发、存储管理、消费使用及回收处理等阶段。在这些环节中整合绿色低碳的理念和技术，实现资源的高效利用、经济效益的提升、环境影响的最小化，以及三者的和谐统一。

3. 核心供应商

在供应链体系中，处于核心位置的供应商是低碳供应链的关键实施对象。通过发布核心供应商的碳减排成效报告等方式，可以激发供应商参与低碳供应链的积极性，共同为实现碳减排目标贡献力量。

4. 有条件的工业企业

对于具备条件的工业企业，如拥有铁路专用线和管道基础设施的企业，优化大宗货物运输方式和厂内物流结构成为降低碳排放的有效途径。

---

① 中国政府网. 工业和信息化部 国家发展改革委 生态环境部关于印发工业领域碳达峰实施方案的通知[EB/OL]. (2022-08-01) [2024-12-18]. https://www.gov.cn/zhengce/zhengceku/2022/08/01/content_5703910.htm.

（六）低碳供应链实施政策

按照政策的主体性与强弱性所执行的供应链体系构建标准，将低碳供应链体系构建过程中的实施政策主要分为三大类，即政府领导型政策、市场激励型政策和自主参与型政策。

1. 政府领导型政策

政府领导型政策是指政府在低碳供应链体系构建过程中发挥主导作用的政策类型，通常具备强制性、权威性和导向性的特点，依靠政府的行政管理职能来促进供应链各环节向低碳模式的转变。

（1）法律法规建设。政府领导型政策的首要任务是建立健全低碳供应链相关的法律法规体系。通过制定和修订相关法律法规，如修订《中华人民共和国环境保护法》等相关条款，明确界定供应链各环节的低碳标准、责任和义务，从而为低碳供应链体系的建立提供坚实的法律基础。

（2）规划引导。政府还可以通过制定低碳供应链战略规划，明确低碳供应链体系建设目标、任务和实施路径，例如，2006 年在《中华人民共和国国民经济和社会发展第十一个五年规划纲要》中首次提出节能减排目标[1]，2016 年在《中华人民共和国国民经济和社会发展第十三个五年规划纲要》中提出绿色发展理念[2]，2024 年国务院印发《2024—2025 年节能降碳行动方案》[3]等。通过规划引导，政府统筹协调各方资源，形成合力，加速推动低碳供应链体系的成熟与发展。

（3）资金支持。政府领导型政策还包括对低碳供应链体系构建的资金支持。政府能够通过设立专项基金、提供优惠贷款等财政激励措施，如《财政支持做好碳达峰碳中和工作的意见》[4]、《关于进一步完善市场导向的绿色技术创新体系实施方案（2023—2025 年）》[5]等，来激励企业增加对低碳技术研究与开发的投资，进而促进低碳供应链技术的革新与应用。同时，政府还可以对符合低碳标准的企业给予税收减免、财政补贴等优惠政策，降低企业低碳转型的成本。

2. 市场激励型政策

市场激励型政策是指通过市场机制和经济手段，激励企业主动参与低碳供应链体

---

① 中国政府网. 中华人民共和国国民经济和社会发展第十一个五年规划纲要[EB/OL]. (2006-03-14) [2024-12-18]. https://www.gov.cn/gongbao/content/2006/content_268766.htm.

② 中国政府网. 中华人民共和国国民经济和社会发展第十三个五年规划纲要[EB/OL]. (2016-03-17) [2024-12-18]. https://www.gov.cn/xinwen/2016-03/17/content_5054992.htm.

③ 中国政府网. 国务院印发《2024—2025 年节能降碳行动方案》[EB/OL]. (2024-05-29) [2024-12-18]. https://www.gov.cn/yaowen/liebiao/202405/content_6954373.htm.

④ 中国政府网. 关于印发《财政支持做好碳达峰碳中和工作的意见》的通知[EB/OL]. (2022-05-31) [2024-12-18]. https://www.gov.cn/zhengce/zhengceku/2022-05/31/content_5693162.htm.

⑤ 国家发展改革委，科技部. 印发《关于进一步完善市场导向的绿色技术创新体系实施方案（2023—2025 年）》的通知（发改环资〔2022〕1885 号）[EB/OL]. (2022-12-28) [2024-12-18]. https://www.ndrc.gov.cn/xxgk/zcfb/tz/202212/t20221228_1344205.html.

系构建的政策类型，通常具有灵活性、多样性和互动性，能够根据市场变化及时调整政策方向。

（1）碳排放权交易。碳排放权交易制度是市场激励型政策的关键工具之一。政府在科学合理地控制总体排放量的基础上，构建了包括用水权、能源使用权、排污权和碳排放权在内的初始分配与交易机制，并推进了全国性的碳排放权交易市场和绿色电力交易的试点项目，以此进一步强化市场在环境资源配置中的基础作用。通过碳排放权交易机制，企业可以在保证自身经济利益的同时，实现减排目标，推动供应链向低碳方向发展。

（2）绿色金融。积极拓展绿色金融领域，构建包括绿色信贷、绿色债券、绿色保险、绿色基金和绿色信托在内的多元化绿色金融产品和服务体系。绿色信贷是指金融机构向符合低碳标准的企业提供的优惠贷款服务。通过实施绿色信贷政策，金融机构能够将资金引向低碳行业，促进企业在低碳技术和项目上的投资与发展。中国人民银行统计，截至 2024 年第一季度，绿色贷款余额达到 33.77 万亿元，绿色债券的存量超过 1.9 万亿元，在全球范围内均处于领先地位。

（3）绿色税收。绿色税收是指对那些产生高污染和消耗大量能源的产品征收税费。通过绿色税收政策，政府可以引导消费者选择低碳产品，推动企业生产符合低碳标准的产品。此外，绿色税收所筹集的财政收入可以用于支持低碳技术的研究开发及低碳项目的建设工作。

3. 自主参与型政策

自主参与型政策是指企业基于自身社会责任和可持续发展理念，自愿参与低碳供应链体系构建的政策类型，具备自主性、多样性和创新性的特点，能够激发企业的积极性和创造力。

（1）绿色供应链管理。绿色供应链管理是企业自发参与构建低碳供应链体系的关键策略。通过发展绿色供应链管理体系，企业能够改进产品设计、采购、生产、运输等环节，减少碳排放和资源消耗，华为技术有限公司发布的《全球能源转型及零碳发展白皮书》[1]便是一个典型例证。此外，企业还可与供应商、客户等合作伙伴共同实施绿色供应链管理，打造绿色供应链的生态系统。

（2）绿色技术创新。绿色技术的研发与创新是企业自愿参与低碳供应链构建的关键途径。企业通过增加研发资金的投入，促进低碳技术的革新与实际应用。以浙江吉利控股集团有限公司（简称吉利集团）为例，其建立了零碳工厂，并通过自建的太阳能发电站，实现了完全依赖可再生能源发电的目标[2]；以华为技术有限公司为例，其

---

① 华为技术有限公司. 全球能源转型及零碳发展白皮书[EB/OL]. (2022-01-28) [2024-12-18]. https://e.huawei.com/cn/material/industry/12870e1b3ef843559aa7deee85768bd4.

② 浙江吉利控股集团有限公司. 可持续发展 | 国内整车企业首个零碳工厂诞生[EB/OL]. (2022-11-18) [2024-12-18]. https://zgh.com/media-center/news/2022-11-18/.

打造了全球首个百万千瓦级水光互补电站，实现了清洁能源的高效利用和绿色转型[①]。

（3）绿色品牌建设。绿色品牌建设是企业自主参与低碳供应链体系构建的重要体现。企业能够通过强化环保宣传和普及绿色理念等手段，提高其品牌的知名度与声誉。同时，企业还可以将绿色品牌建设与市场营销相结合，推动绿色产品的销售和市场拓展。通过打造绿色品牌，企业能够塑造积极的企业形象，并赢得消费者的信任与支持。

二、低碳供应链的概念模型

本部分从政府规制视角、供应链韧性与低碳韧性视角、产品全生命周期视角对低碳供应链的概念模型理论进行阐述。

（一）政府规制视角下低碳供应链概念模型

政府规制是指政府在市场经济体系中，为达成社会经济目标而对经济行为主体采取的一种强制性措施，目的在于纠正市场失灵，提高市场效率，维护市场经济秩序，并最终实现全社会的福利最大化。针对低碳供应链，政府规制的目标在于推动企业降低碳排放、促进绿色低碳发展、建立完善的产品碳足迹管理体系，并增强企业的环保意识和社会责任，主要涉及外部性理论、契约理论、博弈理论、闭环供应链管理理论、双重红利理论和污染者负担理论六部分。

政府作为政策法规制定者、引导者和监管者，而低碳供应链涵盖从计划、采购、制造、交付到回收的全流程，要求企业在各环节采取低碳措施。根据外部性理论，在环境保护领域，企业活动可能产生负外部性，如碳排放对环境造成的污染，政府规制可以通过对产生负外部性的企业征收环境税、碳税或实施排放权交易等措施，将外部成本内部化，从而激励企业减少碳排放，推动低碳供应链的发展。根据契约理论，政府可以与企业签订减排协议或合同，明确减排目标和责任，并规定相应的奖惩措施，激励企业主动采取减排措施。根据博弈理论，政府和企业、企业与企业之间都存在博弈关系，政府的规制政策影响外部环境，从而影响企业的决策。政府可以预测企业的反应，制定更有效的规制政策。根据闭环供应链管理理论，政府规制可以推动企业实施闭环供应链管理，提高资源利用效率，减少碳排放。根据双重红利理论，环境税具有双重红利，即征收的环境税能够用于改善环境质量，也可以用于减免或代替以前的不完善税收，提升社会福利。政府可以通过征收碳税等环境税，既实现减排目标，又利用税收收入改善环境质量或优化税收结构。根据污染者负担理论，政府可以要求产生碳排放的企业承担相应责任，如支付碳税或进行排放权交易。责任追究机制的不断完善可以促使企业主动减少碳排放。政府规制视角下低碳供应链概念模型如图3-3所示。

---

① 华为技术有限公司. 水光共舞点亮山河，全球最大水光互补电站的数智密码[EB/OL]. (2023-10-23) [2024-12-18]. https://solar.huawei.com/cn/news-room/cn/2023/news-20231023.

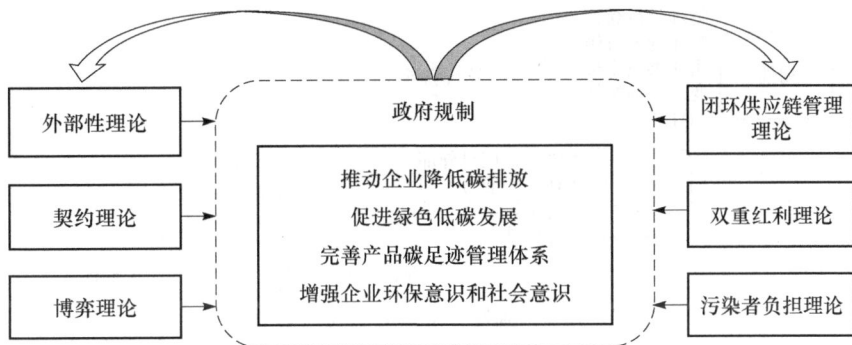

图 3-3　政府规制视角下低碳供应链概念模型

（二）供应链韧性与低碳韧性视角下低碳供应链概念模型

韧性源自物理学领域，是指物质在受到外力影响下能够发生形变却不易断裂的能力。供应链韧性（Rice and Caniato，2003）作为在供应链领域对韧性的具体应用，其核心在于描述供应链在面对各种内外部变化、冲击或干扰时，能够保持稳定、正常运行并实现整体目标的能力，例如，Khatami 等（2015）考虑外部变化中的产品需求不确定性，对供应链韧性进行定量研究，Keller 和 Köhler（2021）指出合理地量化已识别风险的潜在影响，可以提高供应链韧性。低碳韧性则是在供应链韧性的基础上，进一步强调了低碳和环保的要求，其本质在于在供应链各环节中融入低碳和环保原则，实现可持续发展的绿色低碳目标，同时保障供应链的稳定性、恢复性和适应性。

韧性观点和方法是低碳供应链理论研究的一种重要方法和视角，用于分析和探讨供应链在面对各种不确定性（如气候变化、能源价格波动、自然灾害等）时的适应能力和恢复能力。在韧性视角下，低碳供应链韧性理论主要包括生态韧性、经济韧性、社会韧性和风险管理与弹性四项内容，这些理论相互交织，共同构成一个具有强大适应能力的系统。通过加强供应链的生态韧性、经济韧性、社会韧性和风险管理与弹性，低碳供应链能够更好地应对各种不确定性，实现可持续发展。此外，创新和科技的推动对于促进低碳供应链的发展具有至关重要的作用。采用新技术、新工艺和新材料可以降低供应链的碳排放和资源消耗，提高供应链的效率和竞争力。供应链韧性与低碳韧性视角下低碳供应链概念模型如图 3-4 所示。

（三）产品全生命周期视角下低碳供应链概念模型

产品全生命周期是指一个产品从设计、制造、销售、使用到废弃和循环再利用的完整过程。低碳供应链以产品为主体，采用全生命周期评估方法，对产品从原材料提取、生产制造、分销零售、消费废弃至回收再制造等各个阶段的碳排放和资源消耗进行量化分析，来明确各阶段产品主体的减排责任和识别出潜在的改进领域，以降低供应链的碳足迹。通过低碳供应链各成员的协同减碳及从产品全生命周期视角制定减排标准，确保低碳供应链策略得以顺利执行，并在产品从生产到废弃的

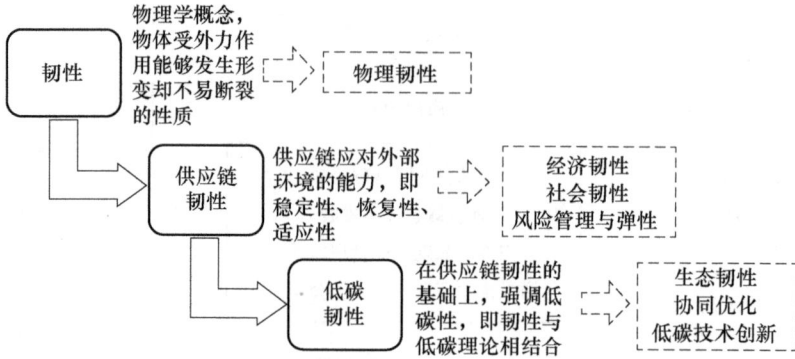

图 3-4 供应链韧性与低碳韧性视角下低碳供应链概念模型

每个阶段实现降低碳排放的既定目标。产品全生命周期视角下低碳供应链概念模型如图 3-5 所示。

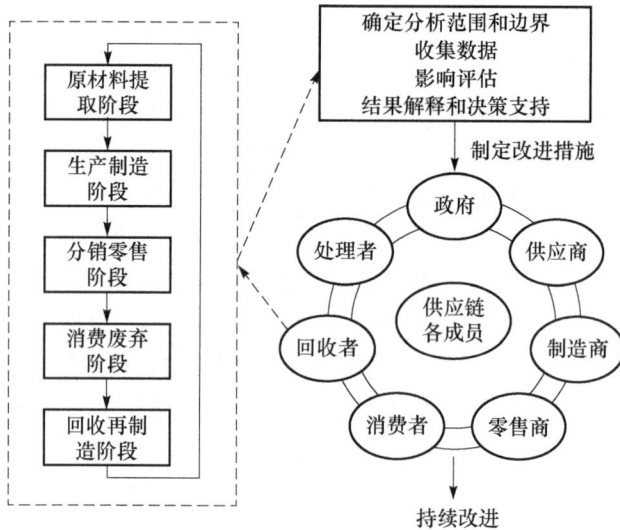

图 3-5 产品全生命周期视角下低碳供应链概念模型

第二节 基于政府规制的低碳供应链管理体系

维护社会公共利益和纠正市场失灵是政府规制的主要目的。其中，政府规制具有依法性和有限性两个特性，这意味着政府规制必须经历持续的评估与优化，以确保其既符合时代需求，又能高效运作。政府规制视角下的低碳供应链管理体系以低碳经济为基础，主要包括低碳供应链政策基本框架、低碳供应链规制措施及政府规制下低碳供应链管理体系的实施路径三部分。

一、低碳供应链政策基本框架

"规制"最初由日本经济学家提出，源自英文单词 regulation 或 regulatory constraint。日本学者植草益将规制解释为根据既定规则对参与社会经济活动的个体及实体进行的行为限制（周志家，2008）。美国学者施蒂格勒（1996）认为政府规制是一种产业管理策略，目的在于保护产业利益并促进其良性发展。中国学者余晖（1997）进一步阐释规制是政府通过立法、执法及裁决等手段，对微观经济主体进行直接或间接调控的行为，以纠正市场不公正交易行为。Wang 等（2016b）指出规制具有不确定性，通常涵盖立法构成要素，呈现间断性和解释复杂性。规制的出发点是纠正市场失灵，但随着时间的推移，逐渐发展成为政府介入市场经济活动的重要机制，核心在于政府或其他公共机构通过制定、执行一系列规则、标准及制度，引导和规范市场主体的行为，确保市场的健康运行。

在低碳供应链管理领域，规制尤为关键，主要表现为政府利用多样化的政策手段对企业供应链活动进行积极干预与科学引导，以降低碳排放量并提高环境绩效。规制的理论根基深厚，包括市场失灵理论、外部性理论和可持续发展理论等。依据规制目标的差异，政府规制通常划分为经济性规制和社会性规制两大类别。在低碳供应链管理的实践中，这两类规制紧密交织，既涉及产业链的经济活动规制，也涵盖供应链低碳化的环境规制。因此，低碳供应链的政府规制是经济性规制与社会性规制的综合体现。基于政府规制的低碳供应链管理体系是一个综合而系统的框架，其核心在于借助政府的导向作用、监督职能及政策扶持，引导供应链节点向更加低碳、绿色环保且具备长期可持续性的方向稳步前行。本节以规制理论为切入点，对其基本框架进行全面而深入的剖析与解读。

（一）低碳供应链的政策目标

实现可持续发展是政府规制的重要方向。首先，可持续发展理论认为经济增长不应以牺牲环境为代价，而是应充分认识到资源的有限性，并强调循环利用的重要性。政府应采取一系列规制措施，如环境税、碳排放权交易制度及严格的资源利用标准等，旨在推广循环经济模式，引导企业采取绿色生产方式，寻求经济增长与环境保护之间的平衡。其次，可持续发展理论强调生态系统作为人类生存和发展的基石，其完整性和稳定性至关重要。政府应通过制定和实施一系列规制措施，如划定生态红线、设立自然保护区等，确保生态系统的全面完整性与稳态平衡得以维持，预防环境遭受不可逆的破坏，制定一套全面且严格的环境保护法规与标准体系，设定排放标准，以遏制有害排放物的不合理排放，同时推动企业积极采纳先进的污染治理技术与减排措施。低碳供应链政策的出台正是基于这一宏观理念，旨在从根本上推动供应链的绿色化转型，大幅度降低供应链各环节的碳排放强度，提升资源的使用效率与循环利用率，从而为实现经济与环境的协调、可持续发展奠定坚实的基础。当前，低碳供应链的建设已成为政府推动绿色发展的重要方向之一，旨在通过优化供应链结构和管理方式，实现经济发展与环境保护的和谐共生。

1. 推动供应链全链条绿色低碳发展

政府对汽车制造、机械制造、电子信息、纺织服饰及通信技术等一系列关键性产业领域给予了高度的关注与重视，并积极鼓励这些行业中的领军企业能够率先垂范，将绿色低碳的发展理念深度融入产品从设计构思、原材料选取、生产制造、物流配送、仓储管理、产品实际应用直至最终回收处理的全生命周期管理链条中。在此基础之上，政府正以前所未有的速度构建一套统一且权威的绿色产品认证体系与标识制度，其目的在于通过权威机构的严格认证及清晰明确的标识系统，为广大消费者提供更为丰富、更为多样化的绿色产品选项，从而进一步激发市场的绿色消费潜力，推动市场绿色消费水平的全面提升。

2. 发展绿色物流与供应链低碳转型

在《绿色低碳先进技术示范工程实施方案》①及《"十四五"现代物流发展规划》②等一系列具有前瞻性与指导性的政策文件的引领下，政府正以前所未有的力度积极推动交通运输行业的绿色低碳转型，并全力构建一个既现代化又低碳高效的物流与供应链管理体系。这一体系旨在在减排降碳与环境保护之间找到一个完美的平衡点，实现两者的协同并进。为此，政府正积极鼓励并支持企业广泛采纳一系列先进的绿色物流技术，包括但不限于智能路网系统、高效精准的车辆调度算法及仓库屋顶光伏发电技术等，以期通过科技的力量，全面驱动物流行业的绿色化、智能化升级，为行业的可持续发展注入新的活力与动能。

3. 重视数字化转型与碳管理系统建设

借助先进的碳管理系统工具，企业能够实现对组织内部及业务运营层面碳排放的精确量化、全程无遗漏的记录与直观、清晰的可视化展示。这一能力为供应链的减排努力及绿色供应链的整体评价提供了不可或缺的数据支撑与依据。通过这一工具，企业能够精准地把握碳排放的动态变化与趋势，为制定具有针对性、切实可行的减排策略提供了强有力的支撑。

4. 完善政策激励与引导机制

为了鼓励企业在低碳供应链领域加大研发投入与实践探索，政府推出了一系列具有吸引力的激励性政策措施，其中包括税收减免、资金补助等多种形式，为企业在低碳供应链的研发与实践过程中提供必要的支持与保障。在此基础上，政府还积极构建了低碳供应链示范项目数据库，通过这一平台，广泛分享成功的低碳供应链案例与实践经验，不仅有助于企业汲取宝贵的转型经验，而且能够有效激发更多企业加速步入

---

① 中国政府网. 国家发展改革委等部门关于印发《绿色低碳先进技术示范工程实施方案》的通知[EB/OL]. (2023-08-22) [2024-12-18]. https://www.gov.cn/zhengce/zhengceku/202308/content_6899582.htm.

② 中国政府网. 国务院办公厅印发《"十四五"现代物流发展规划》[EB/OL]. (2022-12-15) [2024-12-18]. https://www.gov.cn/xinwen/2022-12/15/content_5732146.htm.

绿色化、低碳化的转型快车道，共同推动整个供应链体系向更加绿色、低碳的方向升级，为实现可持续发展目标贡献力量。

5. 加强对供应链的监管和评估工作

为了切实保障环保政策在供应链各环节的深入实施与有效落地，政府正不断强化对供应链整体的监管力度与监管效能。在此基础上，政府正积极构建一套既科学严谨又系统全面的评估指标体系，以及与之相配套的评估方法体系，通过对供应链绿色化水平的全方位、深层次量化分析与定性评判，精准揭示供应链在绿色转型过程中的优势与不足。

（二）低碳供应链的政府规制对象

针对低碳供应链的政府规制对象，本部分主要从企业层面、行业层面、供应链环节、碳交易与碳市场四个方面进行说明。

1. 企业层面

政府高度重视并积极倡导龙头企业在供应链中的引领作用，特别是在汽车、机械、电子、纺织、通信等关键行业中，促使这些企业在其产品的整个生命周期内，即从初期的设计规划、原材料的采购、生产制造环节，到后续的物流运输、仓储管理、使用阶段，直至最终的回收处置，全方位地融入绿色低碳的发展理念，确保每个步骤都严格遵循环保与低碳的要求。对于高耗能企业，政府采取更为严格的规制措施，包括制定更为严格的环保标准、能效标准等，以此激励这些企业采纳更为绿色、低碳的生产工艺，从而有效削减生产流程中的能源消耗及污染物排放。

2. 行业层面

政府规制主要集中在高耗能行业和清洁能源行业。针对炼铁、炼钢等高耗能行业，政府制定严格的环保标准和碳减排目标；针对清洁能源行业，政府通过提供政策支持来促进风能、太阳能等可再生能源的快速发展和应用，激励企业投资清洁能源项目，以此逐步降低对传统化石燃料的依赖性。

3. 供应链环节

在产品设计环节，政府要求企业从源头融入绿色低碳理念，确保产品自设计之初即符合低碳标准。在原料采购环节，政府鼓励企业选用环保、低碳的原材料，减少生产过程中的碳排放。在生产制造环节，政府强调企业应重视采用绿色、低碳的生产技术，提高能源利用效率，减少浪费。在运输与储存环节，政府倡导企业采用低碳运输方式与优化仓储管理，降低物流碳足迹。在回收处理环节，政府要求企业建立和完善回收处理机制，以促进资源的再循环使用，并降低废弃物的排放量。

4. 碳交易与碳市场

在碳排放权交易方面，政府通过设立碳排放权交易市场来对企业的碳排放量进行总量限制，以此鼓励企业降低碳排放量。如果企业碳排放量超出分配额度，则必须在交易市场上购买额外的排放权；相反，如果企业碳排放量低于分配额度，则可以出售未使用的排放权。在碳金融支持方面，政府大力推进碳基金制度的实施，为企业提供必要的财政援助，并激励企业在低碳技术研发与应用上的投入，共同促进碳市场的良性发展。

二、低碳供应链规制措施

自改革开放以来，中国经济实现了持续快速的增长，但同时也遭遇了资源日益紧张、环境污染加剧及生态系统退化的重大挑战。为实现可持续发展，中国政府积极倡导创新、协调、绿色、开放、共享的新发展理念，并将绿色低碳发展作为重要战略方向。在供应链层面，中国政府正致力于推动低碳供应链的构建与壮大。通过精心制定和实施一系列规制政策，政府旨在引导企业优化供应链管理流程，减少碳排放，并提升资源使用效率。作为全球最大的发展中国家及碳排放国之一，中国在低碳供应链领域的政府规制举措对全球低碳发展具有显著的正面影响。本部分主要从环境立法、经济激励政策、行政监管与执法、标准制定与认证四个方面展开分析。

（一）环境立法

环境立法是低碳供应链规制的执行手段之一。中国政府持续完善并更新环境保护法律框架，为低碳供应链体系的成长奠定了坚实的法制基础。例如，《中华人民共和国环境保护法》明确规定了企业在环保方面的责任和义务，督促企业采取积极措施，减少污染排放并节约资源使用。不仅如此，中国政府还出台了与低碳供应链紧密相关的一系列专项法规与标准，如《绿色制造 制造企业绿色供应链管理 评价规范》和《中国石油天然气生产企业温室气体排放核算方法与报告指南（试行）》等，为低碳供应链的规制提供了详尽且具体的指导，有助于企业在实践中更好地遵循低碳发展原则。

（二）经济激励政策

经济激励政策是低碳供应链规制的有效手段之一。中国政府采取了包括税收优惠、财政补贴和金融支持在内的多种激励措施，以促进企业投身低碳供应链的构建与发展。例如，对于采纳清洁生产技术、部署节能减排设备的企业，给予税收减免的优惠政策；在绿色采购、绿色制造、绿色物流等低碳供应链的关键环节，提供财政补贴，以减轻企业的经济负担；大力倡导金融机构向低碳供应链项目提供专项的绿色融资支持，包括绿色信贷等，以减轻企业在融资过程中所需承担的成本负担。这些经济激励政策不仅显著降低了企业参与低碳供应链的成本和风险，而且极大地提升了企业的积极性与参与度。

（三）行政监管与执法

行政监管与执法是低碳供应链规制的监督手段之一。中国政府通过强化行政监管手段和加大执法力度，来确保企业严格遵循环境保护法规与标准，推动低碳供应链的顺利实施。例如，加强对企业环保设施建设和运营的监督；对违反环保法规的企业实施经济处罚和公开曝光；建立企业环保信用体系等。这些行政监管和执法措施有效提高了企业的环保意识和责任感，促进了低碳供应链的发展。

（四）标准制定与认证

标准制定与认证是低碳供应链规制的可靠手段之一。中国政府通过制定和完善低碳供应链相关标准和认证体系，引导企业按照统一的标准进行低碳供应链管理。例如，制定绿色供应链管理评价准则、绿色产品评价标准等；建立绿色供应链认证机制，对达到标准的企业授予认证和标识。这些标准和认证体系有助于企业明确低碳供应链的管理规范和技术标准，并促进了企业管理效能与产品品质的双重提升。

三、政府规制下低碳供应链管理体系的实施路径

供应链作为连接生产、物流、销售等多个关键环节的重要纽带，承载着巨大的碳排放责任。各国政府纷纷提出减少温室气体排放、实现碳中和等宏伟目标。中国政府于2024年5月由国务院正式发布《2024—2025年节能降碳行动方案》，不仅确立了节能减碳的总体愿景，而且规划了阶段性碳减排的具体目标与实施路径。本部分主要从政策制定与标准设立、激励与约束机制建立、信息共享与协同推进、技术支持与示范推广，以及国际合作与交流等方面展开政府规制下低碳供应链管理体系的实施路径研究。

（一）政策制定与标准设立

政府的首要任务是明确低碳供应链管理的政策目标，如减少碳排放、提高能源利用效率、促进可持续发展等。基于政策目标，政府应制定并出台一系列相关法规和政策文件，如《工业领域碳达峰实施方案》等，明确指出企业在推动低碳供应链管理的进程中所需承担的责任与应尽的义务。在法律法规与政策框架的坚实支撑下，政府应积极构建并推广绿色供应链管理标准体系，如 GB/T 33635—2017《绿色制造——制造企业绿色供应链管理　导则》等，为企业践行低碳供应链管理提供明确且实用的操作指南。

（二）激励与约束机制建立

政府可以通过财政补贴、税收优惠、绿色信贷等政策措施，激励企业积极参与低碳供应链管理，并鼓励企业投资绿色技术和设备。政府应建立严格的碳排放监管体系，对未达到碳排放标准的企业进行处罚或限制其发展。同时，政府应建立绿色供应链的认证机制，对达到碳排放标准的企业给予认证和奖励。

（三）信息共享与协同推进

政府应积极促进供应链各节点间构建高效的信息共享机制与平台，增进供应链各参与方之间的信息流通与协同合作，促使企业更全面地掌握供应链内部的碳排放情况，为其制定更加精确且具有针对性的低碳管理策略提供坚实的数据基础。政府应鼓励供应链各参与方加强主动沟通与协作，共同推动低碳供应链管理的持续发展与深入实践。通过优化物流网络布局、合理规划运输路线以缩短运输距离、减少不必要的运输频次，以及积极采用更为高效、环保的运输方式等手段或措施，有效减少整个供应链的碳足迹。

（四）技术支持与示范推广

政府应加大对低碳技术的研发和推广力度，为企业提供技术支持，包括支持企业开

发绿色供应链管理评价指标体系、绿色采购和绿色制造技术等。在此基础上，政府可以选择一批具有代表性的企业开展低碳供应链管理的示范试点工作，树立标杆企业。通过总结示范试点的经验和教训，向其他企业推广先进的低碳供应链管理模式和技术。

（五）国际合作与交流

政府应积极参与国际低碳供应链管理合作，借鉴国际先进经验与技术，完善我国管理体系。面对全球低碳挑战，着力强化管理体系韧性，提升国际竞争力与影响力。政府有必要鼓励外国采购商建立信任以减少机会主义行为，如星巴克通过培训供应商，可确保稳定供应并降低成本，促进低碳供应链发展（Wang et al.，2016b）。

第三节　供应链韧性与低碳韧性

供应链韧性与低碳韧性的目的主要是增强供应链的适应力与恢复力、缩减运营成本、优化终端用户的体验感受，同时应对气候变化挑战、促进可持续发展及提升竞争力。供应链韧性与低碳韧性视角下的低碳供应链是以生命周期评价（life cycle assessment，LCA）为基础，深度融合绿色、低碳、环保的先进理念与技术，并借助数字化与系统化的先进管理手段，形成的具有高效、低碳和韧性特点的供应链体系。

一、韧性

韧性理论专注于探讨个体或组织在遭遇压力、逆境或挑战情境下，如何有效调动内部潜能与外部援助，从而确保生存、恢复并促进成长与发展的动态过程。

（一）韧性的定义

"韧性"（resilience）一词可追溯至拉丁语 resilio，原意为"回到原始状态"（Klein et al.，2003）。20 世纪 70 年代，加拿大生态学家霍林（Holling，1996）创造性地提出生态韧性的概念，强调生态系统在遭遇扰动后维持存续并实现新平衡的能力。随着韧性概念被引入社会经济领域，在适应性循环理论的坚实基础上，演进韧性的概念应运而生，主要用于概括复杂社会生态系统在面对外界扰动时所展现出的变化、适应和改变能力。韧性理论主要探讨个体、组织或系统在面临压力、逆境、干扰乃至破坏时维持、恢复乃至增强其功能和结构的能力。韧性从多维度可细分为个体层面、组织层面、系统层面，每个层面都蕴含着独特的韧性特征。

1. 个体层面

作为人格特质的韧性，描述个体在遭遇艰难险阻时恢复原有状态，甚至从中汲取力量，实现个人能力与心智进一步发展与提升的能力。

2. 组织层面

作为适应过程的韧性，强调个体或组织在面对重大生活或运营逆境时，如何通过保护性因素的相互作用，促进积极的适应与调整的过程。

3. 系统层面

作为适应结果的韧性，描述在逆境或困境中系统仍能维持正常发展的能力，强调即便处于高风险环境中，个体或组织依然能够展现出一种积极的、有利于自身发展的适应性状态。

（二）韧性理论的应用领域

韧性理论的应用领域既广泛又深远，不仅是学术界研究的焦点，而且是指导实践行动、应对各类挑战的重要理论工具。

1. 生态学领域

在生态学领域，韧性理论被广泛应用于对生态系统进行稳定性的研究和保护。生态系统面临着气候变化、物种入侵、资源枯竭等多重威胁，韧性理论强调生态系统在面对这些压力时能够保持、恢复或发展到新的稳定状态的能力。生态保护团队通过研究和量化评估生态系统的韧性，能制定出更为精准和高效的保护措施，包括恢复受损生态系统、建立生物多样性保护区等。举例来说，一些地区已成功实施了湿地恢复、森林植被重建等项目，显著增强了生态系统的韧性，在面对干旱、洪水等自然灾害时能展现出更强的抵御和恢复力。

2. 城市规划与管理领域

在城市规划与管理领域，韧性理论被应用于指导城市生态系统如何可持续发展和应对各种挑战。随着城市化步伐的加快，城市正面临人口激增、环境污染加剧及资源紧张等多重考验。韧性城市强调城市在应对这些挑战时，能够确保基础设施稳健运作、维护社会稳定并推动经济发展的能力。构建韧性城市，旨在提升城市对抗自然灾害和突发事件（如地震、洪水）的韧性，同时，也需要高度重视对城市自然生态要素的有效保育和对受损生态系统的科学修复工作，以实现改善城市环境质量、促进生态平衡与可持续发展的目标。例如，部分城市通过推行雨水花园、绿色屋顶等创新举措，显著增强了城市的排水效能与绿化水平，有效缓解了城市内涝等难题。

3. 经济领域

在经济领域，韧性理论被用于指导经济体系如何保持稳定和可持续发展。随着全球化的不断深化，经济体系正面临着日益复杂多变的挑战，如金融危机、贸易争端等。韧性经济强调经济体系在应对此类挑战时，能够维持稳定增长、有效抵御冲击并实现转型升级的能力。通过构建韧性经济，可以显著增强经济的抗风险能力和国际竞争力，进而推动经济的长远发展。例如，部分国家通过强化金融监管体系、加速产业升级步伐等策略，有效提升了经济的韧性，成功应对了金融危机等一系列挑战。

4. 社会心理学领域

在社会心理学领域，韧性理论被用于研究个体和群体在面对压力和逆境时如何提升心理适应能力。韧性心理强调个体在遭遇困境与挫折时，能够维持积极心态、灵活应变并恢复心理健康状态的能力。通过培育韧性心理，可以显著增强个体的心理承受力与适应能力，有效预防心理问题的产生。例如，不少学校和社区积极推行心理健康教育项目，提供心理咨询服务，旨在帮助学生及居民提升心理韧性，使他们能够更加从容地面对生活中的各种挑战。

5. 其他领域

此外，韧性理论也被广泛应用于交通、能源、农业等诸多其他领域。在交通领域，韧性交通系统注重在自然灾害与突发事件中保持交通网络的畅通与稳定运行；在能源领域，韧性能源体系强调能源系统在面对能源短缺、价格波动等挑战时，能持续稳定地供应并满足需求；在农业领域，韧性农业则着眼于在气候变化与自然灾害的冲击下，保持农业生产的稳定，确保粮食产量与食品安全。

二、供应链韧性

供应链韧性对企业的持续运营至关重要，不仅关乎单个企业的生存，而且深刻影响着整个供应链的持续性与市场竞争力。供应链韧性的核心在于探究供应链在面对各种干扰和冲击时的恢复能力，以及如何通过优化管理策略来增强供应链的韧性和稳定性。

（一）供应链韧性的概念与内涵

供应链韧性作为供应链管理领域近年来兴起的一个概念，最初由 Rice 和 Caniato（2003）提出，而后由 Christopher 和 Peck（2004）进一步定义为供应链在经历外部扰动后，具备迅速调整自身结构与运作流程，并有效恢复至初始稳定状态或更优运作状态的能力。具体而言，供应链韧性是指在从物料寻源到物流，再到产品与服务最终交付的全链条过程中，企业凭借灵活的应变策略与精准的预测能力，对运营中断进行快速响应的能力，强调的是一种在动态环境下保持供应链稳定性和适应性的能力，是企业有效应对风险、确保业务连续性的重要手段。供应链韧性包含两大核心要素：一是抵御能力，即在遭遇重大突发事件或运营流程受阻时，供应链系统能够最大限度地规避风险，或以最小的损失平稳过渡，从而确保企业在外部冲击下仍能维持运营的连续性；二是恢复能力，即在供应链遭遇突发中断时，企业能够即刻启动应急响应机制，迅速识别并实施有效的恢复策略，以确保供应链能够迅速且平稳地回归至稳定运行状态，这要求企业具备高度的快速响应与灵活调整能力，以便在中断后能够迅速恢复运营。

（二）供应链韧性的理论框架

供应链韧性的理论框架主要包括资源基础观、动态能力理论和系统理论/复杂自适应系统理论。资源基础观主张企业竞争优势的根源在于其拥有的独特、高价值、难以复制且难以被其他资源所替代的关键性资源。在供应链韧性建设过程中，企业需精准识别、有效整合并充分利用内外部资源，以打造具备强大竞争力的供应链网络。企业若能通过不断地资源积累与高效配置，则能显著增强其供应链的韧性与稳定性，从而在充满不确定性的市场环境中保持运营的持续稳健。动态能力理论强调企业在应对外部环境变迁时所展现出的动态适应与创新能力。在供应链韧性建设过程中，企业需具备敏锐的环境感知能力和灵活的策略调整能力，以迅速响应市场波动。通过构建灵活多变的供应链网络、优化供应链流程、提升供应链协同效率等手段，企业能够进一步增强供应链的韧性和灵活性，确保在变幻莫测的市场环境中稳固其市场地位。系统理论/复杂自适应系统理论认为供应链是一个高度复杂、具备自我组织和自我适应能力的系统。在供应链韧性建设过程中，企业应当将重心置于供应链的全面整合与协同优化方面，通过加强供应链各节点间的紧密协作、优化供应链结构、增强供应链的透明度等措施，确保各参与方能够实时掌握供应链的运行状态与潜在风险，全面提升供应链的韧性和稳定性。

（三）中国供应链韧性治理体系

中国供应链韧性治理体系主要包括治理理念、治理主体、治理制度、治理机制、治理工具等方面，如图 3-6 所示。

图 3-6　中国供应链韧性治理体系

1. 治理理念

中国供应链韧性治理体系强调整体性、系统性、前瞻性和持续性的治理理念。从供应链的宏观视角出发，全面审视各环节的相互作用及其与外部环境的动态联系。同时，注重风险的提前识别与预防，以及治理模式的不断迭代与优化，以确保供应链的稳健与长远发展。

2. 治理主体

中国供应链韧性治理体系是由政府、企业、行业协会、科研机构等多方治理主体参与的治理体系。其中，政府发挥着主导和协调作用，通过政策制定、法规完善及标准设定来引导供应链的健康发展；企业是供应链的主体，通过优化管理流程、强化风险防控等举措来提升供应链的韧性；行业协会与科研机构则提供技术支持与咨询服务，为治理体系的不断完善贡献力量。

3. 治理制度

中国供应链韧性治理体系建立了完善的治理制度，包括风险评估、监测预警、应急响应及信息共享等方面的制度。风险评估制度用于精确识别和分析供应链可能遇到的风险，为制定有效的应对策略提供必要的信息。监测预警系统用于对供应链运行状态的实时追踪与监控，能迅速捕捉并发出潜在风险的预警信号，以便企业及时采取措施进行干预与调整。应急响应机制明确了突发事件发生时的应对流程与措施，确保供应链迅速恢复运作。信息共享制度则极大地促进了供应链各参与方之间的沟通与协作，通过及时、准确地传递关键信息，增强供应链的协同性与反应速度。

4. 治理机制

中国供应链韧性治理体系建立了多种治理机制，包括合作机制、协调机制、激励机制和监督机制等。合作机制促进了供应链各方的紧密合作与共同应对挑战的能力。协调机制确保所有参与者的利益与行动能够保持协调一致，保障供应链的高效、顺畅运转。激励机制通过建立奖惩制度，调动和激发各方的积极性和责任感。监督机制则对供应链的运行状况进行全面监督与管理，确保各项制度得到有效执行。

5. 治理工具

中国供应链韧性治理体系采用多种治理工具，包括数字化技术、大数据分析、物联网及人工智能等先进技术，企业能够实时掌握供应链的各环节，确保信息的准确与及时传递，从而实现对库存的精准控制和对订单的全程追踪，有助于企业及时发现并解决潜在问题，避免库存积压或订单延误等情况的发生。

三、低碳韧性

低碳韧性是在供应链韧性的基础上，强调在低碳目标下进行韧性建设。气候变化与环境保护问题的关注度正持续攀升，低碳韧性已成为供应链管理领域的新趋势，被广泛应用于城市规划、能源管理及可持续发展等多个领域，旨在通过减少温室气体排放并提升系统对外界干扰的抵御力，在经济、社会及环境三大层面达成和谐共进，推动整体发展的可持续性。

（一）低碳韧性的概念与内涵

作为一种新型的发展理念，低碳韧性是低碳与韧性两个概念的融合。低碳强调减少温室气体排放、优化能源结构、发展绿色产业等，以降低对环境的负面影响；韧性则注重系统在面对内外部冲击时的稳定性和恢复能力，以确保系统功能的连续性和可靠性。低碳韧性通过两者的有机结合，旨在促进低碳发展和韧性构建的良性互动与同步推进，共同走向更加可持续的未来。

（二）低碳韧性的理论框架

低碳韧性的理论框架主要包括低碳发展理论、韧性建设理论、低碳与韧性的融合理论、综合评价指标体系理论。低碳发展理论强调减少碳排放、优化能源结构、发展绿色产业等，以降低对环境的负面影响；倡导能源结构的转型，即由传统的化石能源逐步过渡至可再生能源，减轻对化石能源的过度依赖。韧性建设理论强调系统在遭遇内外冲击时维持稳定性和快速恢复的能力；强调增强系统的多样性、灵活性和冗余性的重要性；

强调建立完善的预警和应急响应机制的重要性，以及时发现和处理潜在的风险和问题，降低风险带来的损失。低碳与韧性的融合理论强调低碳发展与韧性建设相辅相成，可以实现相互促进和协同发展。综合评价指标体系理论强调构建包含低碳和韧性双重标准的综合评价指标体系，涵盖能源消耗、碳排放、资源利用效率、系统稳定性、恢复能力等多个方面，以评估实施效果和反映发展水平。

低碳韧性作为一种新型的发展理念，对于应对气候变化和环境问题具有重要意义。通过整合低碳和韧性两个方面的特点，可以实现经济、社会和环境的协调发展。未来，随着全球气候变化和环境问题的不断加剧，低碳韧性的重要性将越发显著。

（三）低碳韧性的属性及维度

低碳韧性是一个多维度的概念，其属性主要包括低碳性和韧性，这两个属性各有其特定的维度，如表 3-1 所示。在低碳韧性中，韧性主要体现为对气候变化、能源危机等风险的适应能力和恢复能力。

表 3-1　各属性的维度构成及影响

属性	维度	内涵	对低碳供应链管理体系的影响
低碳性	碳排放效率	提高能源利用效率，降低单位产值的碳排放	有助于减少碳排放总量，推动供应链的低碳化；在成本控制与经济效益之间找到更优的平衡点，缩减企业的运营成本
	能源结构优化	改用清洁能源替代化石燃料发动机，提高能源结构的可变性，提高能源科技信息化和现代化水平	有助于充分利用清洁能源进行生产，减少对传统能源的依赖；不断创新供应链管理模式来适应清洁能源的使用和低碳产品的需求；增强消费者对企业减少碳排放和环境污染的信心
	绿色产业发展	扶持并壮大绿色产业，促进环保低碳技术的研发与采纳	有助于促进绿色低碳技术的研发应用，有助于推动供应链向绿色转型，并为经济增长注入来自新兴产业的新动力
韧性	风险识别与评估	建立并优化风险识别与评估机制，以便迅速识别并衡量潜在的风险因素与挑战	有助于增强供应链管理体系应对外部冲击与不可预见因素的能力。借助对潜在风险的及时识别与评估，可以预先规划应对策略，从而减少损失并降低风险水平
	适应性	通过适应性规划、适应性管理和适应性技术等手段，提高系统对内外部压力和干扰的适应能力	有助于企业妥善应对市场变动及客户需求的变化。通过实施弹性制造与灵活物流等适应性方案，可以增强供应链的变通性与反应速度，以更精准地响应客户需求
	恢复力	在经历外部冲击后，系统需具备快速复原的能力，以期恢复至原有水平或实现更优状态	有助于在遭受冲击后迅速恢复运营。通过构建完善的恢复机制与制订详尽的应急预案，企业能够迅速采取行动和恢复运营，并保持业务的连续性与市场竞争力

第四节　基于全生命周期的低碳供应链实施路径

在现实生活中，产品在其低碳供应链的运作过程中会经历一系列精心设计的阶段，涵盖初始设计、绿色采购、清洁生产、绿色物流、绿色销售与消费，以及产品回收与再利用等阶段，确保从原材料获取直至最终报废回收的每一步都遵循低碳、环保的原则。产品对低碳供应链及环境的不良影响主要体现在资源浪费、能源消耗、温室气体排放、污染排放及生物多样性减少等方面，可能发生在供应链的各个阶段，且不同阶段的影响方式和程度有所不同，例如，过度设计或冗余功能可能导致更多的材料和能源消耗。低碳供应链的根本在于减少资源消耗、提升资源利用效率、发现可持续发展的替代资源，并强化废弃物回收处理能力，与产品全生命周期理论中对资源高效利用和循环再利用的要求高度契合；低碳供应链强调降低供应链整体的碳排放量，具有多目标性与动态性的特征，与产品全生命周期理论的全局性视角相契合，即从产品的整个生命周期出发，全面考虑其对环境的影响。

一、产品全生命周期的基本框架

（一）产品全生命周期理论的产生与发展

产品全生命周期理论最初由美国经济学家雷蒙德·弗农于 20 世纪 60 年代提出（Vernon，1966），旨在阐述国际贸易和国际投资背景下产品生命周期的动态演变规律。随着全球经济的迅猛发展和技术的不断革新，产品的市场存续时间越发关键，正是在这一背景下，产品全生命周期理论诞生，并逐步发展成为理解产品从初始研发至最终退出市场这一系列过程的重要理论框架。

1. 初始阶段

雷蒙德·弗农首次提出产品生命周期的概念，并将其分为产品创新期、成熟期和标准化期，这标志着产品全生命周期理论的初步形成。随着产品技术的日渐精进与市场的广泛渗透，其生产活动会经历一个转移路径：从最初的创新国家，逐步扩展到其他发达国家，并最终落脚于发展中国家。此理论框架为剖析国际贸易与国际投资活动中产品流转的动态模式提供了独到的理论视角，揭示了产品在全球生产网络中位置变迁的深层次逻辑。

2. 发展阶段

随着市场营销学的不断演进与繁荣，产品生命周期理论经历了进一步的精细化划分与系统性完善。Rink 和 Swan（1979）将其划分为导入、成长、成熟和衰退四个阶段。在导入期，产品初入市场，面临销量增长迟滞的挑战，同时伴随着高昂的成本与微薄的利润空间；一旦步入成长期，产品的销量呈现出快速上升的态势，生产规模随之扩大，成本得到有效控制，利润显著提升；成熟期时，产品的销量达到峰值后逐渐回落，市场竞争趋于白热化，企业需不断创新以稳固市场份额；到了衰退期，产品逐渐淡出市场，销量大幅下滑，企业需考虑产品迭代或市场退出策略。这一划分更加详细地描述了产品在市场上的表现和发展过程。

3. 现代阶段

CIMdata Inc（2002）提出产品生命周期管理是一种系统性的战略解决方案，属于经济管理范畴，并构建了一个产品生命周期管理体系框架。近年来，一些卓越企业开始将产品管理理念融入产品生命周期，将产品全生命周期细化为产品战略、市场定位、需求分析、规划制定、开发实施、上市推广及退市管理等七个关键环节，全面覆盖了从产品构思至报废的全过程，为企业提供了更为具体且实用的管理指导。

（二）LCA 的总体框架

1. LCA 的起源与发展

LCA 起源于 20 世纪 60 年代的能源危机时期，美国与英国在此期间开始重视能源使用的效率，催生了 LCA 的早期理念。1969 年，美国中西部研究所（Midwest Research Institute，MRI）受可口可乐公司委托，对饮料容器的全周期过程——从原材料的提取到最终的废弃物处理——进行全面的跟踪和量化分析，被认为是 LCA 技术发展的起点。1990 年，环境毒理学与化学学会（Society of Environmental Toxicology and Chemistry，SETAC）对 LCA 进行正式定义，标志着该技术在学术和产业领域得到了正式的认可和确立。LCA 发展简史如表 3-2 所示。

表 3-2　LCA 发展简史

年份	事件
1969	可口可乐公司最先对包装产品的环境影响进行量化评估，即资源与环境状况分析（resources and environmental profile analysis，REPA），成为今后 LCA 分析的基础
1970	美国开始实施各种 REPA，欧洲也开始研究 REPA，并将其称为生态平衡（eco-balance）
1973	EPA 对 REPA 进行系统的归纳与整理
1978	联邦德国率先推出欧盟生态标签（eco-label）制度
1979	SETAC 正式启动对 LCA 的深入研究
1984	联邦环境、森林及土地保护局（Bundesamt für Umwelt, Wald und Landschaft，BUWAL）发布关于包装材料的生态平衡报告，并在此基础上推动欧洲环境毒理学与化学学会（Society of Environmental Toxicology and Chemistry Europe，SETAC Europe）的成立
1990	SETAC 成功举办首届关于 LCA 的专题研讨会
1992	依据欧洲20家主要企业所组成的 LCA 论坛的成果，生命周期评价发展促进会（Society for Promotion of Life-cycle Assessment Development，SPOLD）开发并建立相应的数据库
1993	国际标准化组织（International Organization for Standardization，ISO）环境管理标准化技术委员会（ISO/TC 207）年会提出关于 LCA 的标准化操作流程
1997	ISO 发布 ISO14040，为 LCA 提供相关的规范化指导
1999	国家质量技术监督局发布 GB/T 24040—1999《环境管理 生命周期评价 原则与框架》，专门用于规范 LCA 的相关实践
1999	PRé Sustainability 公司推出 Eco-indicator 99
2000	ISO 发布 ISO14042
2006	基于 ISO 标准完善的更新与优化流程，ISO 对相关标准体系进行全面梳理，重新发布 ISO14040，并首次发布与之配套的重要标准 ISO14044

年份	事件
2010	四川大学建筑与环境学院与成都亿科环境科技有限公司联合推出国内首款具有自主知识产权的通用型 LCA 软件——eBalance，以及与之配套的中国生命周期基础数据库（Chinese Life Cycle Database，CLCD）
2022	成都亿科环境科技有限公司成功开发并推出全球首个由用户共同参与建设的碳足迹与 LCA 数据库平台——eFootprint

2. LCA 主体框架

早在 1993 年，SETAC 率先提出三角形模型，将 LCA 方法描述为四个相互关联的组成部分（马雪和王洪涛，2015），成为国际上最先开始研究 LCA 的机构，具体模型如图 3-7 所示。1997 年，ISO 发布 ISO14040，将 LCA 的实施流程分为四个主要步骤：目标与范围确定、清单分析、影响评价，以及结果解释，具体框架如图 3-8 所示。值得注意的是，LCA 的每个步骤都不是一个独立的过程，它们之间相互影响、相互依存，共同决定最终的评价结果。

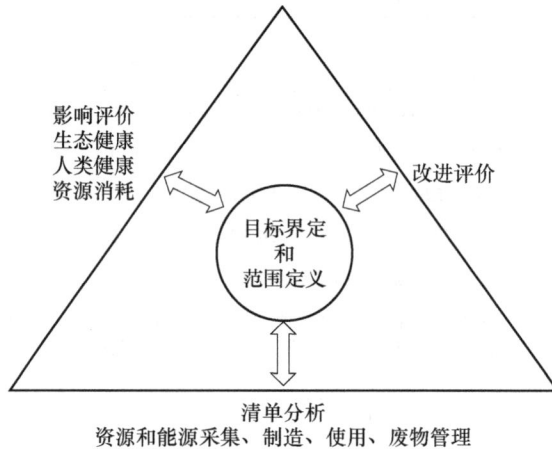

图 3-7　LCA 三角形模型

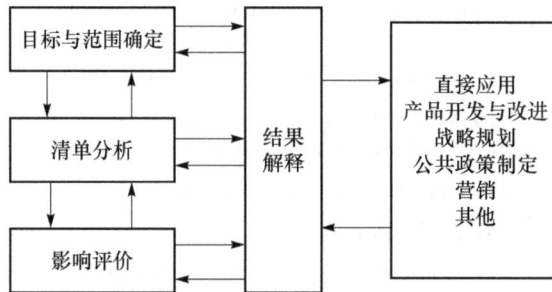

图 3-8　LCA 框架

（1）目标与范围确定。根据研究的具体目标，明确研究范围，涵盖评价系统的定义（评价对象）、系统的边界范围（评价范围）、功能单位的设定、假设条件的明确和有关数据的要求限制等关键要素。

（2）清单分析。收集数据用以计算产品从原材料获取、加工、生产、分销、使用到废弃处理整个生命周期中的物料和能源消耗，以及各种环境排放，包括废水、废气和固体废物。

（3）影响评价。在清单分析阶段所获取的环境影响数据基础上，运用定性分析手段，对产品系统在不同生命周期阶段的资源利用模式、能源消耗特征，以及环境效应的产生机制进行分析；采用定量评估方法，构建相应的评估模型与指标体系，精确测定产品系统在整个生命周期内的资源消耗总量、能源消耗效率及环境所受的具体影响程度。

（4）结果解释。在对清单分析和影响评估结果进行信息识别、分类、量化、验证和评价的基础上，得出结论，并提出能有效降低环境影响、促进环境可持续发展的策略性建议与改进意见。

二、LCA 在低碳供应链领域的应用

低碳供应链管理体系着重确保企业在产品生命周期的每个阶段——包括设计、制造、物流、应用乃至最终回收处理——均关注并有效应对其对环境的潜在影响，达成减少碳排放、促进生态友好及确保长期可持续发展的核心目标。LCA 作为一种综合性强、系统性高且量化的环境管理工具，能够精确衡量产品在全生命周期内的资源消耗、环境排放及潜在的环境影响。借助 LCA 工具，企业能够精确地识别供应链体系中碳排放密集的关键环节，并据此策划出具有针对性的高效减排措施。

（一）应用方法

在低碳供应链领域，LCA 方法以其量化评估的精确性、环境导向的明确性、全面覆盖的广泛性、指导实践的实用性、国际认可的权威性及持续改进的动力性等特点，成为企业制定并执行低碳供应链策略的关键工具。当前，越来越多的企业正积极采用 LCA 来推动低碳供应链的建设。此处将应用方法分为确定研究目的和范围、收集数据和建立模型、清单分析、影响评价、解释说明五个步骤。

1. 确定研究目的和范围

在应用 LCA 对低碳供应链进行分析时，首要任务是清晰地界定研究目的和范围。研究目的可能包括识别高碳排放环节、制定针对性的减排措施、优化供应链结构等。研究范围应包括产品从原材料的提取、加工制造、物流分发、使用到最终的废弃处理等全生命周期的各个阶段。

2. 收集数据和建立模型

进行 LCA 时，需要广泛搜集涉及产品整个生命周期的数据。为获取必要数据，

企业可采取多种途径，如开展实地考察、设计并发放问卷调查，以及利用现有数据库资源进行检索。基于所收集的数据集，构建一个结构化的且包括系统边界、功能单位、环境影响类别等的 LCA 模型。

3. 清单分析

清单分析是 LCA 的一个关键环节，其主要目标是量化评估产品在全生命周期中的资源消耗和环境排放。通过清单分析，可以得到产品在各个阶段的资源消耗量和环境排放量，从而为后续的影响评价及解释说明提供坚实的数据支撑和科学依据。

4. 影响评价

影响评价是 LCA 中最具挑战性的环节，其主要目标是量化分析清单分析阶段所识别的资源消耗和环境排放对环境的影响。企业可根据实际需求，选择符合产品特性和环保特性的环境影响评价方法与指标，如全球变暖潜力（global warming potential，GWP）、酸化潜力（acidification potential，AP）等，以科学、系统的原则衡量评估产品在各个阶段对环境的具体影响，为后续的决策制定与优化提供有力依据。

5. 解释说明

解释说明是 LCA 的最终环节，其主要目标是对清单分析和影响评价的结果进行解释和说明。在解释说明中，企业能依据结果，如供应链中碳排放较高的环节，制定出针对性强、效果显著的减排措施。此外，解释说明还促进企业对供应链整体碳足迹的全面理解，在此基础上，企业能够有的放矢地调整供应链结构，削减不必要的能源消耗及废弃物产出。

（二）基于全生命周期的低碳供应链实施路径

在追求可持续发展的背景下，强调全生命周期的低碳供应链管理显得尤为重要。此管理模式不仅聚焦产品最终阶段的环境效应，而且要求在每个供应链节点上都采取低碳策略，确保从源头到终端的全链条低碳化，从而实现资源高效配置与环境友好型发展的双重目标。

1. 产品设计阶段

在实施路径上，全生命周期的低碳供应链实施首先需要从产品设计阶段入手。当企业通过优化产品设计工艺等方法提高产品环保性能时，制造相同产品的原材料使用量会一定程度减少，制造过程中所产生的废弃物也会相应减少。具体而言，企业采用轻量化设计、模块化设计等新型产品设计方案，并融入节省原材料的思维方式，能够大幅度降低产品的重量与结构复杂度，从源头削减废弃物的产生。此外，LCA 方法的引入可以便于供应链成员对产品全生命周期中的碳排放进行量化分析，提出更为低碳化的产品设计理念。

2. 原材料采购阶段

企业在原材料和零部件的采购过程中，应该将低碳环保作为采购的首要考虑因素。一个产品的原材料和零部件贯穿该产品的全生命周期，对于低碳目标的实施具有关键性意义。为有效推进供应链的低碳转型，企业应与提供低碳原材料和零部件的供应商建立长期稳定的合作关系，并鼓励当下未实现低碳化的供应商加大低碳原材料的研发力度。此外，还应重视环境影响评价工作和供应商绩效考核工作，可通过与供应商共同开展环境评估和改进计划，制定环境指标和标准，确保供应链的长期低碳性；可采用绿色采购认证制度，对供应商进行环境绩效评估，优先选择环境绩效优秀的供应商。

3. 清洁生产阶段

企业采用清洁能源与节能技术提升生产能效，同时不断改进生产工艺流程以减少废弃物与污染物排放，实现更为环保的生产模式。同时，建立严格的环境管理体系和监测体系，确保生产过程的环保性。此外，企业还与供应商和科研机构合作，共同研发低碳技术和产品，共同推动供应链的低碳化。

4. 物流阶段

企业在物流管理中高度注重运输路径与方式的优化，以科学降低运输环节的碳排放，如企业精心规划多式联运策略，提升装载效率至最大化，并优先选用电动或混合动力等低碳运输工具。企业还深入探究包装材料的选用问题，倾向于采用环保、可循环利用或易于回收再生的材质，并鼓励下游客户循环利用包装，以最大限度地减少包装废弃物的生成与环境污染。此外，企业还探索与供应商开展组合运输，共享运输资源，降低整体物流成本和环境影响。

5. 销售阶段

企业借助绿色营销战略，大力宣扬低碳产品，培育消费者的低碳消费意识。通过突出产品的环保优势及提供低碳服务策略，企业能一定程度上增强消费者对低碳产品的理解与接纳能力。同时，零售商和制造商共同构建覆盖广泛的销售网络和完善的服务体系，为消费者带来便捷、高效的购物与服务享受。

6. 回收处理阶段

企业构建全面的废旧产品回收机制，对废旧产品进行分类回收，以便于更好地进行再利用。通过回收并提取废旧产品中的可用材料，有效降低资源消耗并减轻环境污染。此外，企业还积极投身于废旧产品的再利用项目与创新设计实践，致力于延长产品的使用寿命并提升其附加价值。

除以上各环节的具体措施外，企业还注重技术创新和政策支持在低碳供应链实施中的重要作用。持续投入研发，推动低碳技术的创新和应用，是企业实现低碳供应链管理的关键。与此同时，政府为鼓励企业实施低碳供应链管理，推出一系列激励措施，包括税收减免与财政资助等。此外，企业在强化供应链管理的同时，亦注重人才队伍建设。通过建立高效运行的供应链管理体系，并致力于培育掌握低碳供应链管理专业知识与实战技能的复合型人才，企业得以在低碳转型的道路上稳步前行。

综上所述，实现基于全生命周期的低碳供应链实施路径是一项综合性的系统工程，要求企业从产品设计、制造、物流运输、市场营销直至回收再利用的每个环节入手，采取多样化举措以减少碳排放并提升资源利用效率。借助技术创新驱动、政策环境支持、供应链管理的优化升级，以及专业人才的培育与发展等多维度策略，企业能成功实施低碳供应链管理，走上可持续发展的道路。当然，这一目标的实现还需依靠政府引导、企业实践及社会各界的广泛参与和深入合作，共同为低碳经济的蓬勃发展贡献力量。

第四章 低碳供应链多主体协同减排模式构建

首先，本章基于价值链理论，建立低碳供应链多主体协同减排基本分析框架，简要分析各主体之间的利益关系。其次，根据企业社会责任理论和协同治理理论，探讨在减排治理过程中政府、社会公众、企业和消费者四类主体是如何运行的，并基于组织间协作的协同框架（synergistic framework for inter-organizational collaboration，SFIC）构建多主体减排价值链分析模型。再次，构建多主体协同减排模式框架，分析各主体之间的博弈过程和利益均衡。最后，设计协同减排 P2P 信息运行机制，并探讨碳账本、智能合约和共识机制等区块链技术在低碳供应链信息共享、隐私保护、信任创造和约束激励等方面的适用性与技术应用策略。

第一节 多主体减排价值链和社会共治价值共构分析

在减排治理过程中，政府主导型、市场自决型、社会自治型等治理模式都有一定的缺陷，例如，政府主导型治理模式下效率低，市场自决型治理模式下政府监管不到位，社会自治型治理模式下公众和企业环保意识未完全觉醒等情况频发。多主体协同减排的治理模式可以很好地应对日益严峻的温室气体排放。本章基于社会共治角度，结合价值链理论、企业社会责任理论、协同治理理论构建低碳供应链多主体协同减排基本分析框架，如图 4-1 所示。

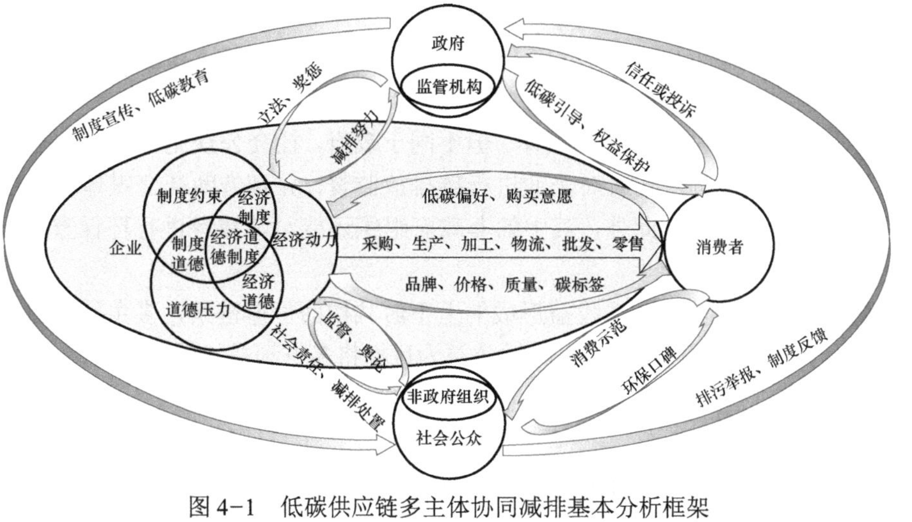

图 4-1 低碳供应链多主体协同减排基本分析框架

一、多主体协同减排内涵

多主体协同减排是指各类治理主体围绕减排等方面的相关事务开展协同合作并参与多元化管理的过程。多主体协同减排充分考虑了不同治理主体的目标差异性、治理途径的可行性和治理过程的广泛参与性，最大限度地遏制在减排实施过程中的机会主义发生，以实现社会公共利益的最大化。因此，多主体协同模式实质上就是将政府、企业、社会公众、消费者整合起来，打破固有的只有政府出力的减排模式，真正地调动各参与主体，充分发挥他们的积极性和优势，进行资源和能力的交换，共同组织管理，从而实现碳减排治理效果的最优化。

二、多主体减排价值链分析

低碳供应链中包含政府、减排企业、消费者和社会公众四大主体。这四大主体互相影响，形成一种特有的价值链条。

政府是碳减排的监管机构。通过立法和机制设计对减排企业进行奖惩，包括碳税、碳补贴和碳交易等。环境污染带来生态负效益，驱使企业减少温室气体排放将得到环境正效益，并对企业减排过程和减排效果进行监督。通过宣传减排制度和低碳教育，让社会公众了解低碳法规，培养低碳环保理念。政府对消费者的消费行为进行低碳引导，并保护消费者购买低碳产品的合法权益。

减排企业是碳排放的主体。在受到政府制度和法规的约束与非政府组织的大力宣传和监督下，对生产进行改进，为碳减排做出努力，努力使实际碳排放量小于政府分配的额度。企业生产的产品贴上碳标签并售卖给消费者，通过自身的减排努力，体现企业社会责任、树立企业社会形象。

消费者是低碳产品的用户，也是碳减排的监督主体。受到政府和非政府组织的低碳教育与制度宣传，自身的环保意识提升，主动选择购买更绿色环保的产品，驱使企业为产品的绿色度做出更大的努力。作为制度的监督者，消费者和非政府组织也将一同监督企业碳排放情况并对政府的减排策略进行反馈。

社会公众也是碳减排的监督主体。但不同于政府，社会公众无法给予企业制度和法律上的约束，但能协助政府对企业进行碳排放监督，并且借助社交媒体给予违法企业舆论上的宣传和抵制。此外，其中的非政府组织还能对消费者进行环保宣传，使消费者认识到碳减排的重要性。

不同于传统的企业为创造收益形成的上下游共构的价值链条，多主体减排价值链不单单是企业与企业之间，而是以减排效益为目标将多方利益相关者紧密联系在一起。

三、基于企业社会责任和协同治理理论的社会共治价值共构分析

企业社会责任理论强调企业不应该以追求利润作为唯一目标，还应该着眼于造福

社会和环境保护。协同治理理论则强调利益相关方共同承担治理，应用在碳减排上体现为企业、政府、社会公众和消费者四方共同参与减排活动。

党的十九大报告明确提出"构建政府为主导、企业为主体、社会组织和公众共同参与的环境治理体系"。低碳供应链协同减排中利益相关方也由这四方共同参与减排，每个主体承担的减排治理职责和角色定位如下。

（1）强调政府在多主体协同减排中的主导性作用。在公共事务治理中，良好的治理模式离不开政府的主导性作用。在环境治理中更是如此，各个区域的减排防控基本由地方政府负责，政府在整个减排治理体系中扮演着重要角色。政府借助其天然的资源和政策优势，运用立法权设立相应的法律法规，并在执法过程中对企业行使监督权，在减排治理中领导各个主体实施减排措施。

（2）激发减排企业在多主体协同减排中的主体性作用。企业在市场经济中是重要的主体，也是主要的碳排放主体，因此低碳供应链中多主体协同减排模式的有效运转离不开企业从之前的被动减排者到主动参与者的角色转变。相应地，在企业日常运转过程中，要把环保理念融入企业文化，并结合企业社会责任理论，积极承担更多的社会责任。将以往生产模式中的高耗能、高污染、高排放转向低碳、绿色环保和生态创新等方向。

（3）重视消费者在多主体协同减排中的广泛性作用。消费者作为低碳产品的购买者，是减排治理中的最重要一环。在减排监督方面，仅仅靠政府的监督是不够的，消费者需要提升环保意识，随时随地对减排企业行使监督权。此外，消费者在购买产品时，可以展现自己的低碳偏好，使企业了解到消费者的低碳需求，更好地引导企业增强自身的低碳水平。

（4）发挥社会公众在多主体协同减排中的参与性作用。社会公众包含非政府组织，与官方组织不同，它是不隶属于政府与企业的第三方民间社会组织。在减排治理方面主要起到纽带的作用，负责协调各个主体之间的合作，并将环保理念传播给更多的个人和组织，其带来的影响甚至高于政府。因此，非政府组织需要利用自身优势，对减排企业行使监督权，为减排治理体系中的各个主体搭起相互信任、相互沟通的桥梁。

四、基于 SFIC 的多主体减排价值链分析模型构建

（一）SFIC 模型

SFIC 模型是由 Ansell 和 Gash（2008）在调研多个国家的协同治理案例后提出，用于分析协同治理的经典模型。SFIC 模型主要由 4 个变量组成，包含起始条件、催化领导、制度设计和协同过程。其相互关系如图 4-2 所示。

SFIC 模型结构组成如下。第一是起始条件，在协同过程启动前，各主体的实际情况对整体协作流程形成的正面或者负面的影响。第二是催化领导，合理地调整各个成员之间的关系，提升他们共同解决问题的能力，以提升组织成员的参与积极性。同时帮助各个主体之间在整体协作流程中构建起一个较为均衡的权力关系，并最终实现互

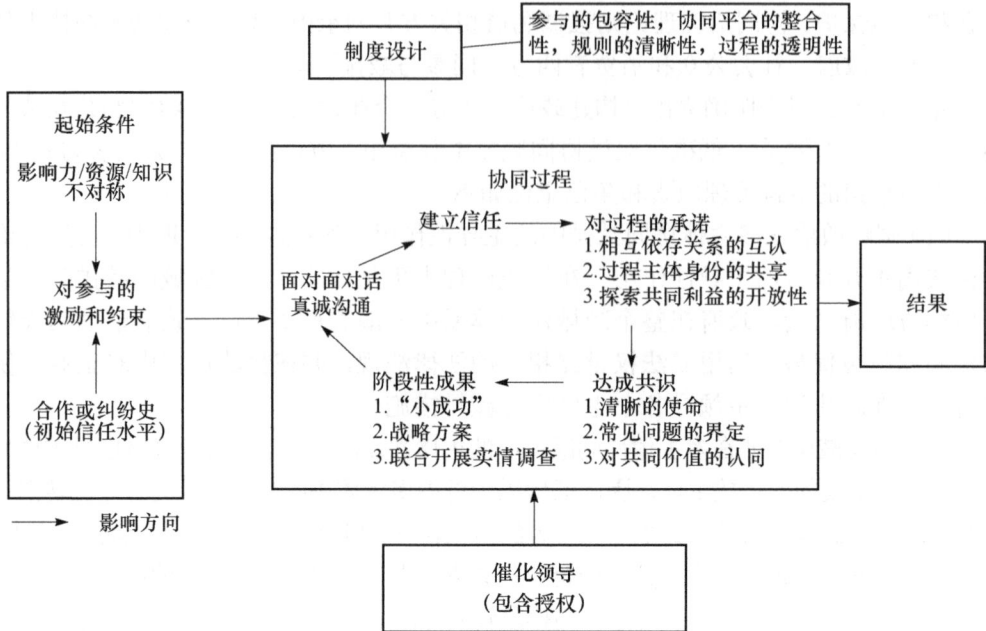

图 4-2　SFIC 模型相互关系

惠共赢的目标。第三是制度设计，在协作流程中通过建立相应标准和规则来制约各个主体行为。第四是协同过程，包含面对面对话、建立信任、对过程的承诺、达成共识和阶段性成果五步，这五大步骤相互作用，构成一个环形结构，由这样的环形结构共同组成协同过程。

（二）低碳供应链协同减排 SFIC 模型

现实生活中大多数区域的减排治理模式是由政府来主导的，但光靠政府单个主体推动的减排进程是非常低效的，并且存在企业主体社会责任缺失、公众主体参与度不高等情况的发生，这制约着减排治理的有效推进。因此，基于低碳供应链多主体协同减排基本分析框架、协同治理理论及 SFIC 模型，本节提出低碳供应链协同减排 SFIC 模型，如图 4-3 所示。

（三）低碳供应链协同减排 SFIC 模型的机制分析

1. 起始条件

起始条件是影响多元主体有效参与协作的重要因素，也是各主体达成协作共识的前提。起始条件包含三个变量。首先，减排各方的资源、认知、影响力不对称。协同减排初期，政府和非政府组织所掌握的权力与资源不同，非政府组织无法拥有如同政府一般的权力，也缺乏参与减排治理的机制，不能很好地发挥其作为第三方激活社会的力量，影响力有限。部分企业认知存在缺陷，一味追求利润，社会责任感缺失。其次，治理主体之间的合作动机。动机水平取决于各主体认为达成目标时所能得到的收

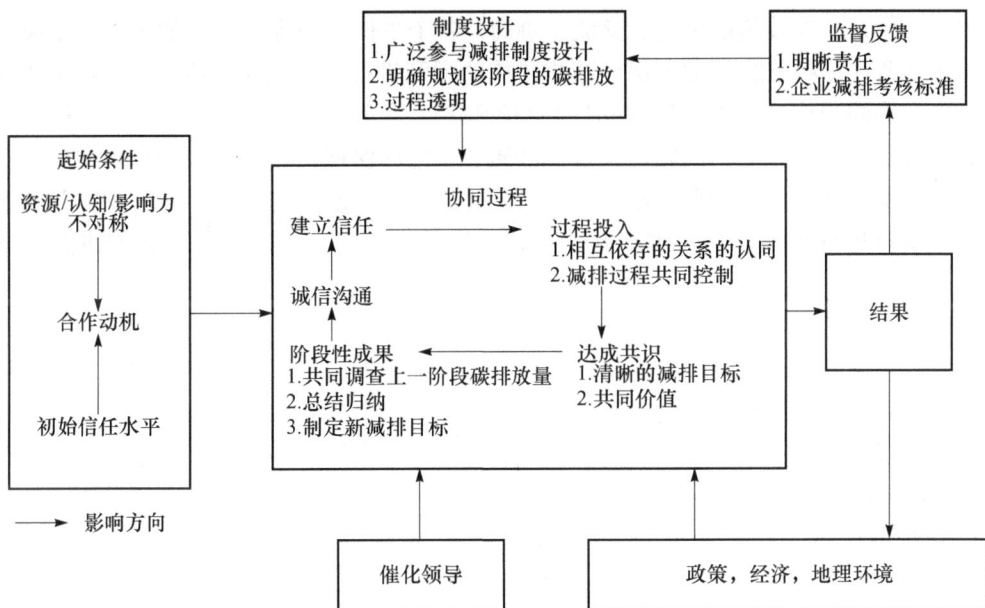

图 4-3　低碳供应链协同减排 SFIC 模型

益期望。若主体认识到他们的参与在政策和制度水平下有效果，并得到回报或者激励，期望就会增加，动机就会提升。最后，初始信任水平。协同减排初期，由于政府和企业接触较多，双方的信任水平较高，但其他各个主体的合作较少，可能发生冲突情况，这也影响着减排治理的运作。

2. 催化领导

催化领导是沟通减排协同过程、联结各方主体的必要因素，也是确保多元主体有效协同减排的重要主导力量。政府是低碳供应链中协同减排的领导者，应明确责任，厘清定位。在宣传环保方面，不仅要主动开展对公众和企业的低碳理念传输，而且要深化与非政府组织的合作。在市场监管方面，要严格减排企业的碳排放和碳交易，坚决贯彻国家发布的法规政策。

3. 制度设计

制度设计强调协同减排过程的合法性与规范性，为多元主体参与协同减排过程提供制度支撑。在协同减排制度设计中，政府应举办相应的听证会，邀请企业、公众和非政府组织代表，聆听他们的建议和诉求，保证减排治理中兼顾社会效益和减排效率。此外，政府需建立相关渠道，为落实的减排政策或者制度在实施期间得到的反馈设立专门通道，并及时处理相关信息。

4. 协同过程

协同过程是低碳供应链协同减排 SFIC 模型的核心环节，包含诚信沟通、建立信任、过程投入、达成共识和阶段性成果这五个变量。协同减排总是先从一段良好诚信的沟通开始，通过诚信地沟通、交流、协商，各个主体分别提出自己的诉求，交换意见，在协调各方利益的基础上保证减排措施的顺利进行，从而建立信任。当各主体逐渐习惯在协同减排过程中实现共同控制与管理时，有效和谐的关系得以建成，彼此之间对减排目标的实施更为清晰，并且把低碳、绿色环保理念作为共同的价值准则。对当前阶段实施减排措施达到的结果进行数据汇总，总结该阶段减排达到的成就并对下一阶段减排进行统筹规划，重新回归到相互沟通这一起点，开启新一轮的协同减排循环。

5. 环境交互

对于协同减排，政策、经济、地理环境等外部影响因素不容忽视。首先，政府需要依据相关法律法规对企业进行严格管控，才能减少其投机主义的发生。其次，各地方政府在国家的大方针政策下，需要因地制宜，考虑当地的经济水平和地理环境，有针对性地对相关企业采取不同规模的减排管理。

6. 监督反馈

在减排治理中，政府在建立对企业减排考核标准的同时，应规范并合理划分职能机构，约束部门权力，明确各部门的主体责任。在行使监督权时，给予非政府组织一定的权力，使他们积极投入减排治理。此外，民政部门要监督非政府组织的活动经营状况，并定期检查其财政收支，防止非政府组织和企业形成过于亲密的合作利益共同体，干扰协同减排进程。另外，政府需提高公众的环境保护意识，让公众对减排治理的监督更富有热情。

第二节　低碳供应链多主体协同减排模式框架构建及利益均衡

一、低碳供应链多主体协同减排模式框架构建

2016 年 3 月 17 日，《中华人民共和国国民经济和社会发展第十三个五年规划纲要》发布，强调形成政府、企业、公众共治的环境治理体系，这也标志着我国的环境治理走向多元化共治。本节基于低碳供应链多主体协同减排基本分析框架，分析多主体动机、企业责任、系统伦理及社会公平，设计兼顾消费者价值、企业价值和社会价值的多主体协同减排模式框架，如图 4-4 所示。

从图 4-4 中可以看出，低碳供应链、政府监管部门和社会公众及消费者构成主体，核心理念是协同减排，外圈的圆环代表各主体协同所要达成的目标，分别是福利最大化、碳减排标准与指标和资源配置优化与协调。三个主体分别以碳减排水平、碳减排标准及减排舆论作为低碳价值共构，协同达成所期目标。

二、低碳供应链中多元共治主体的利益均衡

低碳供应链中协同减排的活动与流程其实就是各种参与者之间利益的博弈与均

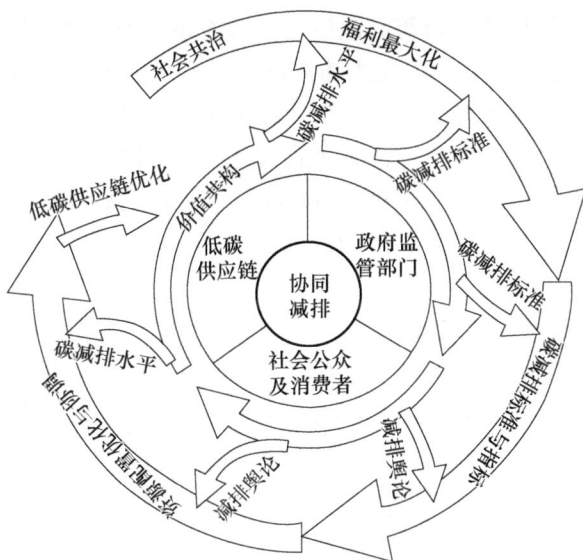

图4-4　基于价值共构的低碳供应链多主体协同减排模式框架

衡过程。协同治理的基本状态在均衡与不均衡之间循环往复。

（一）协同减排主体的博弈

协同减排多主体之间的博弈是指政府、减排企业、非政府组织与公众（包含消费者）在协同减排治理过程中依据自身对环保的认知及对利益目标的追求，做出有利于自身发展决策的行为。

假设在经济社会中面临着大规模温室气体排放问题，且政府缺乏管理的能力，企业盲目追求自身发展，不考虑环境保护。根据《国富论》中"每个人都从利己目的出发"原理，企业做出利己的决策，没有增加环境设备投资，那么将进入纳什均衡状态。即使有一家企业做出利他选择，也不会改变格局，反而因为环境成本的增加导致产品价格上升，从而损害企业效益。只有政府出手强制管制时，纳什均衡才会被打破，企业才会选择把低碳纳入生产理念。在此情况下，企业可以获得与高碳排放相同的收益，且环境污染得到有效改善。这也是在环境治理中政府是领导者的原因。

政府作为减排治理体系中的领导者，它与其他主体包括企业、非政府组织、公众（包含消费者）及政府内部之间的利益博弈是关注的重点。首先，政府内部之间的利益博弈，其产生于市场，形成于部门职责。政府内部中的上级政府与下级政府属于纵向间的利益博弈。横向有各个政府部门之间的利益博弈。政府内部利益涵盖了部门利益及组织整体利益。其次，政府与企业间的利益博弈，其产生于市场，冲突在于目标差异性，企业考虑的是自身经济利益最大化，政府则兼顾社会利益并以建设社会为主要目标。政府与企业的冲突具体表现在企业躲避政府监管实施偷排漏排、企业环境税收的投机主义、企业承受政府减排考核压力等。再次，政府与非政府组织间的利益博弈，其产生于权力与资源的不对等。政府与非政府组织的冲突表现为价值目标冲突、权力资源冲突和认知冲突，具体表现为协同减排过程可能因减排的制度和措施而产生异议，两个组织的公共事务管理权和财政资源出现不对等差异，对减排等相关事务认知产生分歧，等等。最后，政府与公众间的利益博弈，与企业类似，其冲突在于不同的利益目标，具体表现在公众个人利益与政府长远环境发展目标的冲突、公众理想化的减排治理目标与政府现有能力不足的冲突。

（二）协同减排主体的均衡

在减排治理中，各个治理主体相互博弈，最终实现均衡的一种状态就是协同减排主体的均衡。在这种状态下，各个相关方所实施的减排治理策略都是最佳策略，因此任何主体为避免破坏均衡，都不会主动改变决策。协同减排治理主体之间的博弈行为代表各主体的"个人理性"，但这会带来减排治理的"集体非理性"，即谁都不愿意主动承担环境保护职责，导致环境污染严重。

欲破解低碳供应链中协同减排难题，协调各主体之间的利益，重点在于解决博弈均衡问题。防止"个人理性"损害集体利益的关键是需要具备强制力的主体去纠正"集体非理性"，这个主体就是政府。因此，在减排治理中，需要以政府为核心治理主体，承认各方在治理时的地位，充分发挥减排企业、非政府组织与公众（包含消费者）的作用（图 4-5）。

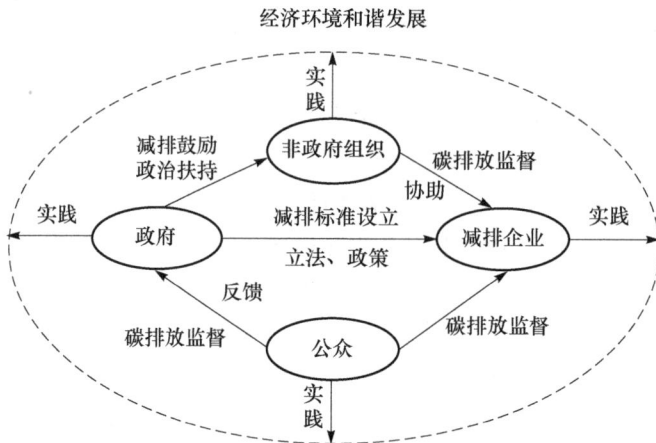

图 4-5　协同减排多主体的均衡模式

第三节　价值共构与多元共治的协同减排信息运行机制设计

一、协同减排 P2P 信息运行机制的设计

根据前面所述，减排治理要形成以政府为主导、企业为主体、非政府组织和公众

（包含消费者）共同参与的多主体协同减排体系，但这种结构下多方主体容易出现信息不对称、互相不信任的情况，使得协同减排效率降低。区块链技术的应用能很好地解决这一难题。区块链的本质是分布式账本，具有防窜改、去中心化及点对点通信等特点，利用各节点的散状网络层级架构，在整条供应链网络上进行数据的全面传输，同时保障数据的正确性，可以有效地使信息透明化与公开化，为企业多主体减排数据共享创造了解决方案。本节基于区块链技术，将经济组织（减排企业和消费者）、社会组织（公众及非政府组织）与政府（及派生机构）对等考虑，设计不依赖权威机构信用背书的协同减排 P2P 信息运行机制，如图 4-6 所示。

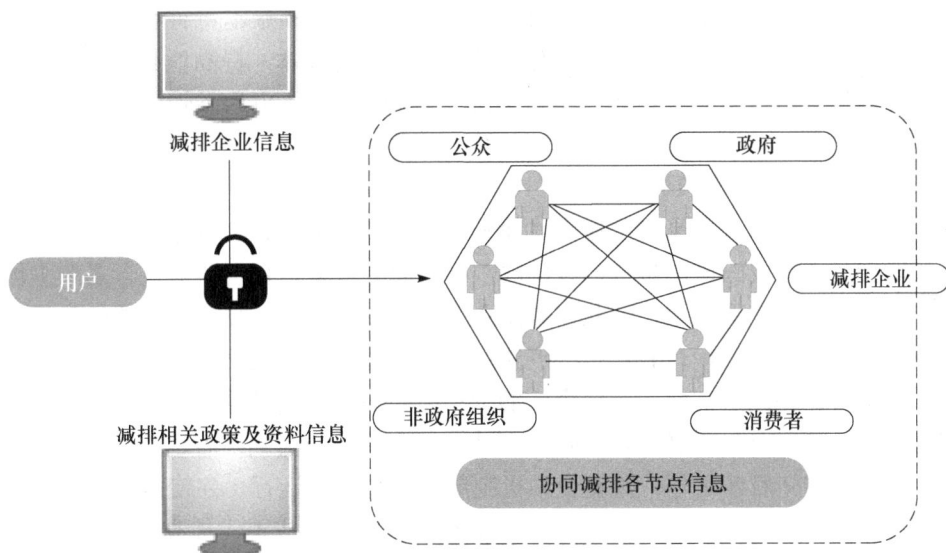

图 4-6　协同减排 P2P 信息运行机制

P2P 是两个或多个客户端不经过服务器而直接通信的架构。与传统浏览器-服务器（browser/server，B/S）架构相比，P2P 架构不用将所有数据存储在中心数据库中，使数据分布式存储于各节点。后端数据库由各节点服务器组成，由各节点上传后，利用区块链技术形成一个共享式分布数据库。

在低碳供应链中，协同减排 P2P 信息运行机制如下：企业将自身的资质信息、每年的碳排放配额、碳交易历史信息、减排相关政策和其他信息（如消费者低碳偏好信息等）上传到共享数据库中，各节点是平等的，任何用户都能通过节点上传信息或者查看企业上传的碳排放和碳交易信息，有效解决了各主体之间信息不对等的问题，实现了信息的高效交互和透明化。

二、区块链技术在低碳供应链协同减排中的应用建议

（一）碳账本对企业内部碳足迹进行有效追踪

很多大型减排企业（如大型油气公司）在全国各地分布着众多子公司，每个子公司收集、管理和存储各自的碳排放数据，但数据管理不透明，容易发生窜改，且不同子公司各自中心化存储数据产生数据"孤岛"现象。另外，不同子公司收集的碳排放数据质量参差不齐，存在关键信息难以追踪和整合、相关数据读取困难、数据收集方式多样、数据不一致等问题。因此，各子公司中心化的数据库增加了母公司碳排放报告编制的难度，同时会导致缺乏统一、可信的碳排放基础数据，从而不利于碳管制。

因此，构建一个去中心化、不可窜改、可追溯的超级碳账本将有利于企业对各环节的碳足迹进行追踪、奖惩和路径优化，从而降低经营成本、提高低碳竞争力。准确和精细的碳排放数据是企业进行碳资产管理的基础和前提，也为碳管制增加了一致性和可信度。

（二）智能合约提高碳交易效率

碳税、碳补贴和碳交易是政府激励企业碳减排的高效手段。其中，碳交易包括企业间买卖交易、生成碳排放报告、碳排放额度分配等环节，有些环节包含多个主体参与，会占用大量的交易成本，因此，降低企业间协商成本、提升碳交易链的整体效率迫在眉睫。智能合约所具有的技术特点能很好地处理上述问题。智能合约的本质是一段程序，是用计算机语言取代传统合约的一种新型安全可靠的合约方式。例如，在进行碳交易时，双方企业在事先规定好的交易金额和数量的基础上若达成约定，则合约自动生效，并实施后续工作。智能合约机制能使合约永久运行，并使内容透明化和不可窜改化，可以在缺乏信任的环境下安全交易，节约交易成本，提高交易效率。

（三）碳排放监管机制与区块链相结合

碳减排政策落实靠企业自觉遵守是完全不现实的，因此政府和非政府组织的监管显得极为重要。区块链技术能很好地辅助环保部门监管企业碳排放。本节提出的协同减排 P2P 信息运行机制能够有效记录企业的碳排放配额和碳交易信息，但无法对企业进行实时碳排放监控，也不能及时感知企业出现的偷排漏排行为，因此需要将碳排放传感器安置在企业气体排放口，这种传感器能够及时地获取企业碳排放流量，利用大数据手段把这种大量信息传输到环保部门的监控信息库，这样就能准确掌握企业的近期碳排放量信息，并分析其是否存在偷排漏排行为。环保部门将这些数据分析、整理并上传至共享数据库中，消费者和公众也能实时查看企业是否遵守碳配额规定。对于违法企业，消费者和公众可以发起舆论使其得到道德谴责，在制度约束和道德谴责双重压力下，迫使企业进行整改。

（四）区块链为碳排放报告与审计赋予新的内涵

2021 年，加密资产投资服务商 Diginex、工业区块链与智能合约服务商 Data

Gumbo、公共许可区块链平台 Topl、安永会计师事务所等全球众多机构推出了基于区块链的碳排放报告与审计服务，以帮助企业满足监管机构、投资者及其他利益相关者等多方需求。在国内，随着天津排放权交易所推出国内第一个基于区块链的碳中和存证产品，以及国网新能源云碳存证数字场景在浙江省湖州市首次上线，国内碳减排领域的核算、认证取得了新的实践成果。这些进展将为国内碳交易、碳中和市场的持续发展奠定坚实的基础。

本 章 小 结

本章首先基于价值链理论、企业社会责任理论、协同治理理论，建立了低碳供应链多主体协同减排治理分析框架，分析了各主体间的价值冲突。其次，根据此框架，本章构建了低碳供应链协同减排 SFIC 模型，分析了协同减排初期所遇到的困境，对协同过程进行了研究，并添加了监督反馈和环境交互等要素，合理优化了 SFIC 模型。再次，本章构建了低碳供应链多主体协同减排模式框架，并对各主体之间的冲突与博弈展开了分析，进行了利益均衡的探讨。最后，本章设计了基于区块链技术的协同减排 P2P 信息运行机制，保障了各主体之间信息交互的便捷性和安全性。

在低碳供应链中基于协同治理理论和企业社会责任理论实现多主体协同减排模式，这对我国的温室气体治理是一次全新的尝试，新颖的治理模式可能导致推进过程中面临风险和挑战，因此需要各治理主体协调、沟通，对治理方式持续不断地进行调整和改进。随着政府进一步简政放权，企业社会责任感不断增强，公众对环境治理的热情不断高涨，各主体分别利用其资源和权力优势，加强了多主体共治的能力。多元化的社会共治模式顺应了时代的潮流，将大大助力我国碳排放的治理。

低碳供应链多主体协同治理也有助于我国创新探索共同富裕之路，不断缩小区域、城乡、收入"三大差距"，进一步聚焦科技支撑共同富裕。一方面，以大数据、人工智能等为代表的数智科技可以赋能传统产业中的大企业低碳转型和高质量发展；新兴的工业物联网生态发展可以带动农业和服务业的中小微企业及个体经营者整体绿色发展。另一方面，切实发挥科技创新促进城乡区域低碳协调发展，"一县一策"推动欠发达地区探索创新可持续发展新路径；围绕区县重点发展产业和基本公共服务均等化等开展一批科技创新专项行动；借助科技创新推动农村生产生活方式加速变革，营造良好的农村科技绿色创新生态。

网络设计篇

供应链网络协同减碳与低碳

韧性研究

第五章　基于可信性的低碳物流网络设计多目标模糊规划问题研究

通过物流网络的优化设计来控制碳排放是提高低碳物流绩效的一种重要途径。首先，本章针对模糊环境下多级低碳物流网络设计的战略定位和配置问题，综合考虑多级物流网络参数的模糊性，以及战术层的多商品流、多生产技术和多运输方式的选择决策，以最小化物流网络的总成本和总二氧化碳排放为目标，集成采用期望值规划方法和机会约束规划方法，建立基于可信性的低碳物流网络设计多目标模糊规划模型，引入二氧化碳当量作为衡量物流网络对环境影响的评估指标。其次，本章设计一种基于可信性测度的交互式模糊求解算法，对多目标模糊规划模型予以求解。最后，本章通过算例验证模型和算法的有效性与可行性。

第一节　研　究　背　景

由于全球气候变化、高能耗及环境污染等，低碳经济得到世界各国的普遍重视。2009 年哥本哈根联合国气候变化大会为各国采取措施以应对全球气候变化奠定了基础。物流业是现代服务业的重要组成部分，同时也是能耗大户和碳排放大户。物流业的低碳化是实现低碳经济的重要途径。由于能源、资源和环境约束日益紧张，我国物流业向绿色低碳运营模式转变，以适应未来极有可能出现的碳交易和碳排放税等"壁垒性"机制，这是巨大的挑战。我国政府对于单位 GDP 碳排放的承诺和《中华人民共和国国民经济和社会发展第十二个五年规划纲要》中对于碳排放约束指标的明确也意味着能耗较大的物流业向绿色低碳运营模式的转变迫在眉睫。消费者和政府也越来越要求企业更富有社会责任感，减少其物流活动对环境造成的影响。为了树立良好的公众形象，宜家（IKEA）和施乐（Xerox）等许多企业积极地对其物流网络实施低碳化设计，宜家甚至建立了自己的铁路交通网络，采用铁路运输模式实现低碳运营。

目前学者主要考虑物流网络中的两类低碳化问题，即产品的低碳化设计和低碳化运营，本章基于第二类问题，通过物流网络的优化设计实现低碳环保。实际物流网络设计的参数（如固定建设费用、运输费用和需求等）通常是不确定的。参数的不确定性会对物流网络在经济和环境两个方面的整体表现产生显著的影响，在物流网络设计中忽略不确定性将会使企业面临巨大的风险。大多数文献采用随机规划理论处理物流网络设计中的不确定性问题（El-Sayed et al., 2010；Schütz et al., 2009）。然而，利用随机规划理论来描述不确定性依赖精确的历史统计数据，否则，参数不确定性的随机分布就无法获得。随着生产经营过程的日益复杂，产品生命周期大大缩短，几乎无法获得精确的历史统计数据，同时，随机规划模型的计算复杂性较高，因此在一些实际应用中随机规划方法受到了限制（Pishvaee et al.，2011）。针对上述不足，少数文献在物流网络设计中采用模糊数学规划模型（Pishvaee and Torabi，2010；Qin and Ji，2010）。模糊数学规划模型可以处理由决策者缺少对参数真实值的知识而带来的认知上的不确定性问题。

综上所述，已有文献没有综合考虑物流网络中的碳排放影响和参数的模糊性。因此，本章将研究模糊环境下的低碳物流网络设计（low-carbon logistics network design with fuzziness，LLNDF）问题，建立基于可信性的低碳物流网络设计多目标模糊规划模型，该模型具有如下特点：①将二氧化碳当量作为衡量物流网络对环境影响的指标，同时考虑物流网络设计的经济和环境两个目标；②综合考虑战略层的设施定位与配置决策和战术层的多商品流、多生产技术和多运输方式的选择决策；③利用可信性理论处理由实际数据的不可得性和不精确性带来的模型参数的模糊性。此外，本章还提出一种基于可信性测度的交互式模糊求解算法来求解该模型。

本章共包括五个部分：第一部分为研究背景；第二部分将给出 LLNDF 的问题描述，引入一个衡量物流网络对环境影响的评估指标——二氧化碳当量，并建立基于可信性的低碳物流网络设计多目标模糊规划模型；第三部分拟提出一种交互式模糊求解算法，并介绍该算法的设计思想与流程；第四部分利用一个制造业的算例验证模型和算法的有效性与可行性，并对计算结果和管理启示进行探讨；第五部分对本章的研究进行总结，并指出未来的研究方向。

第二节 模型建立

一、问题描述

本章研究的物流网络是一个多层级、多商品流的物流网络，包括三个层次：生产工厂、配送中心和客户点。每个生产工厂制造一种或多种类型的商品，每种商品使用多种生产技术，一般来说，技术越环保，其成本也越高，通过多个配送中心将商品分销到各客户点处。假设客户点的位置是已知并且固定的，客户的需求能够得到满足，不会出现短缺现象。由于在候选地点建立的生产工厂和配送中心的容量对物流网络的总成本与总二氧化碳排放具有很大的影响，假设所建的生产工厂和配送中心具有多级容量水平（Amiri，2006）。从生产工厂到配送中心及从配送中心到客户点具有多种运输方式可供选择。

为了评估和量化物流活动对环境的影响，采用基于 Eco-indicator99 数据库（Hugo and Pistikopoulos，2005）的二氧化碳当量作为衡量指标。二氧化碳当量是衡量各种温室气体对地球温室效应贡献度的一个基本单位,可以将不同温室气体的排放折算成对应的二氧化碳当量,用于统一度量整体温室效应的结果。二氧化碳当量计算简单,可操作性强,已被作为评估物流活动对环境影响的常用指标。根据国际气候变化专门委员会发布的《气候变化 2007:联合国政府间气候变化专门委员会第四次评估报告》(*Climate Change 2007: the Fourth Assessment Report (AR4) of the United Nations Intergovernmental Panel on Climate Change*,IPCC2007)所提出的方法,使用 ECO-it1.4 软件及其数据库对商品生命周期中的二氧化碳当量进行计算。IPCC2007 的计算方法考虑了时间表为 20 年期、100 年期和 500 年期中的气候变化因素,本章使用 IPCC2007 的计算方法中 100 年期的时间表。

实际物流系统中,决策者通常无法全面掌握物流网络设计的确定信息,许多参数都是模糊的。本章假设如下参数是模糊的:客户点的需求量、设施的容量和固定建设费用、不同商品的单位运输和生产成本及其单位二氧化碳当量。这些参数可用梯形模糊数表示。

需要解决的问题如下:在上述条件下,决定需要建立的生产工厂和配送中心的位置、容量与数量,选择生产工厂使用的生产技术和生产的商品类型、配送中心处理的商品类型,以及确定网络节点间的商品流和运输方式,使所有客户点的需求得到满足,并使得物流网络设计的总成本和总二氧化碳当量最小。运输方式和产品的生产技术对物流网络的总二氧化碳当量和总成本具有显著的影响,因此本章在战略层的多商品物流网络设计中加入了战术层的运输方式和生产技术的决策,而且这种战术层和战略层的集成决策避免了独立决策导致的局部最优(Pishvaee and Torabi,2010)。同时,本章建模过程中将最小化总成本作为物流网络设计的经济目标,将最小化总二氧化碳当量作为环境目标,由于这两个目标往往是冲突的,本章的研究还需要合理地平衡这两个目标。

二、符号说明

本章的参数和决策变量定义如表 5-1 所示。

表 5-1 参数和决策变量定义

符号	描述
参数	
I	候选生产工厂节点的集合
J	候选配送中心节点的集合
K	客户点的集合
P	商品类型的集合
M	生产工厂可选择的容量水平的集合
N	配送中心可选择的容量水平的集合
T	生产工厂可以使用的生产技术的集合

续表

符号	描述
R	可采用的运输方式的集合
$\tilde{d}_k^p$	客户点 k 对商品 p 的模糊需求量，$k \in K$，$p \in P$
$\tilde{f}_i^{pmt}$	在节点 i 处建立制造商品 p，容量水平为 m，技术为 t 的生产工厂的模糊固定费用，$i \in I$，$p \in P$，$m \in M$，$t \in T$
$\tilde{g}_j^{pn}$	在节点 j 处建立处理商品 p，容量水平为 n 的配送中心的模糊固定费用，$j \in J$，$p \in P$，$n \in N$
$\tilde{a}_{ij}^{pr}$	从生产工厂 i 到配送中心 j 采用运输方式 r 运送商品 p 的单位模糊运输费用，$i \in I$，$j \in J$，$p \in P$，$r \in R$
$\tilde{b}_{jk}^{pr}$	从配送中心 j 到客户点 k 采用运输方式 r 运送商品 p 的单位模糊运输费用，$j \in J$，$k \in K$，$p \in P$，$r \in R$
$\tilde{c}_i^{pt}$	生产工厂 i 利用技术 t 生产商品 p 的单位模糊制造费用，$i \in I$，$p \in P$，$t \in T$
$\tilde{\phi}_i^m$	生产工厂 i 的容量水平为 m 时对应的模糊容量值，$i \in I$，$m \in M$
$\tilde{\eta}_j^n$	配送中心 j 的容量水平为 n 时对应的模糊容量值，$j \in J$，$n \in N$
$\tilde{e}^{pt}$	使用技术 t 生产单位商品 p 的模糊二氧化碳当量，$p \in P$，$t \in T$
$\tilde{\alpha}_{ij}^{pr}$	从生产工厂 i 到配送中心 j 采用运输方式 r 运送单位商品 p 的模糊二氧化碳当量，$i \in I$，$j \in J$，$p \in P$，$r \in R$
$\tilde{\beta}_{jk}^{pr}$	从配送中心 j 到客户点 k 采用运输方式 r 运送单位商品 p 的模糊二氧化碳当量，$j \in J$，$k \in K$，$p \in P$，$r \in R$
决策变量	
x_i^{pmt}	在节点 i 处建立用于制造商品 p，容量水平为 m，技术为 t 的生产工厂时为 1，否则为 0，$i \in I$，$p \in P$，$m \in M$，$t \in T$
y_j^{pn}	在节点 j 处建立用于处理商品 p，容量水平为 n 的配送中心时为 1，否则为 0，$j \in J$，$p \in P$，$n \in N$
q_{ij}^{ptr}	在生产工厂 i 使用技术 t 制造商品 p，并采用运输方式 r 运送到配送中心 j 的商品数量，$i \in I$，$j \in J$，$p \in P$，$t \in T$，$r \in R$
s_{jk}^{pr}	从配送中心 j 采用运输方式 r 运送商品 p 到客户点 k 的商品数量，$j \in J$，$k \in K$，$p \in P$，$r \in R$

三、模型构建

本章研究的 LLNDF 问题中含有模糊参数，针对该问题，拟建立一种基于可信性的模糊多目标机会约束规划模型。基于可信性的机会约束规划方法（Liu B D and Liu Y K，2002）是一种计算效率较高的模糊数学规划方法，支持三角形和梯形等各种形式的模糊数，允许所作的决策在某种程度上不满足约束条件，模糊约束条件成立的可信性不小于决策者预先给定的置信水平。

基于可信性的模糊规划模型通常有三种类型（刘宝碇和彭锦，2005），即期望值模型、机会约束规划模型和相关机会规划模型。期望值模型最简单，应用方便，不会增加原始模型的计算复杂度，但无法给出机会约束成立的置信水平。机会约束规划模型可以给出机会约束成立的置信水平，但增加了原始模型的计算复杂度，并且需要目标函数最优值的更多信息以确定增加约束的右边项。相关机会规划模型类似机会约束规划模型，但更适合保守的决策者，因为它更加强调置信水平。为了建立针对 LLNDF 问题的基于可信性的模糊规划模型，本章将期望值模型和机会约束规划模型相结合进行建模，目标函数采用期望值方法进行建模，而带有模糊参数的机会约束采用机会约束规划方法进行建模。与单纯的机会约束规划模型相比，本章的混合建模方法并没有增加约束的数量，也不需要目标函数的置信水平和最优解等方面的更多信息，同时具有机会约束规划模型的优点。

根据上述分析，本章将 LLNDF 问题描述成基于可信性的模糊多目标机会约束规划模型 M5.1：

$$\min E[F_1] = \sum_{i \in I} \sum_{p \in P} \sum_{m \in M} \sum_{t \in T} E[\tilde{f}_i^{pmt}] x_i^{pmt} + \sum_{j \in J} \sum_{p \in P} \sum_{n \in N} E[\tilde{g}_j^{pn}] y_j^{pn}$$

$$+ \sum_{i \in I} \sum_{j \in J} \sum_{p \in P} \sum_{t \in T} \sum_{r \in R} (E[\tilde{c}_i^{pt}] + E[\tilde{a}_{ij}^{pr}]) q_{ij}^{ptr} + \sum_{j \in J} \sum_{k \in K} \sum_{p \in P} \sum_{r \in R} E[\tilde{b}_{jk}^{pr}] s_{jk}^{pr} \qquad (5.1)$$

$$\min E[F_2] = \sum_{i \in I} \sum_{j \in J} \sum_{p \in P} \sum_{t \in T} \sum_{r \in R} (E[\tilde{e}_i^{pt}] + E[\tilde{a}_{ij}^{pr}]) q_{ij}^{ptr}$$

$$+ \sum_{j \in J} \sum_{k \in K} \sum_{p \in P} \sum_{r \in R} E[\tilde{\beta}_{jk}^{pr}] s_{jk}^{pr} \qquad (5.2)$$

$$\text{s.t.} \operatorname{Cr} \left\{ \sum_{j \in J} \sum_{r \in R} s_{jk}^{pr} \geqslant \tilde{d}_k^p \right\} \geqslant \delta_k^p, \forall k, p \qquad (5.3)$$

$$\sum_{i \in I} \sum_{p \in P} \sum_{t \in T} \sum_{r \in R} q_{ij}^{ptr} = \sum_{k \in K} \sum_{p \in P} \sum_{r \in R} s_{jk}^{pr}, \forall j \qquad (5.4)$$

$$\operatorname{Cr} \left\{ \sum_{j \in J} \sum_{r \in R} q_{ij}^{ptr} \leqslant \sum_{m \in M} x_i^{pmt} \tilde{\phi}_i^m \right\} \geqslant \lambda_i^p, \forall i, p, t \qquad (5.5)$$

$$\operatorname{Cr} \left\{ \sum_{k \in K} \sum_{r \in R} s_{jk}^{pr} \leqslant \sum_{n \in N} y_j^{pn} \tilde{\eta}_j^n \right\} \geqslant \theta_j^p, \forall j, n \qquad (5.6)$$

$$\sum_{m \in M} \sum_{t \in T} x_i^{pmt} \leqslant 1, \forall i, p \qquad (5.7)$$

$$\sum_{n \in N} y_j^{pn} \leqslant 1, \forall j, p \qquad (5.8)$$

$$x_i^{pmt}, y_j^{pn} \in 0, 1, q_{ij}^{ptr}, s_{jk}^{pr} \geqslant 0, \forall i, j, k, p, m, n, r, t \qquad (5.9)$$

其中，式（5.1）表示使得总的期望成本最小，包括生产工厂和配送中心的固定建设期望成本、商品的可变生产期望成本、从生产工厂到配送中心和从配送中心到客户点的可变运输期望成本；式（5.2）表示使得总的期望二氧化碳当量最小，包括商品生产期望二氧化碳当量和运输中的期望二氧化碳当量；式（5.3）表示所有客户点对不同商品的需求完全得到满足的可信性不小于 δ_k^p，且 $\delta_k^p \in [0,1]$；式（5.4）为在配送中心节点的流守恒约束；式（5.5）和式（5.6）表示生产工厂和配送中心满足容量约束的可信性分别不小于 λ_i^p 和 θ_j^p，且 $\lambda_i^p, \theta_j^p \in [0,1]$，该约束也保证了只能从建立的生产工厂和配送中心处运输商品；式（5.7）表示每个候选生产工厂最多只能选用一个容量水平和一种技术去制造某种商品；式（5.8）表示每个配送中心最多只能选用一个容量水平处理某种商品；式（5.9）为对应决策变量的 0-1 约束和非负约束。

四、模型转化

由于模型 M5.1 中的目标函数[式（5.1）和式（5.2）]和约束条件[式（5.3）、式（5.5）、式（5.6）]中含有模糊参数，为了方便计算，本章将其转化成清晰等价形式。假设 $\tilde{\xi}$ 为一模糊变量，其隶属度函数为 $\mu(x)$，τ 为一实数，可信性测度（Liu and Liu，2002）如下：

$$\text{Cr}\{\tilde{\xi} \leqslant \tau\} = \frac{1}{2}\left(\sup_{x \leqslant \tau} \mu(x) + 1 - \sup_{x > \tau} \mu(x)\right) \tag{5.10}$$

模糊变量 $\tilde{\xi}$ 基于可信性测度的期望值为

$$E[\tilde{\xi}] = \int_0^{+\infty} \text{Cr}\{\tilde{\xi} \geqslant \tau\} d\tau - \int_{-\infty}^0 \text{Cr}\{\tilde{\xi} \leqslant \tau\} d\tau \tag{5.11}$$

假设 $\tilde{\xi}$ 为一梯形模糊数，由清晰数构成的四元组表示，$\tilde{\xi} = (\tau_1, \tau_2, \tau_3, \tau_4)$，$\tau_1 \leqslant \tau_2 \leqslant \tau_3 \leqslant \tau_4$。根据式（5.11），$\tilde{\xi}$ 的期望值为 $E[\tilde{\xi}] = (\tau_1 + \tau_2 + \tau_3 + \tau_4)/4$，相应的可信性测度为

$$\text{Cr}\{\tilde{\xi} \leqslant \tau\} = \begin{cases} 0, & \tau \in (-\infty, \tau_1] \\ \dfrac{\tau - \tau_1}{2(\tau_2 - \tau_1)}, & \tau \in (\tau_1, \tau_2] \\ \dfrac{1}{2}, & \tau \in (\tau_2, \tau_3] \\ \dfrac{\tau - 2\tau_3 + \tau_4}{2(\tau_4 - \tau_3)}, & \tau \in (\tau_3, \tau_4] \\ 1, & \tau \in (\tau_4, +\infty) \end{cases} \tag{5.12}$$

$$\text{Cr}\{\tilde{\xi} \geqslant \tau\} = \begin{cases} 1, & \tau \in (-\infty, \tau_1] \\ \dfrac{2\tau_2 - \tau_1 - \tau}{2(\tau_2 - \tau_1)}, & \tau \in (\tau_1, \tau_2] \\ \dfrac{1}{2}, & \tau \in (\tau_2, \tau_3] \\ \dfrac{\tau_4 - \tau}{2(\tau_4 - \tau_3)}, & \tau \in (\tau_3, \tau_4] \\ 0, & \tau \in (\tau_4, +\infty) \end{cases} \tag{5.13}$$

根据式（5.12）和式（5.13），定理 5.1 成立。

定理 5.1　若 $\tilde{\xi}$ 为一梯形模糊数，$\tilde{\xi}=(\tau_1,\tau_2,\tau_3,\tau_4)$ 且 $\tau_1\leqslant\tau_2\leqslant\tau_3\leqslant\tau_4$，对于给定的置信水平 α 且 $\alpha\in(0.5,1]$，有

$$\mathrm{Cr}\{\tilde{\xi}\leqslant\tau\}\geqslant\alpha \Leftrightarrow \tau\geqslant 2(1-\alpha)\tau_3+(2\alpha-1)\tau_4 \tag{5.14}$$

$$\mathrm{Cr}\{\tilde{\xi}\geqslant\tau\}\geqslant\alpha \Leftrightarrow \tau\leqslant(2\alpha-1)\tau_1+2(1-\alpha)\tau_2 \tag{5.15}$$

证明： 根据 $\mathrm{Cr}\{\tilde{\xi}\leqslant\tau\}$ 的可信性分布[式（5.12）]，对于 $0.5<\alpha\leqslant 1$，有

（1）$\mathrm{Cr}\{\tilde{\xi}\leqslant\tau\}\geqslant\alpha \Rightarrow \tau\geqslant\tau_4$（此时 $\mathrm{Cr}\{\tilde{\xi}\leqslant\tau\}=1$）或 $\dfrac{\tau-2\tau_3+\tau_4}{2(\tau_4-\tau_3)}\geqslant\alpha$，因 $\tau_3\leqslant\tau_4$，

故 $\tau\geqslant\tau_4\geqslant 2(1-\alpha)\tau_3+(2\alpha-1)\tau_4$；若 $\dfrac{\tau-2\tau_3+\tau_4}{2(\tau_4-\tau_3)}\geqslant\alpha$，则 $\tau\geqslant 2(1-\alpha)\tau_3+(2\alpha-1)\tau_4$ 成立；

（2）若 $\tau\geqslant 2(1-\alpha)\tau_3+(2\alpha-1)\tau_4$，则 $\dfrac{\tau-2\tau_3+\tau_4}{2(\tau_4-\tau_3)}\geqslant\alpha$ 成立，即 $\mathrm{Cr}\{\tilde{\xi}\leqslant\tau\}\geqslant\alpha$。

因此，式（5.14）成立。同理可证明，式（5.15）成立。

证明完毕。

由式（5.14）、式（5.15）和梯形模糊数的期望值，可将多目标模糊机会约束规划模型 M5.1 转化成相应的清晰等价模型 M5.2：

$$\mathrm{Min}E[F_1]=\sum_{i\in I}\sum_{p\in P}\sum_{m\in M}\sum_{t\in T}[(f_{i1}^{pmt}+f_{i2}^{pmt}+f_{i3}^{pmt}+f_{i4}^{pmt})/4]x_i^{pmt}$$

$$+\sum_{j\in J}\sum_{p\in P}\sum_{n\in N}[(g_{j1}^{pn}+g_{j2}^{pn}+g_{j3}^{pn}+g_{j4}^{pn})/4]y_j^{pn}$$

$$+\sum_{i\in I}\sum_{j\in J}\sum_{p\in P}\sum_{t\in T}\sum_{r\in R}[(c_{i1}^{pt}+c_{i2}^{pt}+c_{i3}^{pt}+c_{i4}^{pt}+a_{ij1}^{pr}+a_{ij2}^{pr}+a_{ij3}^{pr}+a_{ij4}^{pr})/4]q_{ij}^{ptr} \tag{5.16}$$

$$+\sum_{j\in J}\sum_{k\in K}\sum_{p\in P}\sum_{r\in R}[(b_{jk1}^{pr}+b_{jk2}^{pr}+b_{jk3}^{pr}+b_{jk4}^{pr})/4]s_{jk}^{pr}$$

$$\mathrm{min}E[F_2]=\sum_{i\in I}\sum_{j\in J}\sum_{p\in P}\sum_{t\in T}\sum_{r\in R}[(e_1^{pt}+e_2^{pt}+e_3^{pt}+e_4^{pt}+a_{ij1}^{pr}+a_{ij2}^{pr}+a_{ij3}^{pr}+a_{ij4}^{pr})/4]q_{ij}^{ptr} \tag{5.17}$$

$$+\sum_{j\in J}\sum_{k\in K}\sum_{p\in P}\sum_{r\in R}[(\beta_{jk1}^{pr}+\beta_{jk2}^{pr}+\beta_{jk3}^{pr}+\beta_{jk4}^{pr})/4]s_{jk}^{pr}$$

$$\mathrm{s.t.}\sum_{j\in J}\sum_{r\in R}s_{jk}^{pr}\geqslant 2(1-\delta_k^p)d_{k3}^p+(2\delta_k^p-1)d_{k4}^p,\forall k,p \tag{5.18}$$

$$\sum_{j\in J}\sum_{r\in R}q_{ij}^{ptr}\leqslant\sum_{m\in M}x_i^{pmt}[(2\lambda_i^p-1)\phi_{i1}^m+2(1-\lambda_i^p)\phi_{i2}^m],\forall i,p,t \tag{5.19}$$

$$\sum_{k\in K}\sum_{r\in R}s_{jk}^{pr}\leqslant\sum_{n\in N}y_j^{pn}[(2\theta_j^p-1)\eta_{j1}^n+2(1-\theta_{j2}^n)],\forall j,n \tag{5.20}$$

对于上述转化后的清晰等价模型 M5.2，机会约束的置信水平满足：$0.5<\delta_k^p,\lambda_i^p,\theta_j^p\leqslant 1$。

第三节　交互式模糊求解算法

清晰等价模型 M5.2 是一个多目标混合整数线性规划模型。对于多目标问题，常用的求解方法有三类（Hwang and Masud，1979），分别为先验式方法、交互式方法和后验式方法。在这些方法中，交互式求解算法是一种较为有效和灵活的方法，它能够根据决策者的偏好，以一种交互和渐进的方式测量与调整每个目标函数的满意水平，能够更好地保证最终得到符合决策者目标偏好要求的最优解。因此，本章采用基于可信性测度的交互式模糊求解算法求解 LLNDF 问题，并使用 TH 聚合函数（Torabi and Hassini，2008）将多目标模型转化成单目标模型，TH 聚合方法保证了算法仅搜索有效的解。

交互式模糊求解算法的详细步骤如下。

（1）利用模糊参数的期望值将模糊目标函数转化成清晰等价形式。

（2）对于每个机会约束，确定最小的可接受置信水平，即 δ_k^p，λ_i^p，θ_j^p；使用式（5.14）和式（5.15）将机会约束转化成清晰等价形式。

（3）对于每个目标，分别求解其 α 下界最优解（$\alpha-\text{LBS}$）和 α 上界最优解（$\alpha-\text{UBS}$）；通过分别求解每个单目标函数下的清晰等价模型得到 α 下界最优解及其目标函数值，即 $(x_1^{\alpha-\text{LBS}}, F_1^{\alpha-\text{LBS}})$，$(x_2^{\alpha-\text{LBS}}, F_2^{\alpha-\text{LBS}})$；$\alpha$ 上界最优解的目标函数值如下：

$$F_1^{\alpha-\text{UBS}} = F_1(x_2^{\alpha-\text{LBS}}), F_2^{\alpha-\text{UBS}} = F_2(x_1^{\alpha-\text{LBS}}) \tag{5.21}$$

（4）对于每个目标函数，其线性隶属函数如下：

$$\mu_1(x) = \begin{cases} 1, & F_1 \in (-\infty, F_1^{\alpha-\text{LBS}}) \\ \dfrac{F_1^{\alpha-\text{UBS}} - F_1}{F_1^{\alpha-\text{UBS}} - F_1^{\alpha-\text{LBS}}}, & F_1 \in [F_1^{\alpha-\text{LBS}}, F_1^{\alpha-\text{UBS}}] \\ 0, & F_1 \in (F_1^{\alpha-\text{UBS}}, +\infty) \end{cases} \tag{5.22}$$

$$\mu_2(x) = \begin{cases} 1, & F_2 \in (-\infty, F_2^{\alpha-\text{LBS}}) \\ \dfrac{F_2^{\alpha-\text{UBS}} - F_2}{F_2^{\alpha-\text{UBS}} - F_2^{\alpha-\text{LBS}}}, & F_2 \in [F_2^{\alpha-\text{LBS}}, F_2^{\alpha-\text{UBS}}] \\ 0, & F_2 \in (F_2^{\alpha-\text{UBS}}, +\infty) \end{cases} \tag{5.23}$$

其中，$\mu_i(x)(i=1,2)$ 为对第 i 个目标函数的满意度，即该值越大，对该目标越满意。

（5）利用 TH 聚合函数将双目标清晰等价模型 M5.2 转化成一个单目标清晰等价模型 M5.3：

$$\max \omega(x) = \gamma\omega_0 + (1-\gamma)\sum_{i=1}^{2} \upsilon_i\mu_i(x) \tag{5.24}$$

$$\text{s.t.} \ \omega_0 \leqslant \mu_i(x), \quad i=1,2 \tag{5.25}$$

$$x \in F(x) \tag{5.26}$$

$$\upsilon_1 + \upsilon_2 = 1 \tag{5.27}$$

$$\omega_0, \gamma, \upsilon_1, \upsilon_2 \in [0,1] \tag{5.28}$$

其中，$F(x)$ 为清晰等价模型 M5.2 的约束所构成的可行解域；ω_0 为两个目标函数的最小满意度值，即 $\omega_0 = \min\{\mu_i(x) \mid i=1,2\}$；$\upsilon_i$ 为第 i 个目标函数的权重；γ 为平衡系数，TH 聚合函数利用 γ 在最小的目标函数满意度值和加权目标函数满意度值之间进行平衡。

（6）根据决策者的经济和环保偏好选取模糊目标的权重 υ_i 和平衡系数 γ，如果决策者更加注重环保，则可增大目标函数满意度 $\mu_2(x)$ 的权重 υ_2，反之，则减小 υ_2；平衡系数 γ 用于对 $\mu_1(x)$ 和 $\mu_2(x)$ 中较小目标函数满意度和加权目标函数满意度的调节，当决策者更注重环保时，若 $\mu_2(x)$ 较小，则可增大 γ，反之，则可减小 γ，然后根据设定的 υ_i 和 γ 求解单目标清晰等价模型 M5.3；若决策者对获得的解满意，则选择当前解作为最优解，计算停止，否则，根据决策者的经济和环保偏好调节 υ_i 和 γ 值，根据决策者期望的可信性水平分别增大或减小 $\delta_k^p, \lambda_i^p, \theta_j^p$，转步骤（2）。

由交互式模糊求解算法的迭代步骤可以看出，该算法首先将机会约束转化成易于求解的清晰等价形式，分别对只考虑经济成本目标和只考虑环保目标的目标函数值给出其线性隶属函数；其次，采用 TH 聚合函数对这两个目标进行平衡并将双目标问题转化成单目标问题进行求解，这些问题其实都是一类混合整数线性规划模型，算法都能够求得其最优解；最后，根据决策者对经济和环境目标的偏好及期望的可信性水平调节 $\upsilon_i, \gamma, \delta_k^p, \lambda_i^p, \theta_j^p$ 值，实现了算法按照决策者偏好要求的交互式求解，确保最终能够得到决策者满意的最优解。

第四节　算　例　研　究

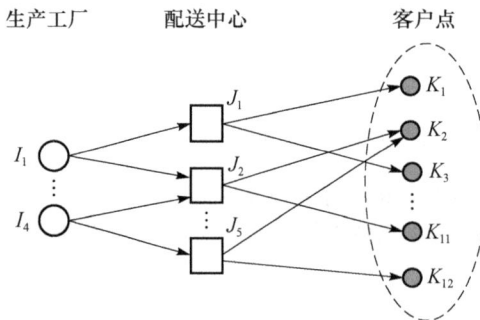

图 5-1　家用电器制造商的三级物流网络结构

某家用电器制造商计划在一地区为两种商品开拓市场，该地区拥有 12 个客户点。制造商计划设计其物流网络以满足这些客户的需求，制造商的物流网络包含生产工厂、配送中心和客户点三个层次，如图 5-1 所示。客户对两种商品需求的梯形模糊数值见表 5-2。假设制造商目前有 1 个正在使用的生产工厂和 3 个拟建工厂，现有生产工厂可根据需要进行搬迁和重新规划。每个生产工厂有两种生产技术和两种容量水平可供选择，生产技术 1 成本低但不环保，生产技术 2 为环保技术但成本较高。每个生产工厂采用不同的生产技术和容量水平生产不同类型商品的固定建设费用见表 5-3。

表 5-2　客户的需求数据（单位：万件）

客户点	商品 1 的需求量	商品 2 的需求量
K_1	（202, 215, 220, 230）	（137, 145, 148, 160）
K_2	（101, 110, 116, 135）	（220, 251, 256, 277）
K_3	（297, 328, 350, 400）	（210, 245, 253, 272）
K_4	（128, 136, 145, 168）	（100, 112, 118, 130）
K_5	（95, 107, 114, 125）	（73, 86, 107, 122）
K_6	（230, 261, 280, 305）	（311, 325, 358, 367）
K_7	（73, 85, 94, 106）	（102, 116, 122, 138）
K_8	（85, 97, 112, 126）	（231, 244, 248, 265）
K_9	（320, 342, 356, 361）	（243, 250, 270, 295）
K_{10}	（56, 67, 73, 100）	（87, 99, 108, 120）
K_{11}	（196, 205, 216, 227）	（102, 116, 122, 135）
K_{12}	（200, 213, 218, 232）	（234, 252, 265, 290）

表 5-3　生产工厂的容量及固定建设费用

候选工厂	商品类型	生产技术	容量水平/万件	固定建设费用/$\times 10^6$ 元
I_1（已有工厂）	P_1	T_1	M_1：（1250, 1350, 1450, 1550）	（0, 0, 0, 0）
			M_2：（1650, 1750, 1850, 1950）	（20, 29, 36, 40）
		T_2	M_1：（1250, 1350, 1450, 1550）	（85, 91, 120, 140）
			M_2：（1650, 1750, 1850, 1950）	（360, 400, 540, 600）
	P_2	T_1	M_1：（1560, 1660, 1760, 1880）	（0, 0, 0, 0）
			M_2：（1700, 1760, 1790, 2000）	（90, 95, 110, 150）
		T_2	M_1：（1560, 1660, 1760, 1880）	（120, 150, 190, 230）
			M_2：（1700, 1760, 1790, 2000）	（370, 420, 510, 650）
I_2（拟建工厂）	P_1	T_1	M_1：（1250, 1350, 1450, 1550）	（1360, 1450, 1480, 1540）
			M_2：（1650, 1750, 1850, 1950）	（1420, 1480, 1560, 1590）
		T_2	M_1：（1250, 1350, 1450, 1550）	（1700, 1780, 1820, 1880）
			M_2：（1650, 1750, 1850, 1950）	（1710, 1790, 1840, 1920）
	P_2	T_1	M_1：（1130, 1230, 1330, 1430）	（1010, 1130, 1260, 1410）
			M_2：（1460, 1560, 1660, 1760）	（1420, 1470, 1530, 1580）
		T_2	M_1：（1130, 1230, 1330, 1430）	（1120, 1250, 1430, 1570）
			M_2：（1460, 1560, 1660, 1760）	（1650, 1720, 1810, 1890）

续表

候选工厂	商品类型	生产技术	容量水平/万件	固定建设费用/×10⁶ 元
I_3（拟建工厂）	P_1	T_1	M_1：（1470, 1520, 1650, 1790）	（1380, 1470, 1520, 1600）
			M_2：（1810, 1890, 1980, 2200）	（1450, 1530, 1580, 1650）
		T_2	M_1：（1570, 1670, 1770, 1880）	（1750, 1820, 1880, 1950）
			M_2：（1800, 1890, 1980, 2200）	（1830, 1900, 1960, 2100）
	P_2	T_1	M_1：（1560, 1660, 1760, 1880）	（1230, 1300, 1370, 1440）
			M_2：（1700, 1760, 1790, 2000）	（1290, 2000, 1430, 1490）
		T_2	M_1：（1560, 1660, 1760, 1880）	（1610, 1680, 1750, 1820）
			M_2：（1700, 1760, 1790, 2000）	（1670, 1720, 1830, 1930）
I_4（拟建工厂）	P_1	T_1	M_1：（1470, 1520, 1650, 1790）	（1290, 1380, 1440, 1520）
			M_2：（1810, 1890, 1980, 2200）	（1350, 1440, 1490, 1570）
		T_2	M_1：（1470, 1520, 1650, 1790）	（1760, 1820, 1860, 1910）
			M_2：（1810, 1890, 1980, 2200）	（1830, 1880, 1960, 2120）
	P_2	T_1	M_1：（1130, 1230, 1330, 1430）	（870, 960, 1100, 1250）
			M_2：（1460, 1560, 1660, 1760）	（1230, 1260, 1350, 1450）
		T_2	M_1：（1130, 1230, 1330, 1430）	（1120, 1260, 1490, 1630）
			M_2：（1460, 1560, 1660, 1760）	（1740, 1760, 1940, 1970）

为了更好地分销商品，拟在 5 个候选地点建立配送中心，根据每种商品的两种容量水平，每个配送中心的固定建设费用见表 5-4。选用 6 吨和 10 吨两种类型的货车负责这两种商品的运输。每种商品的二氧化碳当量按照前面介绍的方法，使用 ECO-it1.4 软件及其数据库进行计算。

表 5-4　配送中心的容量及固定建设费用

候选配送中心	商品类型	容量水平/万件	固定建设费用/×10⁶ 元
J_1	P_1	M_1：（2050, 2100, 2120, 2160）	（175, 179, 181, 184）
		M_2：（2450, 2480, 2500, 2540）	（180, 183, 185, 188）
	P_2	M_1：（2110, 2150, 2170, 2210）	（171, 172, 173, 175）
		M_2：（2500, 2550, 2570, 2600）	（178, 180, 182, 184）
J_2	P_1	M_1：（2000, 2050, 2070, 2130）	（182, 184, 186, 189）
		M_2：（2200, 2260, 2280, 2500）	（188, 192, 196, 198）
	P_2	M_1：（1800, 1850, 1890, 1930）	（179, 180, 181, 183）
		M_2：（2500, 2550, 2570, 2600）	（194, 197, 199, 200）
J_3	P_1	M_1：（2050, 2100, 2120, 2160）	（176, 180, 183, 188）
		M_2：（2450, 2480, 2500, 2540）	（186, 193, 195, 198）

续表

候选配送中心	商品类型	容量水平/万件	固定建设费用/×10⁶ 元
J_3	P_2	M_1：（1810, 1860, 1900, 1950）	（182, 184, 186, 189）
		M_2：（2000, 2030, 2080, 2140）	（186, 190, 192, 196）
J_4	P_1	M_1：（1950, 2010, 2060, 2120）	（179, 181, 183, 185）
		M_2：（2250, 2280, 2320, 2360）	（183, 187, 189, 191）
	P_2	M_1：（2100, 2150, 2180, 2250）	（165, 166, 168, 171）
		M_2：（2500, 2550, 2570, 2600）	（174, 176, 178, 180）
J_5	P_1	M_1：（1850, 1890, 1940, 1980）	（172, 174, 176, 179）
		M_2：（2100, 2140, 2180, 2230）	（177, 182, 184, 188）
	P_2	M_1：（1800, 1820, 1860, 1900）	（170, 171, 173, 175）
		M_2：（2200, 2250, 2280, 2320）	（182, 186, 189, 193）

本节利用 LINGO11.0 编写算法程序，运行计算机中央处理器为 P8400 2.26GHz（1.92GB SDRAM）。对于所有数值算例，设定平衡系数 $\gamma = 0.4$，通过调节置信水平（$\delta_k^p, \lambda_i^p, \theta_j^p$）和目标函数的权重（$\upsilon_i$）得到各计算结果，如表 5-5 所示，其中，CPU表示计算机求解的运算时间。

表 5-5　算例的计算结果

置信水平 ($\delta_k^p = \lambda_i^p = \theta_j^p$)	第一目标权重 ($\upsilon_1 = 1 - \upsilon_2$)	目标函数满意度		目标函数值		CPU /秒	设施的定位和类型	
		$\mu(F_1)$	$\mu(F_2)$	F_1 /亿元	F_2 /万吨		生产工厂 ($a_1, b_1; a_2, b_2$)	配送中心 ($b_1; b_2$)
1	0.95	0.989	0.527	42.85	1.255	17	I_1 (2, 1; 1, 1) I_4 (1, 1; 1, 1)	J_1 (1; 1) J_5 (1; 1)
	0.9	0.978	0.633	44.36	1.188	14	I_1 (2, 2; 2, 1) I_4 (1, 1; 1, 1)	J_1 (1; 1) J_4 (1; 1)
	0.2～0.8	0.935	0.997	46.25	1.043	18	I_1 (2, 1; 2, 1) I_4 (2, 1; 2, 1)	J_1 (1; 1) J_5 (1; 1)
	0.1	0.918	0.998	47.37	1.036	15	I_1 (2, 1; 2, 1) I_4 (2, 2; 2, 1)	J_1 (1; 1) J_4 (1; 1) J_5 (1; 1)
0.95	0.95	0.988	0.536	42.73	1.232	18	I_1 (2, 1; 1, 1) I_4 (1, 1; 1, 1)	J_1 (1; 1) J_4 (1; 1)
	0.9	0.979	0.638	43.21	1.177	18	I_1 (2, 2; 2, 1) I_4 (1, 1; 1, 1)	J_1 (1; 1) J_4 (1; 1)
	0.1～0.8	0.935	0.997	46.25	1.043	16	I_1 (2,1;2,1) I_4 (2,1;2,1)	J_1 (1;1) J_4 (1;1)
	0.05	0.916	0.998	47.03	1.022	18	I_1 (2,1;2,1) I_4 (2,1;2,1)	J_1 (1;1) J_4 (1;1) J_5 (1;1)

续表

置信水平 $(\delta_k^p = \lambda_i^p = \theta_j^p)$	第一目标权重 $(\upsilon_1 = 1-\upsilon_2)$	目标函数满意度		目标函数值		CPU /秒	设施的定位和类型	
		$\mu(F_1)$	$\mu(F_2)$	F_1 /亿元	F_2 /万吨		生产工厂 $(a_1,b_1;a_2,b_2)$	配送中心 $(b_1;b_2)$
0.9	0.95	0.988	0.541	42.53	1.214	16	$I_1(2,1;1,1)$ $I_4(1,1;1,1)$	$J_1(1;1)$ $J_5(1;1)$
	0.9	0.978	0.647	42.88	1.158	14	$I_1(2,2;2,1)$ $I_4(1,1;1,1)$	$J_2(1;1)$ $J_5(1;1)$
	0.1~0.8	0.935	0.997	45.90	1.018	14	$I_1(2,1;2,1)$ $I_4(2,1;2,1)$	$J_1(1;1)$ $J_5(1;1)$
	0.05	0.907	0.997	46.93	1.016	13	$I_1(2,1;2,1)$ $I_4(2,2;2,1)$	$J_1(1;1)$ $J_2(1;1)$ $J_5(1;1)$
0.85	0.95	0.987	0.547	42.16	1.189	14	$I_1(2,1;1,1)$ $I_4(1,1;1,1)$	$J_1(1;1)$ $J_5(1;1)$
	0.9	0.977	0.658	42.58	1.162	13	$I_1(2,2;2,2)$ $I_4(1,1;1,1)$	$J_2(1;1)$ $J_5(1;1)$
	0.2~0.8	0.936	0.997	45.61	1.017	15	$I_1(2,1;2,1)$ $I_4(2,1;2,1)$	$J_1(1;1)$ $J_5(1;1)$
	0.1	0.92	0.998	46.13	1.008	19	$I_1(2,1;2,1)$ $I_4(2,2;2,1)$	$J_2(2;2)$ $J_5(2;2)$
0.8	0.95	0.987	0.56	41.68	1.175	13	$I_1(1,1;1,1)$ $I_4(1,1;1,1)$	$J_1(1;1)$ $J_5(1;1)$
	0.9	0.977	0.674	42.35	1.134	15	$I_1(2,2;2,2)$ $I_4(1,1;1,1)$	$J_2(2;2)$ $J_5(1;1)$
	0.1~0.8	0.936	0.997	45.24	0.998	15	$I_1(2,1;2,1)$ $I_4(2,1;2,1)$	$J_1(1;1)$ $J_5(1;1)$
	0.05	0.918	0.998	46.15	0.997	15	$I_1(2,1;2,1)$ $I_4(2,2;2,1)$	$J_1(2;2)$ $J_4(1;1)$ $J_5(1;1)$

注：a_i,b_i 分别表示生产第 i 种商品使用的技术类型和容量水平，$i=1,2$。

表 5-5 中设定平衡系数 $\gamma=0.4$，对目标函数的权重 υ_i 进行调节，最小化总成本的目标函数权重 υ_1 从 0.95 减少到 0.1，意味着最小化总二氧化碳当量的目标函数权重 υ_2 从 0.05 增加到 0.9，可以看出，最小化总成本的目标函数满意度降低，最小化总二氧化碳当量的目标函数满意度提高，最小化总成本的目标函数值增大，最小化总二氧化碳当量的目标函数值减少，这说明交互式模糊求解算法能够按照决策者的要求，通过参数的设置实现合理平衡经济成本和环保的目标。

　　从表 5-5 中可以看出，总二氧化碳当量的减少会引起总成本的增加，反之亦然，说明最小化总成本和最小化总二氧化碳当量这两个目标之间存在相互冲突的关系，最小化一个目标会以牺牲另一个目标为代价。特别地，当最小化总成本目标的权重大于或等于 0.9，即 $\upsilon_1 \geq 0.9$ 时，这两个目标之间的冲突关系更加显著。当 υ_1 为 0.05～0.8 时，产生的求解结果相差不大。另外，当最小的置信水平增加时，两个目标函数值都增加，这是由于为了降低较高置信水平下的不可信风险，满足客户的需求，需要使用更多的资源，如原材料、商品和运输等，从而使得总成本和总二氧化碳当量都增加。

　　由表 5-5 所示的目标函数的变化情况可以看出，最小化总二氧化碳当量（第二个目标）倾向于使用第二种技术（更加环保的技术）和分配更高的容量水平建立生产工厂，也倾向于配置更加分散的物流网络（使用较多的空间上分散的配送中心）以最小化总二氧化碳当量。与之相反，最小化总成本倾向于建立更加集中化的物流网络，这样更容易节约成本，也更偏好使用第一种技术建立生产工厂，因为第一种技术费用更低。

　　上述研究发现，最小化总成本和最小化总二氧化碳当量这两个目标之间存在冲突关系，说明建立低碳物流网络需要支付额外的成本，即低碳物流网络是高费用的。下面我们将研究另外一个问题，即对物流网络的低碳化设计需要支付多少费用？因此，我们定义低碳化需要支付的额外费用也就是低碳价格 $P_L = F_1 - F_1^*$，其中，F_1 为多目标模型中求得的第一个目标函数值，F_1^* 为仅以第一个目标函数进行模型优化求解得到的最小目标函数值。由于降低碳排放会增加成本，$P_L = F_1 - F_1^* \geq 0$，P_L 可以用来计算设计低碳物流网络需要支付的额外费用。例如，当最小置信水平 $\delta_k^p = \lambda_i^p = \theta_j^p = 0.95$ 时，最小化总二氧化碳当量目标函数各满意度下的低碳价格如图 5-2 所示。由图 5-2 可以看出，当更加注重最小化总二氧化碳当量这个目标时，低碳价格的绝对值是非常显著的。为了更好地进行比较，我们定义相对低碳价格 P_L / F_1^*，可以计算出相对低碳价格的变化区

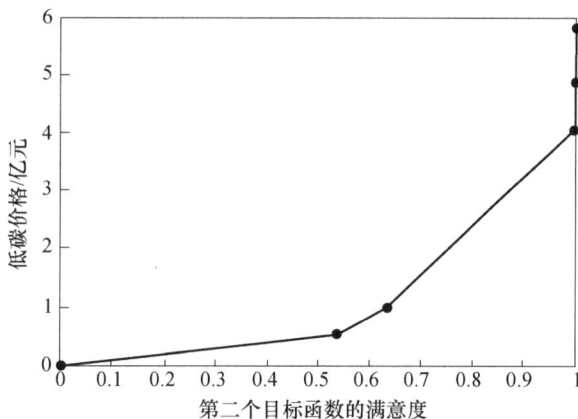

图 5-2　当 $\delta_k^p = \lambda_i^p = \theta_j^p = 0.95$ 时第二个目标函数各满意度下的低碳价格

间为[0, 13%]。这表明尽管低碳价格较大，但相对低碳价格仍然是可以接受的。例如，当最小置信水平为 0.95 时，决策者如果希望以 99.8%的满意度满足最小化总二氧化碳当量的目标，只需支付相对于最优总成本（F_1^*）的 11%的额外费用。

本节提出的低碳价格指标可以为企业及其决策者提供增加投入使其物流活动更加低碳的量化工具，同时也为政策制定者设计低碳激励政策（如补贴或减税等）提供参考依据。

本 章 小 结

物流业作为高能耗高污染行业，发展低碳物流已引起政府和企业的高度重视，也是实现经济可持续发展与环境保护双赢的必然选择。研究低碳物流网络的系统优化设计问题可为提高低碳物流网络设计绩效提供有益的指导。本章针对不确定环境下的多级低碳物流网络设计问题，将期望值规划方法和机会约束规划方法相结合，建立了基于可信性的低碳物流网络设计多目标模糊规划模型。该模型不仅同时考虑了多级物流网络设计中的经济目标和环境目标并采用二氧化碳当量作为度量所研究的多级物流网络对环境影响的指标，而且综合考虑了多级物流网络参数的模糊性、多种类型的商品、不同生产技术和运输方式的选择等特点，从而较好地反映了多级物流网络设计的实际情况。对于模糊参数，该模型利用期望值方法处理模糊目标函数，利用机会约束规划方法控制模糊约束成立的置信水平。其次，本章设计了一种基于可信性测度的交互式模糊求解算法对建立的模型进行求解。最后，本章通过一个制造企业的算例验证了模型和算法的有效性与可行性。

进一步的研究将综合考虑物流网络参数的不确定性和动态性、战术层的库存和运输决策等特点，同时为了确保物流网络的可持续性，除了考虑经济和环境目标，还有必要将社会影响加入物流网络设计问题的研究中。

第六章　模糊环境下低碳闭环供应链网络多目标规划与低碳韧性研究

首先，本章研究带有参数模糊性的低碳闭环供应链网络设计问题，旨在从网络设计的角度实现供应链管理的低碳化。针对模糊环境下包含制造工厂、回收中心、处置中心和客户多个参与主体的多级低碳闭环供应链网络设计的战略定位和配置问题，综合考虑多级闭环供应链网络参数的模糊性，以及战术层的多产品流和多运输方式的选择决策，以最小化供应链网络的总成本和总二氧化碳排放量为目标，建立机会约束多目标模糊规划模型。该模型将机会约束的最低置信水平作为决策变量进行优化，实现经济目标和环境目标的有效平衡。其次，本章设计一种基于必要性测度的交互式 ε 约束算法（interactive epsilon-constraint algorithm，IEA）对模型予以求解。最后，本章通过算例验证模型和算法的有效性与可行性。

第一节　研　究　背　景

伴随快速发展的城市化和工业化，环境污染、气候变化已成为全球关注的焦点问题。美国、欧盟等国家和地区也纷纷出台各种碳税、碳交易和碳限额政策，积极控制二氧化碳排放。在此背景下，以节能、环保和可持续发展为理念的低碳经济得到世界各国的普遍重视。供应链中的各环节都存在能源的消耗和二氧化碳的排放，供应链中的生产、运输和回收等环节更是二氧化碳的排放大户。能源、资源和环境约束的日益紧张，以及全球对碳排放控制的重视等都加速供应链管理向绿色低碳运营模式的转变。

消费者和政府日益关注企业的环保表现，对企业的环境责任和社会责任提出了更高的要求，越来越多的消费者开始考虑所购买商品的环境记录（Lash and Wellington，2007）。供应链管理中的碳排放控制方法主要包括基于物理过程的碳排放控制方法和基于运作优化的碳排放控制方法两类（Chen et al.，2012）：基于物理过程的碳排放控制方法通过采用能源利用效率更高的设备、设计绿色产品和使用新能源等减少碳排放；基于运作优化的碳排放控制方法从供应链网络结构优化设计的角度来减少碳排放，是一种日益受到重视且更为有效和低成本的碳减排方法（Benjaafar et al.，2013），例如，英国的乐购、美国的沃尔玛等均开始采用合理布局设施选址、优化货运方式和运输路线等供应链网络设计方法实践企业的碳足迹管理并取得初步成效。供应链网络设计是一种重要的战略决策，一般需要安排供应链中设施的最佳位置、数量、容量和设施间的物流量（Pishvaee et al.，2010）。近年来，供应链网络设计问题得到了广泛的研究。学者主要从网络的物流流向角度将供应链网络设计问题划分成正向网络设计（倪玲霖和史峰，2012；马卫民等，2015）、逆向网络设计（Francas and Minner，2009；Lee and Dong，2009）和闭环网络设计（Pishvaee et al.，2010；Chen et al.，2015b；赵晓敏和黄培清，2011）三个类别进行研究。

供应链的全球化发展极大地增加了供应链网络中节点的数量和节点间的运输距离，从而导致温室气体尤其是二氧化碳排放量的增加。因此，低碳闭环供应链和绿色供应链网络设计是应对当前严峻的环境问题的有效措施。传统的闭环供应链设计问题往往仅考虑在满足顾客需求情况下最小化总成本这一经济目标，低碳闭环供应链将考虑碳排放的影响，加入对环境目标的考量，并实现经济目标和环境目标的平衡。近年来，学术界开始广泛关注低碳和环保供应链网络设计问题。Wang 等（2011b）研究了环境投资决策对供应链网络设计问题的影响，建立了考虑总成本和环境影响的多目标优化模型。Harris 等（2014）针对有容量限制和灵活存储分配的绿色物流设施定位问题，提出了一种同时考虑总成本和二氧化碳排放的基于自适应调整拉格朗日松弛模型的演化多目标优化方法。Martí 等（2015）综合考虑供应链中从采购、制造、运输到库存管理的所有环节，建立了需求不确定下的供应链网络设计模型，探讨了碳限额与碳税等各种碳规制政策下的供应链响应决策，分析了各种政策对成本和最优网络配置的影响。Bouchery 和 Fransoo（2015）提出了一种多式联运网络设计模型，该模型实现了直接采用货车运输与采用多式联运之间的站点定位和配置优化，并从成本、碳排放和模式转换的视角研究了内陆网络多式联运求解的动态性。李进和傅培华（2013）研究了考虑能耗和碳排放的具有固定车辆数量的多车型低碳路径问题，设计了基于划分的多起点禁忌搜索算法。高举红等（2015）建立了家电闭环供应链网络设计中考虑碳补贴的网络规划模型，分析了补贴力度对消费者中绿色消费者比例和整个网络规划的影响。

低碳闭环供应链网络设计中的另外一个重要问题是如何控制参数的不确定性。在低碳闭环供应链网络设计中，不确定性存在于供应、生产、分销、需求估计和产品回收的各环节。供应链的动态性和复杂性大大增加了供应链决策的不确定性，从而显著地影响整个供应链网络的绩效（Özkır and Başlıgil，2013）。在供应链网络设计这种战略层忽略对不确定性的考虑，对整个系统造成的损害往往是难以恢复的，因此，设计一个可靠的供应链网络，使其在一些参数不确定时仍能够稳定地运作是十分有必要的。当前常用的处理供应链网络设计不确定性问题的数学规划方法包括随机规划方法（Salema et al.，2007；Ramezani et al.，2013）和模糊规划方法（Demirel et al.，2014）。随机规划方法无法处理缺少精确的历史统计数据和计算复杂性高的问题（Pishvaee et al.，2011），模糊规划方法则能更好地解决实际应用中缺少参数真实值的不确定性问题，是处理供应链网络设计不确定性的一个有效工具。

综上所述，现有文献对供应链网络设计中的模糊规划问题的研究主要集中在正向或逆向物流网络设计的模糊规划问题，虽然有些文献研究了闭环供应链网络设计的模糊规划问题，例如，Demirel 等（2014）提出了带有清晰和模糊目标的闭环供应链网络设计问题及其遗传算法，但只考虑了目标函数的模糊性，而且优化目标只是单个目标，缺少对闭环供应链网络中的碳排放和模糊性的综合考虑。因此，本章将探索带有参数模糊性的低碳闭环供应链网络设计（low-carbon closed-loop-supply-chain network design with fuzziness，LCNDF）问题，建立面向低碳闭环供应链网络设计的机会约束多目标模糊规划模型。首先，该模型利用模糊规划方法处理参数的模糊性对低碳闭环供应链网络配置的影响；其次，该模型综合考虑战略层的制造工厂、回收中心和处置中心的选址与数量决策，以及战术层的网络节点间多产品流和多运输方式的选择决策；最后，除了经济目标，该模型还具有一个最小化二氧化碳排放量的环境目标，低碳目标将考虑设施建设、网络节点间的车辆运输、设施中产品的不同处理流程等各种排放源产生的碳排放。为了求解该模型，本章还将设计一种 IEA。

本章共包括五个部分：第一部分为研究背景；第二部分将给出 LCNDF 的问题描述，建立低碳闭环供应链网络设计的机会约束多目标模糊规划模型，为了方便求解，对模型进行转化并给出相应的清晰等价形式；第三部分拟设计一种 IEA，并介绍算法的设计思想与流程；第四部分通过一个制造商的算例对模型和算法的有效性与可行性进行验证，并分析计算结果，探讨管理启示；第五部分将给出本章的研究总结，并指出未来的研究方向。

第二节　问题描述与符号说明

一、问题描述

本章研究的供应链网络是一个集成正向和逆向物流的多层级、多产品的低碳闭环供应链网络，其结构如图 6-1 所示。正向网络包括两级主体：① 制造工厂，负责制造新产品和回收产品的再制造，产成品直接从制造工厂销往客户点；② 客户点。逆向网络包括三级主体：① 客户点；② 回收中心，负责从客户点回收已消费的产品，并对回收产品进行检验和测试，根据检验结果，将可再制造的产品送往制造工厂，将废弃品送往处置中心；③ 处置中心，负责废弃品的填埋、焚烧和丢弃等处理。在上述闭环供应链网络中，本章假设客户点位置固定且对每类产品的需求都是已知的，制造工厂、回收中心和处置中心具有容量限制；产品通过正向物流进行分销，已消费产品采用逆向物流系统进行回收和处置；销往任一客户点的产品，消费完后该产品或其部件从同一客户点回收；从客户点到制造工厂回收再利用产品的运输成本小于该产品再制造可以节约的生产成本。同时，假设各网络节点间具有多种运输方式可供选择，每种运输方式的容量和碳排放不同。采用梯形模糊数对客户点的需求量、产品的单位生产成本、产品的单位运输成本和产品的单位处置成本等模糊参数进行表示。

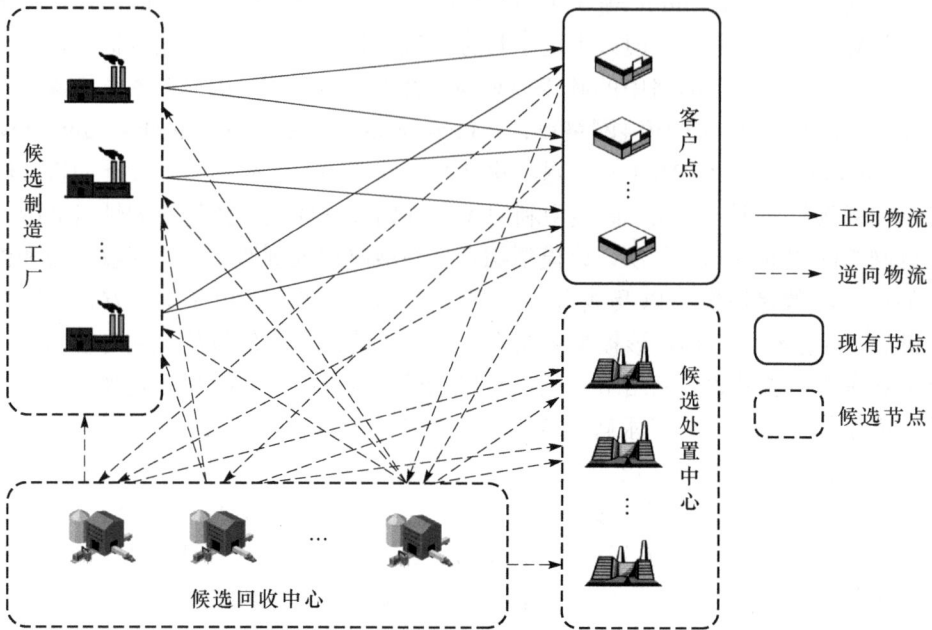

图6-1 低碳闭环供应链网络结构

  基于以上假设条件，本章需要：在战略层面，确定建立制造工厂、回收中心和处置中心的最佳位置与数量；在战术层面，确定低碳闭环供应链网络节点间正向和逆向的产品流与运输方式选择，满足所有客户点的需求，目标是实现低碳闭环供应链网络设计的总成本和总二氧化碳排放量最小化。由于最小化总成本的经济目标和最小化总二氧化碳排放量的环境目标存在冲突关系，本章将研究如何通过对战略和战术两个层面的决策选择在这两个目标之间进行合理的平衡；同时，本章还将利用模糊规划方法进行建模，探讨网络参数的模糊性对低碳闭环供应链网络设计的影响。

二、符号说明

  本章的参数和决策变量定义见表6-1。

表6-1 参数和决策变量定义

符号	描述
参数	
I	候选制造工厂节点的集合
J	候选回收中心节点的集合

续表

符号	描述
K	客户点的集合
L	候选处置中心节点的集合
P	产品类型的集合
$\tilde{a}_p$	产品 p 的单位模糊生产费用，$p \in P$
$\tilde{b}_{ikp}^t$	从制造工厂 i 到客户点 k 采用运输方式 t 运送产品 p 每千米的单位模糊运输费用，$i \in I$，$k \in K$，$p \in P$，$t \in T$
$\tilde{c}_{kjp}^t$	从客户点 k 到回收中心 j 采用运输方式 t 运送产品 p 每千米的单位模糊运输费用，$k \in K$，$j \in J$，$p \in P$，$t \in T$
$\tilde{d}_{jip}^t$	从回收中心 j 到制造工厂 i 采用运输方式 t 运送产品 p 每千米的单位模糊运输费用，$i \in I$，$j \in J$，$p \in P$，$t \in T$
$\tilde{e}_{jlp}^t$	从回收中心 j 到处置中心 l 采用运输方式 t 运送产品 p 每千米的单位模糊运输费用，$j \in J$，$l \in L$，$p \in P$，$t \in T$
f_i	制造工厂 i 的固定建设费用，$i \in I$
g_j	回收中心 j 的固定建设费用，$j \in J$
h_l	处置中心 l 的固定建设费用，$l \in L$
$\tilde{m}_p$	通过回收再利用产生的产品 p 的单位模糊可节约生产费用，$p \in P$
$\tilde{o}_p$	产品 p 的单位模糊处置费用，$p \in P$
$\tilde{\alpha}_{ip}$	制造工厂 i 能够生产产品 p 的模糊容量值，$i \in I$，$p \in P$
$\tilde{\beta}_{ip}$	制造工厂 i 能够再制造产品 p 的模糊容量值，$i \in I$，$p \in P$
$\tilde{\gamma}_{jp}$	回收中心 j 能够回收和检验产品 p 的模糊容量值，$j \in J$，$p \in P$
$\tilde{\kappa}_{ip}$	处置中心 l 能够处理产品 p 的模糊容量值，$l \in L$，$p \in P$
t_{ik}	制造工厂 i 到客户点 k 之间的距离，$i \in I$，$k \in K$（同样可定义 t_{ij}、t_{ji} 和 t_{jl}）
$\tilde{q}_{kp}$	客户点 k 对产品 p 的模糊需求量，$k \in K$，$p \in P$
r_{kp}	从客户点 k 回收的产品 p 的数量，$k \in K$，$p \in P$
λ_p	产品 p 的平均处置率，$p \in P$
ev_t	采用运输方式 t 每辆车每千米的二氧化碳排放量，$t \in T$
ec_i	建设制造工厂 i 的二氧化碳排放量，$i \in I$
em_{ip}	制造工厂 i 每制造/再制造一个产品 p 所产生的二氧化碳排放量，$i \in I$，$p \in P$

符号	描述
er_j	建设回收中心 j 的二氧化碳排放量，$j \in J$
et_{jp}	回收中心 j 每处理完成一个回收产品 p 所产生的二氧化碳排放量，$j \in J$, $p \in P$
ed_l	建设处置中心 l 的二氧化碳排放量，$l \in L$
es_{lp}	处置中心 l 每处理完成一个废弃产品 p 所产生的二氧化碳排放量，$l \in L$, $p \in P$
vc_t	运输方式 t 的车辆容量，$t \in T$
决策变量	
x_{ikp}^t	从制造工厂 i 到客户点 k 采用运输方式 t 运送产品 p 的数量，$i \in I$, $k \in K$, $p \in P$, $t \in T$
y_{kjp}^t	从客户点 k 到回收中心 j 采用运输方式 t 运送产品 p 的数量，$k \in K$, $j \in J$, $p \in P$, $t \in T$
z_{jip}^t	从回收中心 j 到制造工厂 i 采用运输方式 t 运送产品 p 的数量，$i \in I$, $j \in J$, $p \in P$, $t \in T$
s_{jlp}^t	从回收中心 j 到处置中心 l 采用运输方式 t 运送产品 p 的数量，$j \in J$, $l \in L$, $p \in P$, $t \in T$
u_i	在候选节点 i 处建立制造工厂时为 1，否则为 0，$i \in I$
v_j	在候选节点 j 处建立回收中心时为 1，否则为 0，$j \in J$
w_l	在候选节点 l 处建立处置中心时为 1，否则为 0，$l \in L$

第三节　模型建立与算法求解

一、模型构建

本章针对所研究的 LCNDF 问题，拟采用机会约束模糊规划方法建立模型。常用的模糊规划模型主要有期望值模型、机会约束规划模型和相关机会规划模型（刘宝碇和彭锦，2005），相比之下，机会约束规划模型可以使用可能性（Pos）和必要性（Nec）测度，能够使决策者控制机会约束成立的置信水平，同时也支持三角形和梯形等各种模糊数形式。必要性测度能够直接将模糊机会约束转化成相应的清晰等价形式，且在处理机会约束上更具有实际应用意义（Inuiguchi and Ramík，2000）。因此，本章对目标函数中的不确定参数采用期望值方法进行建模，对机会约束规划采用必要性测度进行建模，并采用梯形模糊分布处理模型中的模糊参数。

基于上述分析，本章将 LCNDF 问题描述成机会约束多目标模糊规划模型 M6.1：

$$\min E[Z_1] = \sum_{i \in I} f_i u_i + \sum_{j \in J} g_j v_j + \sum_{l \in L} h_l w_l + \sum_{i \in I} \sum_{k \in K} \sum_{p \in P} \sum_{t \in T} (E[\tilde{a}_p] + E[\tilde{b}^t_{ikp}] t_{ik}) x^t_{ikp}$$

$$+ \sum_{k \in K} \sum_{j \in J} \sum_{p \in P} \sum_{t \in T} E[\tilde{c}^t_{kjp}] t_{kj} y^t_{kjp} + \sum_{j \in J} \sum_{i \in I} \sum_{p \in P} \sum_{t \in T} (E[\tilde{d}^t_{jip}] t_{ji} - E[\tilde{m}_p]) z^t_{jip}$$

$$+ \sum_{j \in J} \sum_{l \in L} \sum_{p \in P} \sum_{t \in T} (E[\tilde{o}_p] + E[\tilde{e}^t_{jlp}] t_{jl}) s^t_{jlp} \qquad (6.1)$$

$$\min Z_2 = \sum_{i \in I} \sum_{k \in K} \sum_{p \in P} \sum_{t \in T} t_{ik} (x^t_{ikp} / \mathrm{vc}_t) \mathrm{ev}_t + \sum_{k \in K} \sum_{j \in J} \sum_{p \in P} \sum_{t \in T} t_{kj} (y^t_{kjp} / \mathrm{vc}_t) \mathrm{ev}_t$$

$$+ \sum_{j \in J} \sum_{i \in I} \sum_{p \in P} \sum_{t \in T} t_{ji} (z^t_{jip} / \mathrm{vc}_t) \mathrm{ev}_t + \sum_{j \in J} \sum_{l \in L} \sum_{p \in P} \sum_{t \in T} t_{jl} (s^t_{jlp} / \mathrm{vc}_t) \mathrm{ev}_t + \sum_{i \in I} \mathrm{ec}_i u_i$$

$$+ \sum_{j \in J} \mathrm{er}_j v_j + \sum_{l \in L} \mathrm{ed}_l w_l + \sum_{i \in I} \sum_{k \in K} \sum_{p \in P} \sum_{t \in T} \mathrm{em}_{ip} x^t_{ikp} + \sum_{j \in J} \sum_{i \in I} \sum_{p \in P} \sum_{t \in T} \mathrm{et}_{jp} z^t_{jip}$$

$$+ \sum_{j \in J} \sum_{l \in L} \sum_{p \in P} \sum_{t \in T} \mathrm{et}_{jp} s^t_{jlp} + \sum_{j \in J} \sum_{l \in L} \sum_{p \in P} \sum_{t \in T} \mathrm{es}_{lp} s^t_{jlp} \qquad (6.2)$$

$$\mathrm{s.t.} \mathrm{Nec} \left\{ \sum_{i \in I} \sum_{t \in T} x^t_{ikp} \geqslant \tilde{q}_{kp} \right\} \geqslant \delta_{kp}, \forall k, p \qquad (6.3)$$

$$\mathrm{Nec} \left\{ \sum_{k \in K} \sum_{t \in T} x^t_{ikp} \leqslant u_i \tilde{\alpha}_{ip} \right\} \geqslant \phi_{ip}, \forall i, p \qquad (6.4)$$

$$\mathrm{Nec} \left\{ \sum_{j \in J} \sum_{t \in T} z^t_{jip} \leqslant u_i \tilde{\beta}_{ip} \right\} \geqslant \eta_{ip}, \forall i, p \qquad (6.5)$$

$$\mathrm{Nec} \left\{ \sum_{k \in K} \sum_{t \in T} y^t_{kjp} \leqslant v_j \tilde{\gamma}_{jp} \right\} \geqslant \theta_{jp}, \forall j, p \qquad (6.6)$$

$$\mathrm{Nec} \left\{ \sum_{j \in J} \sum_{t \in T} s^t_{jlp} \leqslant w_l \tilde{\kappa}_{lp} \right\} \geqslant \psi_{lp}, \forall l, p \qquad (6.7)$$

$$\sum_{j \in J} \sum_{t \in T} y^t_{kjp} = r_{kp}, \forall k, p \qquad (6.8)$$

$$\sum_{l \in L} \sum_{t \in T} s^t_{jlp} = \lambda_p \sum_{k \in K} \sum_{t \in T} y^t_{kjp}, \forall j, p \qquad (6.9)$$

$$\sum_{i \in I} \sum_{t \in T} z^t_{jip} = (1 - \lambda_p) \sum_{k \in K} \sum_{t \in T} y^t_{kjp}, \forall j, p \qquad (6.10)$$

$$\sum_{j \in J} \sum_{t \in T} y^t_{kjp} \leqslant \sum_{i \in I} \sum_{t \in T} x^t_{ikp}, \forall k, p \qquad (6.11)$$

$$\sum_{j \in J} \sum_{t \in T} z^t_{jip} \leqslant \sum_{k \in K} \sum_{t \in T} x^t_{ikp}, \forall i, p \qquad (6.12)$$

$$\delta_{kp}, \phi_{ip}, \eta_{ip}, \theta_{jp}, \psi_{lp} \in [0.5,1], x^t_{ikp}, y^t_{kjp}, z^t_{jip}, s^t_{jlp} \geqslant 0, u_i, v_j, w_l \in [0,1], \forall i, j, k, l, p, t \quad (6.13)$$

其中，式（6.1）是使得总的期望成本最小，包括制造工厂、回收中心和处置中心的固定建设费用、从制造工厂到客户点的产品生产期望成本和运输期望成本、从客户点到回收中心的运输期望成本、从回收中心到制造工厂的回收可节约生产期望成本和运输期望成本、从回收中心到处置中心的处理期望成本和运输期望成本；式（6.2）是使得总的期望二氧化碳排放量最小，包括网络中各节点间运输产生的二氧化碳排放量，制造工厂、回收中心和处置中心各设施建设产生的二氧化碳排放量，以及产品在设施中进行各种处理产生的二氧化碳排放量；式（6.3）表示完全满足所有客户点对不同产品的需求的必要性测度不小于 δ_{kp}，且 $\delta_{kp} \in [0,1]$；式（6.4）～式（6.7）表示制造工厂、回收中心和处置中心满足容量约束的必要性测度不小于 ϕ_{ip}、η_{ip}、θ_{jp} 和 ψ_{lp}，这些约束也保证了只能在建立的制造工厂、回收中心和处置中心运送产品；式（6.8）保证了所有客户点的回收产品都能够被收集；式（6.9）确保了每种回收产品都具有一定的平均处置率；式（6.10）为在回收中心处每种产品的流守恒约束；式（6.11）和式（6.12）表示在客户点和制造工厂的正向流总是不小于逆向流；式（6.13）为对应决策变量的非负约束和 0-1 约束。

本章的模糊规划模型将机会约束最低的置信水平作为一定范围内的决策变量，该变量基于模型的目标函数和约束进行优化。因此，决策者不需要决定机会约束置信水平的最优值，该模型能够主动管理参数的不确定性。同时，模型综合考虑了战略层的候选制造工厂、回收中心与处置中心的设施选址决策和战术层网络节点间双向多产品流与多种运输方式的选择决策，从而保证了建立模型的新颖性和实用性。

二、清晰等价模型

模型 M6.1 中的目标函数[式（6.1）]和约束条件[式（6.3）～式（6.7）]中含有模糊参数，为了方便求解，本章将其转化成清晰等价形式。设 $\tilde{\xi}$ 为一模糊变量，其隶属度函数为 $\mu(x)$，τ 为一实数，则必要性测度（刘宝碇和彭锦，2005）为

$$\text{Nec}\{\tilde{\xi} \leqslant \tau\} = 1 - \sup_{x > \tau} \mu(x) \tag{6.14}$$

模糊变量 $\tilde{\xi}$ 的期望值为

$$E[\tilde{\xi}] = \int_0^{+\infty} \text{Nec}\{\tilde{\xi} \geqslant \tau\} d\tau - \int_{-\infty}^0 \text{Nec}\{\tilde{\xi} \leqslant \tau\} d\tau \tag{6.15}$$

本章将 $\tilde{\xi}$ 表示成一梯形模糊数，即 $\tilde{\xi} = (\tau_1, \tau_2, \tau_3, \tau_4)$，$\tau_1 \leqslant \tau_2 \leqslant \tau_3 \leqslant \tau_4$。由式（6.14）可得 $\tilde{\xi}$ 的期望值为 $E[\tilde{\xi}] = (\tau_1 + \tau_2 + \tau_3 + \tau_4)/4$，由式（6.15）可得其必要性分布为

$$\text{Nec}\{\tilde{\xi} \leqslant \tau\} = \begin{cases} 0, & \tau \in (-\infty, \tau_3] \\ \dfrac{\tau - \tau_3}{\tau_4 - \tau_3}, & \tau \in (\tau_3, \tau_4] \\ 1, & \tau \in (\tau_4, +\infty) \end{cases} \tag{6.16}$$

$$\mathrm{Nec}\left\{\tilde{\xi} \geqslant \tau\right\} = \begin{cases} 1, & \tau \in (-\infty, \tau_1] \\ \dfrac{\tau_2 - \tau}{\tau_2 - \tau_1}, & \tau \in (\tau_1, \tau_2] \\ 0, & \tau \in (\tau_2, +\infty) \end{cases} \tag{6.17}$$

根据式（6.16）和式（6.17），定理 6.1 成立。

定理 6.1　若 $\tilde{\xi}$ 为一梯形模糊数 $\tilde{\xi} = (\tau_1, \tau_2, \tau_3, \tau_4)$ 且 $\tau_1 \leqslant \tau_2 \leqslant \tau_3 \leqslant \tau_4$，对于给定的置信水平 $\alpha \in [0.5, 1]$，有

$$\mathrm{Nec}\left\{\tilde{\xi} \leqslant \tau\right\} \geqslant \alpha \Leftrightarrow \tau \geqslant (1 - \alpha)\tau_3 + \alpha\tau_4 \tag{6.18}$$

$$\mathrm{Nec}\left\{\tilde{\xi} \geqslant \tau\right\} \geqslant \alpha \Leftrightarrow \tau \leqslant \alpha\tau_1 + (1 - \alpha)\tau_2 \tag{6.19}$$

证明：由 $\mathrm{Nec}\left\{\tilde{\xi} \leqslant \tau\right\}$ 的必要性分布[式（6.16）]，对于 $\alpha \in [0.5, 1]$，有

（1）$\mathrm{Nec}\left\{\tilde{\xi} \leqslant \tau\right\} \geqslant \alpha \Rightarrow \tau \geqslant \tau_4$（此时 $\mathrm{Nec}\left\{\tilde{\xi} \leqslant \tau\right\} = 1$）或 $\dfrac{\tau - \tau_3}{\tau_4 - \tau_3} \geqslant \alpha$。当 $\tau \geqslant \tau_4$ 时，

因为 $\tau_3 \leqslant \tau_4$，所以 $\tau > \tau_4(1 - \alpha)\tau_3 + \alpha\tau_4$；当 $\dfrac{\tau - \tau_3}{\tau_4 - \tau_3} \geqslant \alpha$ 时，$\tau > \tau_4(1 - \alpha)\tau_3 + \alpha\tau_4$。

（2）当 $\tau \geqslant (1 - \alpha)\tau_3 + \alpha\tau_4$ 时，$\dfrac{\tau - \tau_3}{\tau_4 - \tau_3} \geqslant \alpha$ 成立，即 $\mathrm{Nec}\left\{\tilde{\xi} \leqslant \tau\right\} \geqslant \alpha$。

因此，式（6.18）成立。同理可证明，式（6.19）成立。

证明完毕。

根据梯形模糊数的期望值及式（6.18）和式（6.19），可将机会约束多目标模糊规划模型 M6.1 转化成相应的清晰等价模型 M6.2：

$$\begin{aligned}
\min E[Z_1] = & \sum_{i \in I} f_i u_i + \sum_{j \in J} g_j v_j + \sum_{l \in L} h_l w_l + \sum_{i \in I}\sum_{k \in K}\sum_{p \in P}\sum_{t \in T}[(a_{p1} + a_{p2} + a_{p3} + a_{p4})/4 \\
& + (b_{ikp1}^t + b_{ikp2}^t + b_{ikp3}^t + b_{ikp4}^t)t_{ik}/4]x_{ikp}^t \\
& + \sum_{k \in K}\sum_{j \in J}\sum_{p \in P}\sum_{t \in T}[(c_{kjp1}^t + c_{kjp2}^t + c_{kjp3}^t + c_{kjp4}^t)t_{kj}/4]y_{kjp}^t \\
& + \sum_{j \in J}\sum_{i \in I}\sum_{p \in P}\sum_{t \in T}[(d_{jip1}^t + d_{jip2}^t + d_{jip3}^t + d_{jip4}^t)t_{ji}/4 - (m_{p1} + m_{p2} + m_{p3} + m_{p4})/4]z_{jip}^t \\
& + \sum_{j \in J}\sum_{l \in L}\sum_{p \in P}\sum_{t \in T}[(o_{p1} + o_{p2} + o_{p3} + o_{p4})/4 + (e_{jip1}^t + e_{jip2}^t + e_{jip3}^t + e_{jip4}^t)t_{jl}/4]s_{jlp}^t
\end{aligned} \tag{6.20}$$

目标函数 2 同式（6.2）。

$$\text{s.t.} \sum_{i \in I}\sum_{t \in T} x_{ikp}^t \geqslant (1 - \delta_{kp})q_{kp3} + \delta_{kp}q_{kp4}, \forall k, p \tag{6.21}$$

$$\sum_{k \in K}\sum_{t \in T} x_{ikp}^t \leqslant u_i[\phi_{ip}\alpha_{ip1} + (1 - \phi_{ip})\alpha_{ip2}], \forall i, p \tag{6.22}$$

$$\sum_{j \in J} \sum_{t \in T} z_{jip}^t \leqslant u_i [\eta_{ip} \beta_{ip1} + (1 - \eta_{ip}) \beta_{ip2}], \forall i, p \qquad (6.23)$$

$$\sum_{k \in K} \sum_{t \in T} y_{kjp}^t \leqslant v_j [\theta_{jp} \gamma_{jp1} + (1 - \theta_{jp}) \gamma_{jp2}], \forall j, p \qquad (6.24)$$

$$\sum_{j \in J} \sum_{t \in T} s_{jlp}^t \leqslant w_l [\psi_{lp} \kappa_{lp1} + (1 - \psi_{lp}) \kappa_{lp2}], \forall l, p \qquad (6.25)$$

后面的约束条件同式（6.8）～式（6.13）。

三、IEA

本章所研究的是一个多目标模糊规划模型。目前，常用的多目标问题求解方法主要有先验式方法、交互式方法和后验式方法三种（Hwang and Masud，1979）。相比之下，交互式方法具有高效性和灵活性的特点，可以按照决策者的偏好对每个目标函数的满意水平进行交互的、渐进的测量和调整，从而确保得到的最优解能够更好地满足决策者的偏好要求。因此，本章提出一种 IEA。

在信息缺少的情况下，多目标问题的帕累托最优解没有优劣之分，通常决策者需要提供额外的偏好信息来选择最优解。多目标优化问题一般包括优化和决策支持两个部分。本章采用 ε 约束方法对多目标问题进行优化求解以获得帕累托最优解。ε 约束方法能够通过调整目标函数约束的 ε 获得不同的最优解，适合非凸问题的求解，同时，本章的 ε 约束方法具有如下特点：① 对每个目标函数通过字典序优化能够保证构建的支付矩阵只含有帕累托最优解；② 通过引入松弛变量将目标函数约束转换成等式约束，确保了有效解的产生。另外，本章采用交互式方法有利于引导解的搜索向决策者的偏好解收敛，从而帮助决策者选择最符合其偏好的帕累托最优解，该交互式方法具有如下优点：① 每次迭代，决策者可以选择多个帕累托最优解；② 对决策者选择的解的目标函数增加上界约束以缩小搜索空间；③ 不用限制算法迭代的次数，决策者根据其所获得的解的满意度决定算法是否终止。

IEA 的具体步骤如下。

（1）利用模糊参数的期望值及式（6.18）和式（6.19）将模糊目标函数和机会约束转化成清晰等价形式。

（2）利用字典序优化每个目标函数得到目标函数的支付矩阵。字典序优化方法的执行步骤如下：首先，优化第一个目标函数（具有最高优先级），得到 $\min Z_1 = Z_1^*$；其次，通过增加约束 $Z_1 = Z_1^*$，优化第二个目标函数，得到 $\min Z_2 = Z_{21}^*$；最后，将第二个目标函数作为单一目标进行优化，得到 $\min Z_2 = Z_2^*$，对应的第一个目标函数值为 Z_1'，则支付矩阵为 $\begin{bmatrix} Z_1^* & Z_{21}^* \\ Z_1' & Z_2^* \end{bmatrix}$。

（3）根据支付矩阵计算得到第二个目标函数的变化范围 $r = Z_{21}^* - Z_2^*$。

（4）基于第二个目标函数的变化范围，设定网格点的数量为 g。

（5）将第二个目标函数作为约束，对于每个网格点，求解如下问题：

$$\min Z_1(X) - \rho s/r$$

$$\text{s.t.} X \in S, \; Z_2(X) + s = \varepsilon$$

其中，$\varepsilon = Z_2^* + (i \times r)/g$，$i$ 为迭代计数器；ρ 为一正的极小数（取值为 $10^{-6} \sim 10^{-3}$）；X 为解向量；S 为解的可行域。

（6）决策者根据其偏好选择帕累托最优解，若决策者对所选择的解满意，则选择当前解作为最优解，计算停止，否则，决策者选择出较偏好的 n 个解，增加第二个目标函数的上界约束以缩小搜索空间，对于第 $i+1$ 次迭代的上界约束，其计算方法为 $\mathrm{UB}^{(i+1)} = \max_{j=1,2,\cdots,n} [Z_j^{(i)} + a^i(Z^{\max} - Z_j^{(i)})]$，转步骤（2），其中，$Z_j^{(i)}$ 为第 i 次迭代得到的第 j 个偏好解对应的第二个目标函数值，$Z^{\max}$ 为从搜索开始在整个帕累托解空间上得到的第二个目标函数的最大值，$a^i \in [0,1]$ 为控制解空间搜索的收敛系数，a^i 越大，则解空间的搜索越慢，越需要更多的迭代次数收敛于最优偏好解。

第四节　算例研究

某办公电器（生产复印机和扫描仪等）制造商负责一地区两种产品的制造/再制造和回收，计划重新设计其低碳闭环供应链网络以更好地满足顾客的需求。制造商在该地区拥有 6 个客户点、4 个候选制造工厂、4 个候选回收中心和 2 个候选处置中心。结合实际企业应用数据的调研，本章利用均匀分布随机产生各参数值，并给出产生各参数的分布与均值，其中与经济目标相关的确定参数和模糊参数的设置见表 6-2，与环境目标相关的参数的设置见表 6-3。选用两种类型的货车负责产品的运输，第一种货车的容量 $\mathrm{vc}_1 = 100$，第二种货车的容量 $\mathrm{vc}_2 = 160$，两种类型货车的二氧化碳排放量见表 6-3。

表 6-2　与经济目标相关的参数设置

参数	均值	确定参数的产生分布	模糊参数 $\tilde{\xi} = (\tau_1, \tau_2, \tau_3, \tau_4)$ 的产生分布			
			τ_1	τ_2	τ_3	τ_4
$\tilde{a}_p$	10		$U(7, 8.5)$	$U(8.5, 10)$	$U(10, 11.5)$	$U(11.5, 13)$
$\tilde{b}_{ikp}^1$	0.0524		$U(0.0426, 0.0476)$	$U(0.0476, 0.0526)$	$U(0.0526, 0.0576)$	$U(0.0576, 0.0626)$
$\tilde{b}_{ikp}^2$	0.0481		$U(0.0400, 0.0445)$	$U(0.0445, 0.0490)$	$U(0.0490, 0.0535)$	$U(0.0535, 0.0580)$

参数	均值	确定参数的产生分布	模糊参数 $\tilde{\xi} = (\tau_1, \tau_2, \tau_3, \tau_4)$ 的产生分布			
			τ_1	τ_2	τ_3	τ_4
$\tilde{c}_{kjp}^1$	0.022		$U(0.0150, 0.0185)$	$U(0.0185, 0.0220)$	$U(0.0220, 0.0255)$	$U(0.0255, 0.0290)$
$\tilde{c}_{kjp}^2$	0.019		$U(0.0100, 0.0150)$	$U(0.0150, 0.0200)$	$U(0.0200, 0.0250)$	$U(0.0250, 0.0300)$
$\tilde{d}_{jip}^1$	0.020		$U(0.0120, 0.0165)$	$U(0.0165, 0.0210)$	$U(0.0210, 0.0255)$	$U(0.0255, 0.0300)$
$\tilde{d}_{jip}^2$	0.016		$U(0.0090, 0.0130)$	$U(0.0130, 0.0170)$	$U(0.0170, 0.0210)$	$U(0.0210, 0.0250)$
$\tilde{e}_{jlp}^1$	0.015		$U(0.0075, 0.0115)$	$U(0.0115, 0.0155)$	$U(0.0155, 0.0195)$	$U(0.0195, 0.0235)$
$\tilde{e}_{jlp}^2$	0.013		$U(0.0060, 0.0095)$	$U(0.0095, 0.0130)$	$U(0.0130, 0.0165)$	$U(0.0165, 0.0200)$
$\tilde{m}_p$	4.5		$U(3.1, 3.8)$	$U(3.8, 4.5)$	$U(4.5, 5.2)$	$U(5.2, 5.9)$
$\tilde{o}_p$	1.5		$U(1, 1.25)$	$U(1.25, 1.5)$	$U(1.5, 1.75)$	$U(1.75, 2)$
$\tilde{\alpha}_{ip}$	75000		$U(62000, 68500)$	$U(68500, 75000)$	$U(75000, 81500)$	$U(81500, 88000)$
$\tilde{\beta}_{ip}$	22000		$U(18000, 20000)$	$U(20000, 22000)$	$U(22000, 24000)$	$U(24000, 26000)$
$\tilde{\gamma}_{jp}$	35000		$U(28000, 31500)$	$U(31500, 35000)$	$U(35000, 38500)$	$U(38500, 42000)$
$\tilde{\kappa}_{lp}$	55000		$U(42200, 48600)$	$U(48600, 55000)$	$U(55000, 61400)$	$U(61400, 67800)$
$\tilde{q}_{kp}$	33000		$U(27000, 30000)$	$U(30000, 33000)$	$U(33000, 36000)$	$U(36000, 39000)$
f_i	5×10^6	$U(4.5 \times 10^6, 5.5 \times 10^6)$				
g_j	2×10^6	$U(1.2 \times 10^6, 2.8 \times 10^6)$				
h_l	1×10^6	$U(0.6 \times 10^6, 1.4 \times 10^6)$				
r_{kp}	8500	$U(7500, 9500)$				
λ_p	0.4	$U(0.35, 0.45)$				

表 6-3　与环境目标相关的参数设置

参数	均值	参数的产生分布
ev_1	500	$U(455, 545)$
ev_2	650	$U(600, 700)$
ec_i	2.4×10^6	$U(2.3 \times 10^6, 2.5 \times 10^6)$

续表

参数	均值	参数的产生分布
em_{ip}	330	$U(320, 340)$
er_j	8.6×10^5	$U(8.4 \times 10^5, 8.8 \times 10^5)$
et_{jp}	98	$U(86, 110)$
ed_l	6.2×10^5	$U(6 \times 10^5, 6.4 \times 10^5)$
es_{lp}	370	$U(345, 395)$

在以上算例设置下，多目标规划模型 M6.1 或 M6.2 拥有决策变量 388 个，约束条件 88 个。针对该大规模复杂性较高的问题，考虑到 LINGO 软件在交互式计算和求解优化规划模型方面的优势，本章利用 LINGO11.0 编写算法程序进行求解，运行计算机中央处理器为 i5-5200U 2.20GHz（4.00GB SDRAM）。对于 IEA，经初步计算试验，设定 $g = 20$，$n = 3$。

一、算法比较

为了验证算法的有效性，将本章的 IEA 与以下两个 ε 约束算法进行比较：①传统的 ε 约束算法（conventional epsilon-constraint algorithm，CEA）；②基于字典序优化的 ε 约束算法（lexicographic optimization-based epsilon-constraint algorithm，LOEA）。为了使得多目标问题具有可比性，设定第一个目标函数的权重为 0.6，第二个目标函数的权重为 0.4，在 IEA 中，决策者将选择目标函数加权后权重最小的解，若后续 10 次迭代没有发现更好的解，则算法终止。

按照表 6-2 所示的方法，利用均匀分布随机产生 10 组测试用例，这些算法均采用 LINGO11.0 编写算法程序，运行计算机中央处理器为 i5-5200U 2.20GHz（4.00GB SDRAM）。表 6-4 给出了各算法的计算结果，对比的指标包括加权目标函数值（WObj）、目标函数 1 的值（Obj1）、目标函数 2 的值（Obj2）、算法的计算时间（CPU）、计算结果的均值（Ave.）和标准差（Std.）。

表 6-4　各算法的计算结果

测试用例	CEA				LOEA				IEA			
	WObj	Obj1 /$\times 10^6$ 元	Obj2 /$\times 10$ 吨	CPU /秒	WObj	Obj1 /$\times 10^6$ 元	Obj2 /$\times 10$ 吨	CPU /秒	WObj	Obj1 /$\times 10^6$ 元	Obj2 /$\times 10$ 吨	CPU /秒
1	43.83	50.27	34.18	36	40.24	43.35	35.57	18	38.96	40.52	36.61	11
2	39.96	45.87	31.09	40	38.82	42.75	32.92	17	36.31	38.41	33.15	13
3	49.45	61.89	30.78	41	46.32	55.74	32.19	20	39.65	42.71	35.05	15
4	40.50	46.13	32.05	34	38.20	41.06	33.90	16	38.11	40.08	35.15	10

续表

测试用例	CEA				LOEA				IEA			
	WObj	Obj1 /×10⁶元	Obj2 /×10吨	CPU /秒	WObj	Obj1 /×10⁶元	Obj2 /×10吨	CPU /秒	WObj	Obj1 /×10⁶元	Obj2 /×10吨	CPU /秒
5	58.90	70.78	41.07	35	53.06	60.27	42.25	17	48.20	51.17	43.74	13
6	54.64	65.18	38.82	38	48.36	54.66	38.92	21	42.79	45.28	39.05	17
7	59.40	80.26	28.12	42	42.38	50.62	30.01	19	38.59	42.89	32.14	12
8	52.29	67.11	30.05	50	44.62	52.78	32.38	18	40.13	43.39	35.23	15
9	68.91	92.75	33.16	45	52.65	63.36	36.59	22	43.28	47.24	37.35	16
10	58.01	75.83	31.28	42	47.67	57.89	32.33	19	39.10	41.36	35.71	14
Ave.	52.59	65.61	33.06	40	45.23	52.25	34.71	19	40.51	43.31	36.32	14
Std.	8.82	14.50	3.81	—	5.07	7.32	3.50	—	3.23	3.57	3.09	—

由表 6-4 可以看出，IEA 和 LOEA 的平均加权目标函数值比 CEA 分别减少了 22.97% 和 14.00%，说明采用字典序优化方法有利于算法跳出局部最优解，提高求解质量。LOEA 的平均计算时间比 CEA 减少了 52.50%，说明字典序优化方法能够大幅节约计算时间，提高计算速度。相比之下，IEA 的平均加权目标函数值比 LOEA 减少了 10.44%，计算时间也更短，说明采用交互式方法和目标函数转换进一步提高了算法的收敛速度与求解性能。另外，IEA 的计算结果比 LOEA 和 CEA 具有更小的标准差，说明 IEA 具有更好的可靠性和鲁棒性。综上，算法对比表明，所设计的 IEA 是求解 LCNDF 问题的一种有效算法。

二、确定模型和鲁棒模型的求解结果比较

选取一组测试用例，首先，在模型 M6.1 为确定模型，即仅包含确定参数（本章采用不确定参数的均值作为确定参数的计算数据）时，求解确定模型得到的结果如下：目标函数 1 的最优值为 $3.41×10^7$ 元，需要选择建立制造工厂 1、3 和 4，回收中心 3 和 4，处置中心 2；目标函数 2 的最优值为 298.16 吨，需要选择建立制造工厂 1、3 和 4，收回中心 1 和 3，处置中心 1。对于具有不确定参数的鲁棒模型，利用 IEA 计算得到的 10 次迭代结果见表 6-5。从表 6-5 中可以看出，与确定模型相比，鲁棒模型目标函数 1 的最优值增加了 19.94%，目标函数 2 的最优值增加了 17.49%，说明考虑模糊性会带来总成本和总二氧化碳排放量的增加。另外也可以看出，当低碳闭环供应链网络中含有模糊参数时，减少总二氧化碳排放量在超过一定的临界值（如本例中的 361.15 吨）时会导致总成本的急剧上升。

表 6-5　模糊规划模型的计算结果

$\varepsilon/\times10^8$	目标函数 1 的值 /$\times10^7$ 元	目标函数 2 的值 /吨	制造工厂的定位	回收中心的定位	处置中心的定位
3.503261	31156.20	350.32	1、2、3 和 4	1 和 3	1
3.521374	2185.68	352.13	1、2、3 和 4	1 和 3	1
3.536785	16.37	353.67	1、2、3 和 4	1 和 3	1
3.554069	13.76	355.40	1、2、3 和 4	1 和 3	1
3.571326	9.98	357.13	1、2、3 和 4	1 和 3	1
3.585401	8.02	358.54	1、2、3 和 4	1 和 3	1
3.602326	5.26	360.23	1、2、3 和 4	1 和 3	1
3.617574	4.10	361.15	1、2、3 和 4	1 和 3	1
3.635861	4.10	361.15	1、2、3 和 4	1 和 3	1
3.651283	4.10	361.15	1、2、3 和 4	1 和 3	1
3.668145	4.09	365.38	1、2、3 和 4	1 和 2	2

图 6-2 给出了不同算法迭代下计算得到的确定模型和鲁棒模型的帕累托图。由图 6-2 可以看出，鲁棒模型的帕累托图是一个下降曲线，说明减少总二氧化碳排放量会导致总成本的上升；由曲线的趋势进一步可以看出，当总二氧化碳排放量较大时，减少总二氧化碳排放量需要支付较低的总成本，而当总二氧化碳排放量较小（小于某临界值）时，减少总二氧化碳排放量需要支付更高的总成本。此外，确定模型的目标函数值总是优于鲁棒模型，低碳供应链网络设计的成本也更低，对于决策者，当鲁棒模型中考虑不确定参数时会导致总成本的增加，称为鲁棒价格，即为了应对模糊性需要在低碳闭环供应链网络设计中增加配置的成本。

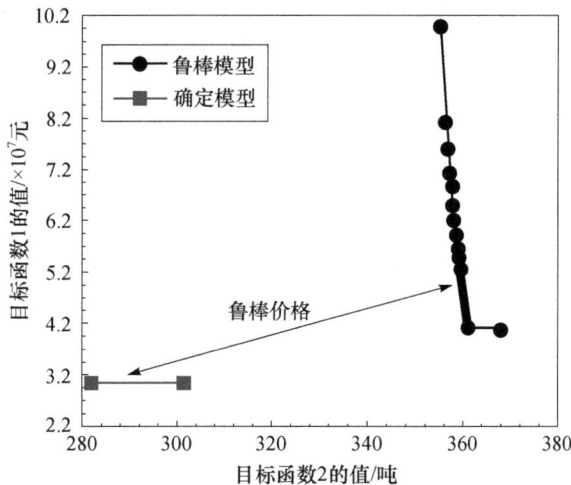

图 6-2　确定模型和鲁棒模型的帕累托图

三、模糊规划模型的最优置信水平分析

为了说明模糊规划模型对置信水平的优化效果，下面对模糊规划模型在不同置信水平下的计算结果进行对比分析。根据表 6-2 所示的数据随机产生 10 组测试用例，分别取模糊规划模型的机会约束置信水平 $\alpha = 0.7, 0.8, 0.9$，在不同测试用例下计算模糊规划模型的解，并与优化置信水平下的模糊规划模型最优解进行比较，采用加权目标函数值作为评价指标，计算结果见表 6-6。

表 6-6　不同置信水平下的求解结果对比

测试用例	$\alpha = 0.7$	$\alpha = 0.8$	$\alpha = 0.9$	最优置信水平
1	40.18	40.12	38.99	38.96
2	37.12	37.15	37.20	36.31
3	45.81	44.50	43.27	39.65
4	38.18	38.17	38.15	38.11
5	52.19	51.48	50.12	48.20
6	42.88	42.85	42.81	42.79
7	41.42	40.66	40.17	38.59
8	41.78	41.25	40.83	40.13
9	50.71	48.20	46.70	43.28
10	46.20	44.70	43.40	39.10
Ave.	43.65	42.91	42.16	40.51

从表 6-6 中可以看出，在 10 组测试用例下，优化置信水平的模糊规划模型分别比固定置信水平为 $\alpha = 0.7, 0.8, 0.9$ 的模型产生的平均加权目标函数值减少了 7.19%、5.59% 和 3.91%，且优化置信水平的模糊规划模型均产生了更优的解，说明模糊规划模型通过对机会约束最低置信水平的优化可以实现经济目标和环境目标的有效平衡。

本 章 小 结

供应链中的生产、运输和回收等环节存在大量的能耗和碳排放，发展低碳供应链是实现可持续发展和低碳经济的必由之路。研究低碳闭环供应链网络设计问题可以为有效和低成本地控制碳排放提供决策支持和方法指导。

本章针对模糊环境下集成正向和逆向物流的多层级、多产品的，涉及制造工厂、客户点、回收中心和处置中心多个参与主体的闭环供应链网络设计问题，建立了低碳闭环供应链网络设计的机会约束多目标模糊规划模型。该模型不仅考虑了供应链网络设计中最小化总成本和总二氧化碳排放量这两个目标，而且综合考虑了供应链网络参

数的模糊性、多产品流和多种运输方式的选择等特点，这更符合低碳闭环供应链网络设计的实际情况。同时，该模型将机会约束的最低置信水平作为决策变量，实现了对机会约束置信水平的优化，从而可以合理地平衡经济目标和环境目标。其次，本章设计了一种 IEA，对建立的模型进行求解。最后，本章通过一个制造商的算例验证了模型和算法的有效性与可行性。数值结果分析表明，模糊规划模型能够有效地处理低碳闭环供应链网络的参数模糊性；对于决策者，降低总二氧化碳排放量会带来总成本的增加，特别地，在大于一定的临界值时减少总二氧化碳排放量需要支付较低的总成本，而在小于此临界值时减少总二氧化碳排放量会导致总成本的急剧上升；同时，应对低碳闭环供应链网络的模糊性也会导致总成本的增加，即需要支付鲁棒价格。

进一步的研究将综合考虑供应链网络的参数不确定性和多周期性、战略层的设施定位，以及战术层的库存和运输等决策，对现有模型进行完善，建立更加灵活的模糊规划模型，如鲁棒模糊规划模型、动态模糊规划模型等。另外，随着全球对可持续发展的日益重视，在可持续供应链网络设计中进行综合经济、环境和社会层面的研究，将是未来的一个重要发展方向。

竞争策略篇
竞争环境下的供应链协同减碳研究

第七章　基于价格竞争的供应链协同减碳与低碳韧性研究

第一节　研究背景

近年来，可持续发展供应链的研究已成为学术界的一大热点话题。企业承担更多的环境责任可为企业带来更好的公众形象并获得更高的竞争优势。此外，随着电商的急速发展，网上购物正逐渐成为人们的主流购物方式。作为电商市场领导者，亚马逊和亿贝（eBay）是美国线上销售公司的典型例子（Clement，2024）。除此之外，国内的电商销售收入在 2017 年达到 6.3 万亿元，在 2020 年超过 11 万亿元。国内电商巨头阿里巴巴集团的收入在 2024 财年达到 9410 亿元（Statista，2024）。由于电商的巨大赋能，许多低碳企业已经开始尝试通过线上渠道和第三方零售商来出售产品。例如，诺基亚作为手机行业中低碳制造的佼佼者，使用不含有毒阻燃剂的材料来生产手机和配件，然后通过零售商和他们自己的实体/在线商店进行销售（Patra，2018）；海尔则通过自建直销渠道和独立的零售商向客户供应一系列低碳产品，即空调和洗衣机（Yang et al.，2019）。

直销渠道的引入会导致制造商和下游零售商之间产生冲突与竞争。这种现象通常称为制造商入侵（Li et al.，2015）。制造商入侵允许制造商在多个渠道创造新的市场（Tsay and Agrawal，2004），并提高品牌意识和消费者忠诚度。现有文献大多集中在讨论制造商的集中式入侵模式，即制造商集中为其子公司的直销渠道做出所有决定（如定价决策等）。在现实的商业情景中，许多制造商采取了分散式入侵模式，将决策权授予下游零售子公司。例如，2006 年，索尼集团成立了 StylingLife 控股公司，这是索尼集团零售业务控股的子公司，能够独立管理零售业务，并拥有自己的管理层和员工（Li et al.，2021a）。在电商背景下，Timbuktu、Teva、Merrell 和 GoLite 等户外公司建立了自己的网上商店，以扩大零售业务。为了更好地应对终端市场的变化，这些网上商店在促销、折扣和会计方面被赋予越来越多的零售决策权（Li et al.，2020b）。事实上，集中式入侵经常面临多种挑战，如公司内部贸易不灵活、参与者之间竞争过于激烈（Kalnins，2004）。为了解决分销中的这些问题，制造商及其零售子公司之间采用转移价格的分散式入侵已经被提倡用来改变双渠道互动的性质（Alles and Datar，1998）。Arya 等（2008）证明，制造商可以通过向其零售子公司收取高于边际成本的转移价格来从双渠道中获益。

本章的研究聚焦低碳制造业，制造商生产具有高资源效率和低环境负面影响的低碳产品。然而，现有的关于制造商入侵的文献大多集中在渠道竞争上，没有考虑产品的低碳性。为了解决这个问题，本章着重研究存在可替代的低碳产品情况下制造商的入侵行为。随着政府通过各种法规来提高产品的环境绩效，越来越多的制造商开始关注环境责任和产品的减排量（Kumar et al.，2014；Bian and Zhao，2020）。此外，消费者的低碳意识也有效地激励制造商对低碳产品的创新研发投资。然而，现有的关于制造商入侵的文献通常忽略消费者的低碳意识。本章通过研究制造商的入侵策略，同时考虑消费者的低碳意识和产品的价格可替代性来开展创新性研究。具体来说，本章建立价格竞争下一个由制造商和零售商组成的两级供应链的 Stackelberg 博弈模型。制造商生产低碳产品，并可以通过其零售子公司直接将产品卖给有低碳意识的消费者，该子公司可能是集中式的，也可能是分散式的。子公司通过销售可替代产品与零售商进行价格竞争。本章分析制造商不同入侵决策情况下消费者低碳意识和产品可替代性（价格竞争）对供应链的利润率和社会福利的影响。主要研究问题如下。

（1）当入侵成本足够低时，制造商应该采用分散式入侵策略还是集中式入侵策略？

（2）与集中式入侵策略相比，分散式入侵策略能否给制造商和零售商带来更高的利润，以及更高的环境绩效和社会福利？

（3）消费者的低碳意识和产品的价格竞争强度是否对制造商和零售商的利润有积极影响？

本章从以下两个方面对该研究问题做出了贡献。首先，在建模方面，本章将消费者的低碳意识和产品价格竞争纳入制造商入侵的博弈模型中。分析结果表明，制造商和零售商都能从消费者较高的低碳意识中受益。随着产品可替代性的增加，制造商始终受益，但零售商只有在制造商入侵成本较高时才能受益。其次，与大多数只考虑集中式入侵的现有研究不同，本章创新性地允许制造商在集中式入侵和分散式入侵之间做出选择。研究结果显示，与集中式入侵相比，分散式入侵对制造商来说更有利可图。此外，分散式入侵还能使整个供应链的环境绩效和社会福利受益。最后，本章在零售子公司和制造商之间建立一个适当的利润分享合同，分散式入侵策略也能使子公司受益。

本章共包括六个部分：第一部分为研究背景；第二部分介绍基本假设和供应链模型，其中，制造商可以采用集中式入侵或分散式入侵；第三部分将求解并比较集中式入侵和分散式入侵决策下的均衡结果；第四部分进行数值仿真；第五部分为管理启示；第六部分将给出本章的研究总结，并提出几个未来的研究方向。为了方便阅读，本章的所有关键证明见附录1。

第二节　模型建立

一、问题描述和假设

本章构建由一个制造商和一个零售商组成的两级价格竞争供应链模型。制造商包含一个上游的制造子公司和一个下游的零售子公司。本章着重研究消费者的低碳意识和价格竞争对制造商选择入侵策略的影响。制造子公司提供差异化的低碳产品，一种产品出售给零售子公司，另一种产品出售给作为独立下游批发客户的零售商。下游双方进行价格竞争，并向终端市场销售最终产品。

制造商为了投入研发生产低碳产品，需要在材料、生产操作和物流服务上投入更多的资金（Conrad，2005）。参考现有文献中的通常假设（Liu et al.，2012；Jamali and Rasti-Barzoki，2018），生产低碳产品 i 的单位成本函数定义为其减排量的二次函数 $C(g_i) = c_i + hg_i^2/2$，其中，c_i 为不考虑低碳投入下产品 i 的单位生产成本（$i = d, r$ 分别表示直销渠道和零售渠道的参数与变量），h 为减排量的成本系数，g_i 为产品 i 的减排量。

本章重点考虑产品的低碳度和消费者的低碳意识。低碳产品通常是环保、节能、少/无污染的，如天然产品、有机产品和清洁能源汽车。低碳产品可以为消费者提供更高的环境和健康效用。出于这个原因，有低碳意识的消费者更喜欢购买低碳产品，并愿意支付比购买非低碳产品更高的费用。因此，产品的减排量是提高产品需求的一个关键因素。制造商在供应链上两个渠道销售可替代的两种减排量的产品。每种产品都被假定有两个属性：价格和减排量。产品需求将随着价格的上升而下降，但随着减排量的上升而提高。消费者从一个渠道到另一个渠道的转换是基于产品价格和减排量的差异。换句话说，两种产品之间的替代是由其价格和减排量决定的。

基于以上对产品需求影响因素的讨论，本章对两个渠道的需求函数设置（Liu et al.，2012；Li and Zhang，2008）如下：

$$q_d = a + \lambda[g_d - k(g_r - g_d)] - p_d + k(p_r - p_d) \tag{7.1}$$

$$q_r = a + \lambda[g_r - k(g_d - g_r)] - p_r + k(p_d - p_r) \tag{7.2}$$

其中，a 为市场潜力，p_i 为产品 i 的零售价格，$i = d, r$；λ 为单位产品减排量的需求敏感系数，表示单位减排量改善的需求增加率；参数 $k \geq 0$ 为两种竞争产品的可替代性。如果 $k = 0$，这两种产品就是完全独立的。之前的研究表明，消费者的低碳意识会增加消费者对低碳环保产品的支付意愿。因此，用单位产品减排量的需求敏感系数 λ 来反映消费者低碳意识的影响，并将产品减排量作为线性需求函数中的一个需求增强因子。相关文献中也广泛采用了带有产品减排量的需求函数（Liu et al.，2012；Chitra，2007；Boyaci and Ray，2003；Zhang et al.，2015）。此外，式（7.1）和式（7.2）意味着两个渠道的总需求与 k 无关，但随着 λ 的增加而增加，这种假设更符合现实，也使本章的研究模型具有可操作性。

当制造商和零售商直接面向终端消费者市场销售时，会产生不同的单位成本。就像制造商在生产制造方面更有效率一样，零售商在零售方面往往也有成本优势。这种成本优势可能源于对消费者偏好的理解，与消费者有更密切的接触，或者从事各种零售业务的规模经济（Arya et al.，2007；Ha et al.，2016；Li et al.，2020b）。因此，本章假设制造商的零售子公司的直销成本为 b，$0 \leq b < a$，而零售商的单位销售成本被归一化为零。不失一般性，本章将除单位低碳生产成本外的其他单位生产成本和其他固定成本也归一化为零。为了避免不符合生产销售的情形出现，本章假设在求解的均衡解中消费者对产品的需求为正值，并且零售价格高于批发价格（即 $p_i > w_i > 0$）。此外，定义减排量的成本效率 $H = 1/h$，这是一个与提高产品减排量有关的成本效率的衡量标准。H 值越高，表明制造商在低碳产品制造方面能力越强。

二、符号和博弈顺序

本章分别考虑制造商两种可能的入侵策略（集中式入侵和分散式入侵），并用上标 C 和 D 分别表示集中式入侵和分散式入侵下的均衡结果。此外，用下标 m、u、d、r 分别表示制造商、制造子公司、零售子公司和零售商的变量与函数。本章的参数和决策变量定义如表 7-1 所示。

表 7-1　参数和决策变量定义

符号	描述
指数	
i	企业索引：制造商（$i = m$）、制造子公司（$i = u$）、零售子公司（$i = d$）或零售商（$i = r$）
j	集中式入侵（$j = C$）或分散式入侵（$j = D$）
参数	
a	市场潜力
λ	单位产品减排量的需求敏感系数
h	减排量的成本系数，$h > 0$
k	竞争产品的可替代性，$k \geq 0$
c_i	不考虑低碳投入下产品 i 的单位生产成本，$i = d, r$
H	减排量的成本效率，$H = 1/h$
p	产品的零售价格向量
g	产品的减排量向量
w	制造商向零售商和子公司收取的产品的价格向量
决策变量	
g_i	产品 i 的减排量，$i = d, r$，$g_i \geq 0$
w_r	制造商对零售商的批发价格
w_d	制造商对其零售子公司的转移价格
p_i	产品 i 的零售价格，$i = d, r$，$p_i > w_i > 0$

符号	描述
因变量	
q_i	对产品 i 的需求， $i=d,r$， $q_i>0$
Π_i	公司的利润函数， $i=m,u,d,r$

如图 7-1（a）所示，集中式入侵模型包含一个制造商和一个零售商，且都以最大化自身利益为目标。制造商与其零售子公司完全整合，决定减排量和直销渠道零售价格。集中式入侵下的博弈顺序如下。

第一阶段：制造商为零售商设定低碳产品的批发价格 w_r，以及零售商和零售子公司的产品的减排量 g_r 和 g_d。

第二阶段：制造商和零售商同时制定其销售产品的零售价格 p_d 和 p_r。

如图 7-1（b）所示，分散式入侵模型包含一个制造商和两个批发企业（一个零售子公司和一个零售商）。制造商决定转移价格和批发价格，以及两种产品的减排量。零售子公司决定直销渠道的零售价格，以使自己的利润最大化。分散式入侵下的博弈顺序如下。

第一阶段：制造商同时确定零售商的批发价格 w_r 和产品减排量 g_r、子公司的转移价格 w_d 和产品减排量 g_d。

第二阶段：子公司和零售商同时决定各自渠道的零售价格 p_d 和 p_r。

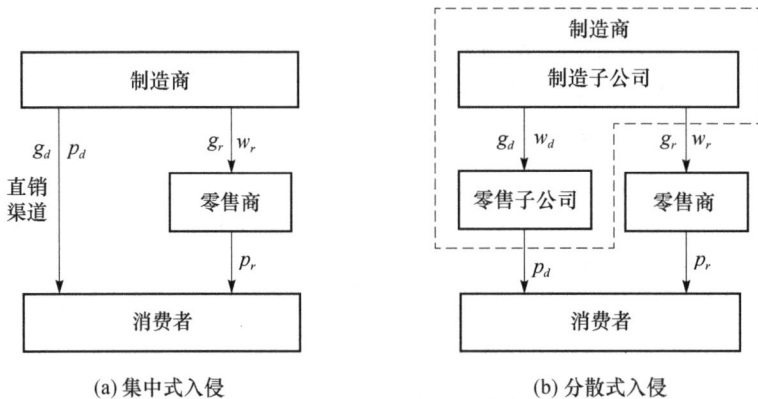

(a) 集中式入侵　　　　　　　　(b) 分散式入侵

图 7-1　集中式入侵和分散式入侵下的供应链结构

第三节　均衡解与分析

本节将采用逆向归纳法来推导与比较集中式入侵和分散式入侵下的均衡结果，并研究消费者的低碳意识和产品竞争对供应链中每家企业的影响。

一、集中式入侵下的均衡解分析

在集中式入侵下，根据逆向归纳法，首先确定零售商的零售价格（p_r），然后确定产品的批发价格（w_r）和减排量（g_r 和 g_d），最后由制造商确定直销渠道下的产品零售价格（p_d），以实现其利润最大化。制造商的最优决策目标如下：

$$\max_{p_d} \Pi_m(p,g,w_r) = [w_r - C(g_r)]\{a + \lambda[g_r - k(g_d - g_r)] - p_r + k(p_d - p_r)\}$$
$$+ [p_d - b - C(g_d)]\{a + \lambda[g_d - k(g_r - g_d)] - p_d + k(p_r - p_d)\} \tag{7.3}$$

其中，$[w_r - C(g_r)]\{a + \lambda[g_r - k(g_d - g_r)] - p_r + k(p_d - p_r)\}$ 代表制造商从零售渠道获得的批发利润；$[p_d - b - C(g_d)]\{a + \lambda[g_d - k(g_r - g_d)] - p_d + k(p_r - p_d)\}$ 代表制造商从直销渠道下获得的零售利润。同样，给定制造商的批发价格（w_r）、产品减排量（g_r 和 g_d）和零售价格（p_d），零售商选择零售价格 p_r，以使其利润最大化：

$$\max_{p_r} \Pi_r(p,g,w_r) = [p_r - w_r]\{a + \lambda[g_r - k(g_d - g_r)] - p_r + k(p_d - p_r)\} \tag{7.4}$$

联立式（7.3）和式（7.4）并求解关于 p_d 和 p_r 的一阶导数，可以得到均衡的零售价格：

$$p_d^C(g,w_r) = \frac{(3k+2)a + 3k(k+1)w_r + (k+1)^2(2b+hg_d^2) + (k^2+4k+2)\lambda g_d - k(k+1)(hg_r^2+\lambda g_r)}{3k^2+8k+4}$$
$$\tag{7.5}$$

$$p_r^C(g,w_r) = \frac{2(3k+2)a + 2(3k^2+4k+2)w_r + k(k+1)(2b+hg_d^2-2\lambda g_d) - k^2hg_r^2 + 2(k^2+4k+2)\lambda g_r}{2(3k^2+8k+4)}$$
$$\tag{7.6}$$

从式（7.5）和式（7.6）中可以看出，零售价格随着批发价格和直销成本的增加而增加。这意味着，基于产品的差异化和入侵成本，当制造商直接向消费者销售时，零售商也是有利可图的。事实上，制造商采用的策略不是排斥零售商，而是尽可能地从批发和零售市场寻求利润最大化。

回到第一阶段，制造商决定批发价格（w_r）和产品减排量（g_r 和 g_d），以实现总利润最大化：

$$\max_{w_r,g_r,g_d} \Pi_m(p(g,w_r),g,w_r) \tag{7.7}$$

将式（7.5）和式（7.6）所求解出的最优解代入式（7.7）并求解，可以得到制造商的批发价格和产品减排量。将求得的最优批发价格和产品减排量等代回式（7.3）～式（7.6），得出集中式入侵下的均衡结果，总结如下。

定理 7.1　当 $b < B^C = \dfrac{(3k+2)(4k^2+7k+4)(2a+H\lambda^2)}{2(6k^4+30k^3+47k^2+32k+8)}$ 时，制造商会采取集中式入

侵策略。均衡的产品减排量、批发价格、零售价格和利润如下。

（1）$g_d^C = g_r^C = \lambda H$。

（2）$w_r^C = \dfrac{2(3k+2)(3k^2+6k+4)a - 2bk^3 + (27k^3+74k^2+72k+24)H\lambda^2}{4(k+1)(9k^2+16k+8)}$。

（3）$p_d^C = \dfrac{2(3k+2)(3k+4)a + 2(11k^2+16k+8)b + (27k^2+50k+24)H\lambda^2}{4(9k^2+16k+8)}$，

$p_r^C = \dfrac{2(9k^3+30k^2+32k+12)a + 2k(5k^2+8k+4)b + (27k^3+80k^2+80k+28)H\lambda^2}{4(k+1)(9k^2+16k+8)}$。

（4）

$$\Pi_m^C = \frac{1}{16(k+1)(9k^2+16k+8)}[4(3k+2)(6k^2+11k+6)a^2$$
$$+ 4(3k+2)(6k^2+11k+6)aH\lambda^2 - 4(14k^3+33k^2+28k+8)(2a+H\lambda^2)b$$
$$+ (3k+2)(6k^2+11k+6)H^2\lambda^4 + 4b^2(4k^4+26k^3+45k^2+32k+8)],$$

$$\Pi_r^C = \frac{(3k^2+4k+2)^2(2a+2kb+H\lambda^2)^2}{4(k+1)(9k^2+16k+8)^2}$$。

从定理 7.1 中可以得到，只有当直销成本低于一个阈值（B^C）时，制造商才会入侵终端市场。否则，制造商别无选择，只能依靠零售商来销售其产品。除此之外，B^C随着 λ 和 H 的增加而增加。因此，制造商可以在减排量的成本效率或消费者低碳意识提高的情况下更多地追求使用集中式入侵。另外，产品的减排量 g_i^C 在两个渠道中是相同的，且与 λ 成正比，与 h 成反比。因此，可以得出以下结论，消费者的低碳意识对制造商和零售商都有利。

命题 7.1　在集中式入侵下，随着消费者低碳意识 λ 的增加，制造商及零售商的利润都会增加。

命题 7.1 表明，当制造商采用集中式入侵策略时，制造商和零售商都能从消费者低碳意识的提高中获益。主要原因是，消费者低碳意识的提高会激励制造商生产出具有更高减排量的产品。这将提高消费者的支付意愿（更高的零售价格），因此制造商可以同时提高批发端和零售端的利润。相应地，零售商也可以从增强的销售中获得更好的收益。

命题 7.2　在集中式入侵下，制造商的利润 Π_m^C 会随着产品的可替代性 k 的增加而增加；如果 $B_r^C < b < B^C$，零售商的利润 Π_r^C 会增加，但是如果 $0 \leqslant b < B_r^C$，零售商的利润 Π_r^C 会降低，其中，B_r^C 的表达式见附录 1。

命题 7.2 表明，当产品的可替代性增加时，制造商总能获得更高的利润。然而，随着产品可替代性的增加，零售商的利润可能会降低，除非制造商的直销成本较高，使得入侵策略没有成本效益。也就是说，制造商是否开通直销渠道存在一个阈值。这个阈值受到若干因素的影响，如消费者的低碳意识、产品的可替代性和市场需求。其原因如下。首先，随着产品的可替代性的增加，更激烈的价格竞争将会使零售商采取降低零售价格的策略，但零售价格下降也会促进两个渠道的需求增加。其次，当产品的可替代性较大且直销成本较低时，制造商会通过提高批发价格来缓解零售竞争。因此，当且仅当直销成本较大时，零售商也可以从更高的产品可替代性中获益。最后，当产品的可替代性变化时，制造商可以通过在批发和零售市场之间进行相应的平衡来提高其总利润。

二、分散式入侵下的均衡解分析

根据制造商分散式入侵策略，制造商将允许其零售子公司做出独立的定价决策，而制造商只要为公司内部的贸易制定一个转移价格（即内部批发价格）。在这种情况下，零售商在第二阶段的定价决策与式（7.4）相同。考虑到制造商的批发价格（ w_r ）、转移价格（ w_d ）、产品减排量（ g_r 和 g_d ）和零售商选择的零售价格（ p_r ），制造子公司确定零售价格（ p_d ），以求解以下优化问题：

$$\max_{p_d} \Pi_d(p,g,w_d) = (p_d - w_d)\{a + \lambda[g_d - k(g_r - g_d)] - p_d + k(p_r - p_d)\} \quad (7.8)$$

为简单起见，用 w 表示制造商的决定的价格向量（包括批发价格和转移价格）。同时求解式（7.4）和式（7.8）的一阶导数，可以得到以下均衡零售价格：

$$p_d^D(g,w) = \frac{(3k+2)a + 2(k+1)^2(b+w_d) + k(k+1)w_r + [(k^2+4k+2)g_d - k(k+1)g_r]\lambda}{3k^2 + 8k + 4}$$
$$(7.9)$$

$$p_r^D(g,w) = \frac{(3k+2)a + 2(k+1)^2 w_r + k(k+1)(b+w_d) + [(k^2+4k+2)g_r - k(k+1)g_d]\lambda}{3k^2 + 8k + 4}$$
$$(7.10)$$

直观地说，由于双重边际效应，制造子公司及零售商的零售价格会随着转移价格、入侵成本和批发价格的增加而增加。值得注意的是，制造商可以利用转移价格来灵活地平衡两个渠道间的零售价格。在第一阶段，根据式（7.9）和式（7.10）中的最优零售价格，制造商选择投入价格（ w_d 和 w_r ）和产品减排量（ g_d 和 g_r ）来实现最大化自身总利润。制造商的目标函数如下：

$$\max_{w_d, w_r, g_d, g_r} \Pi_m(p(g,w), g, w_r) \quad (7.11)$$

对式（7.11）进行求解可以得到双渠道的批发价格、转移价格和产品的减排量。将它们代入（7.9）和式（7.10）中的零售价格，就可以得出分散式入侵下的均衡结果，概括如下。

定理 7.2　当 $b < B^D = \dfrac{(3k+2)(2a+H\lambda^2)}{2(k^2+4k+2)}$ 时，制造商可以采取分散式入侵策略。

均衡的产品减排量、批发价格、零售价格和利润如下。

（1）$g_d^D = g_r^D = \lambda H$。

（2）$w_d^D = \dfrac{2k(2k+1)a - 2bk^2 + (6k^2+9k+4)H\lambda^2}{8(k+1)^2}$，$w_r^D = \dfrac{a}{2} + \dfrac{3H\lambda^2}{4}$。

（3）$p_d^D = \dfrac{a+b}{2} + \dfrac{3H\lambda^2}{4}$，$p_r^D = \dfrac{2(2k+3)a + 2bk + (6k+7)H\lambda^2}{8(k+1)}$。

（4）$\Pi_m^D = \dfrac{4(4k+3)a^2 + 4(k^2+4k+2)b^2 + (4k+3)\lambda^4 H^2 - 8(3k+2)ab + 4H\lambda^2[(4k+3)a - (3k+2)b]}{32(k+1)}$，

$\Pi_r^D = \dfrac{(2a + 2bk + H\lambda^2)^2}{64(k+1)}$。

定理 7.2 表明，分散式入侵策略导致的产品减排量与集中式入侵策略导致的产品减排量相同。这可以解释为产品的减排量取决于消费者的低碳意识和成本因素，但不取决于制造商和其子公司之间的转移价格。此外，$B^C < B^D$。这意味着制造商可以更多地采用分散式入侵策略。下面将研究消费者的低碳意识和产品的可替代性如何影响制造商与零售商的盈利能力。

命题 7.3　在分散式入侵下，随着消费者的低碳意识 λ 的提高，制造商和零售商的利润都会增加。

命题 7.4　在分散式入侵下，随着产品的可替代性 k 的增加，制造商的利润将增加。如果 $B_r^D < b < B^D$，零售商的利润将会增加，如果 $0 \leqslant b < B_r^D$，零售商的利润将会减少，其中，$B_r^D = \dfrac{2a + H\lambda^2}{2(k+2)}$。

一方面，与命题 7.1 相似，命题 7.3 表明，随着消费者的低碳意识的提高，分散式入侵下的制造商和零售商都能受益。直观地说，消费者的低碳意识是制造商生产低碳产品的关键激励因素。另一方面，与命题 7.2 相似，命题 7.4 表明，随着产品的可替代性的增加，分散式入侵下的制造商总是受益，而零售商只有在制造商的入侵能力较低（即入侵成本较高）时才能受益。此外，还可以求出 $B_r^C < B_r^D$。因此，与集中式入侵相比，分散式入侵下只有在制造商的入侵成本超过一个较高的阈值时零售商才能受益。

三、集中式入侵和分散式入侵的比较

在得到集中式入侵和分散式入侵下的均衡结果后，本章的下一个研究主题是：考虑到消费者的低碳意识、制造商的成本结构和价格竞争，哪种策略更好？为了回答这个问题，首先比较集中式入侵和分散式入侵下的批发价格、零售价格和销量。

命题 7.5　（1）分散式入侵下的转移价格在边际成本之上，即 $w_d^D > 0$。

（2）在分散式入侵下，制造商和零售商的零售价格都比较低，即 $p_d^D < p_d^C$，$p_r^D < p_r^C$。

（3）在分散式入侵下，制造商的销量较高，即 $q_d^D > q_d^C$，而零售商的销量较低，即 $q_r^D < q_r^C$。

（4）在分散式入侵下，批发价格较高，即 $w_r^D > w_r^C$。

命题 7.5 表明，在分散式入侵下，制造商内部的转移价格为正会导致批发和零售市场的零售价格降低。这意味着集中式入侵下的制造商更倾向于通过增加批发市场利润来缓解零售市场的竞争压力。为了克服这种低效的生产，分散式入侵利用转移价格，将零售价格的决策权下放给零售子公司，后者理性地决定零售价格，使自身的利润最大化，而不是批发利润最大化。这就导致分散式入侵通过降低零售价格和提高批发价格，促进了零售需求，但抑制了批发需求。换句话说，分散式入侵可能导致批发利润的损失。为了验证这一点，假设制造商在入侵策略 j 下的批发利润为

$$\Pi_{mw}^j = [w_r^j - C(g_r^j)]q_r^j$$

两种策略下的批发利润之差为

$$\Pi_{mw}^D - \Pi_{mw}^C = -\frac{(2a + 2bk + H\lambda^2)[(2a + H\lambda^2)D_1 - D_2 b]}{32(k+1)(9k^2 + 16k + 8)^2} \tag{7.12}$$

其中，$D_1 = k^2(27k^3 + 63k^2 + 56k + 16)$；$D_2 = 8k^3(3k^2 + 4k + 2)$。$b < B^C < \dfrac{(2a + H\lambda^2)D_1}{D_2}$ 是保证零售商正向需求的必要条件，这意味着 $\Pi_{mw}^D - \Pi_{mw}^C < 0$。

另外，冲突的缓解出现在零售领域。制造商向零售商表明将采取更积极的竞争姿态，在分散式入侵情况下，这导致零售价格降低，批发价格升高。此外，零售商较低的销量和制造商激增的销量共同导致零售利润的增长。特别地，假设在入侵策略 j 下制造商的零售利润为

$$\Pi_{mr}^j = [p_r^j - C(g_r^j)]q_r^j$$

两种策略下制造商的零售利润之差为

$$\Pi_{mw}^D - \Pi_{mw}^C = \frac{k(2a + 2bk + H\lambda^2)[3k(3k+2)(3k^2 + 6k + 4)(2a + H\lambda^2) + 2D_3 b]}{32(k+1)(9k^2 + 16k + 8)^2} \tag{7.13}$$

其中，$D_3 = 51k^4 + 240k^3 + 376k^2 + 256k + 64$。因此，$\Pi_{mw}^D - \Pi_{mw}^C > 0$。

由式（7.12）和式（7.13）所求得的结果与 Arya 等（2008）的结果明显不同，Arya 等（2008）的结果表明，分散化可以增加制造商的批发需求，但减少制造商的零售需求，因此，增长点在于批发利润。此外，除了市场规模和价格竞争，式（7.12）和式（7.13）还表明，分散式入侵下的零售利润取决于消费者的低碳意识、制造商的直销优势和与低碳产品有关的成本结构。

可以预见，与集中式入侵相比，分散式入侵可以通过设定一个适当的转移价格，更好地平衡制造商在两个市场之间的利润。

命题 7.6 制造商倾向于选择分散式入侵而不是集中式入侵，而零售商倾向于选

择集中式入侵而不是分散式入侵。

　　令人惊讶的是，当两家企业在对销售的低碳产品进行价格竞争时，分散式入侵未能实现双赢的局面。具体来说，分散式入侵对制造商有利，但是使零售商的情况更糟，这与式（7.12）中的批发利润减少是一致的。这些结果也反映了在批发和零售市场上分散式入侵下转移价格的平衡效应。

　　制造商由一个上游的制造子公司和一个下游的零售子公司组成。因此，为了激励两个子公司接受分散式入侵，实现双赢，可以考虑利润分配策略。具体来说，主要研究的问题是：两个子公司之间是否存在利润分享合同，以便于双方都能从分散式入侵中获益？为了回答这个问题，按照常用的利润分享合同（Heydari and Ghasemi，2018；Li et al.，2020a），假设分散式入侵下的零售子公司和制造子公司分别分享制造商总利润的 θ（$0<\theta<1$）和 $1-\theta$。此外，为了确保两个子公司都能够受益，需要 $\Pi_r^D = \theta\Pi_m^D > 0$ 和 $\Pi_u^D = (1-\theta)\Pi_m^D \geq \Pi_u^C = \Pi_m^C$。也就是说，$0<\theta\leq\dfrac{\Pi_m^D - \Pi_m^C}{\Pi_m^D}$。

　　下面将讨论制造商的利润改进与分散式入侵策略如何受到消费者低碳意识和价格竞争的影响。

　　命题 7.7　随着消费者的低碳意识 λ 的提高，制造商采用分散式入侵（相对于集中式入侵）的利润改进将增加。

　　如命题 7.1 和命题 7.3 所示，当消费者的低碳意识提高时，制造商在集中式入侵及分散式入侵下的利润会增加。命题 7.7 证实了分散式入侵策略的另一个优势。与集中式入侵相比，分散式入侵的转移价格高于边际成本，并提供了一种不那么激进的竞争策略，最终使制造商的利润得到更多的改进。

　　命题 7.8　当 $0\leq k<1.898$ 时，随着产品的可替代性 k 的增加，制造商从分散式入侵中获得的利润改进总是增加的。当 $k\geq1.898$ 时，如果 $B^{IR}<b<B^C$，制造商从分散式入侵中获得的利润改进将增加，如果 $0\leq b<B^{IR}$，制造商从分散式入侵中获得的利润改进将减少，其中，B^{IR} 的表达式见附录 1。

　　命题 7.8 表明，当产品的可替代性增加时（意味着两种产品之间的价格竞争更加激烈），制造商在分散式入侵下的利润改进取决于竞争强度和入侵成本。当产品的可替代性相对较低时，它的增加将提高制造商在分散式入侵下的利润改进。当产品的可替代性提高到 1.898 以上时，只有当制造商的入侵成本较高时，更激烈的竞争才会提高分散式入侵下的利润改进。换句话说，在激烈的竞争下，选择分散式入侵策略的制造商可以从不太积极的竞争姿态中获益，这种缓和的竞争态势主要来自制造商较高的转移价格和较大的直销成本。

　　除经济效益外，本章还考虑了环境因素和社会绩效。因此，本章还将分析供应链运作的社会福利（social welfare，SW）。参考已有相关研究（Krass et al.，2013；Hong and Guo，2019），社会福利包括三个项目：供应链利润（total profit of supply chain members，SC）、消费者剩余（consumer surplus，CS）和环境绩效（environmental benefit，EB）。供应链利润是企业以高于其估值的价格销售产品的经济利益（即利润）。消费者剩余是消费者以低于其估价的价格购买低碳产品时的剩余效用。环境绩效是生产低碳产品的环境绩效。对于每个入侵策略 $j=C,D$，这三项的计算方法如下：

$$SC^j = \Pi_m^j + \Pi_r^j，\quad CS^j = \frac{1}{2}(q_d^j + q_r^j)^2，\quad EB^j = f(g_d^j q_d^j + g_r^j q_r^j)$$

其中，f 是低碳产品的环境绩效系数，用来衡量环境影响的程度。比较集中式入侵和分散式入侵下的产品减排量与社会福利，有以下结果。

命题 7.9　与集中式入侵相比，在分散式入侵下，

（1）产品的减排量是相同的，即 $g_i^D = g_i^C = \lambda H$，$i=r,d$。具体来说，随着减排量成本效率的提高，产品减排量也会提高，提高产品减排量的生产成本也会提高。

（2）环境绩效和社会福利更高，即 $EB^D > EB^C$，$SW^D > SW^C$。

命题 7.9（1）表明，产品的减排量取决于减排量的成本效率和消费者的低碳意识，但不取决于企业采用哪种入侵策略。当制造商以不同的技术和运营来生产低碳产品时，这个产品会有不同的减排量和制造成本。特别地，低碳成本参数较低的产品具有较高的减排量。减排量越高，产生的成本越高，这与本章的假设一致，即产品减排量越高，边际成本越高。

命题 7.9（2）表明，在环境绩效和社会福利方面，分散式入侵优于集中式入侵。首先，由于集中式入侵和分散式入侵下的产品减排量相同，可以得出，在分散式入侵下，零售子公司可以更好地处理产品价格和渠道竞争，这导致分散式入侵下可以获得更高的总需求（$q_d^D + q_r^D > q_d^C + q_r^C$）。由于社会福利是由供应链利润、消费者剩余和环境绩效组成的，并且可以验证 $SC^D > SC^C$ 和 $CS^D > CS^C$，分散式入侵下较大的社会福利源于更高的供应链利润、消费者剩余和环境绩效。政府可以通过设计一个适当的奖惩机制来促使制造商采用分散式入侵策略。这意味着经济、社会和环境目标都可以在分散式入侵下以一种协调的方式实现。此外，由于环境绩效系数对社会福利有积极影响，政府对环境保护的态度在改善企业的社会福利方面起着重要作用。也就是说，政府越重视环境保护，企业的社会福利就越能通过发展入侵策略得到改善。

一般而言，集中式入侵策略有利于协调供应链，提高社会福利。例如，Hong 和 Guo（2019）研究了低碳产品供应链中的几种合作合同（仅价格、低碳营销成本分担和两部分关税合同），表明供应链的社会福利随着合作水平的提高而增加。相比之下，本章的研究中反直觉但有趣的结果是，与集中式入侵相比，分散式入侵作为制造商和其零售子公司之间的分散策略，对社会福利更有利。

为了回答前面提出的研究问题，相应地将本章得到的研究命题总结如下：首先，根据定理 7.1 和定理 7.2，只有当直销成本低于某个阈值时，制造商才可以考虑集中

式入侵或分散式入侵策略。更重要的是,分散式入侵策略可以比集中式入侵策略适用面更广。其次,命题 7.6 和命题 7.9 回答了第二个研究问题。事实上,分散式入侵对制造商有利,但对零售商不利。此外,正如命题 7.9(2)所示,分散式入侵比集中式入侵产生更高的环境绩效和社会福利。最后,对于第三个研究问题,根据命题 7.1 和命题 7.3,无论是集中式入侵还是分散式入侵,消费者的低碳意识对制造商和零售商都有利。它还可以增加制造商在分散式入侵(相对于集中式入侵)下的利润改进。命题 7.2 和命题 7.4 显示,在每种策略下,产品的可替代性总是对制造商的利润有积极影响,但只有当制造商的入侵成本很高时,它才会对零售商的利润产生积极影响。如果直销成本很低,提高产品的可替代性将对零售商不利。命题 7.8 表明,当产品的可替代性足够低时,其增加将有利于制造商在分散式入侵下的利润改进;否则,当入侵成本较高时,增加产品的可替代性也有利于制造商的利润改进。

第四节　数　值　仿　真

本节将进行数值研究,以考察几个关键参数对分散式入侵策略和集中式入侵策略的影响,如消费者的低碳意识 λ 和产品的可替代性 k。根据相关文献(Liu et al.,2012;Hong and Guo,2019),将其他参数值设定如下:$a = 10$,$h = 0.5$ 和 $b = 3$。可以验证,这些值满足研究模型所需的假设(如需求和利润都为正值)。

首先,讨论在不同水平的 λ 下,制造商和零售商在集中式入侵和分散式入侵下的利润水平。在这种情况下,假设 $k = 2$,并将结果绘制在图 7-2 中。

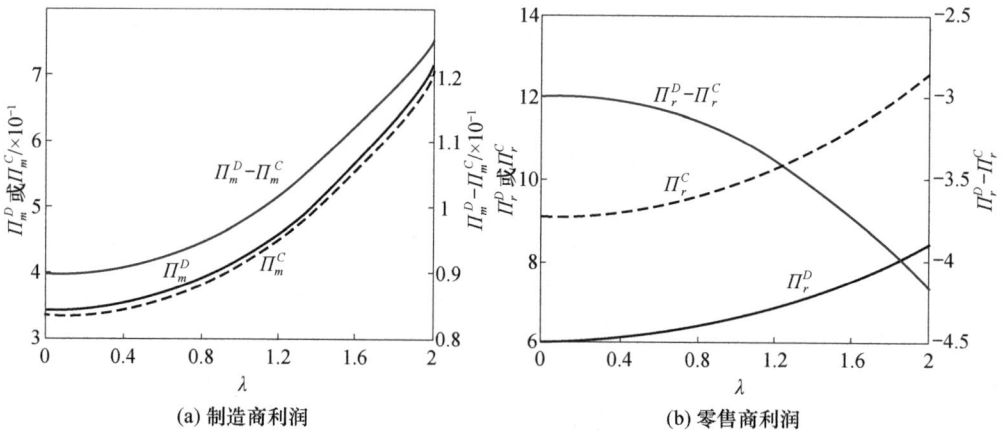

(a) 制造商利润　　　　　　　　　　　(b) 零售商利润

图 7-2　λ 对制造商和零售商的利润改进的影响

图 7-2 显示,无论是集中式入侵还是分散式入侵下的制造商和零售商的利润都会随着 λ 的增加而增加。这与命题 7.1 和命题 7.3 是一致的。此外,制造商从分散式入侵

（相对于集中式入侵）获得的利润改进总是正的，并且随着 λ 的增加而增加。这与命题 7.5 和命题 7.6 是一致的。然而，零售商的利润改进是负的，并且随着 λ 的增加而减少。因此，与集中式入侵相比，即使消费者的低碳意识很高，零售商也可能因分散式入侵而受到影响。

其次，研究 k 的影响。假设 $\lambda=1$，并假设用 $b=0$ 和 4 来代表低直销成本和高直销成本。其他参数值已在前面给出。假设 $\Pi_i^D - \Pi_i^C$ 代表利润改进，$i=m, r$。图 7-3 和图 7-4 说明了分散式入侵的利润改进随着 k 的变化情况。① 与命题 7.2 和命题 7.4 一致，集中式入侵和分散式入侵下的制造商利润都随着 k 的增加而增加。② 图 7-3 显示，当直销成本较低（$b=0$）时，制造商的利润改进首先会增加，直到 $k=1.898$ 的阈值水平，然后开始减少；当直销成本较高（$b=4$）时，制造商的利润改进随着 k 的增加而增加。这些结果与命题 7.8 是一致的。此外，对于任何 k，有 $\Pi_m^D - \Pi_m^C(b=0) < \Pi_m^D - \Pi_m^C(b=4)$。因此，尽管较高的直销成本压低了零售市场的利润，但是分散式入侵下的制造商可以从激

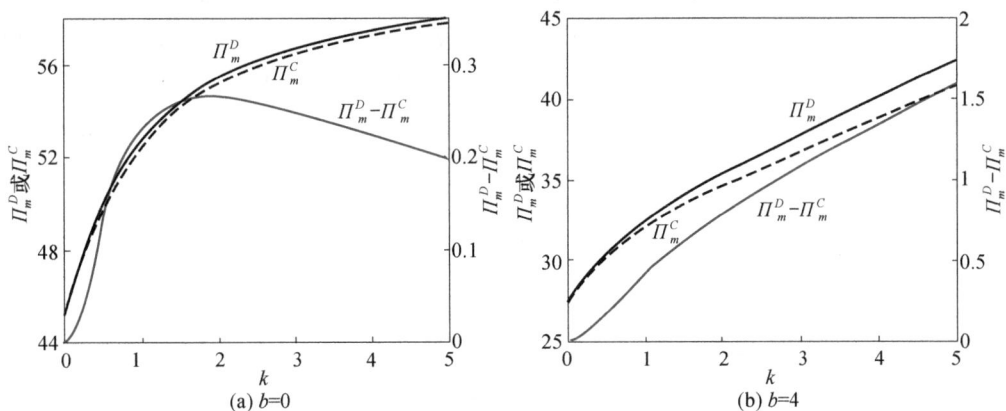

图 7-3　当 $b=0$ 和 4 时，k 对制造商的利润改进的影响

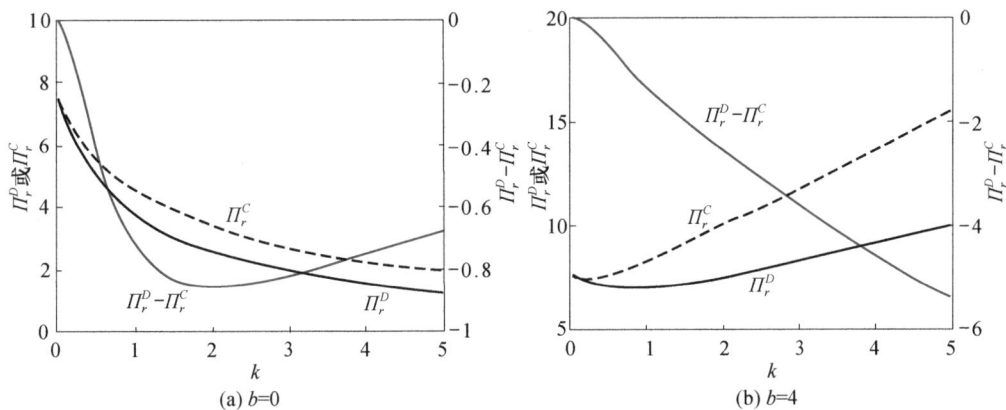

图 7-4　当 $b=0$ 和 4 时，k 对零售商的利润改进的影响

增的批发市场中获得更大的利益。③ 如图 7-4 所示，当直销成本较低（$b=0$）时，无论是集中式入侵还是分散式入侵下的零售商的利润都会随着 k 的增加而减少。这与 $b=0$ 时满足命题 7.2 中 $0 \leqslant b < B_r^C$ 和命题 7.4 中 $0 \leqslant b < B_r^D$ 的结果是一致的；当直销成本较高（$b=4$）时，零售商的利润会随着 k 的增加而先减少后增加。这些结果依赖命题 7.2 中的 $B_r^C < b < B^C$ 和命题 7.4 中的 $B_r^D < b < B^D$ 的条件。

最后，比较集中式入侵和分散式入侵下的社会福利，如图 7-5 所示，以显示其随着 λ、k 和 f 等参数的变化。如前所述，f 表示低碳产品的环境绩效系数。其他参数值的设定与之前一样。① 图 7-5 表明，如命题 7.9 所述，在分散式入侵下（相对于集中式入侵）的社会福利改进总是正的。② 图 7-5（a）显示，社会福利改进随着 λ 的增加而增加。因此，消费者较高的低碳意识对分散式入侵下的社会福利有积极影响。③ 图 7-5（b）显示，随着 k 的增加，集中式入侵和分散式入侵的社会福利增加。除此之外，随着 k 的增加，社会福利改进先增加后减少。这是因为当 k 较小时，分散式入侵可以通过灵活设置转移价格来提高零售端利润。然而，当 k 足够大时，零售市场上软化竞争的成本变得非常明显，以至于分散式入侵下制造商会采用较低的转移价格，这使得分散式入侵更接近集中式入侵。④ 图 7-5（c）显示，随着 f 的增加，社会福利改进也会增加。因此，特别是当环境影响的权重较大时，分散式入侵可以改善社会福利。

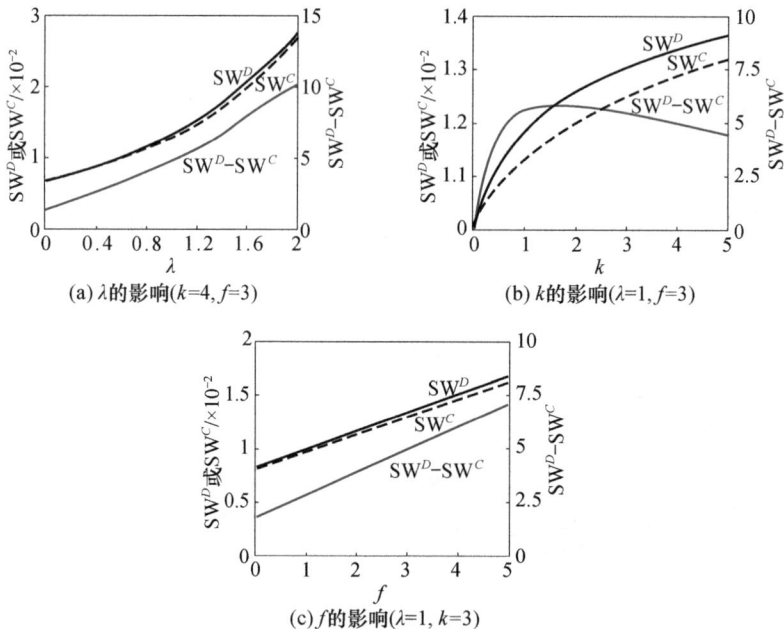

(a) λ 的影响($k=4$, $f=3$)

(b) k 的影响($\lambda=1$, $f=3$)

(c) f 的影响($\lambda=1$, $k=3$)

图 7-5　λ、k 和 f 对社会福利改进的影响

第五节　管　理　启　示

本节将给出一些理论意义和管理启示。第一，本章的研究动机来自消费者和企业对环境友好型产品的低碳偏好。越来越多的消费者具有低碳意识，并愿意以更高的价格购买低碳产品。这一事实产生了一个理论观点，即消费者的低碳意识对制造商和零售商的盈利能力都有积极影响。因此，低碳制造商和零售商可以努力通过营销帮助更多的消费者了解低碳产品的环保表现。基于低碳意识，批发端的供应链在低碳创新方面有更多的增值机会。正如本章的结果，这将使制造商和零售商都受益。

第二，较高的产品可替代性也有利于制造商提高其利润。此外，随着产品可替代性的提高，如果制造商的入侵成本较高，零售商的利润也会增加；但是如果制造商的入侵成本较低，零售商的利润可能会减少。因此，为了提高市场竞争力，制造商可以努力生产越来越同质化的低碳产品，并在各种渠道中销售。虽然这加剧了价格竞争，但当制造商入侵成本较低时，零售商也会更偏好销售这些趋于同质化的低碳产品。然而，当制造商入侵成本较低时，制造商会更多地依赖直销渠道，零售商的最佳选择是在销售努力、客户服务等维度上对低碳产品进行差异化，以避免激烈的价格竞争。

第三，本章研究了制造商如何从分散式入侵（与集中式入侵相比）中获益。本章的研究表明，在转移价格高于边际成本的分散式入侵下，制造商可以更好地平衡零售和批发利润。因此，低碳制造商更倾向于选择分散式入侵策略。由此可见，制造商最好把更多的决策权交给零售子公司，然后用一个适当的转移价格来协调制造子公司和零售子公司的利润。换句话说，制造商可以设计一个利润分享合同，这样零售子公司就会首选分散式入侵策略。此外，相关研究还可以得到以下结论，消费者的低碳意识对制造商的利润改进有积极影响，这意味着制造商应该努力让消费者了解低碳产品的优势；较高的产品可替代性倾向于提高制造商的利润改进，除非可替代性过高且直销成本相对较小，因此制造商不应在入侵策略中过分依赖价格竞争和成本优势。

第四，本章研究发现，分散式入侵策略可以提高供应链的环境绩效和社会福利。因此，政府应设计环保政策，如奖惩机制（Chen and 'Ulya，2019）、碳限额交易机制或补贴，激励制造商的分散式入侵，这样也有利于改进整个供应链的社会福利。

第五，本章的研究可以为低碳制造业提供有益的启示。低碳生产是制造商扩大需求的一个机会。当一个制造商选择直销时，即使线上和线下渠道的竞争变得激烈，分散式入侵策略也能帮助制造商获得优势。本章的模型和结果也可以拓展到其他行业，如低碳营销、生态农业和有机产品。本章的研究对政府和企业的一个重要启示是，消费者的低碳意识扩大了需求，并产生了重大效益。因此，培养公众的低碳消费行为是非常重要的。

本 章 小 结

　　本章研究了制造商生产具有可替代性的低碳产品的双渠道供应链的入侵策略。本章的主要贡献是首次研究了消费者的低碳意识和产品的可替代性对制造商在两种可能的入侵策略中选择的影响。第一种策略是集中式入侵，这是经典的研究重点关注的。在集中式入侵下，制造商集中为其子公司做出零售决策。第二种策略是分散式入侵，也是商业实践中普遍采用的策略，即制造商以高于边际成本的转移价格向其零售子公司出售低碳产品。然而，现有文献中对分散式入侵的研究相当有限。本章的研究有助于创新这一研究领域。相关分析和结果表明，在集中式入侵和分散式入侵下，消费者的低碳意识和产品的可替代性的影响呈现出相似的趋势。消费者的低碳意识与制造商和零售商的利润都呈正相关。产品的可替代性与制造商的利润也呈正相关。此外，随着产品的可替代性的增加，如果制造商的入侵成本很高，那么零售商的利润会增加；反之，零售商的利润会减少。

　　除此之外，本章还研究了制造商何时及如何从分散式入侵（与集中式入侵）中获益。相关结论是，当转移价格高于边际成本时，分散式入侵策略可以通过增加零售端需求但减少批发端需求来更好地平衡零售市场和批发市场的利润。因此，低碳制造商更倾向于分散式入侵策略，而零售商更倾向于集中式入侵策略。由于制造商总是从分散式入侵中获益，可以建立一个利润分享机制来实现制造商的制造子公司和零售子公司的双赢。关于利润改进的研究，本章的结果表明，消费者的低碳意识对制造商的利润改进有积极影响。由于产品的可替代性的增加，制造商的利润改进也会相应增加，除非产品的可替代性过高，而直销成本相对较小。最后，本章证明了分散式入侵对改善供应链中的环境绩效和社会福利是有用的。

第八章 基于产量竞争的供应链协同减碳与低碳韧性研究

数字经济和电商使得制造商销售低碳产品入侵到零售市场成为可能。现有文献大多研究制造商集中式入侵策略，考虑给其零售部门更多自主权的制造商分散式入侵的研究鲜有出现。本章首先考虑消费者低碳偏好、产量竞争和入侵成本等，允许制造商通过一个转移价格赋予其零售部门自主定价权，构建制造商生产低碳产品的分散式入侵模型；其次求解集中式入侵和分散式入侵模型的均衡解与入侵条件；最后分析消费者低碳偏好和产量竞争对制造商集中式入侵与分散式入侵下低碳水平、销售决策和利润的影响。

第一节 研 究 背 景

低碳供应链是在绿色供应链的基础上发展起来的。一方面，实施低碳供应链管理不仅可以提高企业内部管理水平，而且满足了消费者日益增长的环保需求；另一方面，很多品牌厂商，如戴尔、思科、苹果、华为、海尔、李宁等（Mantin et al.，2014；田林和徐以汛，2015），均开通线上直销渠道，线上直销渠道与传统线下批发渠道构成了双渠道供应链。制造商线上直销渠道与传统线下批发渠道在市场竞争中无疑会发生渠道冲突，这种制造商入侵（Li et al.，2014）现象不仅会影响零售商的利润，而且可能影响制造商自身甚至供应链的整体利润。

已有的双渠道低碳供应链研究大多关注消费者低碳偏好和产量竞争等，较少研究制造商入侵策略，有关制造商入侵的研究又较少分析制造商分散式入侵，以及消费者低碳偏好和产量竞争对供应链成员决策与绩效的影响。以双渠道低碳供应链为研究对象，制造商生产低碳产品，并通过线上直销渠道和传统线下批发渠道将其销售给消费者。将制造商的直销渠道细分为上游的制造和下游的零售两个部门，经典的研究通常假设制造商总部进行集中化的直销决策，这归结为一类传统的集中式入侵的双渠道供应链结构。制造商的集中式入侵结构由于企业总部统一决策，内部结构无法灵活调整，存在内部交易僵化、制造商与零售商过分竞争、渠道冲突激烈的严重问题。

本章将重点研究分散式入侵的双渠道供应链结构，其中，制造商允许部门间分散化决策，即制造商针对其零售部门设置一个转移价格，零售部门制定独立的定价和销售决策，目标是自身利润最大化。可以看出，分散式入侵模式中制造商能够根据市场情况任意调整转移价格，提高了直销渠道企业内部交易的灵活性，同时制造商通过零售部门自主销售也向零售商展示了其无意直接干预终端零售市场的意愿，有望软化制造商和零售商之间的竞争，缓解渠道冲突。在商业实践中，国内外很多公司采取分散式入侵策略，例如，索尼允许其零售子公司 StylingLife 控股公司独立管理自身的零售业务；从 2016 年起，国内知名厂商小米的官方线下销售渠道——小米之家全面铺开，建立了自己的零售品牌，并赋予其更多的零售自主权（李雷和刘博，2020）。

本章将构建双渠道低碳供应链的集中式入侵和分散式入侵模型，分析消费者低碳偏好和产量竞争对供应链成员决策的影响，并比较两种入侵策略下制造商和零售商的利润、供应链的低碳水平与社会福利，以期为企业决策和政府政策设计提供管理建议。

第二节　问题描述与假设说明

考虑产量竞争环境下由一个制造商和一个零售商组成的双渠道低碳产品供应链，制造商有两种可选的入侵策略：集中式入侵和分散式入侵，如图 8-1 所示。

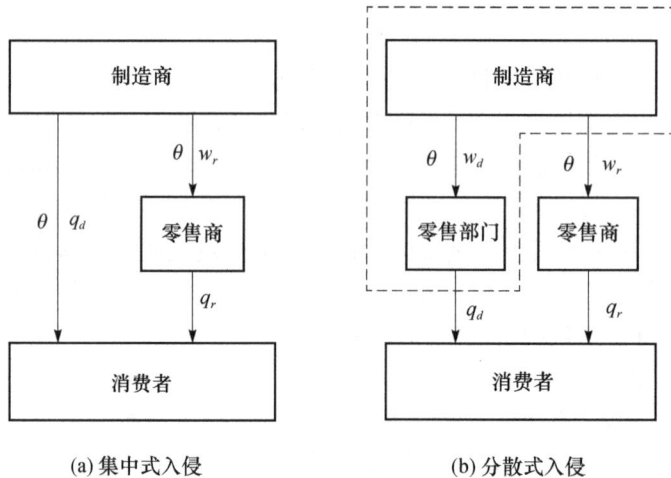

(a) 集中式入侵　　　　　　　　　(b) 分散式入侵

图 8-1　集中式入侵模型和分散式入侵模型

在集中式入侵下，制造商生产低碳产品并直接销售给消费者，集中化地制定销量决策，同时将低碳产品批发给零售商进行传统批发渠道销售。在分散式入侵下，制造商以单位转移价格将低碳产品出售给它的零售部门，转移价格避免了制造商与零售商的直接冲突，该零售部门可以自主决定销售决策，实现利润最大化。在生产低碳产品过程中，制造商不仅要考虑研发成本，而且要考虑消费者的低碳偏好及入侵成本等。

为了便于分析，本章用符号 C 代表制造商的集中式入侵策略，D 代表制造商的分散式入侵策略。本章的参数符号与定义如表 8-1 所示。

表 8-1　参数符号与定义

符号	描述	符号	描述
α	市场容量	k	渠道竞争系数
u	低碳研发成本系数	θ	产品减排量
h	低碳研发投入	s	制造商单位销售成本
w_d	制造商零售部门的转移价格	w_r	零售商的批发价格
q_d	制造商（零售部门）的销量	q_r	零售商的销量
p_d	制造商（零售部门）的零售价格	p_r	零售商的零售价格
λ	消费者低碳偏好系数		

此外，本章做出以下假设。

（1）与 Zhang 等（2015）的研究类似，制造商的逆需求函数为 $p_d = \alpha - q_d - kq_r + \lambda \theta p$；零售商的逆需求函数为 $p_r = \alpha - q_r - kq_d + \lambda \theta$，其中，$q_d > 0$，$q_r > 0$。$\lambda$ 表示消费者低碳偏好系数，λ 越大，消费者越愿意购买低碳产品。k 表示交叉价格敏感系数，又称渠道竞争系数，若消费者对所在渠道产品的自身敏感系数为 1，那么渠道竞争系数小于自身价格敏感系数，即 $0 < k < 1$；$k = 0$ 和 $k = 1$ 表示两个渠道完全独立和渠道间没有差异的情形。

（2）由于零售商在零售市场更具优势，假设零售商不存在单位销售成本，为与产业实际相符，制造商在直销渠道存在单位销售成本 s，且 $0 \leq s \leq \alpha$。

（3）与企业实际相符，制造商的低碳研发成本 $h = \dfrac{u\theta^2}{2}$（$u > 0$，$\theta > 0$）是关于产品减排量的凹函数，低碳研发成本随着产品减排量的增大而增大（Chen et al., 2012）。

第三节　模型建立与求解

以图 8-1 所示的模型为基础，制造商处于主导地位，制造商、制造商零售部门及零售商都以自身利润最大化为目标进行决策。集中式入侵下，首先，制造商决定零售商的批发价格和产品减排量；然后，制造商和零售商同时确定各自的销量。分散式入侵下，制造商不仅要决定零售商的批发价格和产品减排量，而且要决定其零售部门的转移价格；然后，零售部门和零售商同时确定各自的销量。

一、制造商集中式入侵模型

在集中式入侵下,制造商和零售商的利润函数可表示如下:

$$\max_{q_d} \varPi_m(q_d, q_r, \theta, w_r) = w_r q_r + q_d(p_d - s) - \frac{u\theta^2}{2} \qquad (8.1)$$

$$\max_{q_r} \varPi_r(q_d, q_r, w_r) = q_r(p_r - w_r) \qquad (8.2)$$

基于上述决策过程,根据逆向归纳法对式(8.1)和式(8.2)进行求解,可得定理8.1(本章所有证明过程及符号表达式见附录2)。

定理 8.1　当 $s < s^* = \dfrac{u\alpha(2-k)(k+4)}{\lambda^2(k-2) + u(8-k^2)}$ 时,制造商将采用集中式入侵策略,其均衡解如下:

$$q_d^C = \frac{U + u[\alpha(k+4)(k-2) + s(8-k^2)]}{A}, \quad q_r^C = \frac{2E}{A},$$

$$w_r^C = \frac{u[4\alpha(k^2-2) + k^3(s-\alpha)] - 2U}{A}, \quad \theta^C = \frac{\lambda B}{A}$$

$$\varPi_m^C = \frac{2s^2\lambda^2 + u[-\alpha^2(k-2)(k-6) - s^2(k^2+8) + 2\alpha s(k^2 - 4k + 8)]}{2A}, \quad \varPi_r^C = \frac{4E^2}{A^2}$$

定理 8.1 说明制造商是否可以使用集中式入侵策略取决于单位销售成本,即入侵成本。当制造商选择直销渠道时,入侵成本低于一定的阈值。否则,制造商只能依靠零售商来销售低碳产品。因此,制造商选择直销渠道时,需要考虑单位销售成本,综合考量其是否具有销售优势,当单位销售成本过高时,选择传统批发渠道会更有利。

命题 8.1　集中式入侵下,产品减排量、制造商和零售商的销量及利润、批发价格均随着消费者低碳偏好系数 λ 的增大而增大。

命题 8.1 表明,消费者购买低碳产品的偏好程度增大,为了满足消费者市场的低碳需求,制造商会更愿意生产减排量更高的产品。更高的产品减排量意味着制造商需要付出更高的低碳研发成本,因此,制造商为了达到利润最大化的目标会选择提高低碳产品的批发价格,相应地,零售商也将提高其零售价格以实现自身利润最大化。因此,消费者对低碳产品需求的增大对产品减排量的提高和供应链利润的增加都是有利的。

命题 8.2　集中式入侵下,渠道竞争系数 k 越大,产品减排量越低。

命题 8.2 表明,当制造商直销渠道与传统批发渠道竞争激烈时,制造商将被迫降低其零售价格并与零售商争夺终端零售市场,增加产品减排量会极大地增加低碳研发成本,制造商为了争取到更多的市场份额从而降低产品减排量。

现实中,企业天然的趋利性会促使其在生产运营中将利润最大化作为首要目标,随着渠道竞争的加剧,制造商会更愿意选择降低产品减排量来提高其利润,而不是选择提高产品减排量来提高环境绩效。为了更有效地实现低碳发展,政府可以对企业低碳生产给予一定的补贴政策,以此来促使企业生产更为低碳环保的产品。

命题 8.3　随着渠道竞争加剧，当 $s < s_2 = \dfrac{\alpha u[2(3k^2 - 6k + 8)u - (4 + 2k - k^2)\lambda^2]}{2(3k^2 + 8)u^2 - (12 + 6k - k^2)\lambda^2 u + (4 - k)\lambda^4}$ 时，制造商和零售商的利润均随渠道竞争系数 k 的增加而减少；当 $s_2 < s < s_1 = \dfrac{2\alpha u(8 - 3k)}{16u + (k - 4)\lambda^2}$ 时，制造商的利润随 k 的增加而减少，而零售商的利润随 k 的增加而增加；当 $s_1 < s < s^*$ 时，制造商和零售商的利润均随 k 的增加而增加。

命题 8.3 说明，随着渠道竞争加剧，双方利润的变化主要取决于入侵成本。在产品减排量一定的情况下，当入侵成本很小，即 $s < s_2$ 时，制造商充分参与零售市场竞争，随着市场竞争加剧，制造商和零售商利润都会减少，这是由于制造商直销渠道利润增加，但其批发渠道利润会损失，同时需支出巨大的低碳研发成本，导致总利润减少。特别地，当制造商入侵成本在一定区间，即 $s_2 < s < s_1$ 时，制造商利润减少，而零售商利润增加，这是由于在集中式入侵下，零售商与制造商在消费者市场上是直接竞争关系，在竞争激烈时制造商为了不损伤零售商利益，适当降低批发价格可以确保帕累托收益，但是由于制造商存在入侵成本，这对其总利润还是有影响的，随着市场竞争加剧，其批发渠道利润的增加不能弥补其直销渠道利润的损失。当制造商入侵成本很大，即 $s_1 < s < s^*$ 时，制造商入侵零售市场受到限制，而更多地依赖零售商批发渠道，即通过提高批发价格来提高其利润。这时，零售商的市场需求增加，其利润也会增加，因此，市场竞争越激烈，制造商和零售商越会受益。

综上，在实际低碳生产经营中，制造商在采取集中式入侵策略时，适当提高低碳产品的单位销售成本可以降低其与零售商之间的渠道冲突，实现双方共赢。

二、制造商分散式入侵模型

在分散式入侵下，制造商与零售商的利润函数同式（8.1）和式（8.2），制造商零售部门的利润函数如下：

$$\max_{q_d} \Pi_d(q_d, s, w_d) = (p_d - w_d - s)q_d \tag{8.3}$$

定理 8.2　当 $s < \hat{s} = \dfrac{2\alpha u(2 - k)}{4u - \lambda^2}$ 时，制造商将采用分散式入侵策略，其均衡解如下：

$$q_d^D = \frac{2u(2s - 2\alpha + \alpha k) - s\lambda^2}{2F}, \quad q_r^D = \frac{E}{2F},$$

$$w_d^D = \frac{kE}{2F}, \quad w_r^D = \frac{2\alpha u(k^2 - 2) - U}{2F}, \quad \theta^D = \frac{-\lambda G}{F},$$

$$\Pi_m^D = \frac{2u[(3 - 2k)\alpha^2 - 2\alpha s(2 - k) + 2s^2] - s^2\lambda^2}{-4F}, \quad \Pi_r^D = \frac{E^2}{4F^2}$$

与定理 8.1 相似，定理 8.2 表明，在分散式入侵下，制造商仍然选择在入侵成本低于一定的阈值时进入零售市场，不同之处在于阈值不同。比较 s^* 与 $\hat{s}$ 的大小可知，$\hat{s} < s^*$。这意味着制造商可以在比分散式入侵策略更大的范围内使用集中式入侵策略，这是因为分散式入侵下制造商与其零售部门之间的转移价格强化了直销渠道的双重边际化效应，进而增加了制造商入侵零售市场的难度。

命题 8.4 分散式入侵下，制造商零售部门的转移价格和销量、零售商的批发价格、销量及利润、制造商的利润、产品减排量均随着消费者低碳偏好系数 λ 的增加而增加。

命题 8.4 表明，与集中式入侵类似，在分散式入侵下，随着消费者低碳需求的增加，制造商和零售商的利润、产品减排量也都会增加。随着消费者低碳需求的增大，制造商将会加大低碳研发的投入以生产更环保的产品，相应地，制造商也会提高批发价格和转移价格以实现利润最大化，由于零售商和制造商零售部门都可以在终端零售市场销售减排量更高的产品，制造商和零售商的利润也会因消费者低碳需求的增加而增加。

因此，制造商在实际的生产经营中，无论采用集中式入侵还是分散式入侵策略，都需要充分考虑消费者的低碳需求，消费者的低碳需求越大，制造商就越需要加大生产减排量更高的产品，实现其与下游零售企业的双赢。

命题 8.5 分散式入侵下，渠道竞争系数越大，产品减排量也越低。

命题 8.5 与命题 8.2 类似，制造商的两个渠道竞争越激烈，产品减排量越低。这说明随着渠道竞争系数即产品可替代性的增强，同质化的产品在激烈的市场竞争中不利于产品减排量的提高。因此，政府可以鼓励制造商生产和销售个性化、差异化较高的产品，一方面缓解渠道竞争，另一方面避免出现制造商降低产品的低碳水平来实现其利润最大化的情况。

命题 8.6 分散式入侵下，当 $s < s_3 = \dfrac{\alpha u[2u(k^2 - 2k + 2) - \lambda^2]}{2u^2(k^2 + 2) + \lambda^4 - (2k+3)\lambda^2 u}$ 时，制造商和零售商的利润随渠道竞争系数 k 的增加而减少；当 $s_3 < s < \hat{s}$ 时，制造商的利润随 k 的增加而减少，零售商的利润随 k 的增加而增加。

命题 8.6 表明随着渠道竞争系数的增加，当入侵成本足够小（$s < s_3$）时，制造商可以充分利用直销渠道与零售商展开更激烈的市场竞争，这会使双方的利润都受到影响。当入侵成本在一定的范围（$s_3 < s < \hat{s}$）时，制造商通过直销渠道销售不利于其利润的增加，而是更多地依赖零售商去赚取更多利润，这反而使零售商受益。当入侵成本足够大时，制造商直销渠道被抑制，零售商通过开拓市场可以获得更多的利润。

和集中式入侵相比，在分散式入侵下，渠道竞争加剧总是不利于制造商利润的增加。原因如下：首先，在入侵成本较低的情况下，当渠道竞争系数增加时，制造商将更多地依赖其直销渠道，从而限制了其批发渠道，这种渠道冲突会导致制造商的利润损失；其次，由定理 8.1 和定理 8.2 可知，$\hat{s} < s^*$，制造商使用分散式入侵策略的入侵成本阈值低于集中式入侵策略的入侵成本阈值，这也就使得制造商无法通过缓和渠道

竞争来增加利润。

有趣的是，我们发现，分散式入侵下零售商的入侵成本阈值 s_3 低于集中式入侵下零售商的入侵成本阈值 s_2，即 $s_2-s_3>0$。这表明与集中式入侵相比，分散式入侵下零售商可以更有效地从激烈的渠道竞争中受益。根本原因还是分散式入侵下转移价格造成的双重边际化效应，直销渠道中的这种双重边际化效应作为入侵成本中的一部分，降低了入侵成本的阈值。

三、两种入侵策略对比分析

本部分对制造商两种入侵策略下的最优决策进行对比分析，有如下命题。

命题 8.7　① 分散式入侵下的转移价格 $w_d^D>0$；② 分散式入侵下制造商的直销数量小于集中式入侵下制造商的直销数量，即 $q_d^D<q_d^C$，分散式入侵下零售商的销售数量大于集中式入侵下零售商的销售数量，即 $q_r^D>q_r^C$；③ 分散式入侵下，产品减排量更高，即 $\theta^D>\theta^C$；④ 分散式入侵下零售商的批发价格大于集中式入侵下零售商的批发价格，即 $w_r^D>w_r^C$。

命题 8.7①说明在分散式入侵下，制造商对其零售部门的转移价格大于边际成本。制造商通过转移价格向零售商表明其无意过分争夺市场份额，这虽然不利于制造商的直销渠道发展，但增强了其批发渠道的市场需求，如命题 8.7②所示。如命题 8.7③所示，分散入侵下，产品减排量更高。由于具有低碳意识的消费者愿意支付更高的价格去购买低碳产品，很容易验证 $q_d^D<q_d^C$，$q_r^D>q_r^C$，较高的零售价格及较高的零售数量都会增加零售商的批发需求，为了吸引更多低碳消费者，制造商在分散式入侵下会更愿意生产较高减排量的产品来提高其批发利润。产品减排量增加意味着制造商低碳研发成本更大，如命题 8.7④所示，分散式入侵下零售商的批发价格会相应提高。

综上，政府可以鼓励制造商企业采取分散式入侵的方式来开通其直销渠道，这有利于产品减排量的提高，符合低碳发展要求。

命题 8.8　分散式入侵下制造商和零售商的利润均大于集中式入侵下其各自的利润，即 $\Pi_m^D>\Pi_m^C$，$\Pi_r^D>\Pi_r^C$。

命题 8.8 表明与集中式入侵相比，分散式入侵下制造商和零售商都受益更多。由命题 8.7 可知，制造商批发渠道销量在分散式入侵下增加，直销渠道销量在分散式入侵下降低，最终制造商和零售商利润都增加，说明制造商批发渠道利润的增加可以弥补零售渠道利润的损失。对于零售商而言，低碳产品的市场需求量增加带来的利润可以弥补因批发价格较高而带来的损失。因此，制造商在低碳生产时选择分散式入侵会更有利。

本部分对两种入侵策略下的社会福利进行比较。供应链中的企业（制造商和零售商）寻求经济利益并提供低碳产品以增加消费者剩余，其运作过程中也会产生排放和污染。为了反映这些影响并借鉴已有的研究（Krass et al.，2013），本章考察的社会福利（SW）由三个部分组成：供应链利润（SC）、消费者剩余（CS）和环境损害

（environmental damage，ED），即 $SW^i = SC^i + CS^i - ED^i$，其中，$i = C, D$。

（1）供应链利润 SC^i 为制造商利润 Π_m^i 与零售商利润 Π_r^i 之和，即

$$SC^i = \Pi_m^i + \Pi_r^i = (\alpha - q_d^i - kq_r^i + \lambda\theta^i - s)q_d^i + (\alpha - q_r^i - kq_d^i + \lambda\theta^i)q_r^i - \frac{u(\theta^i)^2}{2} \quad (8.4)$$

（2）消费者剩余 CS^i 等于其可接受价格与实际价格之间的价格增量，即

$$CS^i = \frac{1}{2}(q_d^i + q_r^i)^2 \quad (8.5)$$

（3）根据命题 8.7③，分散式入侵比集中式入侵产生更高的产品减排量。借鉴已有研究（Hong and Guo，2019），本章以分散式入侵下的产品减排量（θ^D）为基准，相对于集中式入侵下的环境损害，分散式入侵下的环境损害归一化为零，即 $ED^D = 0$。本章用 d 来表示制造商生产单位低碳产品的环境损害成本，即环境损害成本系数，它衡量了制造商生产的产品减排量降低对环境的破坏程度。d 越大表明制造商生产的产品减排量降低对环境的破坏程度越高。由于环境损害导致边际效用递减，本章采用常用的二次函数表达式来定义环境损害。因此，集中式入侵下的环境损害可表示为

$$ED^C = \frac{1}{2}d(\theta^D - \theta^C)(q_d^C + q_r^C)^2 \quad (8.6)$$

命题 8.9　与集中式入侵相比，

（1）分散式入侵下的环境损害更低，即 $ED^D < ED^C$；

（2）当 $d \leqslant d^*$ 时，分散式入侵下的社会福利更低，即 $SW^D \leqslant SW^C$；当 $d > d^*$ 时，分散式入侵下的社会福利更高，即 $SW^D > SW^C$。

命题 8.9（1）表明，相比于集中式入侵，分散式入侵下的环境损害更低。这是因为分散式入侵下制造商能够生产出更高水平的低碳产品。命题 8.9（2）表明，当环境损害成本系数足够大时，相较于集中式入侵，分散式入侵会更能减少环境损害，从而带来更高的社会福利。因此，从环境和社会效益的角度，政府相关部门可以制定碳税或补贴等政策，激励制造商采用分散式入侵策略，进而生产出更加低碳环保的产品，满足低碳生产的可持续性要求。

第四节　数值仿真

基于本章前面结果，为了更清楚直观地理解某些因子对制造商入侵策略的影响，本节利用 MATLAB 进行数值仿真。为了简化数值算例，使其符合可行域（Ranjan and Jha，2019），基本参数取值如下：$\alpha = 10$，$s = 2$，$u = 4$。

一、λ 对减排量和利润的影响

设置渠道竞争系数 $k = 0.8$。图 8-2～图 8-4 给出了每种入侵策略下消费者低碳偏

好系数的影响结果。为了便于分析，使产品减排量 θ^D 和 θ^C 之间的关系在图上更明显地表示出来，定义产品减排量改进 $\Delta\theta = \theta^D - \theta^C$。

从图 8-2～图 8-4 中可以看出，无论制造商采取哪种入侵策略，产品减排量和供应链利润都会随着消费者低碳偏好系数的增加而增加。这些结果验证了命题 8.1 和命题 8.4。另外，分散式入侵下产品减排量、制造商和零售商的利润相较于集中式入侵都会更高，换句话说，当消费者的低碳需求增大时，制造商和零售商都可以从分散式入侵中受益更多。因此，在倡导低碳消费的环境下，制造商应积极采取分散式入侵策略。

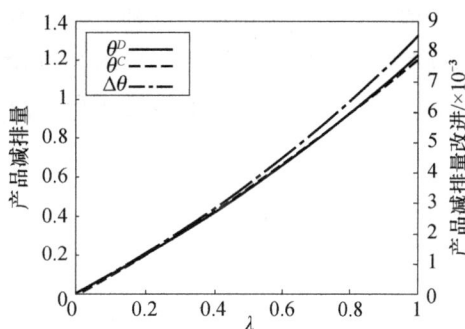

图 8-2　消费者低碳偏好系数对产品减排量的影响

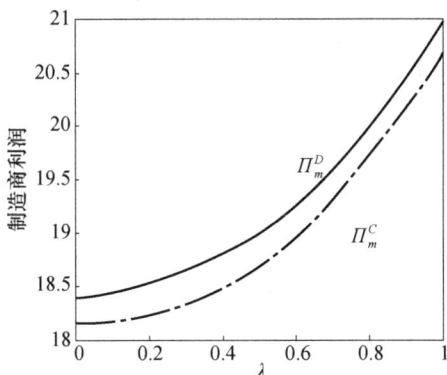

图 8-3　消费者低碳偏好系数对制造商利润的影响

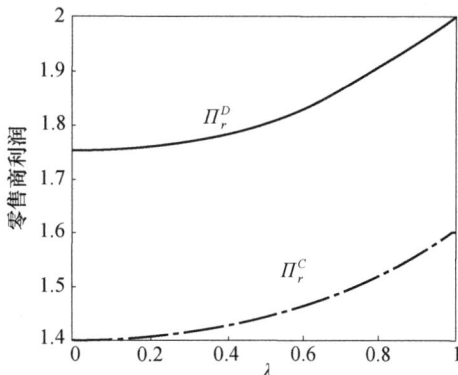

图 8-4　消费者低碳偏好系数对零售商利润的影响

二、k 对减排量和利润的影响

设置消费者低碳偏好系数 $\lambda = 0.8$。制造商在两种入侵策略下的结果如图 8-5 所示。同理，图 8-5 中定义产品减排量改进 $\Delta\theta = \theta^D - \theta^C$。由图 8-5 可以看出，在集中式或分散式入侵下，随着渠道竞争系数 k 的增加，产品减排量会降低，这与命题 8.2 和命题 8.5 一致。值得一提的是，当 $k = 1$ 时，两种入侵策略下产品减排量趋于一致。这表明渠道竞争异常激烈，即产品完全可替代时，两种入侵策略的产品减排量最终

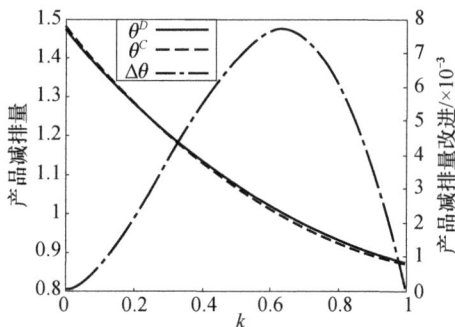

图 8-5　渠道竞争系数对产品减排量的影响

是一样的。

为了更好地检验渠道竞争系数 k 的影响，我们选择 $s=0.1$ 和 $s=5$ 来分别代表制造商入侵成本低和高的情况。其他参数设置不变，即 $\alpha=10$，$\lambda=0.8$，$u=4$。制造商两种入侵策略下的结果如图 8-6～图 8-9 所示。为了显著表示 Π_i^D 和 Π_i^C（$i=m,r$）之间的改进关系，定义利润改进 $\Delta\Pi_i=\Pi_i^D-\Pi_i^C$。

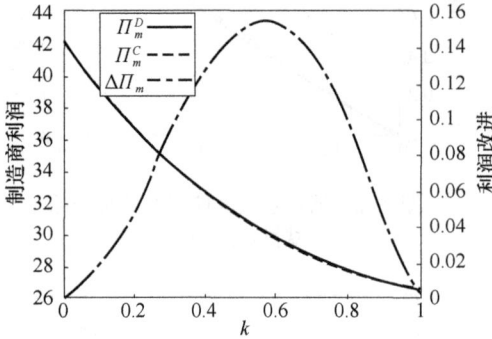

图 8-6　当 $s=0.1$ 时渠道竞争系数对制造商
利润的影响

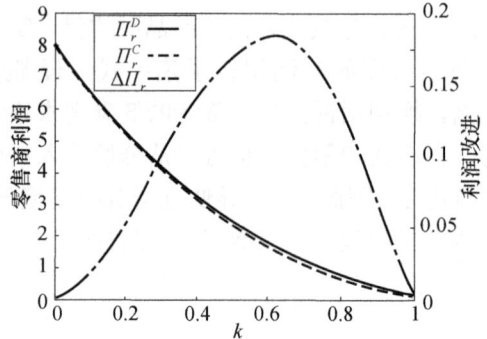

图 8-7　当 $s=0.1$ 时渠道竞争系数对零售商
利润的影响

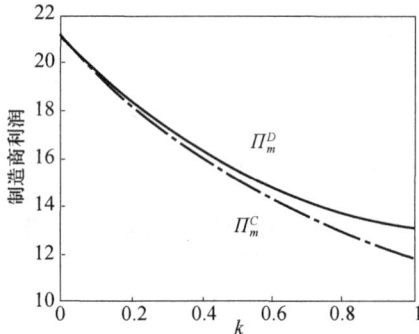

图 8-8　当 $s=5$ 时渠道竞争系数对制造商
利润的影响

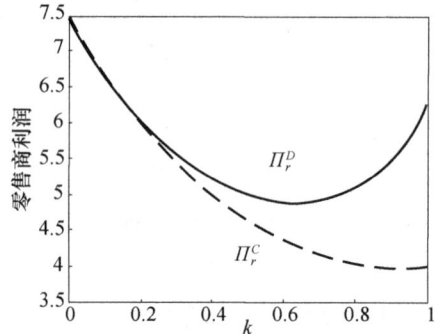

图 8-9　当 $s=5$ 时渠道竞争系数对零售商
利润的影响

由图 8-6 和图 8-7 可知，当制造商入侵成本较低时，制造商和零售商的利润都随着渠道竞争系数的增加而降低。由图 8-8 和图 8-9 可知，当制造商入侵成本较高时，无论在何种入侵模式下，制造商利润随渠道竞争系数的增加而降低；零售商利润随渠道竞争系数的增加，在集中式入侵下降低，在分散式入侵下呈现先降低后增加的趋势。此外，无论入侵成本高低，以及渠道竞争如何变化，分散式入侵下的利润始终大于集中式入侵。

三、λ、k、d 对社会福利的影响

接下来比较集中式和分散式入侵之间的社会福利，并研究消费者低碳偏好系数 λ、渠道竞争系数 k 及环境损害成本系数 d 对社会福利的影响。同样设置 $\alpha=10$，$s=2$，$u=4$。制造商两种入侵策略下的结果如图 8-10～图 8-12 所示。

首先，如图 8-10 所示，无论是集中式入侵还是分散式入侵，随着消费者低碳偏好系数增加，社会福利都会增加。这意味着更高的消费者低碳意识不仅有利于供应链中的企业，而且有利于环境绩效和社会的低碳

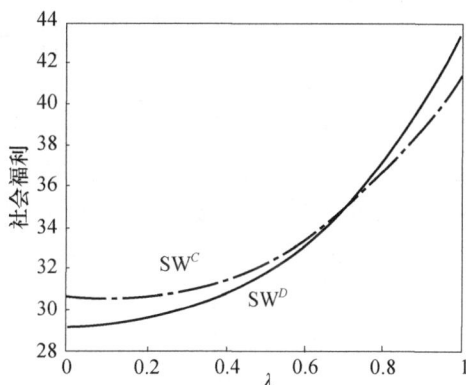

图 8-10　$k=0.8$，$d=10$ 时 λ 对社会福利的影响

发展。此外，消费者低碳偏好系数越高，分散式入侵下的社会福利越大于集中式入侵下的社会福利。因此，除了推动低碳消费，政策制定者还可以鼓励制造商在开通直销渠道时选择分散式入侵策略。

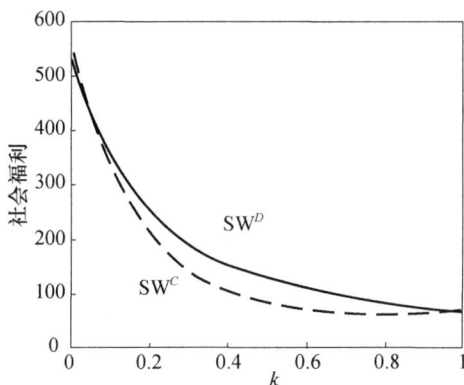

图 8-11　$\lambda=2$，$d=10$ 时 k 对社会福利的影响

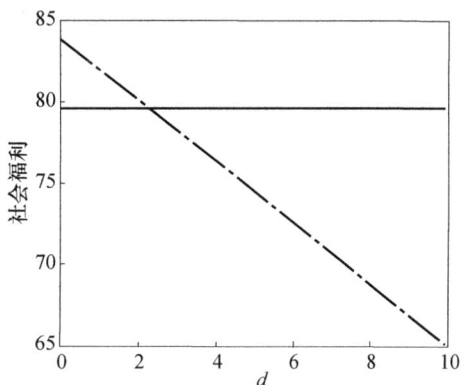

图 8-12　$k=0.8$，$\lambda=2$ 时 d 对社会福利的影响

其次，图 8-11 表明渠道竞争系数的增加对每种入侵策略下的社会福利都有负面影响。这是因为渠道竞争降低了供应链成员的利润，如图 8-6～图 8-9 所示。当渠道竞争激烈时，两种入侵策略下的产品减排量都会降低，且分散式入侵下的产品减排量将下降并接近集中式入侵下的产品减排量，如图 8-5 所示。

最后，图 8-12 与命题 8.9 一致，当环境损害成本系数 d 超过一个阈值时，分散式入侵下的制造商将加大低碳研发投入，提高产品减排量，进而减少对环境的危害。因此，相较于集中式入侵，分散式入侵下的社会福利也会更高。

本 章 小 结

本章构建了产量竞争环境下由一个制造商和一个零售商组成的双渠道低碳供应链，研究制造商在集中式入侵和分散式入侵下，消费者低碳偏好和产量竞争对供应链成员决策的影响，并用数值仿真算例探讨了一些关键因素对产品减排量、供应链利润及社会福利的影响，研究结果如下。

（1）在每种入侵策略下，随着消费者低碳偏好系数的增大，即消费者的低碳需求增加，产品低碳水平提高，且制造商和零售商都会受益；当制造商直销渠道与其批发渠道间竞争增强时，制造商为了应对终端零售市场价格竞争，会减少对低碳产品的研发投入。

（2）在集中式入侵下，当入侵成本较低时，渠道竞争的增强对制造商和零售商都是不利的，相反，在入侵成本较高时，双方都可以从激烈的渠道竞争中获益；分散式入侵下渠道竞争的影响与集中式入侵有相似之处，但不同之处在于，由于分散式入侵下的入侵成本阈值较低，渠道竞争的增强总是不利于制造商利润的增加。

（3）相比于集中式入侵，分散式入侵下产品减排量、制造商和零售商的利润都更高。相应地，分散式入侵对环境的损害也更低，当环境损害成本系数足够高时，分散式入侵有利于提高社会福利。

本章也为低碳生产企业和政策制定者提供了一些管理启示：第一，目前很多品牌厂商纷纷开通直销渠道，其较低的厂家直销价格不利于零售商利润的提高，若制造商采用分散式入侵策略，相比于集中式入侵策略，不仅会使产品减排量提高，而且会使自身和零售商都受益，实现双赢；第二，企业的低碳研发投入过大会促使其在生产运营中更趋向生产减排量较低的产品来实现利润最大化，因此政府可以适当对制造企业采取减排量补贴、研发补贴等激励措施促进低碳发展，产生更高的低碳效益。

第九章　低碳供应链竞争下的部分集中化协同策略与韧性研究

在低碳供应链多主体协同决策领域，集中化供应链和分散化供应链的研究文献颇为丰富。在集中化供应链下，制造商能够直接面向消费者开展销售活动，或完全掌控下游零售商。在分散化供应链下，制造商与下游零售商各自决策，旨在实现自身利润的优化。然而，现有的大多数研究假定企业必须在集中化和分散化之间抉择，这与常见的部分纵向集中化的商业实践并不相符。也就是说，一家低碳企业可能持有同一供应链中另一家企业的一定所有权比例。本章创新性地研究两个低碳供应链中的部分纵向集中化，每个供应链中都有一个制造商和一个零售商并销售可替代的产品进行竞争。

第一节　研究背景

McGuire 和 Staelin（1983）针对两条具有价格竞争的供应链展开了研究，在每条供应链中，制造商将产品销售给其独家零售商，研究发现，当两种产品呈现出高度可替代特征时，就每条供应链而言，采用分散化决策以减轻价格竞争压力不失为一种最优决策。此后，学者对该经典研究进行了大量的拓展性研究，且其中多数研究论证了其鲁棒性。近年来，在供应链竞争研究领域，关于集中化或者分散化的探讨较为普遍，如考虑市场份额变化（Anderson and Bao，2010）、广告竞争（Wang et al.，2011a）、下游企业的生产定位（Liu and Tyagi，2011）和山寨产品（Li et al.，2016b）等。

当前研究在供应链协同方面主要考虑集中化供应链和分散化供应链这两种极端情况。然而在商业实践中，除了集中化和分散化之间的策略选择，部分集中化（包括部分纵向集中化）的情况也是很常见的。部分集中化是指企业获得目标企业一定的所有权比例，通常情况下不大可能为100%，并有权享有对应比例的该企业利润。例如，Allen 和 Phillips（2000）研究了非金融类上市公司的部分所有权，发现其中37%的部分所有权存在于具有明确的产品市场关系的公司之间。他们还发现，这些部分所有权研究和产品开发协议的关联最多，其次是营销和分销协议，再次是产品或服务供应协议。

在实际商业运作过程中，供应链中常常会出现部分纵向集中化的情形。在北美地区，可口可乐公司于1986年成立了一家私营的可口可乐装瓶公司，当时可口可乐公司只拥有其装瓶公司34%的股份。1978年，百事公司成立百事装瓶集团，负责百事公司所有的装瓶及分销相关业务。1988年，百事公司收购了第三大独立装瓶公司。1999

年，百事装瓶集团成为一个独立的公司，其中，百事公司拥有很大的股份。2010 年，百事公司与百事装瓶集团和百事美洲公司两家公司完全合并。2017 年，美国美妆产品制造商科蒂宣布将收购线上化妆品零售商 Younique 60% 的股份（Reuters，2017）。2003年，新闻公司收购休斯电子公司 34% 的股份，其中，休斯电子公司是 DirecTV 控股公司的唯一所有者，该公司在美国提供直接广播卫星服务（Riordan，2008）。这种情况并不少见，其他几家有线电视运营商同样持有有线电视或电视网络的股份。

部分纵向集中化在北美地区以外及绿色供应链领域也普遍存在。中国最大的羽绒服制造商波司登积极响应全球气候治理，以"双碳"目标为战略导向，长期践行可持续时尚，将可持续发展理念贯穿企业发展的全过程。2009 年，波司登收购了中国下游百货零售商大商集团 1.76% 的股份。同年，中国上游制鞋龙头企业红龙收购了大商集团 2.2% 的股份。富士康作为全球领先的电子制造企业，通过战略规划和内部碳定价策略，将低碳理念深植于其生产过程中。同时，富士康运用人工智能和物联网技术，对产品的全生命周期碳足迹进行有效管理。2016 年，富士康以 35 亿美元的价格收购了夏普 2/3 的股份（Mayo，2016）。这桩交易被视为富士康的一次重大胜利，富士康希望在技术链层面持续进阶，从一个"简单"的组装商，提升到供应链的关键环节。Gilo 和 Spiegel（2011）的实证研究表明，在以色列的电信和媒体市场，部分纵向集中化相较于集中化更为普遍。例如，宽带互联网基础设施的头部供应商 Bezeq 收购了在下游多渠道广播市场竞争的 DBS 卫星服务公司 49.77% 的股份。

目前对部分纵向集中化的研究相当有限，而且主要集中在经济学领域（Baumol and Ordover，1994；Reiffen，1998；Fiocco，2016），这些研究关注部分纵向集中化如何影响公司之间的竞争。为弥补运营管理领域在此方面的研究空缺，本章着重对竞争低碳供应链中的部分纵向集中化问题展开研究。本章模型中的每条供应链都包括一个制造商销售可替代产品，要么通过独家零售商销售，要么直接面向消费者销售。此外，制造商可能拥有其独家零售商的一部分股份。这种针对供应链间竞争的模型研究可用于各种行业，包括汽车、软饮料、汽油和快餐连锁店（Anderson and Bao，2010）。

本章主要研究两个问题：第一，制造商及其供应链何时及如何从部分纵向集中化中获利；第二，部分纵向集中化是否及什么条件下能优于集中化或分散化。为了回答这些问题，本章在 McGuire 和 Staelin（1983）经典模型的基础上予以扩展，考察部分纵向集中化的策略选择，并将其与集中化和分散化加以对比。首先，将制造商在其唯一零售商中的所有权比例构建为从 0 到 1 连续变化的模型，推导在部分纵向集中化、集中化和分散化情形下竞争制造商及其供应链的均衡结果。其次，分析比较这些结果，并证明具有适当所有权比例的部分纵向集中化可以在战略层面上导致较低的批发价格和零售价格。如此一来，便在制造商和其零售商之间创造一个适度的协调，以便更为妥善地应对供应链间的竞争态势。

本章的创新性如下：首先，不同于大多数现有的供应链结构研究只考虑集中化或分散化，本章聚焦低碳供应链竞争下的部分纵向集中化。其次，与集中化相比，部分纵向集中化总是可以使竞争供应链受益。再次，尽管已有一些研究主张分散化在竞争供应链中的战略优势，但本章的研究表明，除非产品具有足够的可替代性，否则，部分纵向集中化甚至可以比分散化更好。最后，本章为部分纵向集中化在商业实践中的广泛采用奠定理论基础。本章所有证明过程及符号表达式见附录3。

第二节 问题描述与假设说明

McGuire 和 Staelin（1983）对两条供应链进行了建模，每条供应链均由一个制造商及其独立的下游零售商组成。这两条供应链在销售可替代产品方面展开竞争。其中，制造商只能在与其零售商的集中化和分散化之间进行选择。本章通过加入部分纵向集中化的可能性来扩展这个经典模型。本章建立部分纵向集中化模型，假设制造商 i 拥有其零售商一定的所有权比例 m_i，$0 < m_i < 1$。相应地，制造商 i 有权获得其零售商的一部分利润。具体来说，$m_i = 0$ 代表分散化决策；$m_i = 1$ 代表集中化决策。根据相关文献（Fiocco，2016；Pishchulov et al.，2016），假设制造商对其零售商没有主导控制权，零售商在部分纵向集中化情形下依旧可做出独立决策。

部分纵向集中化是一个包含四个参与者的三阶段博弈模型。两家制造商及其各自的零售商在一个共同的市场中使用差异化的产品进行竞争。制造商和零售商之间为 Stackelberg 动态博弈，其中，制造商为主导方，零售商为从属方。表 9-1 说明了博弈顺序。在第一阶段，制造商选择其下游零售商的所有权比例 m_i；在第二阶段，制造商决定向其零售商收取的批发价格 w_i；在第三阶段，零售商决定零售价格 p_i。

表 9-1 博 弈 顺 序

供应链	参与者	第一阶段	第二阶段	第三阶段
供应链 1	制造商 1	m_1	w_1	—
	零售商 1	—	—	p_1
供应链 2	制造商 2	m_2	w_2	—
	零售商 2	—	—	p_2

参考关于部分所有权的文献（Hunold and Stahl，2016；Fiocco，2016），在博弈的第一阶段，制造商选择所有权比例 m_i，使供应链利润最大化。这是为了确保制造商所持有的每个零售商的所有权比例都能使双方企业受益，从而使双方均有意愿制定这样一个长期的所有权合作协议。此外，这也符合企业并购的商业实践（Hunt，2009）。

参考经典研究（McGuire and Staelin，1983），两个竞争供应链的需求函数如下：

$$q_1' = \mu S\left[1 - \frac{b}{1-k}p_1' + \frac{bk}{1-k}p_2'\right] \tag{9.1}$$

$$q_2' = (1-\mu)S\left[1 + \frac{bk}{1-k}p_1' - \frac{b}{1-k}p_2'\right] \tag{9.2}$$

其中，$0 \leqslant \mu \leqslant 1$，$0 \leqslant k < 1$，$b > 0$，$S > 0$。常数 S 是一个比例因子，当 $p_1' = 0$，$p_2' = 0$ 时，S 与市场需求 $q_1' + q_2'$ 相同。两个参数 μ 和 k 分别用来反映产品差异化的两个方面，即需求的绝对差异和产品的可替代性。当 $p_1' = p_2'$ 时，$q_1'/q_2' = \mu/(1-\mu)$。实际上，μ 代表客户对产品的相对偏好程度。k 代表两种产品之间的可替代性，也称交叉价格弹性（Lu et al.，2018）。当 $k = 0$ 时，两种产品呈现完全独立的状态；随着 k 增加，产品可替代性增加；当 $k = 1$ 时，两种产品可完全替代。此外，为了符合事实，这些参数需要满足三个约束条件：① 零售价格高于边际成本；② 非负需求；③ 产品的需求与零售价格呈负相关。为了简化计算，数量和价格被进一步规范化为 $q_1 = q_1'/(\mu S)$，$q_2 = q_2'/[(1-\mu)S]$ 和 $p_i = p_i'b/(1-k)$, $i = 1,2$。因此，需求函数[式（9.1）和式（9.2）]可以相应地转化为

$$q_i = 1 - p_i + kp_j, j = 3 - i, \quad i = 1,2 \tag{9.3}$$

其中，q_i 为产品 i 的客户需求；p_i 为产品 i 的零售价格。

这种简化的需求模型在文献中被广泛应用（Tsay and Agrawal，2004；Lu et al.，2018；Choi，1991；Hua et al.，2010；Huang et al.，2018；Xu et al.，2012）。为了简化分析且能够反映部分纵向集中化的本质，假设制造商的生产成本和零售商的零售成本为零。

零售商 i 的利润为

$$\Pi_{Ri}(m_i, w_i, P) = (1 - m_i)\left[p_i q_i(P) - w_i q_i(P)\right] \tag{9.4}$$

其中，P 为零售商选择的零售价格向量；$1 - m_i$ 为零售商 i 的所有权比例；$p_i q_i(P)$ 为销售收入；$w_i q_i(P)$ 为批发成本。

制造商 i 的利润为

$$\Pi_{Mi}(m_i, w_i, P) = w_i q_i(P) + m_i(p_i - w_i)q_i(P) \tag{9.5}$$

其中，$w_i q_i(P)$ 为批发利润；$m_i(p_i - w_i)q_i(P)$ 为由零售商的所有权比例所决定的利润份额。

供应链 i 的利润为

$$\Pi_{Ci}(P) = p_i q_i(P) = p_i(1 - p_i + kp_j) \tag{9.6}$$

为了求解博弈模型的均衡解，本章使用逆向归纳法。为了理解方便，本章的参数符号及定义如表 9-2 所示。

表9-2 参数符号及定义

参数	描述	参数	描述
p_i	零售商 i 零售价格，$i=1,2$	q_i	零售商 i 的销量，$i=1,2$
w_i	制造商 i 批发价格，$i=1,2$	k	产品可替代性，$0 \leq k < 1$
m_i	制造商 i 持有的所有权比例，$0 < m_i < 1$，$i=1,2$	P	由零售商选择的零售价格向量
W	由制造商选择的批发价格向量	M	制造商持有的所有权比例向量
Π_{Ri}	零售商 i 的利润，$i=1,2$	Π_{Mi}	制造商 i 的利润，$i=1,2$
Π_{Ci}	供应链 i 的利润，$i=1,2$	$\sim$	部分纵向集中化下的均衡结果
$\wedge$	集中化下的均衡结果	$\smile$	分散化下的均衡结果
λ	部分纵向集中化下零售商的利润分成比例	b	需求的自身价格敏感系数

第三节 部分纵向集中化下的供应链均衡结构

本节的目标是分析两条竞争供应链，并推导部分纵向集中化下的供应链均衡结构。为了给后面的比较奠定基础，首先简要分析集中化和分散化下的供应链，并将它们的均衡解作为研究基准。

在集中化下，制造商直接销售或完全拥有其下游零售商的所有权。因此，制造商决定零售价格。两条供应链的利润函数与式（9.6）中的利润函数相同。集中化下的均衡解如下。

引理9.1 在集中化下，均衡零售价格、销量和利润为

$$\hat{p}_i = \frac{1}{2-k}, \quad \hat{q}_i = \frac{1}{2-k}, \quad \hat{\Pi}_{Mi} = \hat{\Pi}_{Ci} = \frac{1}{(2-k)^2}, \quad i=1,2$$

接下来推导分散化下的均衡解，即制造商与其下游零售商互相独立。四方的互动被建模为两阶段博弈。在第一阶段，制造商 1 和 2 将同时公布各自的批发价格 w_1 和 w_2。在第二阶段，零售商 1 和 2 同时决定各自的零售价格 p_1 和 p_2。两条供应链及其成员的利润函数与式（9.4）～式（9.6）中的利润函数相同，其中，$m_i = 0$。下面采用逆推归纳法得到最优子博弈均衡解。

引理9.2 在分散化下，批发价格、零售价格、销量和利润的均衡解为

$$\breve{w}_i = \frac{2+k}{4-k-2k^2}, \quad \breve{p}_i = \frac{2(3-k^2)}{(2-k)(4-k-2k^2)}, \quad \breve{q}_i = \frac{2-k^2}{(2-k)(4-k-2k^2)}$$

$$\breve{\Pi}_{Ri} = \frac{(2-k^2)^2}{(2-k)^2(4-k-2k^2)^2}, \quad \breve{\Pi}_{Mi} = \frac{(2+k)(2-k^2)}{(2-k)(4-k-2k^2)^2}$$

$$\breve{\Pi}_{Ci} = \frac{2(2-k^2)(3-k^2)}{(2-k)^2(4-k-2k^2)^2}, \quad i=1,2$$

对于部分纵向集中化供应链，制造商拥有部分其零售商的所有权，即 $0 < m_i < 1$。从博弈的第三阶段开始，零售商 i 选择零售价格 p_i，以使自己的利润最大化：

$$\max_{p_i, i=1,2} \Pi_{Ri}(m_i, w_i, P) = (1-m_i)(p_i - w_i)(1-p_i + kp_j) \tag{9.7}$$

求解式（9.7）得到零售价格：

$$p_i(W) = \frac{2w_i + kw_j + k + 2}{4-k^2} \tag{9.8}$$

由式（9.8）可以看出，对于给定的 w_i，零售商 i 选择的零售价格与所有权比例无关。预见到这样的反应，制造商 i 在博弈的第二阶段选择批发价格 w_i，以使自己的利润最大化：

$$\max_{w_i, i=1,2} \Pi_{Mi}(m_i, W) = w_i q_i(P(W)) + m_i[p_i(W) - w_i]q_i(P(W)) \tag{9.9}$$

将 $p_i(W)$ 代入式（9.9），令一阶导数为 0，可得

$$w_i(M) = \frac{[2m_i(2-k^2)+k^2-4][2m_j(k+1)(k^2-2)-(k+2)(2k^2-k-4)]}{2(m_i+m_j)(2-k^2)(2k^4-9k^2+8)-4m_im_j(1-k^2)(2-k^2)^2+(k^2-4)4[(k^2-2)^2-k^2]} \tag{9.10}$$

最后，在第一阶段，制造商 i 决定所有权比例 m_i 以实现供应链利润最大化：

$$\max_{m_i, i=1,2} \Pi_{Ci}(m_i) = p_i(w_i(M))q_i(P(w_i(M))) \tag{9.11}$$

求解式（9.11），得到均衡所有权比例，进而可推导出所有其他均衡解，总结如下。

定理 9.1 供应链的均衡结构依赖产品可替代性 k，具体来说，当 $0 < k < 0.6991$ 时，供应链的均衡结构为部分纵向集中化，其中，所有权比例为

$$\tilde{m}_i = \frac{4-6k-k^2+2k^3}{2(1-k)(2-k^2)} \tag{9.12}$$

其随着产品可替代性的增加而降低。均衡批发价格、零售价格、销量和利润为

$$\tilde{w}_i = \frac{k}{2(1-k)}, \quad \tilde{p}_i = \frac{1}{2(1-k)}, \quad \tilde{q}_i = \frac{1}{2}$$

$$\tilde{\Pi}_{Mi} = \frac{4-2k+k^2}{8(1-k)(2-k^2)}, \quad \tilde{\Pi}_{Ri} = \frac{k(2-k)}{8(1-k)(2-k^2)}, \quad \tilde{\Pi}_{Ci} = \frac{1}{4(1-k)}$$

当 $0.6991 \leqslant k \leqslant 1$ 时，供应链的均衡结构为分散化，均衡解如引理 9.2 所述。

如前所述，现有研究几乎只关注集中化和分散化，常见的结论是当产品可替代性分别较低和较高时，集中化和分散化是均衡的供应链结构。然而，定理 9.1 表明，当 $0 < k < 0.6991$ 时，部分纵向集中化是均衡的供应链结构。有趣的是，当两种产品完全不可替代（$k=0$）时，根据式（9.12），部分纵向集中化会转化成集中化。

此外，定理 9.1 表明，处于均衡状态时，所有权比例 $\tilde{m}_i$ 随 k 的增加而降低。当产品可替代性处于较低水平时，产品市场所面临的竞争激烈程度也会降低，每条供应链皆能够通过减少双重边际化来集中提升自身的利润水平。因此，制造商便可以在其零售商中持有更多的所有权比例，导致部分纵向集中化趋近集中化。然而，一旦涉及可替代性高从而具有高度竞争力的产品，双重边际化实际上能够对制造商之间激烈的价格竞争起到一定的缓解作用。因此，制造商在其零售商中持有的所有权比例会相应减少。在这种情形下，部分纵向集中化则更加接近分散化。

第四节　部分纵向集中化、集中化和分散化之间的比较

本节研究的重点是通过比较部分纵向集中化、集中化和分散化下的均衡解来讨论部分纵向集中化对供应链及其成员的影响，将回答一个重要的问题：部分纵向集中化如何才能比集中化或分散化更好？

一、部分纵向集中化与集中化

本部分比较部分纵向集中化和集中化下的均衡解，目的是找出部分纵向集中化如何在竞争性制造商及其供应链中优于集中化。因此，首先利用定理 9.1 和引理 9.1 来比较它们的零售价格和销量。

命题 9.1　在两个竞争的供应链中，

（1）部分纵向集中化下各供应链的零售价格比集中化高，即 $\tilde{p}_i > \hat{p}_i$。

（2）部分纵向集中化下各供应链的销量比集中化低，即 $\tilde{q}_i < \hat{q}_i$。

命题 9.1 显示，与集中化相比，部分纵向集中化提高了各个供应链的零售价格，即 $\tilde{p}_i > \hat{p}_i$，但降低了销量，即 $\tilde{q}_i < \hat{q}_i$。这意味着在部分纵向集中化下，零售价格上涨带来的收益超过销量下降带来的损失。重要的是，部分纵向集中化的优势并不是简单地提高零售价格从而缓解价格竞争，而是可以帮助制造商在自己的利润率之外，考虑其供应链零售阶段的部分边际利润。因此，与集中化相比，部分纵向集中化可以使竞争性供应链获利，因为它会导致适度的双重边际化和零售价格的提高。随着产品可替代性的变化，部分纵向集中化对供应链利润的影响如命题 9.2 所述。

命题 9.2　在两个竞争的供应链中，当 $0 < k < 0.6991$ 时，部分纵向集中化成为均衡结构，且部分纵向集中化的利润改进随着产品可替代性的增加而增加。

命题 9.2 表明，随着 k 的增加，零售竞争成为主要问题。在这种情况下，制造商对其零售商持有的所有权比例都会减少，从而增加了供应链双重边际化。这有助于提高零售价格，软化价格竞争。事实上，当产品可替代性接近 0.7（$k \geqslant 0.6991$）时，双重边际化的收益已足够高，以至于制造商会倾向于选用分散化策略。因此，由于部分纵向集中化通过软化供应链之间的价格竞争而发挥作用，产品的竞争强度越高，每条供

应链的利润改进也就越明显。值得注意的是，许多公司的产品是高度可替代的，但不是完全可替代的，如苹果和华为、肯德基和麦当劳。这意味着对于许多商业实践中的供应链，部分纵向集中化可以是比集中化更好的供应链结构。

二、部分纵向集中化与分散化

前面已经证明与集中化相比，部分纵向集中化是如何使供应链的利润增加的。本部分将继续比较部分纵向集中化与分散化。

过去的研究已经证实，对于竞争性供应链，分散化会导致每条供应链的效率低下，但有缓解供应链之间价格竞争的优势。部分纵向集中化比分散化更灵活，因为部分纵向集中化允许不同的所有权比例，所以它可能优于分散化。部分纵向集中化能够允许制造商部分考虑零售阶段的利润及批发阶段的利润，制造商可以减少批发价格的上涨幅度，但仍获得更高的利润。这样可以减少双重边际化，为制造商及其供应链带来更高的利润。

命题 9.3 在两个竞争的供应链中，比较部分纵向集中化和分散化，有

（1）制造商在部分纵向集中化下的批发价格较低，即 $\tilde{w}_i < \hat{w}_i$。

（2）供应链在部分纵向集中化下的零售价格较低，即 $\tilde{p}_i < \hat{p}_i$。

（3）部分纵向集中化下各供应链的销量较高，即 $\tilde{q}_i > \hat{q}_i$。

命题 9.3 表明，通过部分持有零售商的所有权，制造商在部分纵向集中化下除考虑自己的利润率外还将考虑零售商的利润率。如命题 9.3（1）所述，制造商将收取更低的批发价格，并缓解双重边际化。因此，部分纵向集中化导致更低的零售价格和更大的销量，如命题 9.3（2）和命题 9.3（3）所述。

部分纵向集中化意味着零售商与其制造商分享利润。然而，制造商在部分纵向集中化下将采用较低的批发价格这一事实表明，制造商的潜在利润可能超过其零售商的潜在损失。在这个方面，部分纵向集中化可以比分散化更好地平衡制造商和零售商的利润。定理 9.1 表明，供应链总是可以从部分纵向集中化中受益。现在讨论供应链中分散化和部分纵向集中化之间的利润差异。

命题 9.4 在两个竞争的供应链中，当 $0 < k < 0.6991$ 时，部分纵向集中化成为均衡结构，其中，与分散化相比，部分纵向集中化的利润改进随着产品可替代性的增加而降低。

命题 9.4 的解释如下：定理 9.1 表明，当 k 增大时，在部分纵向集中化下制造商对零售商的所有权比例会减少，而且部分纵向集中化缓解了双重边际化，从而增加了零售需求。随着 k 从 0 增加，软化价格竞争的成本增高，部分纵向集中化决策需要更少的所有权比例，这使得部分纵向集中化决策更接近分散化决策。事实上，当 $k \geq 0.6991$ 时，缓解部分纵向集中化的双重边际化带来的好处并不能抵消软化价格竞争的成本。

因此，分散化决策的表现优于部分纵向集中化决策。

有趣的是，部分纵向集中化带来的制造商的利润改进（$\tilde{\Pi}_{Mi} - \breve{\Pi}_{Mi}$）总是大于供应链的利润改进（$\tilde{\Pi}_{Ci} - \breve{\Pi}_{Ci}$）。因此，部分纵向集中化能够提高制造商的利润，多于其提高供应链的利润。这也解释了部分纵向集中化增加了制造商在其供应链利润中所占的份额，即 $\tilde{\Pi}_{Mi} / \tilde{\Pi}_{Ci} > \breve{\Pi}_{Mi} / \breve{\Pi}_{Ci}$，$0 < k < 0.6991$。换句话说，部分纵向集中化不会使供应链中的双方成员都受益。事实上，与分散化相比，代入定理 9.1 的 $\tilde{\Pi}_{Mi}$ 和引理 9.2 的 $\breve{\Pi}_{Mi}$，可以发现制造商的利润差异：

$$\tilde{\Pi}_{Mi} - \breve{\Pi}_{Mi} = \frac{(4 - 6k - k^2 + 2k^3)(16 - 16k - 10k^2 + 7k^3 + 2k^4)}{8(1-k)(2-k)(2-k^2)(4-k-2k^2)^2} > 0$$

代入定理 9.1 的 $\tilde{\Pi}_{Ri}$ 和引理 9.2 的 $\breve{\Pi}_{Ri}$，可以得到零售商的利润差异：

$$\tilde{\Pi}_{Ri} - \breve{\Pi}_{Ri} = -\frac{(4 - 6k - k^2 + 2k^3)(16 - 24k + 8k^2 + 4k^3 - 5k^4 + 2k^5)}{8(1-k)(2-k^2)(2-k)^2(4-k-2k^2)^2} < 0$$

以上结果反映了在部分纵向集中化下，制造商获得更多的利润，而零售商的利润减少。因此，为了协调供应链，实现双赢，遵循广泛使用的利润分享合同（Jaber and Osman，2006；Heydari and Ghasemi，2018），本章提出以下研究问题：制造商和零售商之间的利润分享合同能否使双方都受益？要回答这个问题，假设零售商和制造商分别保持部分纵向集中化下总利润的 λ（$0 < \lambda < 1$）和 $1 - \lambda$。为了使双方都更好，需满足 $\lambda(\tilde{\Pi}_{Mi} + \tilde{\Pi}_{Ri}) \geqslant \breve{\Pi}_{Ri}$ 和 $(1-\lambda)(\tilde{\Pi}_{Mi} + \tilde{\Pi}_{Ri}) \geqslant \breve{\Pi}_{Mi}$。因此，$\lambda$ 应满足以下条件：

$$\frac{\breve{\Pi}_{Ri}}{\tilde{\Pi}_{Mi} + \tilde{\Pi}_{Ri}} \leqslant \lambda \leqslant \frac{\tilde{\Pi}_{Mi} - \breve{\Pi}_{Mi} + \tilde{\Pi}_{Ri}}{\tilde{\Pi}_{Mi} + \tilde{\Pi}_{Ri}} \tag{9.13}$$

因此，得到以下结果。

命题 9.5 与分散化相比，当 $0 < k < 0.6991$ 时，制造商和零售商之间存在一个利润分享合同满足 $\lambda \in \left[\dfrac{\breve{\Pi}_{Ri}}{\tilde{\Pi}_{Mi} + \tilde{\Pi}_{Ri}}, \dfrac{\tilde{\Pi}_{Mi} - \breve{\Pi}_{Mi} + \tilde{\Pi}_{Ri}}{\tilde{\Pi}_{Mi} + \tilde{\Pi}_{Ri}} \right]$，使双方在部分纵向集中化下都更好。

命题 9.5 说明，使用适当设计的利润分享合同可以实现双赢的结果。值得注意的是，在这样的利润分享合同下，制造商在供应链中的利润分成比例有一个上限和一个下限。因此，这样的利润分享合同可以在一定程度上实现双方之间的任意利润分配，实现整个供应链的帕累托改进。

第五节 不同需求模型下的鲁棒性验证

本章前面采用了 McGuire 和 Staelin（1983）提出的线性需求函数。这种需求函数在竞争供应链的文献中被普遍采用（Bian et al.，2018；Liu et al.，2012；Bian et al.，

2016）。为了检验部分集中化的韧性、分析结果和管理启示的鲁棒性，本节采用文献中另一个常用的需求函数（Anderson and Bao，2010；Liu et al.，2012）：

$$q_i = a - bp_i + k(p_j - p_i), j = 3 - i, i = 1, 2 \tag{9.14}$$

其中，$a > 0$ 为市场潜力（所有价格为零时售出的数量）；$b > 0$ 为需求的自身价格敏感系数，对应价格下降可以吸引的额外客户；$k \geqslant 0$ 为两种产品的可替代性（或竞争强度），对应客户从一条供应链切换到另一条供应链。

一、部分纵向集中化下供应链的均衡结构

本部分将分别讨论两个竞争供应链在集中化、分散化和部分纵向集中化下的均衡结果。对于集中化，制造商直接以零售价格 p_i 销售。因此，供应链 i 的利润为

$$\Pi_{Ci}(P) = p_i[a - bp_i + k(p_j - p_i)] \tag{9.15}$$

引理 9.3 总结了集中化下的均衡解。

引理 9.3　在集中化下，均衡零售价格、销量和利润为

$$\hat{p}_i = \frac{a}{2b + k}, \quad \hat{q}_i = \frac{a(b + k)}{2b + k}, \quad \widehat{\Pi}_{Mi} = \widehat{\Pi}_{Ci} = \frac{a^2(b + k)}{(2b + k)^2}, i = 1, 2$$

在分散化下，首先，制造商 i 向其单独的零售商收取批发价格 w_i。其次，在给定批发价格的情况下，零售商 i 决定零售价格 p_i。双方都会使自己获得最大利润。对式（9.14）中的需求函数，制造商及其零售商的利润为

$$\Pi_{Mi}(w_i, P) = w_i[a - bp_i + k(p_j - p_i)] \tag{9.16}$$

$$\Pi_{Ri}(w_i, P) = (p_i - w_i)[a - bp_i + k(p_j - p_i)] \tag{9.17}$$

引理 9.4 总结了分散化下的均衡解。

引理 9.4　在分散化下，均衡批发价格、零售价格、销量和利润为

$$\breve{w}_i = \frac{a(2b + 3k)}{4b^2 + 7bk + k^2}, \quad \breve{p}_i = \frac{2a(3b^2 + 6bk + 2k^2)}{(2b + k)(4b^2 + 7bk + k^2)}, \quad \breve{q}_i = \frac{a(b + k)(2b^2 + 4bk + k^2)}{(2b + k)(4b^2 + 7bk + k^2)}$$

$$\breve{\Pi}_{Ri} = \frac{a^2(b + k)(2b^2 + 4bk + k^2)^2}{(2b + k)^2(4b^2 + 7bk + k^2)^2}, \quad \breve{\Pi}_{Mi} = \frac{a^2(b + k)(2b + 3k)(2b^2 + 4bk + k^2)}{(2b + k)(4b^2 + 7bk + k^2)^2}$$

$$\breve{\Pi}_{Ci} = \frac{2a^2(b + k)(2b^2 + 4bk + k^2)(3b^2 + 6bk + 2k^2)}{(2b + k)^2(4b^2 + 7bk + k^2)^2}, \quad i = 1, 2$$

在部分纵向集中化供应链中，制造商 i 首先对其零售商设置所有权比例 m_i。其次，给定所有权比例后，零售商以批发价格 w_i 将产品购买到。最后，零售商决定一个零售价格 p_i，以使其利润最大化。根据式（9.14）给出的需求函数，参与者及其供应链利润为

$$\Pi_{Ri}(m_i, w_i, P) = (1 - m_i)(p_i - w_i)[a - bp_i + k(p_j - p_i)] \tag{9.18}$$

$$\Pi_{Mi}(m_i, w_i, P) = [w_i + m_i(p_i - w_i)][a - bp_i + k(p_j - p_i)] \tag{9.19}$$

$$\Pi_{Ci}(P) = p_i[a - bp_i + k(p_j - p_i)] \tag{9.20}$$

通过逆向归纳法，得到部分纵向集中化的均衡结果。

定理 9.2　供应链的均衡结构取决于需求的自身价格敏感系数和产品可替代性。

具体来说，当 $0<k<k^*(b)$ 时，供应链的均衡结构为部分纵向集中化，其中，所有权比例为

$$\tilde{m}_i = \frac{4b^3 + 6b^2k - bk^2 - k^3}{2b(2b^2 + 4bk + k^2)} \tag{9.21}$$

其随着产品可替代性的增加而降低。均衡批发价格、零售价格、销量和利润为

$$\tilde{w}_i = \frac{ak}{2b(b+k)}, \quad \tilde{p}_i = \frac{a}{2b}, \quad \tilde{q}_i = \frac{a}{2}$$

$$\tilde{\Pi}_{Mi} = \frac{(4b^2 + 6bk + k^2)a^2}{8b(2b^2 + 4bk + k^2)}, \quad \tilde{\Pi}_{Ri} = \frac{k(2b+k)a^2}{8b(2b^2 + 4bk + k^2)}, \quad \tilde{\Pi}_{Ci} = \frac{a^2}{4b}$$

当 $k \geqslant k^*(b)$ 时，供应链的均衡结构为分散化，均衡解如引理 9.4 所述。其中，$k^*(b) = \{k | \tilde{m}_i = 0\}$。

由定理 9.2 可知，当两种产品的可替代性不超过一个阈值时，竞争供应链中的制造商仍然更倾向于部分纵向集中化。否则，分散化主导供应链结构。因此，本章前面关于供应链结构选择的结果对需求函数[式（9.14）]仍然是成立的。基于问题的分析复杂性，下面进行数值仿真，以验证 b 和 k 对制造商均衡所有权比例和利润的影响。

二、部分纵向集中化、集中化和分散化之间的比较

选择 $b=0.5$，$b=1$ 和 $b=1.5$ 来探讨均衡结果对产品可替代性的敏感性。图 9-1 显示了在部分纵向集中化下，随 k 的增加，制造商所有权比例的变化趋势。首先，与主要结果一致，对于任意 b，所有权比例随着 k 的增加而减少。其次，每个 b 都存在一个不同的部分纵向集中化阈值，即 $k^*(b=0.5)=1.16$，$k^*(b=1)=2.32$ 和 $k^*(b=1.5)=3.49$。这些部分纵向集中化阈值随 b 的增大而增大，说明对于价格敏感度较高的产品，在较大的产品可替代性下，部分纵向集中化可以带来更高的利益。最后，相比价格敏感度较低的供应链，价格敏感度较高的供应链总是拥有更高的所有权比例，并且随着产品可替代性的增加，这种差异增大。这是因为在竞争强度增加的情况下，价格敏感度较低的供应链倾向于通过减少所有权比例来软化价格竞争，从而提高价格；价格敏感度较高的供应链则倾向于通过增加所有权比例，缓解双重边际化来降低价格，从而刺激需求。

现在比较部分纵向集中化和集中化，图 9-2 显示了部分纵向集中化和集中化之间的利润改进如何随着 k 的增加而变化。首先，对于任何给定的 b，供应链的利润改进随着产品可替代性的增加而增加，命题 9.2 成立。其次，供应链利润改进的水平取决于 b。它们的差异在产品可替代性较低时较大，而在产品可替代性较高时较小。一种解释是

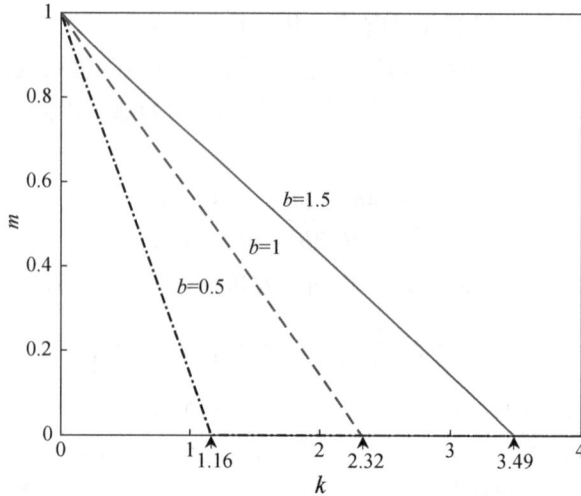

图 9-1　当 $b = 0.5$，1 和 1.5 时部分纵向集中化的均衡所有权比例

部分纵向集中化优于集中化，部分纵向集中化可以通过适度的双重边际化提高零售价格。当竞争强度较低时，部分纵向集中化的价格上涨空间更大。当竞争强度足够高时，可能的价格上涨相当有限。因此，部分纵向集中化趋同于分散化，并变得不那么有效。最后，对于任何给定的 k，供应链利润改进随着 b 的增加而减少。这是因为部分纵向集中化更适合涨价。因此，价格敏感度较低的供应链更适合提高零售价格，更具竞争力。

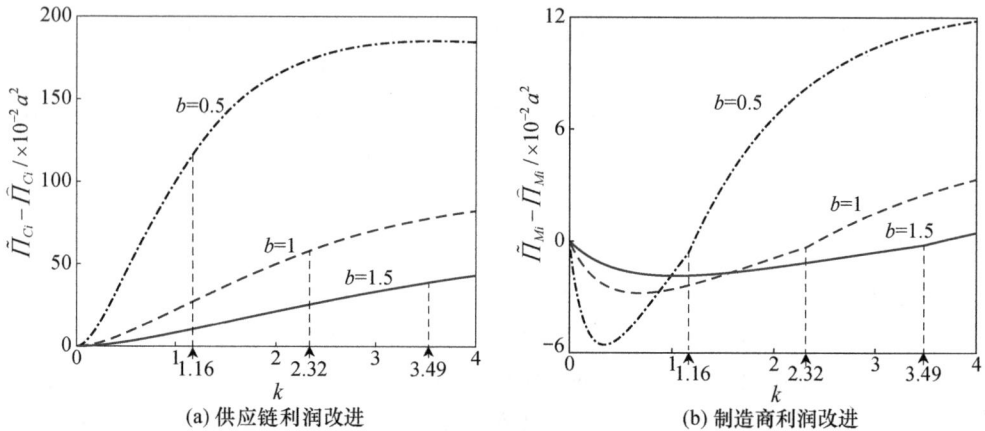

图 9-2　当 $b = 0.5$，1 和 1.5 时，部分纵向集中化（和集中化）的利润改进

　　为了比较部分纵向集中化和分散化，图 9-3 显示了利润改进随着产品可替代性的增加所发生的变化。首先，与命题 9.4 一致，对于任何给定的 b，在部分纵向集中化下，制造商及其供应链的利润改进都是正的。此外，最大的利润改进出现在 k 接近 0 的地方，然后利润改进呈现随着 k 的增加而下降的趋势。其次，当 k 较小（较大）时，各

供应链的利润改进随 b 的增大而减少（增大）。这是因为与分散化相比，部分纵向集中化具有通过缓解双重边际化来降低价格、提振需求的能力。具体来说，当 k 较小时，分散化下的垄断供应链导致零售价格变高。对于那些价格敏感度较低的产品，部分纵向集中化导致更大的降低零售价格和提高利润的空间。相反，当 k 较大时，链间竞争更加突出，这就迫使分散化下的零售商设定较低的价格。对于那些价格敏感度较高的产品，部分纵向集中化有助于通过降低零售价格来提振需求，最终带来更多的利润提升。最后，制造商及其供应链的利润改进具有相似的趋势。由于部分持有其零售商的所有权，制造商获得更多的利润，制造商的利润改进高于供应链的利润改进。因此，它随着产品可替代性的增加而缓慢下降。简而言之，本章之前的结果在不同的需求模型下仍然是成立的。

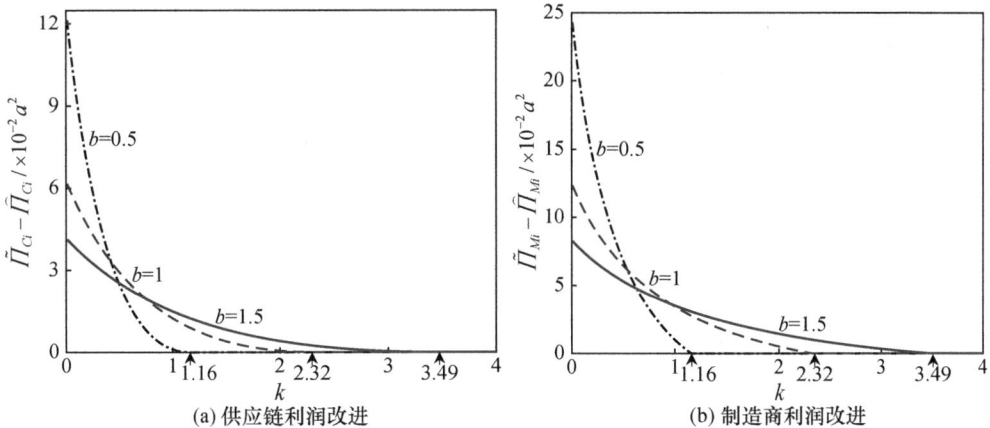

图 9-3 当 $b=0.5$，1 和 1.5 时，部分纵向集中化（和分散化）的利润改进

本 章 小 结

在众多关于供应链结构战略选择的研究中，大多数研究基于一个假设：供应链需要在集中化与分散化之间做出抉择。但在实际商业操作中，百事可乐和可口可乐等企业在其供应链管理中采用部分纵向集中化策略。具体而言，一家企业可以在同一条供应链中拥有另一家企业一定比例的所有权，但并非 100% 拥有。由于对部分纵向集中化在运营管理中的研究非常有限，本章通过研究竞争供应链之间的部分纵向集中化来开展这一创新领域的研究。

具体来说，通过明确地将部分纵向集中化纳入战略选择，扩展了 McGuire 和 Staelin（1983）提出的关于竞争供应链的经典模型，即在每条供应链中，制造商可以持有其下游零售商的所有权，但并非全部。本章的分析和结果表明，部分纵向集中化可以成为具有产品可替代性的竞争供应链的均衡结构。特殊情况下，集中化是两种产品完全不可替代时的供应链的均衡结构，分散化是两种产品充分可替代时的供应链的均衡结构（即 $k \geqslant 0.6991$ ）。在均衡状态中，所有权比例随着产品可替代性的增加而相应降低。此外，本章还重新探讨了在文献中广泛采用的需求模型下的部分纵向集中化情况，验证了本章的分析结果和管理启示确实是鲁棒的。

　　未来将进一步探讨部分集中化在不同行业和产品类型中的适用性和效果，以及如何通过部分集中化来优化供应链的减碳策略和提高供应链的可持续性。目前我们在此基础上已研究耐用品供应链中的部分集中化问题，提出具有适当所有权的部分集中化能产生较理想的生产销售模式，有利于平衡耐用品的时间不一致性问题和双重边际化问题（Li et al.，2023）。此外，我们目前还开展了部分集中化对供应链协同减碳与侵入决策的影响等研究（Li et al.，2021a；Li et al.，2021b；Li et al.，2024），以探讨部分集中化对低碳供应链成员间合作和竞争关系的影响。在此基础上，未来将进一步研究如何通过部分集中化来提高复杂低碳供应链网络结构和动态环境下供应链协同减碳的灵活性、响应速度和低碳韧性。

模式选择篇

供应链协同减碳模式选择研究

第十章　供应链协同减碳直销模式与低碳韧性研究

第一节　研　究　背　景

近年来，由于环境问题加剧，可持续发展引起了公众的高度关注。面对越来越多的公众对可持续发展的认识及政府规制，一些制造商已经在其供应链中实施了可持续发展战略（Frostenson and Prenkert，2015）。特别地，低碳制造和相关活动在改善环境绩效、建立更好的公众形象和获得竞争优势方面发挥了重要作用。这些活动包括生产低碳产品、采用低碳技术，以及建立可持续供应链（Palevich，2012）。在此背景下，如何衡量供应链的减排效率并据此优化低碳供应链成为重要的研究问题。

由于近几年电商发展突飞猛进，以及移动技术不断创新，制造商采用多种销售渠道来销售其产品，包括线下零售渠道和线上直销渠道。混合渠道的供应链结构被制造商广泛实施，如苹果、耐克、三星和索尼（Xiao et al.，2014）。另外，消费者喜欢低碳产品，其中很大一部分人愿意以更高的价格购买这些环保产品（Zhang et al.，2015；Turken et al.，2020）。除了传统的零售渠道，许多制造商也建立了自己的直销渠道来销售绿色产品（Li et al.，2016a）。作为手机行业低碳制造的一个例子，诺基亚使用不含有毒阻燃剂的材料来生产手机和配件，然后通过零售商和他们自己的实体/在线商店进行销售（Patra，2018）。海尔是另一个低碳制造商的例子，他们通过零售渠道和直销渠道向消费者销售一系列低碳产品，如空调和洗衣机（Yang et al.，2019）。

在本章中，制造商通过线上直销渠道及传统的线下零售渠道向终端消费者销售差异化的低碳产品。产品差异化包括垂直差异化和水平差异化（Manez and Waterson，2001；Köket et al.，2008）。本章的产品差异化是指垂直差异化，如不同渠道的环境质量和不同消费者服务方面的差异（Ranjan and Jha，2019）。这种差异化使得不同渠道的产品具有可替代性，这必然导致渠道冲突和竞争。例如，联合利华最初只向沃尔玛、欧尚和大润发等零售商批发其产品。但近年来，它建立了自己的官方网站，直接进行销售。一般来说，传统的零售渠道在消费者购物体验和产品供应方面具有天然的优势，直销渠道则可以节省营销、仓储和运输的成本。因此，在不同渠道销售的产品会有明显的不同。一般来说，线上产品的零售价格要比线下产品低（Liu et al.，2020b）。又如，中国的主要家电制造商（如格力、美的和海尔）生产各种节能级别的空调和冰箱，既直接卖给终端消费者，也卖给零售商（Meng，2016）。

直销允许制造商在多个渠道创造新的市场，并提高品牌意识和忠诚度（Tsay and Agrawal，2004）。通常的观点认为，直销可能会通过减少零售商的市场份额来伤害零售商（Moriarty and Moran，1990）。然而，由于采用直销渠道会降低批发价格，直销也可能会使两家企业受益（Shao，2013）。因此，本章在制造商和零售商之间的渠道竞争中将考虑两个渠道的产品差异化。

关于制造商直销的已有研究主要集中在经济绩效方面。在纳入环境绩效时，产品绿色度（低碳水平）和消费者低碳意识是重要的因素。不同的渠道结构通常会产生不同的环境绩效。此外，消费者对低碳产品有不同的看法。例如，埃森哲报告称，超过 80% 的受访者喜欢购买绿色低碳产品。在美国，约有 51% 的受访者更愿意购买昂贵的低碳产品（Zhang et al.，2015）。欧盟委员会调查显示，75% 的欧洲人愿意以更高的价格购买具有环保品质的产品（European Commission，2020）。因此，研究消费者低碳意识和产品竞争对制造商的直销战略及其供应链经济和环境绩效的影响具有重要的科学价值。针对已有研究的不足，本章建立一个由低碳制造商和线下零售商组成的双渠道供应链的 Stackelberg 博弈模型。制造商生产低碳产品，并可以通过他的直营店和/或零售商将产品卖给终端消费者。在这些情况下，制造商将与销售可替代产品的零售商竞争。

本章的主要研究如下。首先，在建模方面，通过将消费者的低碳意识和产品竞争纳入博弈论模型，弥补了双渠道供应链相关研究的不足。研究结果表明，制造商和零售商都能从消费者较高的低碳意识中获益。随着产品可替代性的增加，制造商总是可以受益，但零售商只有在制造商的直销成本很高的情况下才可以受益。其次，与大多数只有单一零售渠道情况的现有研究不同，本章通过允许制造商在零售市场直销并通过低碳产品差异化与零售商竞争，为相关研究做出了贡献。最后，本章首次研究制造商如何在涉及低碳产品的双渠道中做出投资和定价决策并选择直销战略。主要研究结果显示，双渠道直销可以使供应链成员受益。此外，制造商的直销也可以改善低碳产品供应链中的环境绩效和社会福利。

第二节　模 型 建 立

一、问题描述和假设

为了探讨供应链的减排效率，本章建立由一个制造商和一个零售商组成的两级供应链双渠道竞争模型。通过直销渠道和零售渠道两个渠道，制造商将产品卖给最终消费者。本章着重研究消费者的低碳意识和产品竞争对制造商选择直销战略的影响。上游制造商提供差异化的低碳产品，一方面直接售卖给终端消费者，另一方面批发给下游零售商，零售商再将最终产品卖到终端市场。他们在零售市场上进行价格竞争。

为了生产更绿色低碳的产品，制造商一般需要投入高成本的材料、精细的生产过程和优秀的物流服务（Conrad，2005）。通常情况下，提高产品的低碳水平需要增加边际成本。例如，Jonano、H&M、Levi Strauss 和 REI 等越来越多的服装公司致力于使用麻衣、大豆、棉花和竹子等低碳环保面料来生产环保服装（Martinez，2010），因此，单位低碳生产成本较高。借鉴已有研究（Jamali and Rasti-Barzoki，2018；Liu et al.，2012；Li et al.，2016a），制造商生产产品的单位成本定义为产品减排量的二次函数：

$$C(g_i) = c_i + h\frac{g_i^2}{2} \tag{10.1}$$

其中，c_i 为产品 i 的常规单位生产成本（$i = d, r$ 分别表示直销渠道或零售渠道的产品）；h 为产品生产经营中减排量的成本系数；g_i 为制造商产品的减排量，具体来说，可以根据行业应用更明确地定义 g_i，例如，它可以是应用于碳减排管理时单位产品的减排量。

对直销渠道和零售渠道的产品 d 和 r，分别采用以下需求函数：

$$q_d = a + t(g_d - kg_r) - p_d + kp_r \tag{10.2}$$

$$q_r = a + t(g_r - kg_d) - p_r + kp_d \tag{10.3}$$

其中，a 为市场潜力；t 为消费者低碳意识；k 为交叉价格弹性，又称产品可替代性，$0 \leqslant k \leqslant 1$。如果 $k = 0$，则这两种产品是完全独立的。如果 $k = 1$，则这两种产品是完全可替代的。式（10.2）和式（10.3）的总需求随着 t 的增加而增加。这使得本章的模型易于处理，并集中于关键因素的探讨。与本章类似的需求函数在已有文献中也被普遍采用（Liu et al.，2012；Li and Zhang，2008；Zhang et al.，2015；Li et al.，2016a；Ranjan and Jha，2019）。

由于制造商在零售方面的经验通常比零售商少得多，本章假设制造商的直销成本为 b，$0 \leqslant b < a$。不失一般性，一般的生产成本、零售商的销售成本和其他固定成本被归一化为零（Zhang et al.，2015；Li et al.，2020a；de Giovanni，2014；Hong and Guo，2019）。本章假设均衡中企业的需求是正的，零售价格高于批发价格（即 $p_r > w > 0$）。这些假设是必要的，以避免出现企业负利润的情况。此外，本章还定义减排量的成本效率 $H = 1/h$，这是一个与提高产品减排量有关的成本效率的衡量标准。特别地，较高的 H 意味着制造商在低碳产品制造方面拥有优越的技术和运营能力。

二、符号和博弈顺序

本章考虑制造商的两种可能策略：非直销和直销。为了方便，用上标 N 和 D 分别表示非直销和直销策略下的均衡结果。用下标 m、d、r 分别表示制造商、直营店和零售商的变量与函数。本章的参数符号与定义见表 10-1。

表 10-1　参数符号与定义

符号	定义
指数	
i	制造商（$i=m$）、零售商（$i=r$）或直营店（$i=d$）
j	非直销（$j=N$）或直销（$j=D$）策略
参数	
a	市场潜力
t	消费者低碳意识
h	减排量的成本系数，$h>0$
k	产品可替代性，$0 \leqslant k \leqslant 1$
H	减排量的成本效率，$H=1/h$
b	直销成本，$0 \leqslant b<a$
c_i	产品 i 的常规单位生产成本，$i=d,r$
B	直销成本阈值
B_r	零售商利润随着 k 增加时直销成本阈值
B_c	零售商偏好直销模式时直销成本阈值
B_w	直销降低批发价格时直销成本阈值
f	环境绩效系数
p	产品的零售价格向量
g	产品的减排量向量
决策变量	
g_i	产品 i 的减排量，$i=d,r$，$g_i \geqslant 0$
w	制造商对零售商的批发价格
p_i	产品 i 的零售价格，$i=d,r$，$p_r>w>0$
因变量	
q_i	对产品 i 的需求，$i=d,r$，$q_i>0$
$C(g_i)$	制造商生产产品 i 的单位成本函数，$i=d,r$
SC^j	模式 j 下的供应链利润，$j=N,D$
CS^j	模式 j 下的消费者剩余，$j=N,D$
EB^j	模式 j 下的低碳产品环境绩效，$j=N,D$
SW^j	模式 j 下的社会福利，$j=N,D$

符号	定义
Π_m	制造商的利润函数
Π_r	零售商的利润函数

直销模式下的低碳供应链包含一个制造商和一个零售商，每家企业都追求自己的利润最大化。制造商集中决定产品减排量和直销决策。博弈事件的顺序如下：在第一阶段，制造商向零售商收取批发价格 w，为产品 r 和 d 分别选取减排量 g_r 和 g_d；在第二阶段，制造商和零售商同时为其低碳产品选择零售价格 p_d 和 p_r。

第三节　均衡解与分析

本节将采用逆向归纳法来推导出非直销和直销策略下的均衡结果，并研究消费者的低碳意识和渠道竞争对供应链中每家企业的影响。

一、非直销策略

作为一个基准模型，首先考虑不存在直销的情况，即制造商只能通过其零售商将产品销售给消费者。在这种情况下，给定批发价格 w，零售商决定他的零售价格 p_r，使其利润函数最大化：

$$\max_{p_r} \Pi_r(p_r, g_r, w) = (p_r - w)(a + tg_r - p_r) \tag{10.4}$$

求出式（10.4）的最优解，得到 p_r^N，即非直销策略下的零售价格：

$$p_r^N(w, g_r) = \frac{a + w + tg_r}{2} \tag{10.5}$$

预测到零售商的最佳决策，制造商同时决定批发价格 w 和产品减排量 g_r，以使其利润最大化：

$$\max_{w, g_r} \Pi_r(g_r, w) = \left(w - \frac{hg_r^2}{2}\right)[a + tg_r - p_r^N(w, g_r)] \tag{10.6}$$

由式（10.6）得到均衡的批发价格 w^N 和产品减排量 g_r^N。将其代入式（10.4）～式（10.6），可得到非直销策略下的均衡结果。

定理 10.1　在非直销策略下，均衡的产品减排量、批发价格、零售价格和利润为

$$g_r^N = tH, \quad w^N = \frac{a}{2} + \frac{3Ht^2}{4}, \quad p_r^N = \frac{3a}{4} + \frac{7Ht^2}{8}$$

$$\Pi_m^N = \frac{(2a + Ht^2)^2}{32}, \quad \Pi_r^N = \frac{(2a + Ht^2)^2}{64}$$

证明： 在非直销策略下，该博弈采用逆向归纳法求解。在第一阶段，求解式（10.6），得到均衡的批发价格 w^N 和产品减排量 g_r^N：

$$w^N = \frac{a}{2} + \frac{3Ht^2}{4}$$

$$g_r^N = tH$$

将 w^N 和 g_r^N 代入式（10.5），可以得到均衡零售价格：

$$p_r^N = \frac{3a}{4} + \frac{7Ht^2}{8}$$

将它们再次代入式（10.4）和式（10.6），就可以得到均衡利润：

$$\Pi_m^N = \frac{(2a + Ht^2)^2}{32}$$

$$\Pi_r^N = \frac{(2a + Ht^2)^2}{64}$$

证明完毕。

从定理 10.1 中可以看出，随着消费者低碳意识 t 的增加，批发价格和零售价格都会增加。此外，t 的增加也会导致产品减排量 g_r^N 的增加。换句话说，随着 t 的增加，消费者愿意以更高的价格购买环保产品，这就激励了制造商提供具有更高低碳水平的产品，为整个供应链增加了价值。这就是两家企业都能从增加 t 中获利的原因。接下来讨论减排量的成本效率的影响。

命题 10.1　在非直销策略下，随着减排量的成本效率 H 的增加，产品减排量 g_r^N 将增加，提高产品减排量的生产成本也将增加。

证明： 从定理 10.1 中可以看出，$g_r^N = tH = t/h$ 会随着 H 的增加而增加。

由于 $C(g_r^N) = h \frac{(g_r^N)^2}{2} = \frac{Ht^2}{2}$，绿色改进的单位成本也会随着 H 增加。因此，如果产品在制造绿色产品时有更高的成本效率，制造商就有动力生产减排量更高的产品。由于产品减排量的提高是边际成本增加的，与低碳产品相关的生产成本也会变高。

证明完毕。

命题 10.1 表明，当减排量的成本效率 H 增加（即 h 减少）时，制造商将提高产品减排量 g_r^N。提高产品减排量的生产成本的增加是由于边际成本随产品减排量的增加而增加。

二、直销策略

在直销策略下，制造商可以将产品直接通过直营店或间接通过零售商卖给消费者。考虑到零售商选择的零售价格（p_r）、确定的批发价格（w），以及产品减排量（g_r 和 g_d），制造商在第一阶段选择其零售价格 p_d，使其利润最大化。此时，制造商的利润函数为

$$\max_{p_d} \Pi_m(p,g,w) = [w - C(g_r)][a + t(g_r - kg_d) - p_r + kp_d]$$

$$+ [p_d - b - C(g_d)][a + t(g_d - kg_r) - p_d + kp_r] \quad (10.7)$$

其中，$[w - C(g_r)][a + t(g_r - kg_d) - p_r + kp_d]$ 是制造商从零售渠道获得的批发利润；$[p_d - b - C(g_d)][a + t(g_d - kg_r) - p_d + kp_r]$ 是制造商从直销渠道得到的零售利润。同理，给定制造商的批发价格（w），产品减排量（g_r 和 g_d）和所选的零售价格（p_d），零售商选择零售价格（p_r）使其利润最大化：

$$\max_{p_r} \Pi_r(p,g,w) = (p_r - w)[a + t(g_r - kg_d) - p_r + kp_d] \quad (10.8)$$

联立式（10.7）和式（10.8），求解一阶导数，可以得到均衡的零售价格：

$$p_d^D(g,w) = \frac{(k+2)a + 2b + 3kw + hg_d^2 + (2 - k^2)tg_d - hkg_r^2 - ktg_r}{4 - k^2} \quad (10.9)$$

$$p_r^D(g,w) = \frac{2(k+2)a + 2bk + 2(k^2+2)w + hkg_d^2 - 2tkg_d - k^2hg_r^2 + 2t(2 - k^2)g_r}{2(4 - k^2)} \quad (10.10)$$

从式（10.9）和式（10.10）中得出，零售价格随着批发价格和直销成本的增加而增加。这代表着基于产品的差异化和直销成本，当制造商直接向消费者销售产品时，零售商仍然可以存在于市场中。事实上，制造商的目的是从批发和零售两个市场寻求其总利润最大化，而不是选择取代零售商。

回到第一阶段，制造商决定批发价格（w）和产品减排量（g_r 和 g_d），以使零售和批发利润之和最大化：

$$\max_{w, g_r, g_d} \Pi_m = \Pi_m(p(g,w), g, w) \quad (10.11)$$

将式（10.9）和式（10.10）代入式（10.11）并求解，可以得到制造商的批发价格和产品减排量。将它们代回式（10.7）～式（10.10），得出直销策略下的均衡结果。

定理 10.2　在直销策略下，当 $b < B = \dfrac{(k+2)(k^2 - k + 4)[2a + Ht^2(1-k)]}{2(8 - k^4 - k^2)}$ 时，均衡的产品减排量、批发价格、零售价格和利润分别为

$$g_d^D = g_r^D = tH$$

$$w^D = \frac{2(k^3 + 8)a - 2(1-k)bk^3 + (1-k)(k^3 + 2k^2 + 24)Ht^2}{4(1-k)(k^2 + 8)}$$

$$p_d^D = \frac{2(k+2)(4-k)a + 2(1-k)(3k^2 + 8)b + (1-k)(k^2 + 2k + 24)Ht^2}{4(1-k)(k^2 + 8)}$$

$$p_r^D = \frac{2(12 - 4k + 2k^2 - k^3)a + 2k(1-k)(k^2+4)b + (1-k)(28 - 4k + 4k^2 - k^3)Ht^2}{4(1-k)(k^2+8)}$$

$$\Pi_m^D = \frac{1}{16(1-k)(k^2+8)}\left\{4(k+2)(k^2-k+6)a^2 + 4a(1-k)[(k+2)(k^2-k+6) \right.$$
$$\times Ht^2 - 2(k^3+k^2+4k+8)b] + 4(1-k)(8-3k^2-k^4)b^2 - 4(1-k)^2$$
$$\left. \times (k^3+k^2+4k+8)H\lambda^2 b + (k+2)(1-k)^2(k^2-k+6)H^2\lambda^4\right\}$$

$$\Pi_r^D = \frac{(k^2+2)^2[2a + 2kb + (1-k)Ht^2]^2}{4(k^2+8)^2}$$

否则，均衡的结果与非直销策略下的结果相同。

证明： 在直销策略下，该博弈采用逆向归纳法求解。在第一阶段，求解式（10.11），得到均衡的批发价格 w^D 和产品减排量 g_r^D 和 g_d^D：

$$w^D = \frac{2(k^3+8)a - 2(1-k)bk^3 + (1-k)(k^3+2k^2+24)Ht^2}{4(1-k)(k^2+8)}$$

$$g_d^D = g_r^D = tH$$

将 w^D、g_r^D 和 g_d^D 代入式（10.9）和式（10.10），可以得到均衡零售价格：

$$p_d^D = \frac{2(k+2)(4-k)a + 2(1-k)(3k^2+8)b + (1-k)(k^2+2k+24)Ht^2}{4(1-k)(k^2+8)}$$

$$p_r^D = \frac{2(12 - 4k + 2k^2 - k^3)a + 2k(1-k)(k^2+4)b + (1-k)(28 - 4k + 4k^2 - k^3)Ht^2}{4(1-k)(k^2+8)}$$

将它们再次代入式（10.7）和式（10.8），就可以得到均衡利润：

$$\Pi_m^D = \frac{1}{16(1-k)(k^2+8)}\left\{4(k+2)(k^2-k+6)a^2 + 4a(1-k)[(k+2)(k^2-k+6)Ht^2 \right.$$
$$-2(k^3+k^2+4k+8)b] + 4(1-k)(8-3k^2-k^4)b^2$$
$$\left. -4(1-k)^2(k^3+k^2+4k+8)H\lambda^2 b + (k+2)(1-k)^2(k^2-k+6)H^2\lambda^4\right\}$$

$$\Pi_r^D = \frac{(k^2+2)^2[2a + 2kb + (1-k)Ht^2]^2}{4(k^2+8)^2}$$

证明完毕。

从定理 10.2 中可以看出，只有当直销成本低于一个阈值（B）时，制造商才会直接将产品卖到终端市场。否则，他别无选择，只能依靠零售商售卖低碳产品。注意，随着 t 和 H 的增加，B 也在增加。因此，随着消费者低碳意识的提高和减排量的成本效率的增加，制造商可以更有效地实施直销策略。另外，产品 $i = d, r$ 的减排量 g_i^D 在两个渠道中是相同的，随着 t 的增加而增加，随着 h 的增加而减少。因此，可以推断，消费者的低碳意识可以提高制造商和零售商的盈利能力。

命题 10.2 在直销策略下，由于消费者低碳意识 t 的增加，制造商和零售商的利

润 Π_m^D 和 Π_r^D 都将增加。

证明：根据定理 10.2，可以得出

$$\frac{\partial \Pi_m^D}{\partial t} = Ht \frac{[2a+(1-k)Ht^2](k+2)(k^2-k+6)-2b(1-k)(k^3+k^2+4k+8)}{4(k^2+8)}$$

可以看到，当 $b<B_m=\dfrac{[2a+(1-k)Ht^2](k+2)(k^2-k+6)}{2(1-k)(k^3+k^2+4k+8)}$ 时，有 $\dfrac{\partial \Pi_m^D}{\partial t}>0$。此外，

在直销策略下，可以验证，$b<B<B_m$。因此，有 $\dfrac{\partial \Pi_m^D}{\partial t}>0$。

根据定理 10.2 中零售商的均衡利润，可以得出

$$\frac{\partial \Pi_r^D}{\partial t} = \frac{Ht(1-k)(k^2+2)^2[2a+2bk+(1-k)Ht^2]}{(k^2+8)^2}>0$$

证明完毕。

从命题 10.2 中可以看到，当制造商选择直销策略时，两家企业都可以从消费者低碳意识的提高中获益。原因是，消费者低碳意识的提高会鼓励制造商生产减排程度更高的产品，从而提高消费者的支付意愿（零售价格更高）。这最终可以提高批发和零售的利润。同时，零售商可以从增加的批发销量中获益。

命题 10.3 直销策略下，随着产品可替代性 k 的增加，制造商的利润 Π_m^D 也会增加。如果 $B_r<b<B$，零售商的利润 Π_r^D 增加，但如果 $b<B_r$，零售商的利润 Π_r^D 则会减少，其中，B_r 提供在下面的证明中。

证明：根据定理 10.2 中制造商的利润，我们得出

$$\frac{\partial \Pi_m^D}{\partial k} = \frac{A_m^1 b^2 + 4(1-k)^2 A_m^2 b + A_m^3[2a+(1-k)Ht^2]}{8(1-k)^2(k^2+8)^2}$$

其中，

$$A_m^1 = -4k(1-k)^2(k^4+16k^2+32)$$

$$A_m^2 = (k^4+20k^2+32)a-(k^5+16k^3-2k^2+32k+16)Ht^2$$

$$A_m^3 = 2(k^4-4k^3+24k^2-4k+64)a-(1-k)(k^5+16k^3-4k^2+36k+32)Ht^2$$

可以发现，$\dfrac{\partial \Pi_m^D}{\partial k}$ 的正负取决于它的分子 N，其中，N 是关于 b 的二次函数，并且 $\dfrac{\partial^2 N}{\partial b^2}=A_m^1<0$。令 $N(b)=0$ 可以得到两个根 $B_1<0$ 和 $B_2>0$。此外，B_2 大于 E。因此，

$\dfrac{\partial \Pi_m^D}{\partial k}>0$。在定理 10.2 中零售商的均衡利润的基础上，求关于 k 的一阶导数如下：

$$\frac{\partial \Pi_r^D}{\partial k} = \frac{(k^2+2)[2a+2bk+(1-k)t^2H][2(k^4+22k^2+16)b+24ak-t^2H(k^4+22k^2-12k+16)]}{2(k^2+8)^3}$$

为 了 维 持 直 销 渠 道 的 业 务 ， 应 该 满 足 $b<B$ 。 定 义

$$B_r = \frac{t^2 H(k^4 + 22k^2 - 12k + 16) - 24ak}{2(k^4 + 22k^2 + 16)}$$
。因此，当 $B_r<b<B$ 时，$\frac{\partial \Pi_r^D}{\partial k}>0$ ，当 $b<B_r$ 时，

$\frac{\partial \Pi_r^D}{\partial k}<0$ 。

证明完毕。

从命题 10.3 中可以看出，当产品的可替代性增加时，制造商的情况总是更好。然而，随着产品可替代性的增加，零售商的情况可能会更糟，除非制造商的直销是没有成本优势的，也就是说，他的直销成本超过一个阈值。这个阈值由几个因素决定，如消费者的低碳意识、产品的可替代性和市场需求。原因如下：首先，随着 k 的增加，更多的竞争会降低零售价格，但会促进需求，这对两个渠道都有利；其次，当 k 增加时，制造商直销时会收取较高的批发价格以缓和竞争，除非他的直销成本很高，这就是零售商也能从更高的产品可替代性中获益的原因；最后，当 k 发生变化时，制造商可以相应地在批发和零售市场之间取得平衡，以提高其总利润。

命题 10.4　在直销策略下，低碳运营能力强的产品会有更高的减排量，同时产品减排量的提升也会导致更多的生产成本。

证明： 与命题 10.1 的证明过程相同。

证明完毕。

命题 10.4 表明，如果制造商在双渠道生产具有不同技术和运营效率的差异化低碳产品，这两种产品将具有不同的减排量和生产成本。具体来说，假设制造商使用更有效率的低碳运营来生产产品，并投入与产品减排量相关的更低单位生产成本，产品减排量会更高，总生产成本也更多。更高的减排量产生更多的生产成本的原因与本章的假设是一致的，即边际成本随着产品减排量的增加而增加。如果制造商使用较低的成本优势生产产品，我们也可以进行类似的分析。

第四节　非直销和直销策略的比较

有了非直销和直销策略下的均衡结果，下一个值得关注的问题是哪种策略会更好。通常的观点是，制造商的直销会加剧竞争，使零售商的处境更差。然而，制造商的直销也会在两个成员之间产生横向冲突，并影响批发价格。为了比较两种策略之间的批发价格，根据定理 10.1 和定理 10.2，得到

$$w^D - w^N = \frac{k[-2k^2(1-k)b + 2(2k^2 - k + 8)a - Hk(1-k)^2 t^2]}{4(1-k)(k^2 + 8)}$$

为 了 方 便 描 述 ， 定 义 $B_w = \dfrac{2(2k^2 - k + 8)a - Hk(1-k)^2 t^2}{2k^2(1-k)}$ 。 可 以 验 证 ， 当

$H \geqslant \dfrac{2(2k^2 - k + 8)a}{k(1-k)^2 t^2}$ 时，$w^D < w^N$。否则，当 $b = B_w$ 时，$w^D = w^N$；当 $b < B_w$ 时，$w^D > w^N$；当 $B_w < b < B$ 时，$w^D < w^N$。换句话说，直销是否改变批发价格取决于减排量的成本系数和直销成本。一个直观的猜测是，直销的制造商会提高批发价格，以增强自身在零售市场的竞争力。然而，当减排量的成本效率或直销成本超过一个阈值时，情况相反。在这个意义上，直销策略下较低的批发价格限制了制造商的零售部门，但极大地扩展了零售商的市场。在直销策略下，零售商的需求激增，这比零售利润的减少更能提高制造商的批发利润。实际上，直销策略下的制造商利用批发价格来平衡两个渠道，使其总利润最大化。

此外，由于批发价格的降低，制造商的直销可能对零售商有利，因此，命题 10.5 成立。

命题 10.5　制造商总是偏好采用直销策略；当且仅当 $B_c < b < B$ 时，零售商倾向于采用直销策略，其中，B_c 在下面的证明中提供。

证明：根据定理 10.1 和定理 10.2 中的非直销和直销策略下的制造商利润，可以得出

$$\Pi_m^D - \Pi_m^N = \frac{B_m^1 a^2 + B_m^2 Ht^2 a + 8(1-k)(8 - k^4 - 3k^2)b^2 - B_m^3 b + B_m^4 Ht^4}{32(1-k)(k^2 + 8)}$$

其中，

$$B_m^1 = 4(3k^3 + k^2 + 16k + 16)$$
$$B_m^2 = 4(1-k)(2k^3 + k^2 + 8k + 16)$$
$$B_m^3 = 8(1-k)(k^3 + k^2 + 4k + 8)[2a + (1-k)Ht^2]$$
$$B_m^4 = (1-k)(16 - 16k - 7k^2 - 2k^4)$$

可以发现，$\Pi_m^D - \Pi_m^N$ 是关于 b 的二次函数，并且 b^2 项的系数为正。此外，可以验证，方程 $\Pi_m^D - \Pi_m^N = 0$ 没有实根。因此，有 $\Pi_m^D - \Pi_m^N > 0$。

根据定理 10.1 中的 Π_r^N 和定理 10.2 中的 Π_r^D，零售商的利润函数为

$$\Pi_r^D - \Pi_r^N = \frac{k[6ak + 8(k^2 + 2)b - (4k^2 - 3k + 8)Ht^2]}{64(k^2 + 8)^2}$$
$$\times \frac{[8k(k^2 + 2)b + 2(5k^2 + 16)a + Ht^2(16 - 8k + 5k^2 - 4k^3)]}{64(k^2 + 8)^2}$$

令 $B_c = \dfrac{(4k^2 - 3k + 8)Ht^2 - 6ak}{8(k^2 + 2)}$。为了让制造商采取直销策略，需要 $b < B$。因此，只有当 $B_c < b < B$ 时，$\Pi_r^D - \Pi_r^N > 0$。

证明完毕。

由以上分析可以看出，直销策略对制造商是有利的。传统观点认为制造商直销会

加剧竞争，削弱零售商的垄断力量，从而损害零售商的利益。然而，命题 10.5 指出，当制造商的直销成本足够大时，零售商也能从直销中获益。因此，在本章的模型中，若零售商在零售方面有足够的成本优势，即 $B_c < b < B$，就会出现双赢的局面。这是因为当零售商的零售效率足够高时，制造商会降低批发价格以扩大零售商的需求，这样制造商就可以充分利用有效的批发渠道。因此，批发价格下降带来的收益超过了零售竞争造成的需求下降带来的损失。

除了经济效益，本章还考虑了环境和社会绩效，这通过社会福利（SW）来衡量。参考已有文献（Krass et al.，2013；Hong and Guo，2019），社会福利主要包括三个部分：供应链利润（SC）、消费者剩余（CS）和环境绩效（EB）。供应链利润是企业以高于其估值的价格销售产品所带来的经济利益（即利润）。消费者剩余是消费者以低于其估值的价格购买低碳产品时的剩余效用。环境绩效是低碳产品的环境绩效（Gao et al.，2018；Hafezalkotob，2017）。对于非直销策略，计算方法如下：

$$SC^N = \Pi_m^N + \Pi_r^N, \quad CS^N = \frac{1}{2}(q_r^N)^2, \quad EB^N = f g_r^N q_r^N$$

$$SW^N = SC^N + CS^N + EB^N$$

其中，f 为低碳产品的环境绩效系数，用于衡量环境影响水平。同样地，对于直销策略，计算方法如下：

$$SC^D = \Pi_m^D + \Pi_r^D, \quad CS^D = \frac{1}{2}(q_d^D + q_r^D)^2, \quad EB^D = f(g_d^D q_d^D + g_r^D q_r^D)$$

$$SW^D = SC^D + CS^D + EB^D$$

比较非直销和直销策略下的环境绩效和社会福利，命题 10.6 成立。

命题 10.6　直销策略下的环境绩效和社会福利高于非直销策略。

证明：

$$EB^D - EB^N = \frac{\begin{array}{c} fHt[2(2k^3 + 5k^2 + 4k + 16)a - 4(1-k)(k^3 + 3k^2 + 4k + 8)b \\ + Ht^2(16 - 20k + k^2 - 4k^3 - 2k^4)] \end{array}}{8(k^2 + 8)}$$

令

$$B_e = \frac{2(2k^3 + 5k^2 + 4k + 16)a + Ht^2(16 - 20k + k^2 - 4k^3 - 2k^4)}{4(1-k)(k^3 + 3k^2 + 4k + 8)}$$

当 $b < B < B_e$ 时，可以得出 $EB^D > EB^N$。同样地，将定理 10.1 和定理 10.2 的均衡结果代入 SW^i，有

$$SW^D - SW^N = \frac{\begin{array}{c} A_s^1 a^2 + 4(1-k)[A_s^2 b + Ht(A_s^3 f + A_s^4)]a + A_s^5 b^2 \\ -16Ht(1-k)^2(A_s^6 f + A_s^7)b - H^2 t^3(1-k)(A_s^8 f - A_s^9) \end{array}}{128(1-k)(k^2 + 8)^2}$$

其中，

$$A_s^1 = 4(-4k^7 - 20k^6 - 45k^5 - 59k^4 - 80k^3 + 288k^2 + 192k + 1024)$$

$$A_s^2 = 8(k^7 + 5k^6 + 15k^5 + 21k^4 + 38k^3 - 36k^2 - 224)$$

$$A_s^3 = 8(k^2 + 8)(2k^3 + 5k^2 + 4k + 16)$$

$$A_s^4 = t(-4k^7 - 20k^6 - 52k^5 - 59k^4 - 192k^3 + 288k^2 - 256k + 1024)$$

$$A_s^5 = 16(1-k)(k^8 + 4k^7 + 12k^6 + 12k^5 + 11k^4 - 24k^3 - 64k + 192)$$

$$A_s^6 = 4(k^2 + 8)(k^3 + 3k^2 + 4k + 8)$$

$$A_s^7 = t(-k^7 - 5k^6 - 15k^5 - 21k^4 - 38k^3 + 36k^2 + 224)$$

$$A_s^8 = 16(k^2 + 8)(2k^4 + 4k^3 - k^2 + 20k - 16)$$

$$A_s^9 = t(4k^8 + 16k^7 + 32k^6 + 133k^4 - 592k^3 + 544k^2 - 1728k + 1024)$$

其中，$\dfrac{\partial^2 (SW^D - SW^N)}{\partial b^2} = A_s^5 > 0$。这意味着 $SW^D - SW^N$ 是关于 b 的凹函数，没有任何实根。因此，有 $SW^D - SW^N > 0$。

证明完毕。

命题 10.6 表明，在环境绩效和社会福利方面，直销策略优于非直销策略。由于两种策略下的产品减排量相同，可以得出结论，制造商的直销策略会产生与零售商的冲突和竞争，但是它能提高供应链中的总需求。

第五节　数　值　仿　真

本节将进行数值仿真，考察消费者低碳意识 t、产品可替代性 k 等关键参数对企业利润的影响。参考文献中的相关研究（Liu et al.，2012；Hong and Guo，2019），设置相关数值如下：$a = 10$，$h = 0.5$ 和 $b = 3$。这些参数值满足模型的假设（如正需求和利润）。

首先讨论不同水平 t 下非直销和直销策略下的企业利润。在这种情况下，令 $k = 2$，并绘制图 10-1。图 10-1 显示，随着 t 的增加，两家企业在任一策略下的利润都会增加。这一观察结果证实了命题 10.2，并与早期的研究一致（Liu et al.，2012；Jamali and Rasti-Barzoki，2018；Heydari et al.，2019）。然而，与这些研究不同的是，本章发现，制造商因直销而带来的利润改进总是正的并且随着 t 的增加而增加，零售商的利润改进也是正向的但随着 t 的增加而减少。因此，与非直销策略相比，直销策略下的两家企业都能在消费者低碳意识的提高中获益。这表明在绿色供应链中，企业应该共同帮助消费者了解其产品的绿色性能，努力提高消费者的低碳意识。

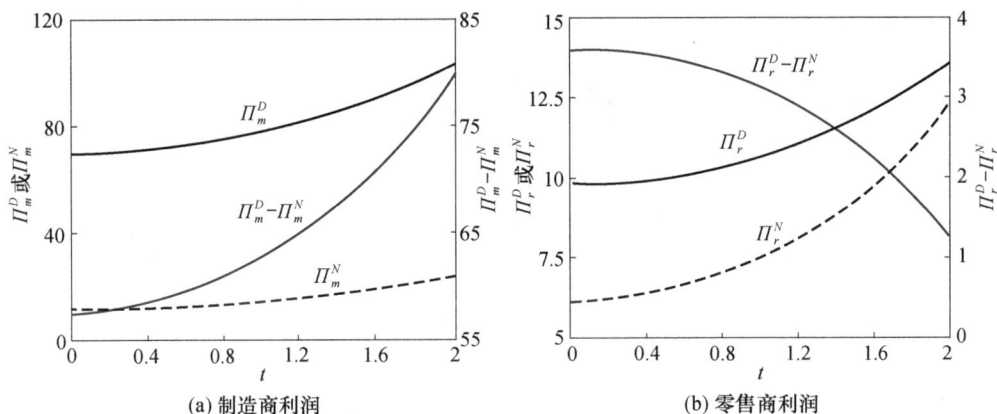

(a) 制造商利润　　　　　　　　　(b) 零售商利润

图 10-1　t 对制造商和零售商的利润改进的影响

其次研究 k 对企业利润的影响。令 $t=1$，选择 $b=0$ 和 9，分别代表直销成本较低和较高。令 $\Delta \Pi_i = \Pi_i^D - \Pi_i^N$ 表示企业 $i=m,r$ 的利润改进。图 10-2 说明了每家企业从直销中获得的利润改进是随 k 的增加而增加的。第一，虽然在非直销策略下，两者的利润都与 k 无关，但无论直销成本如何，制造商在直销策略下的利润改进都会随着 k 的增加而增加。这与命题 10.3 是一致的。当直销成本较高（$b=9$）时，零售商的利润改进也会随着 k 的增加而增加。然而，当直销成本较低（$b=0$）时，零售商的利润改进首先会减少，直到 k 达到阈值，然后开始增加。这也与命题 10.3 相一致。也就是说，如果直销成本足够低，制造商会提高批发价格以扩大零售渠道的有效使用，从而损害零售商的利益。这一结果与 Liu 等（2012）的研究不同，他们的研究显示，k 的增加会导致零售商的利润增加，但制造商的利润可能增加或减少，这取决于消费者的低碳意识和减排量的成本效率。本章的结果也补充了 Li 等（2016a）的结果，该结果表明直销总是损害零售商而不总是有利于制造商。第二，对于任何 k 值，$\Delta \Pi_m(b=0) > \Delta \Pi_m(b=9)$，这意味着制造商可以从较低的直销成本中获益；$\Delta \Pi_r(b=0) < \Delta \Pi_r(b=9)$，这是由于较高的直销成本压低了制造商的零售市场，零售商可以从激增的批发市场中获益。这意味着只要直销成本不是太高，增加直销渠道对制造商来说是有利可图的。另外，现有的零售商应该进一步提高其零售效率，以便在零售市场上建立更大的成本优势。

最后，为了比较非直销和直销策略下的社会福利，绘制图 10-3，以显示社会福利随着 t、k 或 f 的变化。第一，在图 10-3 中，直销带来的社会福利改进总是正的，如命题 10.6 所述。因此，为了改善社会福利，政府应该为电商发展建立一个良好的商业环境，以引导企业直销其产品。第二，从图 10-3（a）中发现，社会福利改进是随着 t 的增加而增加的。在双渠道下，消费者的低碳意识越高，对社会福利就越有积极影响。因此，政府可以推出生态友好的消费措施，激励消费者购买绿色低碳产品。第三，图 10-3（b）显示了非直销

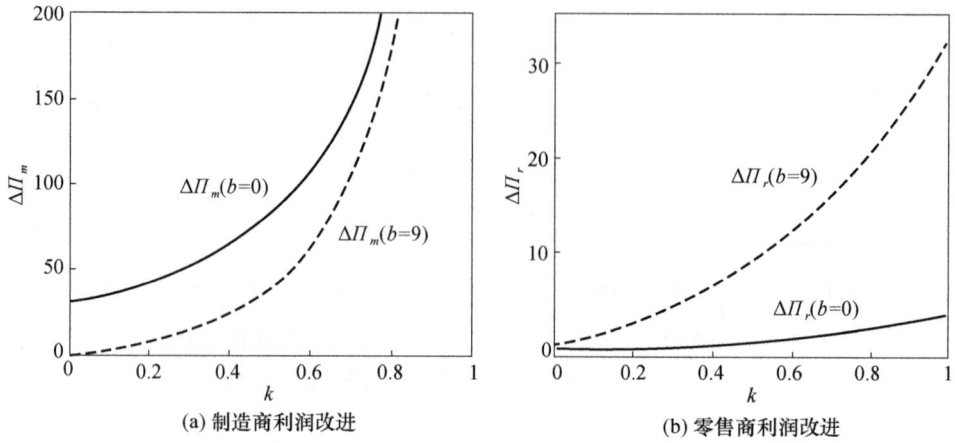

图 10-2　当 $b = 0$ 和 9 时，k 对制造商和零售商的利润改进的影响

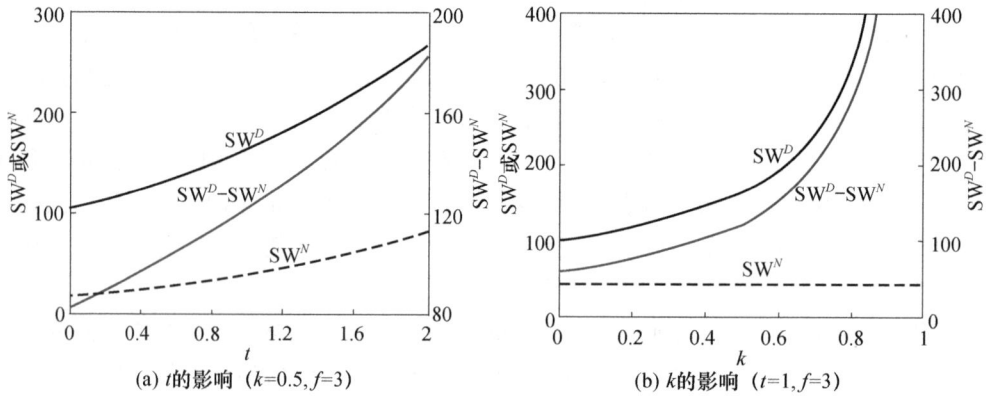

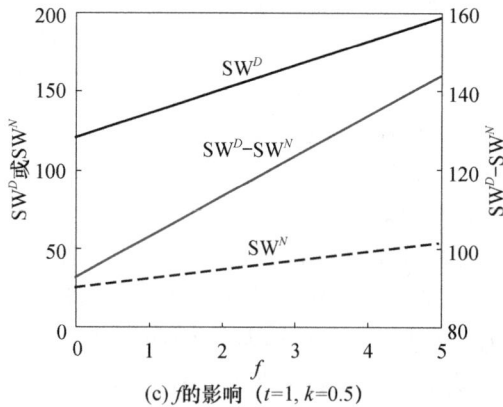

图 10-3　t、k 和 f 对社会福利改进的影响

和直销策略下的社会福利改进随着 k 的变化趋势。值得注意的是，直销带来的社会福利改进随着 k 的增加而增加。这是因为激烈的渠道竞争刺激了总需求，从而改善了社会福利。第四，随着 f 的增加，图 10-3（c）显示社会福利改进也在增加。特别地，当环境影响得到更多关注时，制造商的直销可以改善社会福利。因此，政府可以为从事低碳制造的企业提供补贴或免税，以体现其对环境保护的重视。

本 章 小 结

本章研究了一个制造商在具有可替代低碳产品的双渠道供应链中的投资和定价决策。假设消费者有低碳意识，愿意以较高的价格购买低碳产品。此外，低碳产品在批发和直销渠道中是有差异的，是可替代的。本章着重研究了消费者低碳意识和产品竞争对制造商选择直销策略的影响。

本章的发现主要包括以下几点。第一，制造商和零售商的利润都受到消费者低碳意识的积极影响。第二，产品的可替代性对制造商的利润的影响也是正向的。此外，随着产品可替代性的增加，如果制造商的直销成本较高，零售商的利润往往会增加；否则，其利润可能会减少。第三，直销可以更好地平衡零售和批发市场之间的盈利水平。因此，低碳制造商总是倾向于采用直销策略。相反，如果直销产品的减排量的成本效率较低，零售商也倾向于偏好直销策略。当产品的生产在低碳运营中具有成本优势时，这种产品将具有更高的减排量。第四，数值研究表明，消费者的低碳意识对制造商从直销中获得的利润改进有积极影响。除非直销成本相对较低，否则，较高的产品可替代性往往会增加制造商和零售商的利润改进。第五，直销可以改善整个供应链的环境绩效和社会福利。

基于以上分析，可以得到以下管理和政策方面的启示。第一，较高的消费者低碳意识有利于低碳制造、零售商利润和社会福利。因此，供应链中的企业应该在生产和营销方面进行合作。这可以帮助消费者更好地理解低碳产品的价值，并提高他们为产品付费的意愿。另外，政府可以为低碳产品提供补贴，降低消费者的成本。第二，在渠道竞争加剧的情况下，制造商可以获得更多的利润。也就是说，制造商在双渠道中提供差异性较小的低碳产品，可能会有更好的效果。第三，零售商能否从产品销售中获益取决于制造商的直销成本。如果它足够高，零售商就不会排斥差异化较小的产品的销售。第四，虽然增加直销渠道会加剧渠道竞争，但它可以扩大市场总需求，最终使制造商受益。第五，制造商的直销对零售商也是有利的。当产品的减排量的成本效率高或直销成本高时，制造商会降低批发价格，从而使零售商受益。第六，当政府更加重视环境问题时，环境绩效和社会福利在直销战略下会得到改善。因此，政府在为直销企业制定政策时应该重视环境绩效。

第十一章 供应链协同减碳的平台销售模式
与低碳韧性研究

第一节 研究背景

电商平台的发展为制造商提供了广阔的市场机会。受诸多因素的影响，如电商业务的发展、互联网技术的不断创新，以及智能手机和移动支付的普及，越来越多的消费者选择通过网络平台购买产品。例如，2021 年 1～9 月，美国的零售电商销售额接近 6520 亿美元（Daniela，2021）；2020 年，中国的电商巨头阿里巴巴集团的收入达到 1090 亿美元（Ma，2024）。

当企业与电商平台合作时，主要有两种销售模式：一种是传统的分销模式，制造商将产品批发给电商平台，电商平台再将这些产品出售给消费者；另一种是代销模式，制造商通过电商平台直接向消费者销售产品，电商平台会收取制造商一定比例的费用作为代理费。这两种线上模式的主要区别在于谁来决定线上零售价格。具体而言，线上零售价格在分销模式下由电商平台确定，在代销模式下由制造商自行确定。在商业实践中，亚马逊或京东等大型电商平台也允许其制造商与传统的线下零售商使用这两种模式来销售其产品。例如，在亚马逊平台上，三星和索尼分别采用代销模式和分销模式。

近年来，消费者越来越意识到环境保护的重要性。世界各国政府和组织也在不断倡导节能减排，发展清洁能源，创新绿色技术和生产方式。例如，从 2005 年开始，沃尔玛要求其上游制造商（供应商）在"碳披露项目"（Carbon Disclosure Project，CDP）中披露其碳排放量。2019 年，沃尔玛宣布了"10 亿吨减排项目"（Project Gigaton），目标是到 2030 年将其全球供应链产生的碳排放量减少 10 亿吨。因此，许多制造企业开始集中生产低碳产品（Ghosh and Shah，2011）。新冠疫情期间，消费者的低碳产品购买意愿进一步提升。消费者选择在网上购买他们的大部分用品，80%的受访者表示将可持续性纳入其购买决策中（Sally，2021）。这也是制造商生产低碳产品并通过在线渠道销售产品的一个机会。

低碳产品是指在生产、使用、后续回收全过程中遵循环保理念的产品。近几年对消费者行为的研究（Sony et al.，2015；Tansakul et al.，2018）表明，消费者在购买产品时不仅会考虑其价格、质量和服务，而且会考虑环境绩效。根据世代投资管理（Generation Investment Management，Generation IM）公司的一项研究，电商的碳效率比传统零售店高 17%。尤其是在当今购物者更喜欢环保品牌的情况下，制造商认识到提高其业务实践和运营的可持续性势在必行。制造商可以通过电商和可持续发展倡议赢得市场和品牌忠诚度（Miva，2021）。

许多制造商越来越多地生产低碳产品，并通过传统零售商和电商平台进行销售。例如，中国领先的家电制造商格力利用分销模式在亚马逊上销售节能空调，并通过线下零售商场销售这些产品。海尔在线下零售商场销售节能空调，但更偏好通过代销模式在亚马逊上销售这些产品（Wei et al.，2020）。戴尔计算机在线下办公用品商店销售其产品，并使用 eBay 实施代销模式（Ow and Wood，2011）。在中国，松下采用代销模式在京东上销售其节能电器，同时也通过苏宁等线下零售商销售这些产品。在这些实例中，每个制造商都通过线下和线上零售商销售其低碳产品。此外，在中国，高达 49%的企业因销售方式不当而倒闭（Li，2018）。因此，选择最优的网络销售模式对低碳制造商至关重要。

双渠道低碳供应链中，制造商生产低碳产品，并通过线下零售商和电商平台将其出售给具有低碳意识的消费者。制造商将投资低碳产品设计，以吸引更多的低碳消费者。在这方面，制造商面临着低碳创新的成本与消费者需求增强带来的收益之间的权衡。通常情况下，关于制造商在线销售模式的现有研究忽略了消费者低碳意识的因素。因此，本章在消费者低碳意识和渠道竞争存在的情况下，研究制造商的低碳创新和在线销售模式（分销模式与代销模式）。直观上，制造商可能更喜欢代理费用低的代销模式，而电商平台更喜欢代理费用高的代销模式。然而，当将低碳产品和双通道结构结合起来考虑时，这些猜想可能是不正确的。因此，制造商在设计低碳产品并选择在线销售模式时，会面临以下问题。

（1）制造商如何在代销模式和传统分销模式之间进行选择？

（2）在线销售模式如何影响制造商、零售商和电商平台的产品减排量与盈利能力？

（3）消费者低碳意识与渠道竞争如何影响制造商、零售商和电商平台？

为了回答这些问题，本章构建一个由制造商、零售商和电商平台组成的两级供应链的 Stackelberg 博弈模型。制造商投资低碳产品设计并通过传统的线下零售商和在线电商平台销售给低碳消费者。制造商可以选择批发产品并将零售价格决定权留给电商平台（分销模式）或将产品直接销售给消费者并决定零售价格，但向电商平台支付收入的一定比例作为代理费（代销模式）。因为两个渠道的低碳产品是可替代的，所以电商平台将与零售商竞争。

本章的主要创新性包括：第一，通过考虑消费者低碳意识因素，扩展与双渠道供应链中在线销售模式选择相关的研究。与非低碳产品相比，在消费者低碳意识存在的情况下，制造商面临着低碳产品投资所产生的成本与产品低碳化提高市场份额所带来的收益之间的权衡。第二，考虑消费者低碳意识和渠道竞争对产品减排量和每个供应链成员利润的影响。分析结果表明，无论是哪种销售模式，消费者的低碳意识总是有利于制造商、零售商和电商平台的。然而，渠道竞争在不同模式下对利润的影响是不同的。具体而言，在分销模式下，更激烈的渠道竞争只会对制造商有利，对零售商和电商平台都不利；在代销模式下，更激烈的渠道竞争对制造商和电商平台都有利，但对零售商不利。在分销和代销模式下，消费者低碳意识和渠道竞争对产品减排量有正向影响。第三，与大多数考虑消费者低碳意识的现有研究不同，本章允许制造商在分销和代销之间进行选择。研究发现，在代理费较低的情况下，代销模式会带来更高的产品减排量，并有利于制造商，反之亦然。当且仅当低碳投资研发成本系数和收益分成比例足够低或足够高时，代销模式对零售商有利。同样，当低碳投资研发成本系数和收益分成比例较低时，代销模式也有利于电商平台。有趣的是，当低碳投资研发成本系数非常高时，只有当收益分成比例适中时，代销模式对电商平台来说更有利可图；否则，电商平台更倾向于分销模式。第四，代销模式除了有利于提高产品的低碳性，还可以实现供应链各方的共赢。

第二节 模型建立

一、模型描述和假设

本章考察一个双渠道供应链，其中有一个上游制造商和两个下游零售公司，即一个零售商和一个电商平台。制造商设计一种低碳产品并通过两家零售公司销售。零售商从制造商处采购低碳产品并将其出售给消费者。电商平台向制造商提供两种销售模式：分销和代销。在分销模式下，电商平台从制造商处购买低碳产品并转售给消费者。在代销模式下，制造商通过其电商平台直接向消费者销售低碳产品，但电商平台会为提供这种服务收取代理费。因此，电商平台和零售商进行价格竞争。

在双渠道低碳供应链的背景下，本章重点关注消费者低碳意识和渠道竞争的影响。有低碳意识的消费者愿意以更高的价格购买低碳产品。因此，产品低碳化可以扩大产品需求。通过电商平台和传统零售商两种渠道，制造商销售低碳产品，从而导致价格竞争。因此，每个渠道的产品需求是由价格和产品的减排程度决定的。正如相关文献（Zhang et al.，2021；Gao et al.，2020a）所假设的那样，两个渠道的需求函数可以表示为

$$D_r = a - p_r + k(p_e - p_r) + \lambda\theta \qquad (11.1)$$
$$D_e = a - p_e + k(p_r - p_e) + \lambda\theta \qquad (11.2)$$

其中，a 为市场潜力；p_i 为产品在电商平台（$i=e$）或零售商（$i=r$）上的零售价格；k 为两个渠道的交叉价格敏感度，又称渠道竞争系数，反映了价格竞争的强度或两个竞争渠道之间的可替代性，$0<k<1$，随着 k 增加，渠道价格竞争变得更加激烈；θ 为产品减排量；λ 为消费者低碳意识。注意，两种产品的总需求与渠道竞争系数 k 无关，

但随着消费者低碳意识λ的增加而增加。因此，本章使用的需求函数形式在保证易处理的同时，可以更加聚焦研究消费者低碳意识和价格竞争的影响。

在实践中，越是环保的产品，其生产成本就越高。例如，制造商可能需要采用环保技术、改进生产工艺、选择清洁能源来减少碳排放。根据现有研究（Ren et al.，2021；Gao et al.，2020a；Aslani and Heydari，2019），制造商生产低碳产品的成本函数可以定义为$c = \dfrac{h\theta^2}{2}$，其中，h为低碳投资研发成本系数，h越大，制造商为提高产品的低碳性而产生的固定成本就越大。求c关于产品减排量θ的一阶和二阶导数，有$\dfrac{\partial c}{\partial \theta} > 0$和$\dfrac{\partial^2 c}{\partial \theta^2} > 0$，说明如果产品减排量已经很高，那么企业想进一步提高产品减排量就需要极大的成本。不失一般性，除制造商在提供低碳产品方面的投资成本外，本章将制造商的其他生产成本和销售成本归一化为零（Zhang and Hou，2022）。

代销模式下，对于线上销售的每一件商品，电商平台都会收取一定比例的代理费，假设电商平台收取的单位产品费用（又称产品收益分成比例）$\beta \in (0,1)$。虽然β对于不同的产品可能会有所不同，但对于同一类型的产品通常是相同的（Liu et al.，2020a）。例如，速卖通每年发布一份《各类产品收益分成比例一览表》（*Schedule of Revenue Sharing Proportions for Various Products*），向公众展示各自类型的产品收益分成比例。亚马逊的《亚马逊销售费用表》（*Selling on Amazon Fee Schedule*）显示，美妆、服装和配饰、玩具和游戏及户外等许多产品类别的收益分成比例为15%。这证实了标准的商业惯例，也就是说，由于亚马逊和速卖通等电商平台服务于多家制造商，它们无法确定每个制造商的每个产品的收益分成比例。相反，他们宣布了所有相关制造商共同的收益分成比例。因此，可以合理地假设收益分成比例是外生的（Wang et al.，2018a）。

二、符号和博弈顺序

本节采用 Stackelberg 博弈来刻画供应链各成员在双渠道低碳供应链中的博弈顺序。制造商是领导者，零售商是追随者。制造商在电商平台上销售低碳产品时，可以采用分销模式或者代销模式。为方便起见，上标 S 和 A 分别表示分销和代销模式下两种模型的均衡结果。类似地，下标 m、r 和 e 分别表示制造商、零售商和电商平台的变量和函数。为表达清楚，本章的参数符号与定义见表 11-1。

表 11-1　参数符号与定义

符号	定义
指数	
i	企业索引：制造商，$i = m$；零售商，$i = r$；电商平台，$i = e$

符号	定义
S	分销模式
A	代销模式
N	网络模式中不考虑低碳产品的模型
参数	
a	市场潜力
k	渠道竞争系数，$0<k<1$
λ	消费者低碳意识，$0<\lambda<1$
h	低碳投资研发成本系数，$h>0$
β	电商平台收取的收益分成比例，$0<\beta<1$
决策变量	
p_i	渠道 i 的零售价格，$i=r,e$
w_i	给渠道 i 的批发价格，$i=r,e$
θ	产品减排量
因变量	
D_i	渠道 i 的需求函数，$i=r,e$
Π_i	供应链各成员的利润函数，$i=m,r,e$

为了研究制造商在线销售模式的选择，首先，本章考虑分销模式，制造商选择将低碳产品批发给零售商和电商平台，由他们将这些低碳产品出售给最终消费者，如图 11-1（a）所示。分销模式下的博弈顺序如下：第一，制造商确定产品减排量 θ，分别以 w_r 和 w_e 的批发价格出售给零售商和电商平台；第二，零售商为消费者设定其线下零售价格 p_r，同时，电商平台选择零售价格 p_e 并销售（Pu et al.，2021）。

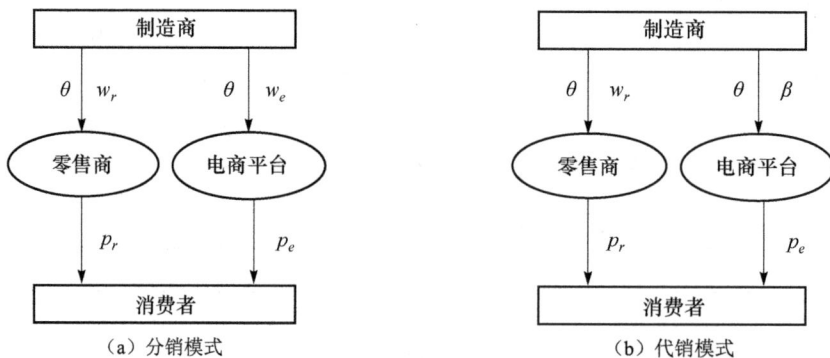

（a）分销模式　　　　　　　　　　（b）代销模式

图 11-1　分销模式和代销模式下的供应链结构

其次，本章考虑代销模式，即制造商除了将低碳产品批发给零售商，还选择通过支付代理费的方式通过电商平台间接向消费者销售。图11-1（b）说明了这种情况。制造商决定产品的减排量及产品的批发价格和代销渠道的网络零售价格。下游零售商决定线下零售价格以实现自身利润最大化。博弈顺序如下：第一，制造商共同为零售商确定产品减排量 θ 和批发价格 w_r；第二，零售商和制造商同时决定零售价格 p_r 和 p_e，以实现利润最大化。

第三节　结果与分析

一、分销模式下的均衡结果

在分销模式下，给定电商平台的线上零售价格（p_e），制造商决定的批发价格（w_r 和 w_e），以及产品减排量（θ），零售商制定零售价格 p_r 以最大化其利润：

$$\max \Pi_r^S = (p_r - w_r)[a - p_r + k(p_e - p_r) + \lambda\theta] \tag{11.3}$$

同时，电商平台决定其零售价格 p_e，以最大化其利润：

$$\max \Pi_e^S = (p_e - w_e)[a - p_e + k(p_r - p_e) + \lambda\theta] \tag{11.4}$$

求解式（11.3）和式（11.4）的一阶导数，共同得出以下均衡零售价格：

$$p_r^S(\theta, w_r, w_e) = p_e^S(\theta, w_r, w_e) = \frac{(3k+2)a + (k^2+k)w_r + 2(k^2+2k+1)w_e + (3k+2)\lambda\theta}{3k^2 + 8k + 4}$$

$$\tag{11.5}$$

由式（11.5）可以看出，电商平台的零售价格等于零售商的零售价格，批发价格（w_r 和 w_e）和消费者的低碳意识都有所提高。这意味着有低碳意识的消费者愿意为低碳产品支付更多费用。

预测零售商和电商平台在式（11.5）中的最优零售价格，制造商决定批发价格（w_r 和 w_e）和产品减排量（θ）以最大化其总利润：

$$\max \Pi_m^S = w_r\left\{a - p_r^S(\theta, w_r, w_e) + k[p_e^S(\theta, w_r, w_e) - p_r^S(\theta, w_r, w_e)] + \lambda\theta\right\}$$

$$+ w_e\left\{a - p_e^S(\theta, w_r, w_e) + k[p_r^S(\theta, w_r, w_e) - p_e^S(\theta, w_r, w_e)] + \lambda\theta\right\} - \frac{1}{2}h\theta^2 \tag{11.6}$$

其中，$w_r\left\{a - p_r^S(\theta, w_r, w_e) + k[p_e^S(\theta, w_r, w_e) - p_r^S(\theta, w_r, w_e)] + \lambda\theta\right\}$ 和 $w_e\left\{a - p_e^S(\theta, w_r, w_e) + k[p_r^S(\theta, w_r, w_e) - p_e^S(\theta, w_r, w_e)] + \lambda\theta\right\}$ 分别是制造商从零售商和电商平台处获得的批发利润；$\frac{1}{2}h\theta^2$ 是制造商在提供低碳产品方面的投资成本。将式（11.5）代入式（11.6）求解，得到制造商均衡批发价格和产品减排量。因此，分销模式下的均衡结果见定理11.1，其中，h_S 的表达式见附录4。

定理 11.1　在低碳产品分销模式下，当 $h > h_S$ 时，均衡产品减排量、价格、需求量和利润分别为

$$\theta^S = \frac{a\lambda(k+1)}{h(2+k) - \lambda^2(k+1)}, \quad w_r^S = w_e^S = \frac{ah(2+k)}{2[h(2+k) - \lambda^2(k+1)]}$$

$$p_r^S = p_e^S = \frac{ah(k+3)}{2[h(2+k) - \lambda^2(k+1)]}, \quad D_r^S = D_e^S = \frac{ah(k+1)}{2[h(2+k) - \lambda^2(k+1)]}$$

$$\Pi_r^S = \Pi_e^S = \frac{a^2 h^2(k+1)}{4[h(2+k) - \lambda^2(k+1)]^2}, \quad \Pi_m^S = \frac{a^2 h(k+1)}{2[h(2+k) - \lambda^2(k+1)]}$$

定理 11.1 表明，$h > h_S$ 的条件保证了分销模式下最优解的存在性和唯一性。这意味着低碳生产和运营是高成本的，反映了低碳生产和运营通常需要在研发、机器和产品线升级、测试和评估等方面投入更高的成本（Gao et al.，2020a）。例如，H&M 报告称，棉农种植有机棉花的成本高于普通棉花。特斯拉在锂离子电池的环境性能测试方面投入巨资（Zhang et al.，2021）。此外，零售商和电商平台的均衡结果是相同的。直观的原因是，这两个下游采购商占据同一个下游位置，并且从同一个制造商采购低碳产品。值得注意的是，分销模式下的均衡解受市场需求、低碳投资研发成本系数、渠道竞争系数、消费者低碳意识等因素影响。

首先，为了更好地讨论产品低碳的效益，以分销模式下不考虑低碳产品的情况为基准模型。通过设置 $\lambda = 0$ 而不考虑制造商的低碳创新，可以得出分销模式下的均衡结果。

推论 11.1　在非低碳产品分销模式下，均衡价格、需求和利润为

$$w_r^{SN} = w_e^{SN} = \frac{a}{2}, \quad p_r^{SN} = p_e^{SN} = \frac{a(k+3)}{2(k+2)}, \quad D_r^{SN} = D_e^{SN} = \frac{a(k+1)}{2(k+2)}$$

$$\Pi_r^{SN} = \Pi_e^{SN} = \frac{a^2(k+1)}{4(k+2)^2}, \quad \Pi_m^{SN} = \frac{a^2(k+1)}{2(k+2)}$$

从推论 11.1 中可以看出，非低碳产品分销模式下的最优决策和利润只与市场需求和渠道竞争系数有关。这与低碳产品的情况明显不同。比较低碳产品和非低碳产品在分销模式下的价格、需求和利润，有命题 11.1 成立。

命题 11.1　在分销模式下，

（1）在销售低碳产品时，零售商和电商平台的零售价格均较高，即 $p_i^S > p_i^{SN}$，$i = r, e$；

（2）在销售低碳产品时，零售商和电商平台的需求均较高，即 $D_i^S > D_i^{SN}$，$i = r, e$；

（3）制造商、零售商和电商平台都受益于积极的消费者低碳意识 $\lambda > 0$，即 $\Pi_i^S > \Pi_i^{SN}$，$i = m, r, e$。

上述命题证实了低碳产品生产的好处。特别是，消费者具有低碳意识，愿意为低碳产品支付更高的价格，如命题 11.1（1）所述。这促进了产品需求[命题 11.1（2）]并激励制造商投资低碳创新。换言之，在消费者低碳意识存在的情况下，以分销模式

提供低碳产品会产生双重好处：更高的零售价格和更高的需求。结果是，各方都从积极的消费者低碳意识中受益，如命题 11.1（3）所述。

其次，研究消费者的低碳意识如何影响分销模式下各方的利润，有命题 11.2 成立。

命题 11.2　在低碳产品的分销模式下，随着消费者低碳意识 λ 的增强，零售商、电商平台及制造商的利润都提高。

命题 11.2 表明，双渠道绿色供应链中的每一方都可以从更高的消费者低碳意识中受益。为了解释这一点，可以从定理 11.1 中看到，$\dfrac{\partial \theta^S}{\partial \lambda}>0$，$\dfrac{\partial w_r^S}{\partial \lambda}>0$，$\dfrac{\partial w_e^S}{\partial \lambda}>0$，$\dfrac{\partial p_r^S}{\partial \lambda}>0$，

$\dfrac{\partial p_e^S}{\partial \lambda}>0$，$\dfrac{\partial D_r^S}{\partial \lambda}>0$，$\dfrac{\partial D_e^S}{\partial \lambda}>0$。这意味着更高的消费者低碳意识将激励制造商提高产品减排量，从而带来两个效果：更高的零售价格和两个渠道的更高的需求。因此，制造商可以从零售商和电商平台两方面提高利润。这种效应也使零售商和电商平台变得更好。因此，供应链的每个成员都应引导消费者提高低碳意识，采取与改善低碳生产经营相关的服务策略。

命题 11.3　在低碳产品分销模式下，随着渠道竞争系数 k 的增加，均衡结果将发生变化，如表 11-2 所示。

表 11-2　分销模式下均衡结果随 k 增加的变化

变量	符号	单调性
产品减排量	θ^S	↑
批发价格	w_r^S	↑
	w_e^S	↑
零售价格	p_r^S	↓
	p_e^S	↓
需求	D_r^S	↑
	D_e^S	↑
利润	Π_m^S	↑
	Π_r^S	↓
	Π_e^S	↓

从命题 11.3 中可以看出，更高的渠道竞争系数 k 加剧了零售商和电商平台之间的价格竞争。这种跨渠道竞争迫使他们降低零售价格（表 11-2）并产生正外部性，即对

需求的实质性激励。作为低碳供应链的领导者，制造商努力加大对低碳产品的生产和开发投入（表11-2），以扩大两个渠道的市场。一个反直觉的结果是，更激烈的竞争最终导致两个渠道的批发价格更高。驱动力也是产品的低碳化。这是因为每个渠道的批发价格与产品减排量呈正相关，可以看到，$\frac{\partial w_r^S}{\partial k} = \frac{\partial w_e^S}{\partial k} = \frac{\lambda}{2}\frac{\partial \theta^S}{\partial k}$。因此，当零售商和电商平台销售更环保的产品时，他们允许制造商收取更高的批发价格。另外，成本高昂的低碳生产不可避免地促使制造商提高两个渠道的批发价格，以抵消其低碳投资的成本。

因此，较高的批发价格和两个渠道随之而来的销量激增将增加制造商的利润。然而，激烈的价格竞争导致批发价格上涨和零售价格下跌，这对零售商和电商平台造成了伤害。总之，分销模式下的渠道竞争更加激烈，对制造商和消费者都有好处。它可以使制造商获得更高的利润，而消费者可以买得起低碳水平更高的产品。

二、代销模式下的均衡结果

在代销模式下，制造商将产品直接在电商平台上销售给消费者，并自行决定零售价格。作为回报，制造商向电商平台支付代理费。特别地，制造商将销售收入的比例 β 分配给了电商平台。在这种情况下，零售商的定价决策与式（11.3）中的相同。制造商选择零售价格（p_e）以最大化其利润：

$$\max \prod_m^A = w_r[a - p_r + k(p_e - p_r) + \lambda\theta] + (1-\beta)p_e[a - p_e + k(p_r - p_e) + \lambda\theta] - \frac{1}{2}h\theta^2$$

（11.7）

其中，$w_r[a - p_r + k(p_e - p_r) + \lambda\theta]$ 为制造商从零售商那里获得的批发利润；$(1-\beta)p_e[a - p_e + k(p_r - p_e) + \lambda\theta]$ 为制造商从电商平台那里获得的零售利润；$\frac{1}{2}h\theta^2$ 为制造商在提供低碳产品方面的投资成本。同时求解式（11.3）和式（11.7）的一阶导数，得到以下均衡零售价格：

$$p_r^A(\theta, w_r) = \frac{(3k+2)(1-\beta)(a+\lambda\theta) + [3k^2 + 4k + 2 - 2(k^2 + 2k + 1)\beta]w_r}{(1-\beta)(3k^2 + 8k + 4)} \quad (11.8)$$

$$p_e^A(\theta, w_r) = \frac{(3k+2)(1-\beta)(a+\lambda\theta) + (3-\beta)(k^2 + k)w_r}{(1-\beta)(3k^2 + 8k + 4)} \quad (11.9)$$

在均衡解中，零售商的价格和制造商的在线零售价格都与批发价格和消费者的低碳意识呈正相关。预测到式（11.8）和式（11.9）中的最优解，制造商选择产品减排量 θ 和批发价格 w_r 以最大化其在两个渠道的总利润：

$$\max \prod_m^A = w_r\left\{a - p_r^A(\theta, w_r) + k[p_e^A(\theta, w_r) - p_r^A(\theta, w_r)] + \lambda\theta\right\} + (1-\beta)$$

$$\times p_e^A(\theta, w_r)\left\{a - p_e^A(\theta, w_r) + k[p_r^A(\theta, w_r) - p_e^A(\theta, w_r)] + \lambda\theta\right\} - \frac{1}{2}h\theta^2 \quad (11.10)$$

求解式（11.10），得到了均衡产品减排量和批发价格。将它们代回式（11.1）、式（11.2）、式（11.8）～式（11.10），可以得出代销模式下的均衡结果，见定理11.2，其中，h_A 和 A_1 的表达式见附录4。

定理 11.2 当 $h > h_A$ 和 $\beta < T = \dfrac{4k^2 + 7k + 4}{k^3 + 6k^2 + 9k + 4}$ 时，制造商应选择低碳产品的代销模式下的均衡产品减排量、价格、需求和利润分别为

$$\theta^A = \frac{a\lambda(1-\beta)(6k^2 + 7k + 2)[6(k^2+1) + 11k - \beta(4k^2 + 8k + 4)]}{A_1}$$

$$w_r^A = \frac{ah(3k+2)(1-\beta)[(6-2\beta)k^3 + (15-4\beta)k^2 + (14-2\beta)k + 4]}{A_1}$$

$$p_r^A = \frac{ah[k^4(2\beta^2 - 18\beta + 18) + k^3(6\beta^2 - 70\beta + 69) + k^2(6\beta^2 - 98\beta + 94) + k(2\beta^2 - 58\beta + 56) - 12\beta + 12]}{A_1}$$

$$p_e^A = \frac{ah(3k^2 + 5k + 2)[k^2(4\beta - 6) + k(9\beta - 11) + 4 - 4\beta]}{A_1}$$

$$D_r^A = \frac{ah(2k^2 + 3k + 1)[k^3(3\beta - 2\beta^2) + k^2(6 - 4\beta^2) + k(8 - 2\beta^2 - 6\beta) - 4\beta + 4]}{A_1}$$

$$D_e^A = \frac{ah(6k^2 + 7k + 2)[-\beta k^3 + k^2(4 - 6\beta) + k(8 - 9\beta) + 4 - 4\beta]}{A_1}$$

$$\Pi_r^A = \frac{a^2 h^2 (2k+1)(2k^2 + 3k + 1)[k^3(2\beta^2 - 3\beta) + k^2(4\beta^2 - 6) + k(2\beta^2 + 6\beta - 8) + 4\beta - 4]^2}{A_1^2}$$

$$\Pi_m^A = \frac{a^2 h(1-\beta)(6k^2 + 7k + 2)[k^2(6 - 4\beta) + (11 - 8\beta)k + 6 - 4\beta]}{2A_1}$$

$$\Pi_e^A = \beta a^2 h^2 (3k+2)^2 (6k^2 + 7k + 2)(k^2 + 3k + 2)[k^2(4\beta - 6) + k(9\beta - 11) + 4 - 4\beta]$$
$$\times [-\beta k^3 + k^2(4 - 6\beta) + k(8 - 9\beta) + 4 - 4\beta] / A_1^2$$

与定理11.1类似，定理11.2中的约束 $h > h_A$ 保证了低碳产品代销模式下均衡结果的存在性和唯一性。此外，当收益分成比例低于阈值（T）时，制造商将采用代销模式并侵占终端市场。否则，制造商将依靠零售商销售其低碳产品。阈值 T 随着渠道竞争系数 k 的增加而降低。换言之，更激烈的渠道竞争会减少代销模式的使用。

最后，对非低碳产品的代销模式进行研究，并以此为基准。在上述模型中，不考虑制造商的低碳投资，我们可以推导出没有低碳产品（$\lambda = 0$）的代销模式下的均衡结果。

推论 11.2 当 $\beta < T$ 时，制造商会选择非低碳产品代销模式，其均衡价格、需求

和利润为

$$w_r^{AN} = \frac{a(3k+2)(1-\beta)[(6-2\beta)k^3 + (15-4\beta)k^2 + (14-2\beta)k + 4]}{2(k+1)A_2}$$

$$p_r^{AN} = \frac{a[(2\beta^2 - 18\beta + 18)k^4 + (6\beta^2 - 70\beta + 69)k^3 + (6\beta^2 - 98\beta + 94)k^2 + (2\beta^2 - 58\beta + 56)k + 12(1-\beta)]}{2(k+1)A_2}$$

$$p_e^{AN} = \frac{a(3k+2)[(6-4\beta)k^2 + (11-9\beta)k + 4(1-\beta)]}{2A_2}$$

$$D_r^{AN} = \frac{a(2k+1)[(3\beta - 2\beta^2)k^3 + (6-4\beta^2)k^2 + (8-6\beta - 2\beta^2)k + 4(1-\beta)]}{2A_2}$$

$$D_e^{AN} = \frac{a(6k^2 + 7k + 2)[4(1-\beta) + (7-9\beta)k + (4-6\beta)k^2 - \beta k^3]}{2(k+1)A_2}$$

$$\Pi_r^{AN} = \frac{a^2(2k+1)^2[(3\beta - 2\beta^2)k^3 + (6-4\beta^2)k^2 + (8-6\beta - 2\beta^2)k + 4(1-\beta)]^2}{4(k+1)A_2^2}$$

$$\Pi_m^{AN} = \frac{a^2(1-\beta)(6k^2 + 7k + 2)[(6-4\beta) + (11-8\beta)k + (6-4\beta)]}{4(k+1)A_2}$$

$$\Pi_e^{AN} = \beta a^2 (3k+2)^2 (k+2)(6k^2 + 7k + 2)[(6-4\beta)k^2 + (11-9\beta)k + 4(1-\beta)]$$
$$\times [4(1-\beta) + (7-9\beta)k + (4-6\beta)k^2 - \beta k^3] / [4(k+1)(3k^2 + 8k + 4)A_2^2]$$

其中，A_2 的表达式见附录 4。

从推论 11.2 中可以看出，代销模式下非低碳产品的均衡结果仅取决于电商平台收取的收益分成比例和渠道竞争系数。具体而言，非低碳产品代销模式下的选择门槛仅与渠道竞争系数有关。相比之下，从推论 11.2 中可知，是否选择代销模式不仅取决于渠道竞争，而且取决于制造商在低碳生产和运营方面的成本效率。换言之，只要销售低碳产品的收益超过低碳努力所带来的成本，制造商就会选择投资迎合消费者低碳意识的低碳产品，进而影响每个成员的决策和利润。比较低碳和非低碳产品的代销模式下的均衡解，有命题 11.4 成立。

命题 11.4 在代销模式下，

（1）在销售低碳产品时，零售商和电商平台的零售价格均较高，即 $p_i^A > p_i^{AN}$，$i = r, e$；

（2）在销售低碳产品时，零售商和电商平台的需求均较高，即 $D_i^A > D_i^{AN}$，$i = r, e$；

（3）制造商、零售商和电商平台都受益于正的消费者低碳意识 $\lambda > 0$，即 $\Pi_i^A > \Pi_i^{AN}$，$i = m, r, e$。

与分销模式下的命题 11.1 类似，命题 11.4 再次表明在代销模式下生产低碳产品的益处。特别是消费者的低碳意识激励了制造商的低碳生产，最终导致零售价格和需求同步上升。总之，命题 11.1 和命题 11.4 共同表明，无论制造商选择哪种销售模式，供应链中的每一方都可以更好地提高消费者的低碳意识。管理上的含义是企业应该努力培养消费者的低碳意识。

命题 11.5　在低碳产品代销模式下，随着消费者低碳意识 λ 的增强，零售商、电商平台及制造商的利润都增加。

与命题 11.2 类似，命题 11.5 表明，当消费者的低碳意识提高时，绿色供应链中的所有供应链成员都可以获利，并且可以验证，$\frac{\partial \theta^A}{\partial \lambda}>0$，$\frac{\partial w_r^A}{\partial \lambda}>0$，$\frac{\partial p_r^A}{\partial \lambda}>0$，$\frac{\partial p_e^A}{\partial \lambda}>0$，

$\frac{\partial D_r^A}{\partial \lambda}>0$，$\frac{\partial D_e^A}{\partial \lambda}>0$。很明显，消费者的低碳意识激发了制造商生产更环保的产品。减排量较高的低碳产品可以提高产品批发价格和零售价格及总需求，使每个供应链成员受益。

命题 11.6　在低碳产品代销模式下，随着渠道竞争系数 k 的增加，

（1）产品减排量 θ^A 提高；

（2）批发价格 w_r^A 下降；

（3）零售商的零售价格 p_r^A 下降，而电商平台的零售价格 p_e^A 提高；

（4）两个渠道的需求量 D_e^A 和 D_r^A 都增加；

（5）制造商 $\prod_m^A$ 和电商平台 $\prod_e^A$ 的利润增加，而零售商的利润 $\prod_r^A$ 减少。

命题 11.6 对代销模式的研究表明在分销模式的命题 11.3 中渠道竞争系数 k 的不同效果。当渠道竞争系数 k 增加时，渠道竞争变得更加激烈。制造商仍然需要生产更环保的产品[命题 11.6（1）]以吸引更多消费者[命题 11.6（4）]。在代销模式下，制造商可以直接在电商平台上销售并确定零售价格。这让他有机会更多地依靠电商平台来增加其零售利润。因此，他选择收取较低的批发价格[命题 11.6（2）]，但直接以较高的零售价格销售[命题 11.6（3）]。由于较高的零售价格和需求，制造商和电商平台都将受益。然而，为了应对制造商的侵占，零售商被迫降低了其零售价格[命题 11.6（3）]，这最终减少了其利润。

命题 11.7　在低碳产品代销模式（$h>h_A$）下，随着收益分成比例 β 的增加，

（1）产品减排量 θ^A 降低；

（2）制造商的利润 $\prod_m^A$ 将减少；

（3）当 $h<h_r^A$ 时，如果 $0<\beta<\beta_r^A$，则零售商的利润 $\prod_r^A$ 将减少，但如果 $\beta_r^A<\beta<T$，则零售商的利润 $\prod_r^A$ 将增加，否则，当 $h>h_r^A$ 时，零售商的利润 $\prod_r^A$ 将增加，其中，h_r^A 和 β_r^A 的表达式见附录 4；

（4）如果 $0<\beta<\beta_e^A$，则电商平台的利润 $\prod_e^A$ 将增加，但如果 $\beta_e^A<\beta<T$，电商平台的利润 $\prod_e^A$ 将减小，其中，β_e^A 的表达式过长，不再列出。

命题 11.7（1）表明，代销模式下较高的代理费不利于产品的低碳化。特别是当收益分成比例 β 增大时，制造商倾向于降低产品减排量以节省低碳生产成本。考虑到两个渠道的总利润，较高的 β 减少了制造商的利润。尽管它减少了制造商直销渠道的

使用，但这并不意味着零售商是可以获利的，如命题 11.7（3）所述。详细地说，当低碳投资研发成本系数较低（$h<h_r^A$）时，低碳生产具有成本优势。在这种情况下，如果 $0<\beta<\beta_r^A$，则制造商更多地依赖电商平台，而更少地依赖零售商。更高的 β 仍然降低了批发价格和需求，最终损害了零售商的利益。但是，如果 $\beta_r^A<\beta<T$，零售商将从更高的代理费中受益。当低碳投资研发成本系数较高（$h>h_r^A$）时，低碳投资成本过高。增加代理费将迫使制造商更多地依赖批发渠道来抵消低碳投资成本。因此，制造商将降低批发价格以促进零售商的需求。因此，零售商受益于更高的批发需求。

有趣的是，电商平台并不总是从增加的收益分成比例 β 中受益。更具体地说，如果 β 高于阈值，则电商平台的情况会变差。原因是 β 越高，将促使制造商更多地依赖批发渠道，从而大大减少了电商平台上的需求。因此，电商平台收取较低的代理费，不仅可以与制造商建立合作关系，而且可以提高电商平台的利润。这有助于解释为什么许多电商平台（如亚马逊、京东和乐天）没有设置很高的代理费。

三、代销和分销模式的比较

有了两种销售模式下的均衡结果，本章研究的下一个问题是：哪种模式对产品减排量 θ 和每个供应链成员的利润更好。为了回答这些问题，首先比较定理 11.1 和定理 11.2 中的所有均衡结果。可得以下结果，其中，h_0 和 β_θ 的表达式见附录 4。

命题 11.8　当两种销售模式都可以使用（$h>h_0$）时，如果 $0<\beta<\beta_\theta$，则代销模式下的产品减排量较高，即 $\theta^A>\theta^S$。但是，如果 $\beta_\theta<\beta<T$，则代销模式下的产品减排量较低，即 $\theta^A<\theta^S$。

命题 11.8 表明，当收益分成比例足够低（$\beta<\beta_\theta$）时，制造商可以有效地利用代销模式下的电商平台。也就是说，作为直销模式的一种，代销模式有助于缓解供应链中的双重边际效应，产生更高的需求。因此，代销模式下的制造商选择生产更低碳的产品，可以进一步显著增加两个渠道的需求，其收益远超低碳投资成本。从这个意义上说，代销模式可以为有低碳意识的消费者提供低碳产品。但是，当收益分成比例较高（$\beta_\theta<\beta<T$）时，制造商使用分销模式可以提供更环保的产品。

命题 11.9　当两种销售模式都可以采用（$h>h_0$）时，如果 $0<\beta<\beta_\theta$，则在代销模式下制造商的利润较高，即 $\Pi_m^A>\Pi_m^S$；但是，如果 $\beta_\theta<\beta<T$，则在代销模式下制造商的利润较低，即 $\Pi_m^A<\Pi_m^S$。

命题 11.9 表明，阈值 β_θ 决定了制造商何时首选代销模式。根据命题 11.8，这个阈值也决定了代销模式下产品减排量何时更高。更具体地说，当收益分成比例小于阈值（$\beta<\beta_\theta$）时，制造商可以有效地利用代销模式来生产更低碳的产品，吸引更多具有低碳意识的消费者。因此，制造商从代销模式中受益。当 $\beta_\theta<\beta<T$ 时，制造商在实施代销模式方面没有成本优势。相反，制造商能够在分销模式下生产更环保的产品，

这最终促使他采用分销模式来提高利润。

命题 11.10　（1）当 $h_0 < h < h_r$ 时，如果 $0 < \beta < \beta_r$，则零售商在代销模式下的利润更高，即 $\Pi_r^A > \Pi_r^S$。但是，如果 $\beta_r < \beta < T$，则零售商在分销模式下的利润更高，即 $\Pi_r^A < \Pi_r^S$，其中，h_r 和 β_r 的表达式见附录 4。

（2）当 $h > h_r$ 时，如果 $0 < \beta < \beta_r$，则零售商在代销模式下的利润较低，即 $\Pi_r^A < \Pi_r^S$。但是，如果 $\beta_r < \beta < T$，则零售商在代销模式下的利润较高，即 $\Pi_r^A > \Pi_r^S$。

从命题 11.10 中可以清楚地看出，零售商销售模式的选择取决于收益分成比例和低碳投资研发成本系数。当低碳投资研发成本系数和收益分成比例较低（$h_0 < h < h_r$ 和 $0 < \beta < \beta_r$）时，制造商选择代销模式在两个渠道中提供更环保的产品。这带来了两个好处：首先，零售商允许制造商收取更高的批发价格，从而提高零售价格；其次，低碳产品增加了批发渠道的需求。因此，零售商也倾向于采用代销模式。但是，当收益分成比例很高（$\beta_r < \beta < T$）时，结果相反，零售商将选择分销模式。

当低碳投资研发成本系数较高（$h > h_r$）时，制造商提供低碳产品的效率较低。他将提供减排量较低的产品，以节省投资成本。这样，消费者会更加看重产品的价格而不是其低碳性能。较小的收益分成比例（$0 < \beta < \beta_r$）将诱使制造商和零售商进行激烈的竞争。这不可避免地降低了零售商的零售价格，缩小了零售商的市场份额。因此，零售商的利润在代销模式下是降低的。但是，当收益分成比例较高（$\beta_r < \beta < T$）时，结果相反，零售商从代销模式中获利。

命题 11.11　（1）当 $h_0 < h < h_e$ 时，如果 $0 < \beta < \beta_{e1}$，则电商平台在代销模式下的利润更高，即 $\Pi_e^A > \Pi_e^S$。但是，如果 $\beta_{e1} < \beta < T$，则电商平台在分销模式下的利润更高，即 $\Pi_e^A < \Pi_e^S$，其中，h_e 和 β_{e1} 的表达式过长，不再列出。

（2）当 $h > h_e$ 时，如果 $0 < \beta < \beta_{e1}$ 或 $\beta_{e2} < \beta < T$，则电商平台在分销模式下的利润较高，即 $\Pi_e^A < \Pi_e^S$。但是，如果 $\beta_{e1} < \beta < \beta_{e2}$，则电商平台在代销模式下的利润较高，即 $\Pi_e^A > \Pi_e^S$，其中，β_{e2} 的表达式过长，不再列出。

从命题 11.11 中可以看出，电商平台的销售模式选择与低碳投资研发成本系数和收益分成比例密切相关。当低碳投资研发成本系数较低（$h_0 < h < h_e$）时，制造商将显著提高产品减排量以吸引更多消费者。此外，较低的收益分成比例（$0 < \beta < \beta_{e1}$）也激励制造商通过电商平台渠道进行更多销售。这种需求的增加反过来又使代销模式下的电商平台受益。然而，如果电商平台收取较高的收益分成比例（$\beta_{e1} < \beta < T$），制造商不愿与电商平台合作。因此，电商平台将更偏好分销模式。

在低碳投资研发成本系数较高（$h > h_e$）的情况下，只有当收益分成比例适中时，电商平台才能够从代销模式中获利。原因是代销模式下电商平台的收益取决于收益分成比例和制造商的零售渠道收入。首先，高低碳投资研发成本系数将促使制造商提供低减排量的产品。如式（11.2）所示，产品减排量低对电商平台渠道需求的刺激作用不大。其次，如果收益分成比例太低，产品减排量不高，制造商将主要在价格上与零售商竞争，抑制了制造商的零售收入。对于电商平台，这将使分销模式更加有利。最后，如果收益分成比例过高，制造商将更多地依赖批发渠道，限制电商平台对低碳产品的需求，降低电商平台的收入。因此，在低碳投资研发成本系数较高的情况下，当且仅当收益分成比例适中时，电商平台更喜欢代销模式。

命题 11.8～命题 11.11 表明，当制造商使用代销模式时可能出现双赢的局面。比较低碳投资研发成本系数和收益分成比例的阈值，可以得出以下条件：① $h_0 < h < h_e$ 和 $0 < \beta < \beta_r$；② $h_e < h < h_r$ 和 $\beta_{e1} < \beta < \beta_r$。在这些情况下，不仅各供应链企业受益于代销模式，而且产品减排量更高。因此，当制造商在线提供低碳产品时，代销模式会带来更好的经济和环境绩效。

第四节　数　值　仿　真

本节利用数值仿真来检验在分销和代销两种模式下几个关键参数的影响，如消费者的低碳意识 λ、渠道竞争系数 k、低碳投资研发成本系数 h，以及电商平台的收益分成比例 β。前面直观地发现，当收益分成比例太高时，制造商不会采用代销模式。实际上，电商平台的收益分成比例通常在一定范围内。表 11-3 列出了一些常见电商平台的收益分成比例。

表 11-3　电商平台收益分成比例　　　　　　（单位：%）

电商平台	收益分成比例
亚马逊	1～15
京东	1～10
集市网	1～20
沃尔玛	6～20
Kilimall.com	5～15
乐天	7～10

从表 11-3 中可以看到，电商平台的收益分成比例（β）为 1%～20%。为了与业务实际相一致，本节分别用 $\beta = 0.05$ 和 0.2 表示收益分成比例的较低值和较高值。此外，本节还设置了以下参数，消费者的低碳意识 $\lambda \in (0,1)$，渠道竞争系数 $k \in (0,1)$。为了满足黑塞（Hessian）矩阵负定的必要条件，本节设置在分销模式下 $h > 0.67$，以及在代销模式下 $h > 0.84$。鉴于这些设置，类似 Gao 等（2020a）和 Zhang 等（2021）的研究，其他固定参数设置为 $a = 240$ 和 $h = 5$。可以验证，上述参数值符合本章模型中的相关假设（如正需求和利润）。

首先，关注两种销售模式下消费者低碳意识 λ 的影响，如图 11-2 所示。在图 11-2 中，令 $k=0.3$，其他参数值使用前面给出的设置。令 $\Pi_i^{0.05} = \Pi_i^A(\beta=0.05) - \Pi_i^S$ 和 $\Pi_i^{0.2} = \Pi_i^A(\beta=0.2) - \Pi_i^S$ 代表利润改进，$i=m,r,e$。第一，图 11-2（a）表明，任一销售模式下的产品减排量都随 λ 的增加而增加。对于任何 λ，都有 $\theta^A(\beta=0.05) > \theta^A(\beta=0.2) > \theta^S$。这验证了命题 11.7 和命题 11.8。第二，与命题 11.2 和命题 11.5 一致，所有企业在分销和代销模式下的利润都随着 λ 的增加而增加。第三，图 11-2（b）表明，当收益分成比例低（$\beta=0.05$）或高（$\beta=0.2$）时，制造商的利润改进都是正的，并且随着 λ 的增加而增加。原因是 $\beta=0.05$ 或者 0.2 时，满足命题 11.9 中的条件。第四，图 11-2（c）表明，零售商的利润改进随着 λ 的增加而增加，但仍然小于零。这表明零售商没有从代销模式中受益。原因是低碳投资研发成本系数 h 太高（$h>h_r$），而收益分成比例小（$0<\beta<\beta_r$），满足命题 11.10（2）中的条件。第五，如图 11-2（d）所示，对于任意 λ，$\Pi_e^S > \Pi_e^A(\beta=0.2) > \Pi_e^A(\beta=0.05)$，电商平台更偏好分销模式。根本原因是，当低碳投资研发成本系数 h 足够高（$h>h_e$）时，$\beta=0.05$ 或者 0.2 仍低于命题 11.11（2）中规定的阈值 β_{e1}。

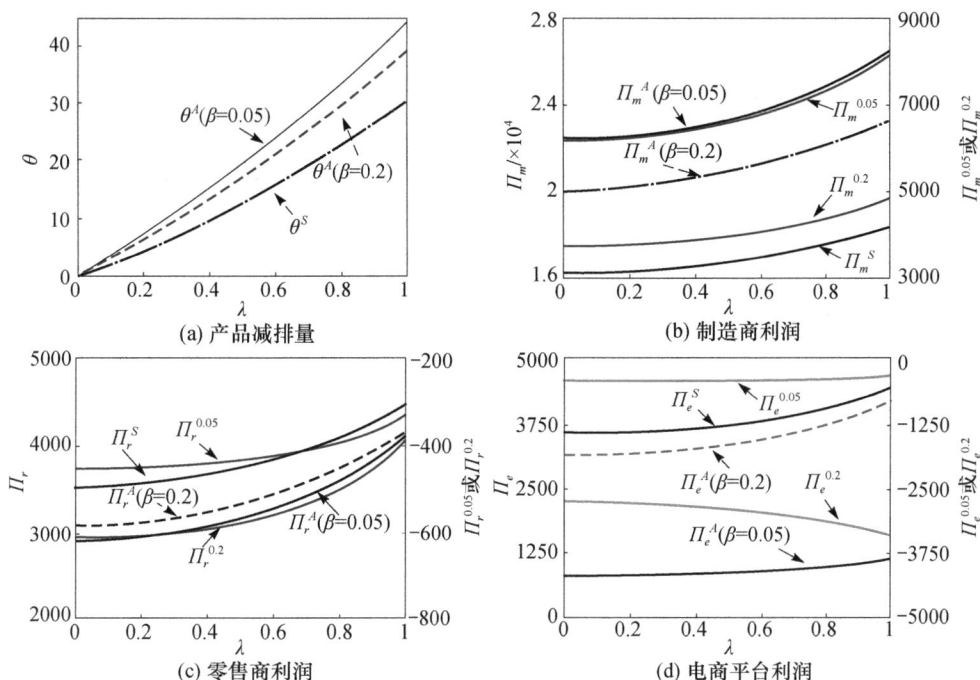

(a) 产品减排量   (b) 制造商利润

(c) 零售商利润   (d) 电商平台利润

图 11-2　当 $\beta=0.05$ 和 0.2 时 λ 的影响

其次，探讨渠道竞争系数 k 的影响，如图 11-3 所示。设置 $\lambda=0.3$，与图 11-2 类似，令 $\Pi_i^{0.05} = \Pi_i^A(\beta=0.05) - \Pi_i^S$ 和 $\Pi_i^{0.2} = \Pi_i^A(\beta=0.2) - \Pi_i^S$ 表示利润改进，

$i = m, r, e$。第一，图 11-3（a）表明产品减排量随着渠道竞争系数 k 的增加而增加，这与命题 11.3 和命题 11.6（1）一致。此外，对于任何 k，$\theta^A(\beta = 0.05) > \theta^A(\beta = 0.2) > \theta^S$。这证实了命题 11.7（1）和命题 11.8。第二，图 11-3（b）表明制造商的利润随着 k 的增加而增加，这与命题 11.3 和命题 11.6（5）一致。对于任意 k，$\Pi_m^A(\beta = 0.05) > \Pi_m^A(\beta = 0.2) > \Pi_m^S$，这再次验证了命题 11.9。第三，如图 11-3（c）所示，对于任意 k，有 $\Pi_r^S > \Pi_r^A(\beta = 0.2) > \Pi_r^A(\beta = 0.05)$。此外，零售商的利润改进随着 k 的增加而减少。这些结果与命题 11.3、命题 11.6（5）、命题 11.7（3）和命题 11.10（2）一致。第四，图 11-3（d）表明，随着 k 的增加，电商平台的利润在分销模式下减少，但在代销模式下增加。因此，渠道竞争可以提高代销模式下制造商和电商平台的利润。

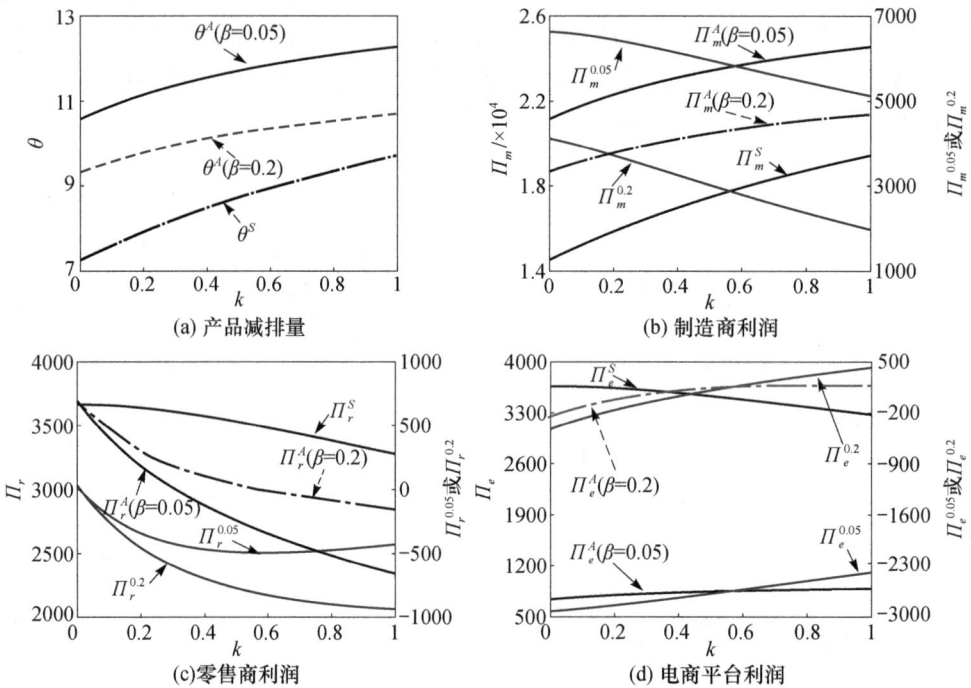

图 11-3　当 $\beta = 0.05$ 和 0.2 时 k 的影响

最后，研究低碳投资研发成本系数 h 的影响，如图 11-4 所示。设置 $\lambda = 0.5$，$k = 0.3$，有 $h_A = 0.19$ 和 $h_S = 0.14$。与图 11-2 类似，令 $\Pi_i^{0.05} = \Pi_i^A(\beta = 0.05) - \Pi_i^S$ 和 $\Pi_i^{0.2} = \Pi_i^A(\beta = 0.2) - \Pi_i^S$ 表示利润改进，$i = m, r, e$。第一，图 11-4（a）表明，每种销售模式下的产品减排量随着 h 的增加而降低。显然，低碳制造商将提供减排量较低的产品。此外，对于任何 h，都有 $\theta^A(\beta = 0.05) > \theta^A(\beta = 0.2) > \theta^S$。这表明命题 11.8 成立。第二，图 11-4（b）显示制造商在各销售模式下的利润随着 h 的增加而减小，并且对于任何 h，

$\prod_m^A (\beta = 0.05) > \prod_m^A (\beta = 0.2) > \prod_m^S$，这证实了命题11.9。此外，制造商在代销模式下的利润改进也随着h的增加而减小。因此，较高的低碳投资研发成本系数将阻碍制造商从代销模式中受益。第三，如图11-4（c）所示，零售商在各销售模式下的利润随着h的增加而减少。这意味着零售商无法从低碳运营较差的制造商中受益。此外，当收益分成比例较高（$\beta = 0.2$）时，对于$0.5 < h < 0.64$，零售商在代销模式下的利润较高。此外，当$\beta = 0.05$时，对于$0.5 < h < 0.52$，零售商在代销模式下的利润更高，这与命题11.10（1）一致。随着h的增加，零售商在分销模式下的利润改进趋于减少，原因在于较高的低碳投资研发成本系数降低了产品减排量，降低了零售价格，加剧了两个渠道之间的竞争。分销模式展示了一个制造商不会入侵的姿态，可以软化竞争，使零售商受益。第四，图11-4（d）表明，随着h增加，电商平台的利润在各销售模式下都将减少。因此，当制造商在低碳生产和运营方面变得更加低效时，无论采用何种销售模式，下游各方（电商平台和零售商）都会受到影响。另外，当收益分成比例较高（$\beta = 0.2$）时，对于$0.5 < h < 0.8$，电商平台在代销模式下的利润较高，即$\prod_e^A (\beta = 0.2) > \prod_e^S > \prod_e^A (\beta = 0.05)$。对于$h > 0.8$，有$\prod_e^S > \prod_e^A (\beta = 0.2) > \prod_e^A (\beta = 0.05)$。这与命题11.11一致。

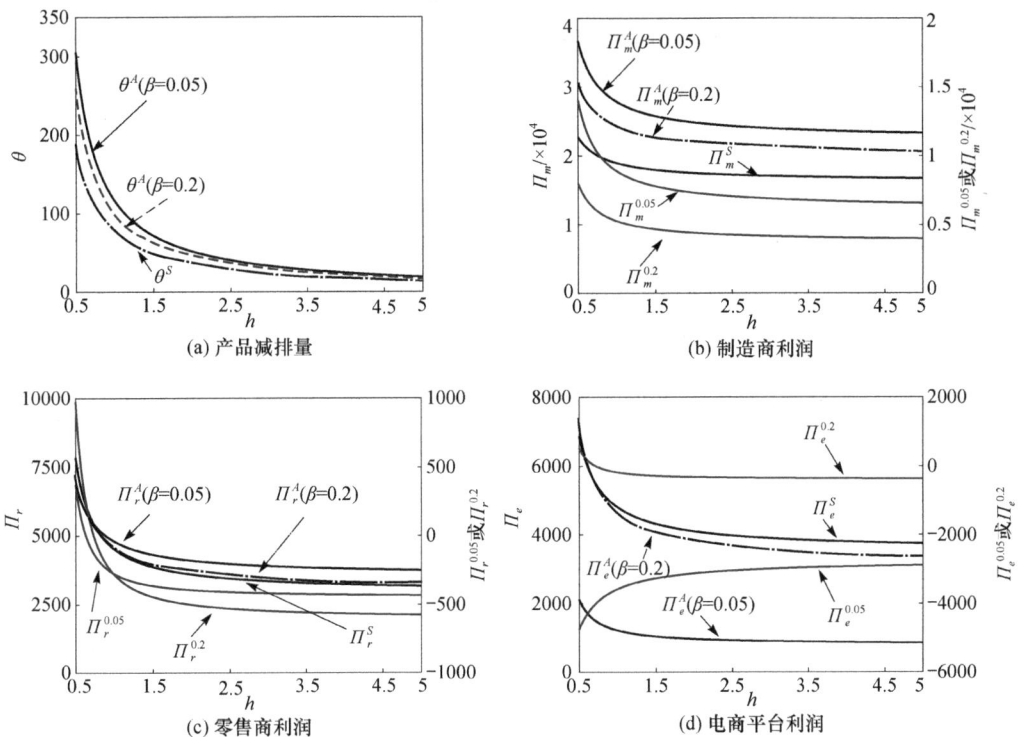

图11-4 当$\beta = 0.05$和0.2时h的影响

本 章 小 结

　　本章研究了制造商在生产具有竞争低碳产品时双渠道供应链中的在线销售模式选择问题。第一种是分销模式，制造商将低碳产品批发给电商平台，再将其出售给消费者。第二种是代销模式，制造商通过电商平台将其产品直接销售给消费者，电商平台收取制造商收入的一定比例作为代理费。在此基础上，本章创新性地研究了制造商在在线销售模式选择、绿色产品开发和定价方面的联合决策。

　　本章的分析和结果揭示了分销和代销模式下消费者低碳意识和渠道竞争系数的影响。首先，每种销售模式下的消费者低碳意识与制造商、零售商和电商平台的盈利能力呈正相关。其次，在每种销售模式下，渠道竞争系数对制造商利润的影响也是正向的，但渠道竞争系数对零售商利润的影响是负向的。此外，随着渠道竞争的加剧，电商平台在代销模式下的利润往往会增加，而在分销模式下，其利润可能会下降。

　　除此之外，本章还分析了制造商何时可以从代销模式中（与分销模式相比）受益，这取决于低碳投资研发成本系数和收益分成比例。当收益分成比例较低时，由于需求增加，制造商可以从代销模式中受益。然而，当低碳投资研发成本系数和收益分成比例足够低或足够高时，零售商也更偏好代销模式。此外，当低碳投资研发成本系数和收益分成比例较低时，电商平台可以从代销模式中获益。在低碳投资研发成本系数足够高的情况下，只有当收益分成比例适中时，电商平台才能从代销模式中受益。最后，代销模式可以提高产品的低碳性，实现供应链各方的共赢。

规制政策篇

供应链协同减碳规制政策研究

第十二章　考虑消费者低碳偏好和零售商低碳推广努力的政府激励政策研究

本章围绕政府碳减排激励，同时考虑消费者低碳偏好与零售商低碳推广努力的作用，由制造商与零售商构成二级供应链，研究制造商决定产品减排率和政府制定减排标准两种供应链决策模型，分析了两种模型下政府补贴、产品减排量、供应链成员的盈利能力和社会福利等的变化。

第一节　研　究　背　景

为了鼓励企业生产低碳产品，许多政府制定政策对低碳生产给予补贴。美国2009年实施的《2009年美国复苏和再投资法案》（*The American Recovery and Reinvestment Act of 2009*，ARRA）为混合动力汽车提供了税收优惠（Peng，2013）；西班牙政府斥资13亿欧元，用以推动普及光伏太阳能项目，实现能量储存和低碳排放；中国政府自2014年9月1日起对新能源汽车实施免征车辆购置税优惠政策，此后多次延续，截至2025年，在2024~2025年购置新能源汽车仍可享受免征车辆购置税，每辆新能源乘用车免税额可达3万元。因此，政府补贴在改善低碳节能减排方面发挥了重要作用。

基于低碳背景，本章将政府激励、消费者低碳偏好与零售商低碳推广努力考虑到决策过程中，根据制造商减排和零售商低碳推广努力，构建二级供应链，规定制造商决定产品减排率、政府制定减排标准两种供应链决策模型，剖析哪种决策模型更适合低碳供应链的发展。

本章在以下三个方面进行创新研究：首先，在建模方面，通过将政府激励和消费者低碳偏好纳入博弈论模型，创新低碳供应链研究；其次，与大多数考虑制造商减排投资的现有研究不同，本章考虑零售商低碳推广努力，构建供应商与零售商的二级供应链模型，进一步完善对碳减排问题的探索研究；最后，同时考虑制造商决定产品减排率和政府制定减排标准，这是对现有研究的一个重要补充。主要研究结果显示，政府制定减排标准更有利于企业和社会的可持续发展。

第二节　模　型　建　立

一、问题描述和假设

本节在消费者存在低碳偏好、政府对减排活动激励的背景下，建立一个由制造商（M）与零售商（R）组成的二级供应链，同时考虑制造商减排和零售商低碳推广努力。首先，政府对低碳产品进行激励，激励手段主要有价格补贴和征收碳税两种；其次，制造商制造出与政府制定的减排标准相匹配的产物，并根据成本给出零售商合理的批发价格；最后，零售商参照具体的市场状况给出零售价格，同时进行低碳推广，在提高自身利益的同时也满足消费者的低碳偏好。

本章围绕绿色供应链展开研究，假设消费者对低碳产品存在一定的偏好，对于低碳产品的需求会受到零售商低碳推广努力等因素的影响。假设政府、制造商、零售商三者间有博弈关联，政府是领导者，制造商与零售商是跟随者。根据 Yao 和 Liu（2005）、周艳菊等（2017a）的相关研究，设定 θ 为产品减排率，s 为零售商低碳推广努力程度，则制造商的减排投资成本为 $C(\theta) = \frac{1}{2}k\theta^2$，零售商的低碳推广成本为 $C(s) = \frac{1}{2}ms^2$，其中，k、m 为成本系数且足够大；根据 Gao 等（2018）和 Xie（2015）的研究，设定需求函数为

$$D = a - (p+t) + r\theta + fs \tag{12.1}$$

其中，a 为市场潜力；p 为税前单位低碳产品零售价格；t 为政府激励，代表价格补贴或碳税征收；$p+t$ 为消费者购买的最终价格，$t>0$ 时，政府征收碳税，消费者购买低碳产品时会花费更多的钱，$t<0$ 时，政府提供碳补贴，消费者购买低碳产品时会花费更少的钱；θ 为产品减排率，且 $0<\theta<1$；r 为消费者低碳偏好系数；s 为零售商低碳推广努力程度；f 为零售商低碳推广努力系数。

根据 Dobbs（1991）、Walls 和 Palmer（2001）、Sheu 和 Chen（2012）、Hafezalkotob（2017）、Bian 和 Zhao（2020）的研究，社会福利函数表示为

$$\begin{aligned}
SW &= \pi + CS + EI - EB \\
&= \pi + \frac{1}{2}D^2 + tD - hE \\
&= M + R + \frac{1}{2}D^2 + tD - hD(1-\theta)
\end{aligned} \tag{12.2}$$

其中，π 为生产者盈余；CS 为消费者剩余；EI 为经济效益；EB 为环境绩效。计算可知，$\pi = M + R$，$CS = \frac{1}{2}D^2$，$EI = tD$，$EB = hE$，$E = D(1-\theta)$，其中，h 为政府对环境风险规避系数。

二、符号和博弈顺序

本章考虑两种供应链决策模型：制造商决定产品减排率和政府制定减排标准。为了方便表示，用下标 A 和 B 分别表示制造商决定产品减排率和政府制定减排标准的均衡结果。本章的参数符号与定义见表 12-1。围绕政府的减排激励、消费者的低碳偏好和零售商的低碳努力推广，本章建立一条二级供应链，该供应链由制造商（M）与零售商（R）构成，两者各自寻求自身利益的最大化。其中，政府为领导者，制造商与零售商为跟随者。

表 12-1　本章的参数符号与定义

符号	定义
参数	
a	市场潜力
r	消费者低碳偏好系数
f	零售商低碳推广努力系数
c	单位低碳产品生产成本
m	制造商减排投资成本系数
k	零售商低碳推广成本系数
h	政府对环境风险规避系数
决策变量	
w	单位低碳产品批发价格（简称批发价格）
p	税前单位低碳产品零售价格（简称零售价格）
t	政府激励
s	零售商低碳推广努力程度
θ	产品减排率，$\theta \in (0,1)$
因变量	
D	市场需求
SW	社会福利
M	制造商利润
R	零售商利润

制造商和零售商的利润函数计算如下：

$$M = (w-c)D - \frac{1}{2}k\theta^2 \qquad (12.3)$$

$$R = (p-w)D - \frac{1}{2}ms^2 \qquad (12.4)$$

在模型 A（制造商决定产品减排率）中，低碳产品的碳补贴或碳税征收程度 t_A 由政府决定，产品减排率 θ_A 和批发价格 w_A 由制造商决定，产品零售价格 p_A 和低碳推广努力程度 s_A 由零售商决定，零售商将产品出售给消费者。

在模型 B（政府制定减排标准）中，碳补贴或碳税征收程度 t_B 和产品减排率 θ_B 取决于政府，制造商拥有批发价格 w_B 的决定权，零售价格 p_B 和低碳推广努力程度 s_B 由零售商决定，零售商将低碳产品出售给消费者。

第三节　均衡解和分析

本节采用逆向归纳法来推导模型 A（制造商决定产品减排率）与模型 B（政府制定减排标准）的均衡结果，研究两种模型对供应链与社会福利的影响。

一、模型 A：制造商决定产品减排率

定理 12.1　在模型 A 中，均衡结果如下：

$$t_A = \frac{km(3a-3c-4h)+hmr(2a-2c+r)-f^2k(a-c-2h)}{kf^2+mr^2+2hmr-km}$$

$$p_A = \frac{f^2k(a-h)-km(3a-2c-3h)+cmr(r+2h)}{kf^2+mr^2+2hmr-km}$$

$$s_A = \frac{-fk(a-c-h)}{kf^2+mr^2+2hmr-km}$$

$$w_A = \frac{f^2k(a-h)-km(2a-c-2h)+cmr(r+2h)}{kf^2+mr^2+2hmr-km}$$

$$\theta_A = \frac{-mr(a-c-h)}{kf^2+mr^2+2hmr-km}$$

$$D_A = \frac{km(c-a+h)}{kf^2+mr^2+2hmr-km}$$

$$M_A = \frac{-km(2kf^2+mr^2-4km)(c-a+h)^2}{2(kf^2+mr^2+2hmr-km)^2}$$

$$R_A = \frac{k^2m(2m-f^2)(a-c-h)^2}{2(kf^2+mr^2+2hmr-km)^2}$$

$$SW_A = \frac{-km(a-c-h)^2}{2(kf^2+mr^2+2hmr-km)}$$

证明：

使用逆向归纳法来求解模型 A，其中，零售商关于零售价格与低碳推广努力程度的二阶导数分别为 $\dfrac{\partial^2 R_A}{\partial p_A{}^2} = -2 < 0$，$\dfrac{\partial^2 R_A}{\partial s_A{}^2} = -m < 0$，因此零售商 R_A 关于零售价格 p_A 和低碳推广努力程度 s_A 是凸函数。通过求解一阶导数，可以得出 p_A 与 s_A 的最优解，将这两个结果代入式（12.3）中，可以得出 M_A 关于批发价格 w_A 和产品减排率 θ_A 的黑塞矩阵为

$$H(M_A, [w_A, \theta_A]) = \begin{bmatrix} \dfrac{-2m}{2m - f^2} & \dfrac{mr}{2m - f^2} \\ \dfrac{mr}{2m - f^2} & -k \end{bmatrix} > 0$$

又因为 $H_{11} = \dfrac{-2m}{2m - f^2} < 0$，所以 M_A 是关于 w_A 与 θ_A 的凸函数。同样地，令一阶导数为 0，即 $\dfrac{\partial M_A}{\partial w_A} = 0$，$\dfrac{\partial M_A}{\partial \theta_A} = 0$，可以得出 w_A 与 θ_A 的最优解，将其代入式（12.2）中，并求解 SW_A 关于 t_A 的一阶导数，得出 t_A 值，将其代回各个决策变量中，最后将决策变量代入需求函数和各个利润函数中，得出定理 12.1 中的均衡解。

证明完毕。

命题 12.1 制造商决定产品减排率的最优决策下，政府激励 t_A 是关于消费者低碳偏好系数 r 和零售商低碳推广努力系数 f 的单调递减函数，且 $t_A < 0$。

证明： 由定理 12.1 可得

$$t_A = \frac{km(3a - 3c - 4h) + hmr(2a - 2c + r) - f^2 k(a - c - 2h)}{kf^2 + mr^2 + 2hmr - km}$$

则

$$\frac{\partial t_A}{\partial r} = \frac{2m(c + h - a)[hmr^2 + km(4h + 3r) - kf^2(2h + r)]}{(kf^2 + mr^2 + 2hmr - km)^2}$$

$$\frac{\partial t_A}{\partial f} = \frac{2fkm(c - a + h)(4hr + r^2 + 2k)}{(kf^2 + mr^2 + 2hmr - km)^2}$$

其中，$c + h - a < 0$。由于本章设定 k、m 足够大，$hmr^2 + km(4h + 3r) - kf^2(2h + r) > 0$，即 $\dfrac{\partial t_A}{\partial r} < 0$，$\dfrac{\partial t_A}{\partial f} < 0$，$kf^2 + mr^2 + 2hmr - km < 0$，$km(3a - 3c - 4h) + hmr(2a - 2c + r) - f^2 k(a - c - 2h) > 0$，即 $t_A < 0$。

证明完毕。

命题 12.1 表明，政府采取的激励措施是对低碳产品进行补贴。因为 $t_A < 0$，且随着消费者低碳偏好系数 r 和零售商低碳推广努力系数 f 的增大而减小，所以消费者低

碳偏好系数与零售商低碳推广努力系数越大，价格补贴越多。如果消费者倾向于购买低碳产品，政府会增加价格补贴，鼓励消费者购买低碳产品；f 越大，零售商的促销效果就越好。在利益驱使下，零售商低碳推广努力程度会变高，低碳产品零售价格也会相应地提高。此时，政府作为供应链的领导者，应当主动考量消费者低碳偏好与需求变动，借助政府激励来增加消费者需求，使得整条低碳供应链可持续发展。

命题 12.2 在模型 A 中，

（1）产品减排率 θ_A、批发价格 w_A、零售价格 p_A、零售商低碳推广努力程度 s_A 和产品需求 D_A 是关于消费者低碳偏好系数 r 和零售商低碳推广努力系数 f 的单调递增函数；

（2）$\dfrac{\partial p_A}{\partial r} > \dfrac{\partial w_A}{\partial r}$，$\dfrac{\partial p_A}{\partial f} > \dfrac{\partial w_A}{\partial f}$。

证明： 根据定理 12.1 的最优解，通过计算各个变量的一阶导数，可得

$$\frac{\partial \theta_A}{\partial r} = \frac{m[k(m - f^2) + mr^2](a - c - h)}{(kf^2 + mr^2 + 2hmr - km)^2}$$

$$\frac{\partial \theta_A}{\partial f} = \frac{2fkmr(a - c - h)}{(kf^2 + mr^2 + 2hmr - km)^2}$$

$$\frac{\partial D_A}{\partial r} = \frac{2km^2(h + r)(a - c - h)}{(kf^2 + mr^2 + 2hmr - km)^2}，\quad \frac{\partial D_A}{\partial f} = \frac{2fk^2m(a - c - h)}{(kf^2 + mr^2 + 2hmr - km)^2}$$

因为 $a - c - h > 0$，所以 $\dfrac{\partial D_A}{\partial r} > 0$，$\dfrac{\partial D_A}{\partial f} > 0$。因为 m 足够大，所以 $m > f^2$，又因为 $a - c - h > 0$，所以 $\dfrac{\partial \theta_A}{\partial r} > 0$，$\dfrac{\partial \theta_A}{\partial f} > 0$。

$$\frac{\partial w_A}{\partial r} = \frac{2km(h + r)(2m - f^2)(a - c - h)^2}{(kf^2 + mr^2 + 2hmr - km)^2}，\quad \frac{\partial w_A}{\partial f} = \frac{2fkm(a - c - h)(r^2 + 2hr + k)}{(kf^2 + mr^2 + 2hmr - km)^2}$$

$$\frac{\partial p_A}{\partial r} = \frac{2km(h + r)(3m - f^2)(a - c - h)^2}{(kf^2 + mr^2 + 2hmr - km)^2}，\quad \frac{\partial p_A}{\partial f} = \frac{2fkm(a - c - h)(r^2 + 2hr + 2k)^2}{(kf^2 + mr^2 + 2hmr - km)^2}$$

因为 $a - c - h > 0$ 和 $2m - f^2 > 0$，所以 $\dfrac{\partial p_A}{\partial r} > \dfrac{\partial w_A}{\partial r} > 0$，$\dfrac{\partial p_A}{\partial f} > \dfrac{\partial w_A}{\partial f} > 0$。

$$\frac{\partial s_A}{\partial r} = \frac{2fkm(a - c - h)(h + r)}{(kf^2 + mr^2 + 2hmr - km)^2}，\quad \frac{\partial s_A}{\partial f} = \frac{k(a - c - h)[k(m + f^2) - mr(2h + r)]}{(kf^2 + mr^2 + 2hmr - km)^2}$$

因为 $k(m + f^2) > mr(2h + r)$，所以 $\dfrac{\partial s_A}{\partial r} > 0$，$\dfrac{\partial s_A}{\partial f} > 0$。

证明完毕。

命题 12.2（1）表明，产品减排率 θ_A、批发价格 w_A、零售价格 p_A、零售商低碳推广努力程度 s_A 和产品需求 D_A 随着 r、f 的增加而增加。根据命题 12.1，随着消费

者低碳偏好系数 r 的增加，政府会提供更多的价格补贴，所以消费者愿意为高价格的低碳产品买单，同时市场对低碳产品的需求也在增加。因此，为了满足市场需求，制造商会加大减排投入，提高低碳产品的产量。为了实现自身利润的最大化，制造商会将批发价格提高。此时，由于低碳推广努力系数 f 增加，零售商会认为自己宣传力度有效从而加强低碳宣传力度，制定更高的产品零售价格，满足市场需求，实现自身利润的最大化。

命题 12.2（2）表明，零售商的零售价格比制造商的批发价格更易变化。从命题 12.1 中可以看出，由于 r 与 f 增加，政府会提高低碳补贴，消费者会偏向以更高的价格购买低碳产品，故制造商提高批发价格时，零售商会制定一个相对较高的零售价格，以获得更多的利润。

命题 12.3 制造商利润 M_A、零售商利润 R_A 和社会福利 SW_A 是关于消费者低碳偏好系数 r 和零售商低碳推广努力系数 f 的单调递增函数。

证明： 根据定理 12.1 的最优均衡解，计算相关一阶导数，可得

$$\frac{\partial M_A}{\partial r} = \frac{km^2(a-c-h)^2[kf^2(3r+4h)+mr^3-km(7r+8h)]}{(kf^2+mr^2+2hmr-km)^3}$$

$$\frac{\partial M_A}{\partial f} = \frac{-2fk^2m(a-c-h)^2(3km-kf^2+2hmr)}{(kf^2+mr^2+2hmr-km)^3}$$

因为 $a-c-h>0$，且 k、m 足够大，所以

$$(kf^2+mr^2+2hmr-km)^3 = [k(f^2-m)+mr^2+2hmr]<0$$

$$kf^2(3r+4h)+mr^3-km(7r+8h) = k[f^2(3r+4h)-m(7r+8h)]+mr^3<0$$

即 $\dfrac{\partial M_A}{\partial r}>0$，$\dfrac{\partial M_A}{\partial f}>0$。

同理可得

$$\frac{\partial R_A}{\partial r} = \frac{-2k^2m(h+r)(2m-f^2)(a-c-h)^2}{(kf^2+mr^2+2hmr-km)^3}>0$$

$$\frac{\partial R_A}{\partial f} = \frac{-2fk^2m(a-c-h)^2[mr(r+2h)+k(3m-f^2)]}{(kf^2+mr^2+2hmr-km)^3}>0$$

$$\frac{\partial SW_A}{\partial r} = \frac{km^2(h+r)(a-c-h)^2}{(kf^2+mr^2+2hmr-km)^2}>0$$

$$\frac{\partial SW_A}{\partial f} = \frac{fk^2m(a-c-h)^2}{(kf^2+mr^2+2hmr-km)^2}>0$$

证明完毕。

命题 12.3 表明，制造商的利润 M_A、零售商的利润 R_A 和社会福利 SW_A 会随着消费者低碳偏好系数 r 和零售商低碳推广努力系数 f 的增加而增加。根据命题 12.1 与命

题 12.2，尽管制造商和零售商为实现更高的减排率和销量做了更多的投资努力，但由于政府补贴的支持，消费者对低碳产品的需求量也会提高，所以他们的利润也得到了提高。这种情况表明，在政府补贴激励下，产品需求的增加所带来的利润高于减排投资所产生的成本。因此，消费者低碳偏好系数与零售商低碳推广努力系数的提高会带来更多的政府补贴，从而促进企业利润的提高，有利于供应链的低碳发展。企业应当发挥主观能动性，自觉地将资金投入减排领域，在减排的同时获取较高的收益。

二、模型 B：政府制定减排标准

定理 12.2 在模型 B 中，均衡结果如下：

$$t_B = \frac{hm(a+r-c) + f^2k(c-a+2h) + km(3a-3c-4h)}{m(h+r)^2 + k(f^2-m)}$$

$$p_B = \frac{kf^2(a-h) + cm(h+r)^2 - km(3a-3h-2c)}{m(h+r)^2 + k(f^2-m)}$$

$$s_B = \frac{-fk(a-c-h)}{m(h+r)^2 + k(f^2-m)}$$

$$w_B = \frac{kf^2(a-h) + cm(h+r)^2 - km(2a-2h-c)}{m(h+r)^2 + k(f^2-m)}$$

$$\theta_B = \frac{-m(h+r)(a-c-h)}{m(h+r)^2 + k(f^2-m)}$$

$$D_B = \frac{km(c-a+h)}{m(h+r)^2 + k(f^2-m)}$$

$$R_B = \frac{k^2m(2m-f^2)(c-a+h)^2}{2[m(h+r)^2 + k(f^2-m)]^2}$$

$$M_B = \frac{km(c-a+h)^2[4km-2kf^2-m(h+r)^2]}{2[m(h+r)^2 + k(f^2-m)]^2}$$

$$SW_B = \frac{-km(c-a+h)^2}{2m(h+r)^2 + 2k(f^2-m)}$$

证明： 与定理 12.1 的证明相同，通过逆向归纳法可得零售商利润 R_B 为有关 p_B、s_B 的凸函数，借助一阶导数求得最优解，将其代入制造商的利润函数 M_B 中，计算 M_B 关于 w_B 的二阶导数 $\frac{\partial^2 M_B}{\partial w_B^2} = \frac{-2m}{2m-f^2} < 0$，令一阶导数 $\frac{\partial M_B}{\partial w_B} = \frac{m(w-c)(a+gr-t-w)}{2m-f^2} - \frac{g^2r}{2} = 0$，可以得出 $w_B = \frac{a+c+gr-t}{2}$，将 w_B 的最优解代入社会福利函数 SW_B 中，计算 SW_B 关于 θ_B、t_B 的黑塞矩阵为

$$H(\mathrm{SW}_B, [\theta_B, t_B]) =$$

$$\begin{bmatrix} \dfrac{16kf^2m + 7m^2r^2 + 8hm^2r - 16km^2 - 2kf^4 - 3f^2mr^2 - 4hf^2mr}{4(2m - f^2)^2} & \dfrac{-(4hm^2 + 3m^2r - f^2mr - 2f^2hm)}{4(2m - f^2)^2} \\[3mm] \dfrac{4hm^2 + 3m^2r - f^2mr - 2f^2hm}{4(2m - f^2)^2} & \dfrac{f^2m - m^2}{4(2m - f^2)^2} \end{bmatrix} > 0$$

又因为 $H_{11} = \dfrac{16kf^2m + 7m^2r^2 + 8hm^2r - 16km^2 - 2kf^4 - 3f^2mr^2 - 4hf^2mr}{4(2m - f^2)^2} < 0$，所以

SW_B 是关于 θ_B、t_B 的凸函数，同样地，令其一阶导数为 0，即 $\dfrac{\partial \mathrm{SW}_B}{\partial t_B} = \dfrac{\partial \mathrm{SW}_B}{\partial \theta_B} = 0$，求

得 θ_B、t_B 的最优解，将其代入各个决策变量中，求得变量 p_B、s_B、θ_B、w_B 的最优解，再将决策变量代入需求函数和各个利润函数中，即可求得定理 12.2 中的均衡解。

证明完毕。

命题 12.4　在政府制定减排标准的最优决策下，政府激励 $t_B < 0$，且为消费者低碳偏好系数 r 和零售商低碳推广努力系数 f 的单调递减函数。

证明：根据定理 12.2，可得

$$t_B = \frac{hm(a + r - c) + f^2k(c - a + 2h) + km(3a - 3c - 4h)}{m(h + r)^2 + k(f^2 - m)}$$

因为 $m(h + r)^2 + k(f^2 - m) < 0$，所以 $t_B < 0$。计算政府激励 t_B 关于消费者低碳偏好系数 r 和零售商低碳推广努力系数 f 的一阶导数，可得

$$\frac{\partial t_B}{\partial r} = \frac{m(c + h - a)[km(7h + 6r) + mh(h + r)^2 - kf^2(3h + 2r)]}{[m(h + r)^2 + k(f^2 - m)]^2}$$

$$\frac{\partial t_B}{\partial f} = \frac{2fkm(c - a + h)(2h^2 + 3hr + r^2 + 2k)}{[m(h + r)^2 + k(f^2 - m)]^2}$$

因为 $c - a + h < 0$，　$mh(h + r)^2 - kf^2(3h + 2r) + km(7h + 6r) > 0$，　所以 $\dfrac{\partial t_B}{\partial r} < 0$，

$\dfrac{\partial t_B}{\partial f} < 0$。

证明完毕。

与命题 12.1 一致，命题 12.4 认为模型 B 中，政府补贴也会随着消费者低碳偏好系数 r 与零售商低碳推广努力系数 f 的增加而增加。消费者低碳偏好系数越大，消费者越愿意购买低碳产品，零售商低碳推广努力系数越大，零售商低碳推广努力程度越大，由于补贴的存在，假设零售商推广努力程度一致，产生的对低碳产品的需求会更高，零售商会努力推广并提高零售价格，使得自身的利润最大化；作为供应链的领导者，政府的激励有利于消费者低碳消费习惯的形成，因此政府应该加大补贴力度，鼓励消费者购买低碳产品，进而实现绿色供应链与环境绩效的双赢。

命题 12.5 在模型 B 中，

（1）产品需求 D_B、产品减排率 θ_B、批发价格 w_B、零售价格 p_B 和低碳推广努力程度 s_B 是消费者低碳偏好系数 r 和零售商低碳推广努力系数 f 的单调递增函数；

（2）$\dfrac{\partial p_B}{\partial r} > \dfrac{\partial w_B}{\partial r}$，$\dfrac{\partial p_B}{\partial f} > \dfrac{\partial w_B}{\partial f}$。

证明： 根据定理 12.2 中的均衡解，分别求出相关决策变量与需求函数关于消费者低碳偏好系数 r 和零售商低碳推广努力系数 f 的一阶导数，可以得到

$$\frac{\partial D_B}{\partial r} = \frac{2km^2(h+r)(a-c-h)}{[m(h+r)^2+k(f^2-m)]^2}, \quad \frac{\partial D_B}{\partial f} = \frac{2fk^2m(a-c-h)}{[m(h+r)^2+k(f^2-m)]^2}$$

$$\frac{\partial \theta_B}{\partial r} = \frac{m(a-c-h)[m(h+r)^2+k(m-f^2)]}{[m(h+r)^2+k(f^2-m)]^2}, \quad \frac{\partial \theta_B}{\partial f} = \frac{2mkf(h+r)(a-c-h)}{[m(h+r)^2+k(f^2-m)]^2}$$

因为 $a-c-h>0$，所以 $\dfrac{\partial D_B}{\partial r}>0$，$\dfrac{\partial D_B}{\partial f}>0$。因为 m 足够大，所以 $m>f^2$，又因为 $a-c-h>0$，所以 $\dfrac{\partial \theta_B}{\partial r}>0$，$\dfrac{\partial \theta_B}{\partial f}>0$。

$$\frac{\partial w_B}{\partial r} = \frac{2km(h+r)(2m-f^2)(a-c-h)}{[m(h+r)^2+k(f^2-m)]^2}, \quad \frac{\partial w_B}{\partial f} = \frac{2fkm[(h+r)^2+k](a-c-h)}{[m(h+r)^2+k(f^2-m)]^2}$$

$$\frac{\partial p_B}{\partial r} = \frac{2km(h+r)(3m-f^2)(a-c-h)}{[m(h+r)^2+k(f^2-m)]^2}, \quad \frac{\partial p_B}{\partial f} = \frac{2fkm[(h+r)^2+2k](a-c-h)}{[m(h+r)^2+k(f^2-m)]^2}$$

因为 $a-c-h>0$ 和 $2m-f^2>0$，所以 $\dfrac{\partial p_B}{\partial r}>\dfrac{\partial w_B}{\partial r}>0$，$\dfrac{\partial p_B}{\partial f}>\dfrac{\partial w_B}{\partial f}>0$。继续计算一阶导数，进而可以得到

$$\frac{\partial s_B}{\partial r} = \frac{2fkm(a-c-h)(h+r)}{[m(h+r)^2+k(f^2-m)]^2}, \quad \frac{\partial s_B}{\partial f} = \frac{k(a-c-h)[k(m+f^2)-mr(2h+r)]}{[m(h+r)^2+k(f^2-m)]^2}$$

因为 $k(m+f^2)>m(h+r^2)>mr(2h+r)$，所以 $\dfrac{\partial s_B}{\partial r}>0$，$\dfrac{\partial s_B}{\partial f}>0$。

证明完毕。

与命题 12.2（1）相似，命题 12.5（1）表明，产品需求 D_B、产品减排率 θ_B、批发价格 w_B、零售价格 p_B 和零售商低碳推广努力程度 s_B 也会随着消费者低碳偏好系数 r 和零售商低碳推广努力系数 f 的增加而增加。市场需求会让制造商有更大的动力将资金投放到减排领域，从而使产量增加，此外，为得到更多减排利益，制造商会将批发价格提高；零售商低碳推广努力系数提升体现出其推广效果优良，故零售商会更有动力进行低碳活动的推广，带动需求量，同时也会提高零售价格，实现利润的最大化。

由命题 12.4 可知，政府的低碳补贴会随着消费者低碳偏好系数 r 和零售商低碳推

广努力系数 f 的增加而提升，消费者也情愿以更高的价格来购买低碳产品，故零售商会给出一个高于批发价格的低碳产品零售价格，获取更多利润，这与命题 12.5（2）一致。

命题 12.6 制造商利润 M_B、零售商利润 R_B、社会福利 SW_B 为消费者低碳偏好系数 r 和零售商低碳推广努力系数 f 的单调递增函数。

证明：根据定理 12.2 中的均衡解，计算相关一阶导数，可以得出

$$\frac{\partial M_B}{\partial r} = \frac{km^2(h+r)(a-c-h)^2[3kf^2+m(h+r)^2-7km]}{[m(h+r)^2+k(f^2-m)]^3}$$

$$\frac{\partial M_B}{\partial f} = \frac{-2k^3fm(3m-f^2)(a-c-h)^2}{[m(h+r)^2+k(f^2-m)]^3}$$

因为 $3m-f^2>0$，$3kf^2+m(h+r)^2-7km<0$，所以 $\frac{\partial M_B}{\partial r}>0$，$\frac{\partial M_B}{\partial f}>0$。

$$\frac{\partial R_B}{\partial r} = \frac{-2k^2m^2(h+r)(2m-f^2)(a-c-h)^2}{[m(h+r)^2+k(f^2-m)]^3}$$

$$\frac{\partial R_B}{\partial f} = \frac{-fk^2m(h+r)(a-c-h)^2[m(h+r)^2+k(3m-f^2)]}{[m(h+r)^2+k(f^2-m)]^3}$$

同理，因为 $2m-f^2>0$，$[m(h+r)^2+k(f^2-m)]^3<0$，所以 $\frac{\partial R_B}{\partial r}>0$，$\frac{\partial R_B}{\partial f}>0$。

$$\frac{\partial SW_B}{\partial r} = \frac{km^2(h+r)(a-c-h)^2}{[m(h+r)^2+k(f^2-m)]^2}>0，\quad \frac{\partial SW_B}{\partial f} = \frac{fk^2m(a-c-h)^2}{[m(h+r)^2+k(f^2-m)]^2}>0$$

证明完毕。

与命题 12.3 相似，命题 12.6 也表明，制造商的利润、零售商的利润和社会福利将随着消费者低碳偏好系数 r 和零售商低碳推广努力系数 f 的增大而增大。消费者低碳偏好系数和零售商低碳推广努力系数的提升会带来更多的政府补贴，进而促进需求，尽管制造商与零售商会投入更多的减排成本，但通过提高批发价格和零售价格所带来的利润远高于成本，所以政府碳税补贴会带来利润的提升。因此，各企业应主动落实减排活动，承担企业责任，实现绿色供应链，从而获取更多利润。

第四节　模型 A 与模型 B 的比较

比较模型 A 和 B 的均衡结果，即产品减排率由制造商还是政府决定，得出以下结论。

命题 12.7　政府激励的价格满足以下条件：$t_B < t_A$。

证明： 依据定理 12.1 与定理 12.2 中的均衡解，可以得出

$$t_B - t_A = \frac{f^2 k(c + 2h - a) + hm(a + r - c)(h + r) + km(3a - 3c - 4h)}{m(h + r)^2 + k(f^2 - m)}$$

$$- \frac{f^2 k(c + 2h - a) + hmr(2a + r - 2c) + km(3a - 3c - 4h)}{kf^2 + mr^2 + 2hmr - km}$$

因为 $kf^2 + mr^2 + 2hmr - km < m(h + r)^2 + k(f^2 - m) < 0$，$hm(a + r - c)(h + r) > hmr \times (2a + r - 2c) > 0$，所以 $t_B < t_A$。

证明完毕。

命题 12.7 显示，当涉及由谁来决定产品减排率时，政府制定减排标准的模型下提供的补贴价格更高。有以下原因：在模型 A 中，制造商决定产品减排率是为了使自己的利润最大化，而不是社会福利最大化。他会选择降低产品减排率以节省投资成本，这将导致低碳产品的数量和零售价格下降，因此政府会提供一个较低的补贴价格。相比之下，模型 B 中的政府是从社会福利最大化的角度来决定减排标准的，所以政府会主动制定更高的减排标准，而且会通过增加价格补贴鼓励消费者购买低碳产品。这些都证实了命题 12.7。

命题 12.8　$\theta_A < \theta_B$，$s_A < s_B$，$p_A < p_B$，$D_A < D_B$。

证明： 根据定理 12.1 与定理 12.2 中的均衡解，可以得出

$$\theta_B - \theta_A = m(c - a + h)\left(\frac{h + r}{m(h + r)^2 + k(f^2 - m)} - \frac{r}{kf^2 + mr^2 + 2hmr - km}\right)$$

$$s_B - s_A = fk(c - a + h)\left(\frac{1}{m(h + r)^2 + k(f^2 - m)} - \frac{1}{kf^2 + mr^2 + 2hmr - km}\right)$$

$$p_B - p_A = \frac{kf^2(a - h) + km(3h - 3a + 2c) + cm(r^2 + 2hr)}{m(h + r)^2 + k(f^2 - m)}$$

$$- \frac{kf^2(a - h) + km(3h - 3a + 2c) + cm(h + r)^2}{kf^2 + mr^2 + 2hmr - km}$$

$$D_B - D_A = km(c - a + h)\left(\frac{1}{m(h + r)^2 + k(f^2 - m)} - \frac{1}{kf^2 + mr^2 + 2hmr - km}\right)$$

因为 $c - a + h < 0$，且 $m(h + r)^2 + k(f^2 - m) - (kf^2 + mr^2 + 2hmr - km) = mh^2$，所以 $kf^2 + mr^2 + 2hmr - km < m(h + r)^2 + k(f^2 - m) < 0$，即 $\dfrac{h + r}{m(h + r)^2 + k(f^2 - m)} - \dfrac{r}{kf^2 + mr^2 + 2hmr - km} < 0$，因此，$\theta_B > \theta_A$；同理，因为 $\dfrac{1}{m(h + r)^2 + k(f^2 - m)} -$

$\dfrac{1}{kf^2 + mr^2 + 2hmr - km} < 0$ ，所以 $s_B > s_A$ ， $D_B > D_A$ 。

因 为 $kf^2(a-h) + km(3h-3a+2c) + cm(r^2+2hr) < kf^2(a-h) + km(3h-3a+2c) + cm(h+r)^2 < 0$ ，所以 $p_B > p_A$ 。

证明完毕。

命题 12.8 显示，政府制定减排标准时的产品减排率、零售商低碳推广努力程度、零售价格和产品需求都比制造商决定产品减排率时高，有以下原因。首先，从社会福利最大化的角度出发，政府会对产品的减排率进行严格要求，这促使制造商生产出更高减排率的产品。此时，制造商需要投入更高的资金用于减排，才能生产出符合条件的产品，为了维护自身的利益，相应的批发价格提高。其次，在政府补贴激励下，零售商会加大对低碳产品的线下推广力度，让更多的消费者买单，为了实现利润最大化，零售商会在批发价格的基础上提高零售价格，而消费者由于政府补贴的存在，也会乐意为高价的低碳产品买单。在这种良性循环的供应链下，政府制定减排标准会实现供应链整体与环境改善共赢的局面。

命题 12.9 制造商利润、零售商利润与社会福利满足：

$$M_A < M_B ， R_A < R_B ， SW_A < SW_B$$

证明： 根据定理 12.1 与定理 12.2 的均衡解，可以计算出

$$SW_B - SW_A = \frac{km(c-a+h)^2}{2} \left(\frac{1}{kf^2 + mr^2 + 2hmr - km} - \frac{1}{m(h+r)^2 + k(f^2 - m)} \right)$$

$$M_B - M_A = \frac{km(c-a+h)^2}{2} \left\{ \frac{2kf^2 + mr^2 - 4km}{(kf^2 + mr^2 + 2hmr - km)^2} - \frac{2kf^2 + m(h+r)^2 - 4km}{[m(h+r)^2 + k(f^2 - m)]^2} \right\}$$

$$R_B - R_A = \frac{k^2 m(2m - f^2)}{2} \left(\frac{1}{[m(h+r)^2 + k(f^2 - m)]^2} - \frac{1}{(kf^2 + mr^2 + 2hmr - km)^2} \right)$$

因为 $\dfrac{1}{kf^2 + mr^2 + 2hmr - km} - \dfrac{1}{m(h+r)^2 + k(f^2 - m)} > 0$ ，所以 $SW_A < SW_B$ 。

因 为 $(kf^2 + mr^2 + 2hmr - km)^2 > [m(h+r)^2 + k(f^2 - m)]^2 > 0$ ， $2kf^2 + mr^2 - 4km < 2kf^2 + m(h+r)^2 - 4km$ ，所以 $M_A < M_B$ 。

因为 $\dfrac{1}{[m(h+r)^2 + k(f^2 - m)]^2} - \dfrac{1}{(kf^2 + mr^2 + 2hmr - km)^2} > 0$ ，所以 $R_A < R_B$ 。

证明完毕。

命题 12.9 表明，政府制定减排标准时的制造商的利润、零售商的利润和社会福利都要比制造商决定产品减排率时要高。命题 12.8 表明，当政府制定减排标准时，产品减排率、需求和产品零售价格都相对较高，相应的企业利润也较高。因此，政府制定减排标准时，企业利润改进效果更好，供应链发展也更协调。

第五节　数　值　仿　真

本节重点分析消费者低碳偏好系数 r 和零售商低碳推广努力系数 f 对政府补贴、产品减排率、制造商利润、零售商利润和社会福利的影响，并利用数值分析验证和解释上述理论中的结果。采用已有相关研究中包含的数据集，进行初步验证调试。设定数据如下：$a=80$，$c=2$，$m=40$，$k=50$，$h=0.5$。此外，当讨论消费者低碳偏好系数 r 的影响时，设定 $f=1$；同样地，当讨论零售商低碳推广努力系数 f 的影响时，设定 $r=1$。

一、消费者低碳偏好系数 r 的影响

（一）对政府激励 t 的影响

如图 12-1 所示，在模型 A、B 中，政府激励都小于 0，即表现为补贴政策，随着消费者低碳偏好系数的增加，补贴值逐渐增大，且模型 B 的补贴值比模型 A 大，这是因为模型 B 中的产品减排率和低碳产品的需求都高于模型 A，政府为促进消费，从社会福利的角度会提供更高的补贴。该结论与命题 12.1 和命题 12.7 一致。

（二）对产品减排率 θ 的影响

如图 12-2 所示，在模型 A、B 中，产品减排率 θ 随着消费者低碳偏好系数的增加而增加。这与命题 12.2 和命题 12.5 是一致的。当 $r=0$ 时，消费者没有低碳偏好，所以模型 A 中的产品减排率等于 0。在这种情况下，为了节约成本，使自己的利润最大化，制造商不会主动投资减排。只有当消费者有低碳偏好时，他们才会开始减排。与模型 A 不同，在模型 B 中，政府会积极推动碳减排，培养消费者的低碳偏好。图 12-2 还说明，θ 在模型 B 中总是大于模型 A，这与命题 12.8 一致，这说明政府制定减排标准更有利于低碳供应链的发展。

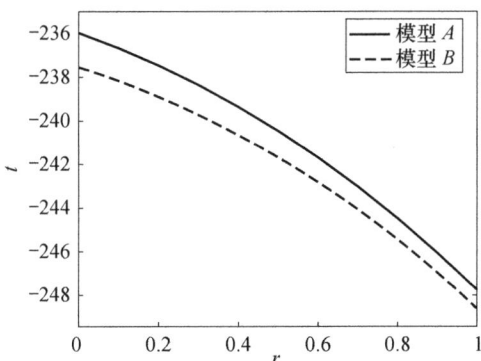

图 12-1　r 对政府激励的影响　　　　图 12-2　r 对产品减排率的影响

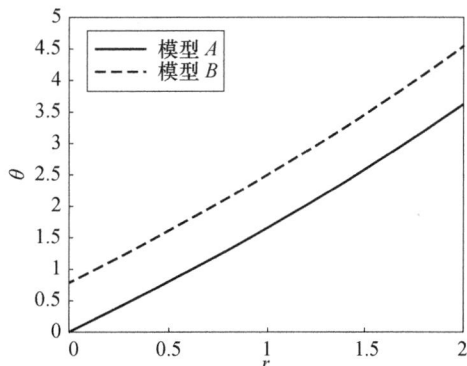

（三）对制造商利润 M、零售商利润 R 和社会福利 SW 的影响

　　图 12-3（a）表示 r 对制造商利润的影响，图 12-3（b）表示 r 对零售商利润的影响，图 12-3（c）表示 r 对社会福利的影响。制造商利润、零售商利润和社会福利都随消费者低碳偏好系数 r 的增加而增加。这是因为 r 增加，产品的零售价格和需求量不断增加，导致利润总体呈上升趋势。这表明低碳推广的利润高于成本。此外，模型 B 的决策方案更有利于绿色供应链的发展，与命题 12.9 一致。因此，在政府激励和消费者低碳偏好的情况下，制造商应主动进行减排工作，零售商加大低碳推广工作，在实现低碳推广的同时实现更大的企业利润。

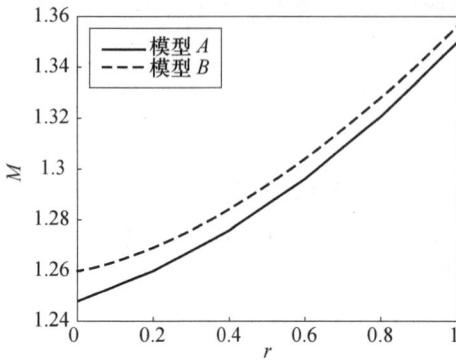

(a) 对制造商利润的影响

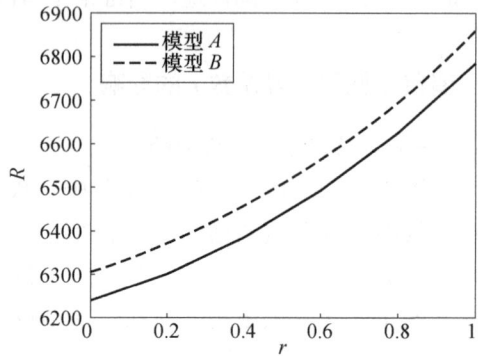

(b) 对零售商利润的影响

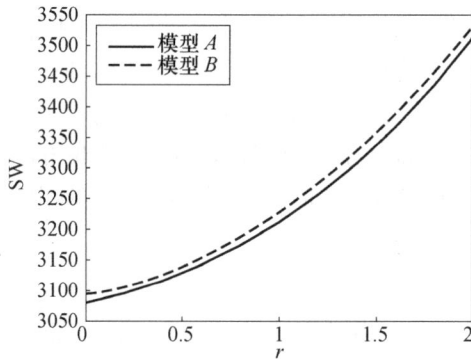

(c) 对社会福利的影响

图 12-3　r 对制造商利润、零售商利润和社会福利的影响

二、r 和 f 对制造商利润、零售商利润和社会福利的影响

　　如图 12-4 所示，当消费者低碳偏好系数 r 和零售商低碳推广努力系数 f 同时增加时，制造商利润、零售商利润和社会福利也会增加。与零售商低碳推广努力系数 f 相比，每个变量随着消费者低碳偏好系数 r 的变化速度较快，也就是说供应链成员利润与社会福利受消费者低碳偏好系数的影响更大。此外，各变量随着消费者低碳偏好系数 r 和零售商低碳推广努力系数 f 的增加均增加。因此，系数与变量间不存在交叉

效应。

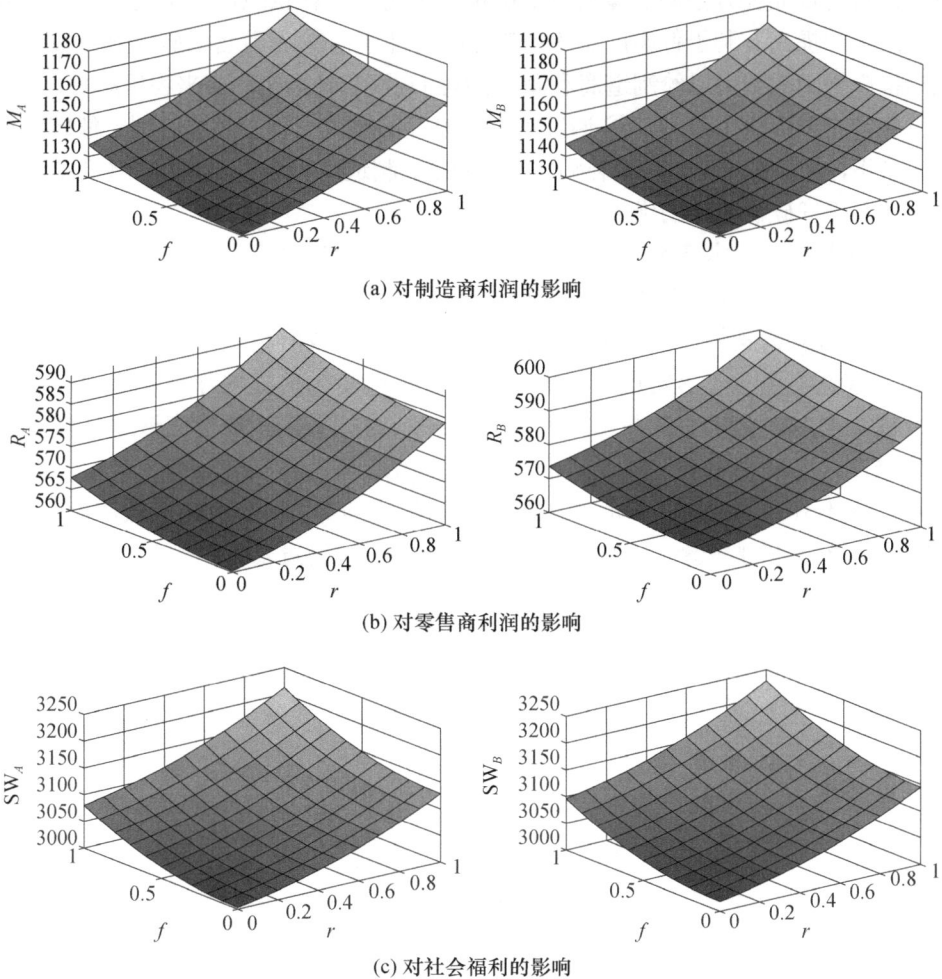

(a) 对制造商利润的影响

(b) 对零售商利润的影响

(c) 对社会福利的影响

图 12-4　r 和 f 对制造商利润、零售商利润、社会福利的影响

　　综上所述，消费者低碳偏好系数和零售商低碳推广努力系数在决策过程中发挥着重要的作用，因此，政府和企业应共同努力，共同营造绿色供应链减排决策的良性循环。

本　章　小　结

　　立足于如今的低碳环保大趋势，本章构造了关于制造商与零售商的二级供应链，基于政府激励、消费者低碳偏好系数与零售商低碳推广努力系数，考虑了制造商的减排投资和零售商的低碳推广，构建了制造商决定产品减排率和政府制定减排标准两个模型。

经过研究和比较，结合理论分析和数值模拟分析，得出以下结论：① 在政府的减排激励下，消费者低碳偏好系数和零售商低碳推广努力系数在供应链决策过程扮演重要的角色，两者的提高有利于低碳产品的销售和改善环境；② 消费者低碳偏好系数与零售商低碳推广努力系数可以给制造商利润、零售商利润和社会福利带来积极影响，这一结果为供应链企业提供了参考；③ 通过对不同模型的比较分析，在政府制定低碳减排标准的模型下，产品减排率、政府补贴、产品销量、制造商和零售商利润、社会福利都较大，更有利于低碳供应链的优化和发展。

基于以上分析，本章得到以下管理启示。首先，政府应利用自身的优势，加强对低碳产品的补贴，引导消费者购买低碳产品，对供应链的减排活动进行有效控制；其次，制造商从自身利益出发所获得的利润反而比在政府制定减排标准下所获得的利润低，这说明企业应落实自身的责任，以保护环境为前提进行企业活动，才能更好地发展，同时，由于企业与消费者之间存在制约关系，企业更应该进行减排活动的宣传推广，带动消费者购买低碳产品，共同营造绿色和谐的环境；最后，低碳环境的维持离不开政府、企业和消费者等多主体的协同努力，政府加大低碳产品补贴，制造商投入更多减排资金，零售商努力进行低碳活动的宣传推广，消费者积极培养低碳意识，提高对低碳产品的偏好，促进企业低碳减排的主动性，形成低碳供应链的良性循环。

第十三章 基于消费者低碳偏好和制造商入侵的政府补贴政策研究

本章聚焦双渠道低碳供应链,制造商生产的低碳产品通过直销与传统零售渠道售卖,构建基于产品减排量补贴和研发成本补贴的博弈模型,并且考虑制造商分散式入侵策略,该策略下制造商可依靠市场转移价格,零售部门有独立决策权,能软化制造商与零售商竞争、缓解渠道冲突。此外,本章主要分析两种政府补贴政策下制造商入侵策略选择及分散式入侵下消费者低碳偏好、补贴水平对产品低碳水平与供应链绩效的影响,比较相同补贴支出下两种政府补贴政策的效果。

第一节 研 究 背 景

现实生活中,低碳技术研发和产品设计需要高额成本,而许多制造商受限于自身财力,在低碳供应链初期往往缺乏低碳研发动力。这就需要政府通过发放补贴、减免税收和优先采购等政策设计促进制造商低碳生产,激励和引导制造商实现低碳转型。其中,政府补贴被认为是常见且有效的政策之一(Fogarty and Sagerer,2016)。政府补贴政策通常有两种(温兴琦等,2018):第一种是政府对产品的低碳绩效程度进行补贴,这往往与产品低碳水平相关,例如,国家根据新能源汽车电池容量、能量密度、充电倍率和节油率等因素确定车辆补贴标准;第二种是政府对制造商的低碳研发成本进行补贴,通过资金补贴来降低企业低碳研发风险,例如,设置低碳专项技术改造资金、资助科研项目经费等,这也是提高制造商低碳生产积极性的最直接策略之一。

本章以双渠道低碳供应链为研究对象,制造商生产低碳产品,并通过直销渠道和传统零售渠道将其售卖给低碳消费者,分别构建基于产品减排量补贴和研发成本补贴的双渠道低碳供应链博弈模型。特别地,还将考虑制造商的分散式入侵策略,允许制造商部门间分散化决策,即制造商针对零售部门设置一个转移价格,零售部门进行独立的定价和销售决策,目标是使自身的利润最大化。可以看出,分散式入侵策略中制造商能够根据市场情况任意调整转移价格,提高了直销渠道企业内部交易的灵活性,同时通过零售部门自主销售也向零售商传递了其无意直接干预终端零售市场的意愿,有望软化制造商和零售商之间的竞争,缓解渠道冲突。

本章首先分析两种政府补贴政策下制造商选取哪种入侵策略会更有益处,然后重点分析在分散式入侵下,消费者低碳偏好和补贴水平对产品低碳水平与供应链绩效的影响,并在相同补贴支出的条件下比较两种政府补贴政策的效果。主要贡献如下:
① 针对现实中多渠道制造商和零售商之间的冲突,以及政府低碳补贴引起的供应链

环境绩效变化，将这些影响因素考虑到低碳供应链管理中，研究双渠道低碳供应链的制造商入侵行为及其政府补贴政策选择；② 不仅探讨制造商的集中式入侵策略，而且重点研究现有文献关注较少的分散式入侵策略，通过对制造商分散式入侵策略下两种政府补贴政策的对比研究，论证双渠道低碳供应链中政府采用何种补贴政策会更有优势；③ 消费者低碳偏好、渠道竞争和补贴政策等是双渠道低碳供应链的关键影响因素，深入分析这些参数对补贴政策及其入侵策略的选择、供应链成员收益和低碳水平的影响，以期为企业决策和政府补贴政策选择提供管理建议。

本章共包括六个部分：第一部分为研究背景；第二部分将给出制造商集中式入侵和分散式入侵的双渠道低碳供应链模型，以及相关的假设说明；第三部分将根据产品减排量补贴、研发成本补贴两种补贴策略，建立并求解制造商集中式入侵和分散式入侵的模型；第四部分将比较给定政府补贴下的制造商入侵策略及分散式入侵下政府补贴策略；第五部分将进行数值仿真；第六部分将给出本章的研究总结，并提供一些管理启示。本章所有证明过程见附录 5。

第二节　问题描述与假设说明

考虑由一个制造商和一个零售商组成的双渠道低碳供应链。制造商生产低碳产品，并通过直销渠道和传统零售渠道将其售卖给消费者。为了避免与零售商的直接冲突，制造商可选择分散式入侵策略，以单位转移价格将低碳产品出售给其零售部门，该零售部门可以自主决定零售价格，零售商将与制造商的零售部门在销售市场上开展竞争。同时，政府为激励制造商更好地开展低碳研发及鼓励消费者购买低碳产品，通过政策设计为制造商的低碳减排努力给予财政补贴。本章考虑产品减排量补贴和研发成本补贴这两种常见的政府补贴政策，双渠道低碳供应链下制造商集中式入侵与分散式入侵模型如图 13-1 所示。

本章拟解决以下两个问题：第一，从制造商策略选择的角度，对于政府既定的补贴政策（产品减排量补贴与研发成本补贴），制造商应该选择集中式入侵策略还是分散式入侵策略？第二，从政府政策设计的角度，当制造商采取分散式入侵策略时，政府选择哪种补贴政策能够更有效地促进整个供应链的低碳水平和利润提升？为了便于分析，用符号 C 代表制造商的集中式入侵策略，D 代表制造商的分散式入侵策略。模型参数符号及定义如表 13-1 所示。

为了便于研究和简化计算，做出以下假设。

（1）借鉴 Zhang 等（2015）、Ranjan 和 Jha（2019）的研究，制造商的逆需求函数为 $p_d = \alpha - q_d - kq_r + \lambda\theta$；零售商的逆需求函数为 $p_r = \alpha - q_r - kq_d + \lambda\theta$。其中，$q_d > 0$，$q_r > 0$。$\lambda$ 为消费者低碳偏好系数，λ 越大，表示消费者愿意为低碳产品支付的价格越高。k 为交叉价格敏感系数，又称渠道竞争系数，消费者对所在渠道产品的自身价格敏感系数为1，渠道竞争系数小于自身价格敏感系数（Swami and Shah，2013；Li et al.，2016a），即 $0 < k < 1$；$k = 0$ 和 $k = 1$ 表示两种极端情况，即两个渠道完全独立和两个渠道没有差异的情形。

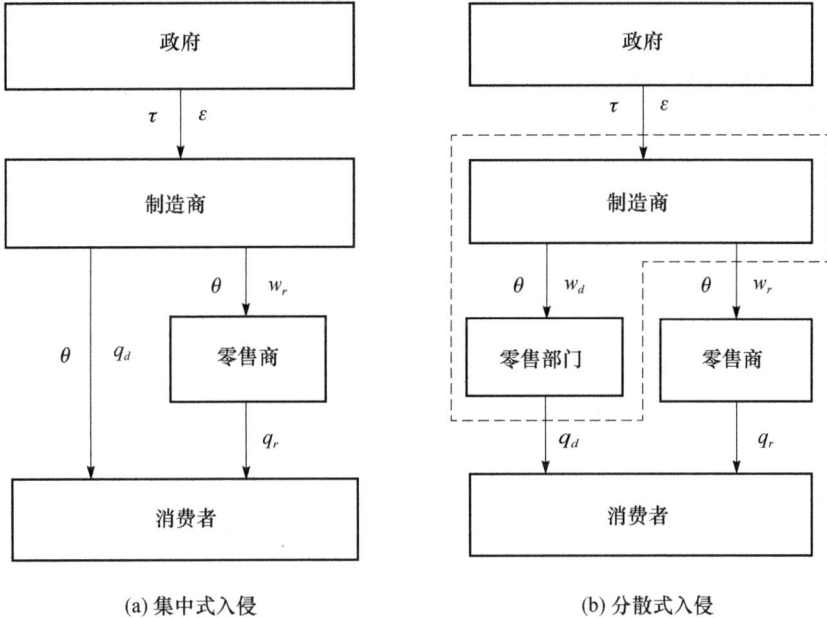

(a) 集中式入侵　　　　　　　　　　(b) 分散式入侵

图13-1　政府补贴下制造商集中式入侵与分散式入侵模型图

表13-1　模型参数符号及定义

符号	定义	符号	定义
α	市场容量	k	渠道竞争系数
u	低碳研发成本系数	θ	产品减排量
h	研发投入	s	制造商直销成本
w_d	零售部门的转移价格	w_r	零售商的批发价格
q_d	制造商的产量	q_r	零售商的产量
p_d	制造商的直销价格	p_r	零售商的零售价格
λ	消费者低碳偏好系数	τ	产品减排量补贴系数
ε	研发成本补贴系数		

（2）假设消费者低碳偏好系数小于自身价格敏感系数，即 $0 < \lambda < 1$。

（3）由于零售商更熟悉销售业务和更接近消费者，零售商在销售上具有比较成本优势，为与商业实际相符，假设制造商在直销渠道存在单位销售成本 s，且 $0 < s < \alpha$。

（4）制造商的低碳产品研发投入为 $h=\dfrac{u\theta^2}{2}$，且 $u>0$，$\theta>0$。其中，低碳产品研发投入是产品减排量的一个凹函数，随着产品减排量的增加，投入成本的边际成本递增，这与企业生产的实际情况是一致的（Swami and Shah，2013；Li et al.，2016a；Chen et al.，2012）。

（5）供应链中的制造商（及其零售部门）和零售商是完全理性的，分别追求各自利益最大化。

（6）参照温兴琦等（2018）、Li 等（2020b）、Chen 等（2019b）的研究，政府对产品减排量进行补贴时，以 τ 为产品减排量补贴系数，则单位产品的政府补贴支出为 $\tau\theta$，随着产品减排量的增加，补贴的力度也会加大；当政府对研发成本进行补贴时，以 ε 为研发成本补贴系数，则政府补贴支出为 $\dfrac{\varepsilon u\theta^2}{2}$，其中，$0\leqslant\tau\leqslant1$，$0\leqslant\varepsilon\leqslant1$。

第三节　模型建立与求解

以图 13-1 所示的模型为基础，制造商处于主导地位，制造商、零售部门及零售商都以自身利益最大化为目标进行决策，决策顺序如下。集中式入侵策略下，第一阶段，制造商根据政府补贴政策决定零售商的批发价格和产品减排量；第二阶段，制造商和零售商同时确定各自的销量。分散式入侵策略下，第一阶段，制造商根据政府补贴政策确定零售部门的转移价格、零售商的批发价格和产品减排量；第二阶段，制造商零售部门和零售商确定各自的销量。基于上述决策过程，采用逆向归纳法进行求解。

一、产品减排量补贴下制造商集中式入侵模型

政府按照产品减排量对制造商进行补贴，集中式入侵下制造商和零售商的利润函数分别为

$$\max_{q_d,w_r,\theta}\Pi_m(q_d,q_r,\theta,w_r)=w_rq_r+(p_d-s)q_d-\frac{u\theta^2}{2}+(q_d+q_r)\tau\theta \tag{13.1}$$

$$\max_{q_r}\Pi_r(q_r,w_r)=(p_r-w_r)q_r \tag{13.2}$$

根据式（13.1）和式（13.2），采用逆向归纳法，可得产品减排量补贴下制造商集中式入侵的均衡解，见附表 5.1。

命题 13.1　对于政府产品减排量补贴下制造商的集中式入侵策略，制造商的产品减排量、销量、利润和零售商的销量、批发价格、利润均随着消费者低碳偏好系数 λ 的增加而增加。

命题 13.1 说明，消费者低碳偏好系数越大代表着其低碳意识越强，消费者越会倾向于购买低碳产品。消费者对低碳产品需求的增加及政府对产品减排量的补贴都将促

进制造商提高产品减排量。对应地，制造商产品减排量升高带来了高额低碳投入，从而提升批发价格以实现利润最大化。因此，整个低碳供应链中成员的利润都会因消费者低碳偏好系数的增加而增加，整条供应链共同受益。

命题 13.2　对于政府产品减排量补贴下制造商集中式入侵策略，制造商的产品减排量、销量、利润和零售商的销量、利润随着产品减排量补贴系数 τ 的增加而增加，但是制造商的直销价格和零售商的批发价格及零售价格随着产品减排量补贴系数 τ 的增加而减少。

命题 13.2 说明，政府对产品减排量补贴的增加确实能够激励制造商提高产品减排量。产品减排量补贴的力度与产品的销量呈正相关，销量的增加意味着产品减排量补贴的增加，因此，制造商为了利润最大化，会降低直销价格和零售商的批发价格，进而提升直销渠道和零售渠道的销量。相应地，零售商也会降低其零售价格以开拓终端市场，提高其市场份额。

因此，从制造商角度出发，当政府进行产品减排量补贴时，有必要降低零售商的批发价格，通过减少双重边际化使零售商也间接享受政府补贴的红利，以形成双赢的局面。

命题 13.3　政府产品减排量补贴下制造商集中式入侵的产品减排量随着渠道竞争系数 k 的增加而增加。

命题 13.3 说明，随着制造商与零售商之间的渠道竞争加剧，产品减排量会增加。由于制造商采取集中式入侵策略，制造商会直接与零售商争夺终端销售市场，而产品减排量补贴随着销量的增大而增加，随着渠道竞争加剧，制造商会被迫降低直销价格来促进其直销渠道销量的增加以更好地参与竞争，虽然增加产品减排量需要付出巨大研发成本，但考虑到市场需求的激增及政府对产品减排量补贴的增加，制造商依然会提高产品减排量以更好地参与竞争。因此，政府对制造商生产产品减排量进行补贴有利于提高环境绩效，也会激励制造商生产更为环保的产品，实现低碳发展。

命题 13.4　当 $s < s_1 = \dfrac{\alpha u[(\lambda + \tau)^2(2k - k^2 + 4) + 2u(6k - 3k^2 - 8)]}{(k - 4)(\lambda + \tau)^4 + u(\lambda + \tau)^2(-k^2 + 6k + 12)}$ 时，制造商的利润随渠道竞争系数 k 的增加而减少，而零售商的利润随渠道竞争系数 k 的增加而增加；当 $s_1 < s < \hat{s}(\tau)$ 时，制造商和零售商的利润均随渠道竞争系数 k 的增加而减少。

命题 13.4 说明，随着产品可替代性的增加，竞争加剧，双方利润的变化主要取决于直销成本。当直销成本很小，即 $s < s_1$ 时，竞争加剧，制造商利润会减少，但零售商利润会增加。这是由于在集中式入侵策略下，制造商与零售商在消费者市场上是直接竞争关系，在竞争激烈时，制造商为了不损伤零售商利益，适当降低批发价格可以确保帕累托收益。虽然政府会对产品减排量进行补贴，但是由命题 13.3 可知，随着渠道竞争加剧，产品减排量是增加的，制造商低碳研发成本也在增加，制造商无法再通过降低直销价格来参与竞争，导致总利润减少。当制造商直销成本很大，即 $s_1 < s < \hat{s}(\tau)$

时，制造商利润和零售商利润均减少。这是由于制造商无法过多地参与市场竞争，而是更多地依赖批发渠道来提高利润，即通过提高批发价格来获得更高的利润。此时，渠道竞争并没有那么激烈，制造商生产产品减排量也会降低，政府产品减排量补贴也会有所减少。虽然零售商的市场需求有所增加，但由于产品减排量降低，其销量的提高带来的收益弥补不了批发价格的提高带来的损失，因此，市场竞争越激烈，双方越不利。

二、研发成本补贴下制造商集中式入侵模型

制造商集中式入侵下，政府根据制造商的研发成本对其补贴，此时零售商的利润函数与式（13.2）一致，制造商的利润函数为

$$\max_{q_d, \theta, w_r} \varPi_m(q_d, q_r, \theta, w_r) = w_r q_r + (p_d - s)q_d - (1 - \varepsilon)\frac{u\theta^2}{2} \quad (13.3)$$

采用同样的方法求解式（13.2）和式（13.3），可得到研发成本补贴下制造商集中式入侵的均衡解，如附表 5.1 所示。

命题 13.5　对于政府研发成本补贴下制造商集中式入侵策略，制造商的产品减排量、销量、利润和零售商的销量、批发价格、利润随着消费者低碳偏好系数 λ 的增加而增加。

与命题 13.1 类似，消费者对低碳产品需求的增加会激励制造商提高产品减排量，更高的产品减排量意味着更高的低碳研发成本，由于政府研发成本补贴是一次性的，制造商仍然会提高批发价格来继续提升其零售渠道的收益，相应地，零售商也会以利润最大化为目的提高其零售价格。对于整个低碳供应链，消费者低碳偏好系数增加，制造商和零售商都将受益。

命题 13.6　对于政府研发成本补贴下制造商集中式入侵策略，制造商的产品减排量、销量、直销价格、利润和零售商的销量、批发价格、零售价格、利润随着研发成本补贴系数 ε 的增加而增加。

与命题 13.2 不同的是，制造商的直销价格和零售商的批发价格、零售价格随着研发成本补贴系数的增加而增加。政府对制造商研发成本补贴的增加会促使制造商提高产品减排量，但是研发成本补贴是一次性的，制造商也存在一定的直销成本，在这种市场竞争下，制造商会提高批发价格和直销价格来提升其零售渠道和直销渠道的收益，相应地，零售商也会提高其零售价格。命题 13.2 和命题 13.6 共同说明补贴政策会影响制造商的低碳生产决策。

命题 13.7　政府研发成本补贴下制造商集中式入侵的产品减排量随着渠道竞争系数 k 的增加而降低。

不同于命题 13.3，命题 13.7 说明产品减排量之所以降低是因为制造商和零售商之间渠道竞争加剧。当两个渠道竞争激烈时，制造商将被迫降低零售价格与零售商争夺终端销售市场，而增加产品减排量需要巨大的研发成本，由于政府研发成本补贴是

一次性的，考虑到使收益达到最高，制造商会采取降低产品减排量的措施以更好地参与竞争。因此，在制造商集中式入侵下，政府对制造商研发成本进行补贴不利于提高环境绩效，制造商的趋利性会促使其生产减排量较低的产品。

命题 13.8　当 $s < s_2 = \dfrac{\alpha u(1-\varepsilon)[\lambda^2(2k-k^2+4)+2u(\varepsilon-1)(3k^2-2k+8)]}{(k-4)\lambda^4 - 2u^2(\varepsilon-1)^2(8+3k^2)+\lambda^2 u(\varepsilon-1)(k^2-6k-12)}$ 时，制造商和零售商的利润随渠道竞争系数 k 的增加而减少；当 $s_2 < s < \hat{s}(\varepsilon)$ 时，制造商的利润随渠道竞争系数 k 的增加而减少，而零售商的利润随渠道竞争系数 k 的增加而增加。

命题 13.8 与命题 13.4 类似，随着产品可替代性的增加，竞争加剧，双方利润的变化主要取决于直销成本。但是当直销成本很小，即 $s < s_2$ 时，与命题 13.4 不同的是，零售商利润也会减少。这是由于制造商过分参与市场竞争，在竞争激烈时会损害零售商利益，制造商直销成本和低碳研发成本还是存在的，而且由命题 13.7 可知，随着渠道竞争加剧，产品减排量会降低，研发成本补贴也是降低的，导致制造商总利润减少。当直销成本很大时，即 $s_2 < s < \hat{s}(\varepsilon)$ 时，与命题 13.4 不同的是，制造商利润减少，但是零售商利润增加。由于直销成本太大，制造商无法过多地参与市场竞争，而是更多地依赖批发渠道来提高利润，即通过提高批发价格来获得更高的利润。制造商对批发渠道的依赖增加了零售商的市场需求，进而增加了零售商的利润。但是在有限的政府研发成本补贴下，市场竞争越激烈，对制造商越不利。

三、产品减排量补贴下制造商分散式入侵模型

政府依据产品减排量对制造商进行补贴，分散式入侵下制造商、零售商的利润函数与式（13.1）和式（13.2）一致，制造商零售部门的利润函数为

$$\max_{q_d} \prod_d(q_d, s, w_d) = (p_d - w_d - s)q_d \tag{13.4}$$

采用同样的方法求解，可得到产品减排量补贴下制造商分散式入侵的均衡解，如附表 5.2 所示。

命题 13.9　对于政府产品减排量补贴下制造商分散式入侵策略，制造商的产品减排量、销量、直销价格、利润和零售商的销量、批发价格、零售价格随着消费者低碳偏好系数 λ 的增加而增加，但制造商对其零售部门的转移价格随着消费者低碳偏好系数 λ 的增加而降低。

命题 13.9 说明当政府以产品减排量对制造商进行补贴时，随着消费者对低碳产品的偏好增加，产品减排量、零售商批发价格、制造商和零售商的销量及利润都会增加，而制造商对其零售部门的转移价格降低。产品减排量补贴随着产品销量的增加而增大，制造商只有提高销量才能争取到更多的补贴以降低成本。制造商降低对其零售部门的转移价格以此来满足消费者日益增长的低碳产品需求，进而刺激其直销渠道需求的增加，使零售部门与零售商的市场竞争愈加激烈，从而达到争取更多补贴的目的，

以此来实现双渠道整体利润最大化。

命题 13.10　对于政府产品减排量补贴下制造商分散式入侵策略，制造商的产品减排量、销量、利润和零售商的销量、利润随着产品减排量补贴系数 τ 的增加而增加，但零售商的批发价格及零售价格、制造商零售部门的转移价格及直销价格随着产品减排量补贴系数 τ 的增加而降低。

命题 13.10 说明随着政府对制造商生产产品减排量补贴的增加，产品减排量、制造商和零售商的利润都会增加，但是零售商批发价格及制造商零售部门的转移价格会降低。这是因为产品减排量增加意味着更高的低碳研发成本，而产品减排量补贴与产品销量息息相关，制造商为了追求利益会倾向于降低给零售商的批发价格及其零售部门的转移价格，刺激零售和直销渠道销量的提升，进而得到更多的产品减排量补贴。相应地，零售商零售价格及制造商直销价格也会降低，从而提高整个供应链的效益。

命题 13.2 和命题 13.10 共同说明，政府采取产品减排量补贴政策时，对于生产低碳产品的制造商，无论采取集中式入侵策略还是分散式入侵策略，适当给没有享受补贴的零售商降低批发价格，可以促成双赢。

命题 13.11　政府产品减排量补贴下制造商分散式入侵的产品减排量随着渠道竞争系数 k 的增加而降低。

命题 13.11 和命题 13.3 不同，产品减排量的降低是由于双方之间渠道竞争的加剧。这意味着随着产品可替代性的增强，同质化的产品在激烈的市场竞争下不利于产品减排量的提高。由于制造商采取分散式入侵策略，制造商通过给予其零售部门一个转移价格可以软化渠道冲突，提高制造商的利润。产品减排量补贴是对销量敏感的，随着渠道竞争加剧，分散式入侵会导致制造商更多地依赖批发渠道，销量不足，就无法获得更多的补贴。降低产品减排量能够更大程度地节约低碳研发成本，制造商会选择降低产品减排量来实现利润最大化。

因此，政府对制造商生产产品减排量进行补贴时，制造商采取分散式入侵会倾向于生产产品减排量较低的产品，这不利于提高环境绩效。

命题 13.12　当 $s < s_3 = \dfrac{\alpha u[(\lambda + \tau)^2 - 2u(k^2 - 2k + 2)]}{(\lambda + \tau)^2[u(2k+3) - (\lambda + \tau)^2] - 2u^2(k^2 + 2)}$ 时，制造商和零售商的利润均随渠道竞争系数 k 的增加而减少；当 $s_3 < s < \bar{s}(\tau)$ 时，制造商的利润随渠道竞争系数 k 的增加而减少，而零售商的利润随渠道竞争系数 k 的增加而增加。

命题 13.12 也说明了渠道竞争（产品可替代性）对制造商和零售商利润的影响与制造商直销成本有关。随着渠道竞争系数的增加，当直销成本足够小（$s < s_3$）时，制造商可以充分利用直销渠道与零售商展开更激烈的市场竞争，这会使双方的利润都遭受损失。当直销成本足够大（$s_3 < s < \bar{s}(\tau)$）时，制造商通过直销渠道销售不利于其利润的增长，而是更多地依赖零售商赚取更多的利润，这反而使零售商受益。在这种情况下，零售商通过扩展市场可以获得更高的利润。

　　值得注意的是，在政府产品减排量补贴下，不同于集中式入侵下零售商利润先增加后减少，在分散式入侵下，渠道竞争系数对零售商利润的影响是先减少后增加的。原因如下：一方面，当直销成本较低时渠道竞争激烈，如上所述，集中式入侵下制造商为了不损害零售商的利益会适当降低批发价格，而在分散式入侵下，由于转移价格的存在，渠道冲突相对会减弱，制造商可以通过调节转移价格和批发价格来更好地应对渠道竞争，因此，集中式入侵下零售商利润会增加，而分散式入侵下零售商利润会减少；另一方面，比较 $\hat{s}(\tau)$ 与 $\breve{s}(\tau)$ 的大小：

$$\hat{s}(\tau) - \breve{s}(\tau) = \frac{\alpha ku(2-k)[3(\lambda+\tau)^2 - 2u(k+2)]}{[(\lambda+\tau)^2 - 4u][(k-2)(\lambda+\tau)^2 + u(8-k^2)]} \tag{13.5}$$

即 $\hat{s}(\tau) > \breve{s}(\tau)$，集中式入侵下制造商直销成本的阈值大于分散式入侵下制造商直销成本的阈值，这意味着在政府产品减排量补贴下，制造商可以在比分散式入侵策略更大的范围内使用集中式入侵策略，这是因为分散式入侵策略下制造商与其零售部门之间的转移价格强化了直销渠道的双重边际化效应，进而增加了制造商入侵零售市场的难度。当直销成本足够大时，渠道竞争激烈，相较于集中式入侵，制造商在分散式入侵下直销渠道更容易被抑制，会更加依赖批发渠道的收益，零售商收益会增加。

四、研发成本补贴下制造商分散式入侵模型

　　分散式入侵下，政府根据制造商的研发成本对其补贴，制造商、零售商的利润函数与式（13.2）和式（13.3）一致，制造商零售部门的利润函数与式（13.4）一致。采用同样的方法求解，可得到研发成本补贴下制造商分散式入侵的均衡解，如附表 5.2 所示，具体证明过程见附录 5。

　　命题 13.13　对于政府研发成本补贴下制造商的分散式入侵策略，随着消费者低碳偏好系数 λ 的增加，制造商的产品减排量、销量、直销价格、利润和零售商的销量、批发价格、零售价格、利润都会增加，零售部门的转移价格也会增加。

　　与命题 13.9 不同的是，随着消费者低碳产品需求的增加，制造商零售部门的转移价格也会增加。这是因为随着消费者对低碳产品的需求增加，制造商会生产减排量更高的产品。制造商研发成本补贴是一次性的，与销量没有关系。这时制造商提高转移价格有利于软化与零售商的冲突，零售商也愿意接受更高的批发价格，最终制造商可以更多地通过依靠批发渠道提高其利润。这也说明补贴政策会影响制造商的决策。

　　命题 13.14　对于政府研发成本补贴下制造商分散式入侵策略，制造商的产品减排量、销量、利润和零售商的销量、批发价格、利润随着研发成本补贴系数 ε 的增加而增加，零售部门的转移价格、零售价格及制造商的直销价格也会随着研发成本补贴系数 ε 的增加而增加。

　　与命题 13.10 不同的是，零售商的批发价格、零售价格和制造商零售部门的转

移价格、直销价格也随着研发成本补贴系数的增加而增加。这是因为随着政府对制造商研发成本补贴的增加，制造商会提升产品减排量。更高的产品减排量意味着更大的低碳研发成本，由于研发成本补贴是一次性的，与销量没有关系，这时制造商会通过提高给予零售部门的转移价格来弱化渠道冲突，通过提高零售商的批发价格来达到自己批发渠道的利润最大化，相应地，制造商零售部门为了利润最大化，会提高其直销价格。同样，零售商也会提高其零售价格来达到自己的利润最大化，从而促进整个供应链的平衡。

命题 13.15 政府研发成本补贴下制造商分散式入侵的产品减排量随着渠道竞争系数 k 的增加而降低。

命题 13.15 与命题 13.7 类似，说明在政府研发成本补贴下，随着制造商与零售商之间的渠道竞争加剧，产品减排量会降低。因此，政府对制造商生产产品的低碳研发成本进行补贴时，无论制造商采取集中式入侵还是分散式入侵都不利于提高环境绩效。

命题 13.16 当 $s < s_4 = \dfrac{\alpha u Y(\varepsilon - 1)}{-\lambda^4 + \lambda^2 u(1-\varepsilon)(2k+3) - 2u^2(1-\varepsilon)^2(k^2+2)}$ 时，制造商和零售商的利润均随渠道竞争系数 k 的增加而减少；当 $s_4 < s < \bar{s}(\varepsilon)$ 时，制造商的利润随渠道竞争系数 k 的增加而减少，而零售商的利润随渠道竞争系数 k 的增加而增加。

命题 13.16 和命题 13.8 类似，当直销成本很小，即 $s < s_4$ 时，制造商可以充分利用直销渠道与零售商展开更激烈的市场竞争，这会使双方的利润都遭受损失。当制造商直销成本很大时，即 $s_4 < s < \bar{s}(\varepsilon)$ 时，制造商利润减少，但零售商利润增加。因此，政府在给予研发成本补贴的情况下，无论采取集中式入侵还是分散式入侵，市场竞争越激烈，对制造商都越不利，但是对零售商的影响是相同的。

第四节 入侵策略与补贴政策对比

首先，给定政府补贴政策，对制造商两种入侵策略的最优决策进行比较；其次，对制造商分散式入侵策略下，两种政府补贴政策的制造商最优决策及其补贴效果进行比较。

一、给定政府补贴下制造商入侵策略对比

（一）产品减排量补贴下制造商入侵策略对比

政府对产品减排量进行补贴时，将制造商集中式入侵策略和分散式入侵策略下最优决策的利润与产品减排量进行比较。

命题 13.17 政府采取产品减排量补贴政策下，制造商分散式入侵的产品减排量大于集中式入侵。

命题 13.17 说明在产品减排量补贴下，制造商采取分散式入侵更能提高产品减排

量。这是因为制造商采取分散式入侵可以弱化渠道冲突,相比于集中式入侵更能刺激其批发渠道销量的增加,产品减排量补贴与产品销量有关,因此,在分散式入侵下,制造商为了获得更多的产品减排量补贴,会选择生产减排量更高的产品。

综上,政府在采取产品减排量补贴时,可以鼓励制造商采取分散式入侵的方式来开通其直销渠道,这有利于产品减排量的提高,符合低碳发展要求。

命题 13.18 政府采取产品减排量补贴政策下,分散式入侵时制造商和零售商的利润均高于集中式入侵。

命题 13.18 表明在政府产品减排量补贴下,制造商分散式入侵策略对制造商和零售商都是更有利的。这是因为分散式入侵下的产品减排量较高,较高的减排量也意味着较高的政府补贴。因此,制造商在生产低碳产品时,采取分散式入侵策略会更有利。

(二)研发成本补贴下制造商入侵策略对比

政府对制造商低碳研发成本进行补贴时,将制造商集中式入侵策略和分散式入侵策略下最优产品减排量和供应链利润进行比较。

命题 13.19 政府采取研发成本补贴政策下,制造商分散式入侵的产品减排量大于集中式入侵。

命题 13.19 表明在政府研发成本补贴政策下,制造商在生产低碳产品时,采取分散式入侵策略会生产减排量较高的产品。分散式入侵下制造商可以通过调节与其零售部门之间的转移价格来弱化渠道冲突,相比于集中式入侵,更能促进零售商批发量的增加,制造商提高批发价格可以增大其批发渠道的利润。高产品减排量意味着更高的低碳研发成本,由于研发成本补贴是一次性的,与产品减排量有关。制造商为了利润最大化,会提高产品减排量来获取更多的补贴。因此,政府应该鼓励制造商在开通直销渠道时给零售部门更多的自主权以采取分散式入侵的方式。

命题 13.20 政府采取研发成本补贴政策下,分散式入侵时制造商和零售商的利润均高于集中式入侵。

在政府研发成本补贴下,制造商分散式入侵策略对制造商和零售商都是更有利的。这是因为制造商分散式入侵下产品减排量更高,制造商得到的政府补贴也较高,命题 13.18 和命题 13.20 共同说明无论政府采取何种补贴政策,制造商采取分散式入侵策略均能够实现供应链成员的共赢。

二、制造商分散式入侵下政府补贴政策对比

由本章第四节第一部分可知,无论政府采取何种补贴政策,制造商分散式入侵下的低碳决策及其利润均大于集中式入侵下的相应值。因此,本部分将重点对制造商采取分散式入侵策略进行分析。为了研究双渠道低碳供应链中政府选择的补贴政策,以及分析补贴参数对消费者的影响,首先对绩效价格比进行分析,其次在相同政府补贴支出下对各政府补贴政策下的产品减排量、利润进行比较。

（一）消费者低碳偏好系数和补贴系数对绩效价格比的影响

虽然消费者意识到产品的低碳化可能会带来更高的价格，但他们仍然去购买，并且希望产品减排量也能因价格的提升而提高得更多。因此，根据 Dai 等（2017）、温兴琦等（2018）的研究，定义新的评价指标——绩效价格比。用 $B_{\theta p} = \dfrac{\theta}{p}$ 来表示绩效价格比，即产品减排量与零售价格的比率，可以直接反映出政府补贴对消费者满意程度的影响。由于批发渠道受众更广，本章分别计算分散式入侵下，两种政府补贴政策批发渠道的绩效价格比：

$$B_{\theta p_r}(\tau) = \frac{-2(\lambda+\tau)W}{2\alpha\tau(\lambda+\tau)(3-2k)+s\tau^2(k-1)+s\lambda^2(3-k)+2\alpha u(k^2+k-3)+2s(\tau\lambda-ku)}$$

$$B_{\theta p_r}(\varepsilon) = \frac{2\lambda W}{2u(\varepsilon-1)(\alpha k-sk+\alpha k^2-3\alpha)+s\lambda^2(k-3)}$$

$$W = 3\alpha - 2s - 2\alpha k + sk > 0$$

命题 13.21 制造商采取分散式入侵策略时，两种政府补贴政策下的绩效价格比随着消费者低碳偏好系数的增加而增加。

命题 13.21 说明在政府补贴下，消费者的产品低碳化需求得以加强，相比需求较小时，产品减排量更高且价格更低廉。这是因为政府补贴激励制造商生产减排量更高的产品的同时，消费者也会享受到政府补贴带来的福利，付出的价格也就越低。因此，消费者的环保需求的增加不仅会使产品低碳化程度增加，也会使其从中得到收益。

命题 13.22 政府对制造商进行补贴后，绩效价格比随着补贴系数的增加而增加。

政府补贴的增加会使低碳产品价格降低，消费者的购买欲望也会因此增强。在两种政府补贴政策下，绩效价格比均会随消费者低碳偏好系数、补贴系数的增加而增加。因此命题 13.21 和命题 13.22 说明政府补贴行为不仅对整个供应链成员低碳化的进程有益，而且对消费者有利。

类似地，也可以对两种政府补贴政策下的绩效价格比进行比较分析。由于具体过程较复杂，这部分内容将在下面的算例分析中进行讨论。从算例分析结果中可以看出，在相同的政府补贴支出下，产品减排量补贴政策和研发成本补贴政策下的绩效价格比与消费者低碳偏好系数和补贴系数有关。两种政府补贴政策下的绩效价格比都随着补贴系数的增加而增加。当消费者低碳偏好系数较小时，产品减排量补贴政策下的绩效价格比高于研发成本补贴政策下的相应值；当消费者低碳偏好系数相当大时，研发成本补贴政策下的绩效价格比高于产品减排量补贴政策下的相应值。

（二）相同补贴支出分析

由命题 13.10、命题 13.14 可知，在不同政府补贴政策下，供应链成员的利益和产品减排量随着补贴系数的增加而增加。为了呈现效果，本节在相同的政府补贴支出下进行比较分析。政府以供应链成员的利益不受到损失为前提开展补贴政策，从而使制造商更自愿地提高产品减排量。本节主要以产品减排量和各成员的利润为评价标准，对比两种政府补贴政策的效果。

命题 13.23 在相同的政府补贴支出下，当 $\lambda < \lambda^* = \dfrac{\tau(3-2k) - \sqrt{8u(2-k^2) + \tau^2(3-2k)}}{2(3-2k)}$ 时，产品减排量补贴政策的产品减排量大于研发成本补贴政策，即 $\theta^D(\tau) > \theta^D(\varepsilon)$；但当 $\lambda \geq \lambda^*$ 时，研发成本补贴政策的产品减排量大于等于产品减排量补贴政策，即 $\theta^D(\tau) \leq \theta^D(\varepsilon)$。

命题 13.23 说明消费者低碳偏好和政府补贴政策共同作用于制造商的低碳生产决策。在相同的政府补贴支出下，当消费者低碳需求较低时，在产品减排量补贴政策下制造商会生产出减排量更高的低碳产品；但当消费者对低碳产品的需求逐渐增大并超过一定的阈值后，制造商在研发成本补贴政策下生产产品的减排量更高。这是因为制造商获得的研发成本补贴只与产品减排量有关，而产品减排量补贴还与产品销量有关。在相同的政府补贴支出下，消费者低碳需求较低意味着低碳产品在市场上销量会较低，这时，为了获得更高的产品减排量补贴，制造商会生产减排量更高的产品。由于生产减排量较高的产品需要付出高昂的低碳研发成本，消费者市场对低碳产品的需求也低，所以制造商不会轻易为了获得更高的研发成本补贴来提高产品减排量。当消费者对低碳产品的需求增大时，在产品减排量补贴下，制造商会因低碳产品销量的增大而降低产品减排量，这样既可以减少研发成本，又能获得相应的补贴。但是在研发成本补贴政策下，政府对研发成本进行补贴可以很好地缓解制造商研发成本的压力，制造商会选择提高产品减排量来获取更高的补贴，并且可以吸引更多的低碳消费者。因此，政府为了提高整个社会的环保效益进行低碳生产政策设计，可以适当考虑现实社会中消费者的低碳需求，在不同的市场需求下，选择不同的补贴政策，这样可以更好地激励制造商生产减排量更高的产品，达到更佳的低碳补贴效果。

命题 13.24 在相同的政府补贴支出下，两种政府补贴政策下制造商和零售商利润存在如下关系：$\Pi_m^D(\varepsilon) < \Pi_m^D(\tau)$，$\Pi_r^D(\varepsilon) < \Pi_r^D(\tau)$。

命题 13.24 说明政府采取产品减排量补贴政策，更能促进制造商和零售商利润的提升。这是因为制造商在分散式入侵下能很好地缓解渠道竞争压力，政府研发成本补贴是一次性的，只随着产品减排量变化，而产品减排量补贴会随着直销渠道和批发渠道销量的提升而增加，在相同的政府补贴支出下，产品减排量补贴对制造商和零售商利润会有更佳的提升潜力。因此，综合命题 13.23 和命题 13.24 可见，政府在相同的补贴支出下采用产品减排量补贴有利于提升供应链整体绩效但会减少产品减排量。这说明政府补贴政策设计需要平衡供应链的经济效益与低碳产品的环境效益。

第五节　数 值 仿 真

基于前面结果,为了更直观地了解政府补贴政策与制造商入侵策略的选择之间的相互影响,本节进行数值仿真。与现有研究类似(Hong et al.,2019;郑本荣等,2016),为了简化数值算例,使其符合可行域,且满足模型最优解存在的条件,模型中相关参数取值为 $\alpha=10$, $s=2$, $u=4$, $k=0.8$, $\lambda=0.8$。

一、给定政府补贴下制造商入侵决策对比分析

(一)产品减排量补贴下制造商入侵策略对比

为了便于分析,使 $\theta^D(\tau)$ 和 $\theta^C(\tau)$ 之间的关系更明显地表示出来,令 $\Delta\theta(\tau)=\theta^D(\tau)-\theta^C(\tau)$。从图 13-2~图 13-4 中可以看出,产品减排量补贴政策下,随着产品减排量补贴系数的增加,分散式入侵下产品减排量与集中式入侵下产品减排量的差值逐渐增大,制造商的利润和零售商的利润均在分散式入侵下更高。这些结果验证了命题 13.17 和命题 13.18。因此,在倡导低碳消费的环境下,制造商应积极采取分散式入侵策略。

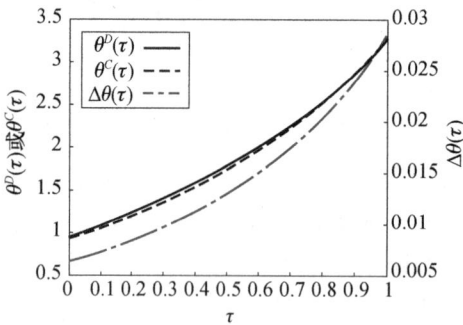

图 13-2　产品减排量补贴系数对产品减排量的影响

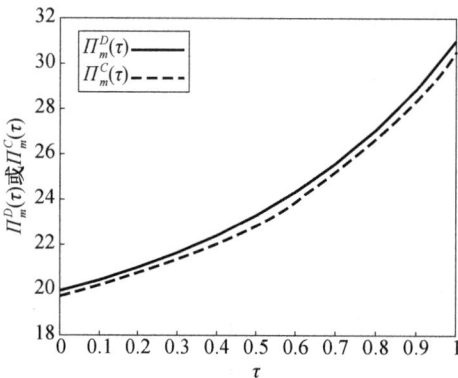

图 13-3　产品减排量补贴系数对制造商利润的影响

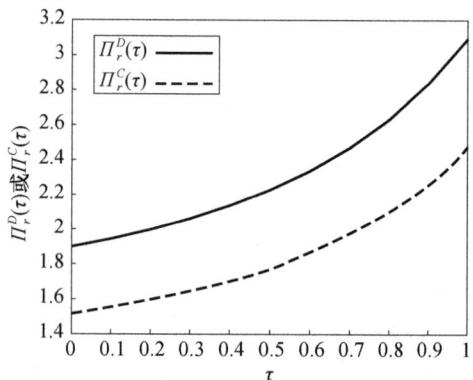

图 13-4　产品减排量补贴系数对零售商利润的影响

（二）研发成本补贴下制造商入侵策略对比

令 $\Delta\theta(\varepsilon) = \theta^D(\varepsilon) - \theta^C(\varepsilon)$。从图 13-5 中可以看出，研发成本补贴政策下，随着研发成本补贴系数的增加，分散式入侵下产品减排量明显大于集中式入侵下产品减排量，这个结果验证了命题 13.19。由图 13-6 和图 13-7 可以看出，研发成本补贴政策下，随着研发成本补贴系数的增加，制造商的利润和零售商的利润均在分散式入侵下更高。这些结果验证了命题 13.20。

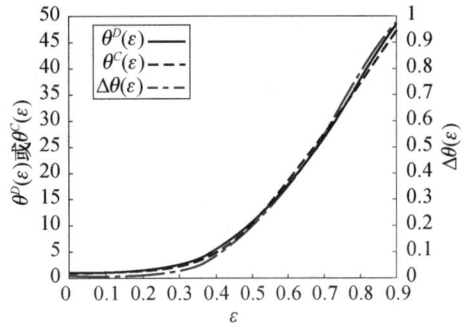

图 13-5　研发成本补贴系数对产品减排量的影响

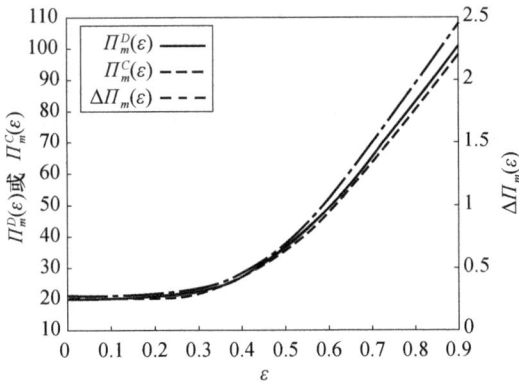

图 13-6　研发成本补贴系数对制造商利润的影响

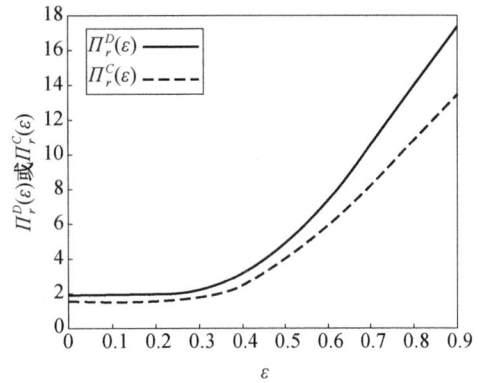

图 13-7　研发成本补贴系数对零售商利润的影响

二、制造商分散式入侵下政府补贴政策对比分析

τ 的取值范围为 [0, 1]，由于要以相同的政府支出为条件，相应的 ε 可通过计算得到。相同政府补贴支出下补贴参数的部分对应值见表 13-2。

表 13-2　相同政府补贴支出下补贴参数的部分对应值

参数	取值									
τ	0.100	0.200	0.300	0.400	0.500	0.600	0.700	0.800	0.900	1.000
ε	0.187	0.307	0.395	0.464	0.521	0.569	0.611	0.648	0.681	0.710

（一）λ 对两种政府补贴政策的影响

在满足保证均衡解存在的条件下，令 $\alpha = 10$，$c = 2$，$u = 4$，$k = 0.8$，$\tau = 0.5$，$\varepsilon = 0.521$。因此，在相同的补贴支出下消费者低碳偏好系数对两种政府补贴政策的影响如图 13-8～图 13-10 所示。

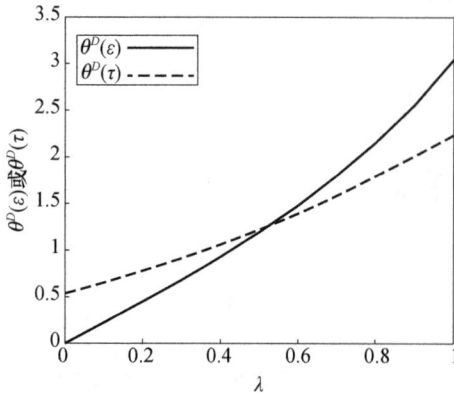

图 13-8　消费者低碳偏好系数对产品减排量
的影响

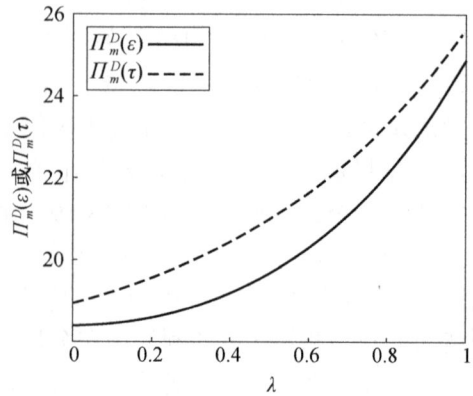

图 13-9　消费者低碳偏好系数对制造商利润
的影响

从图 13-8～图 13-10 中可以看出，在制造商分散式入侵策略下，无论政府采取产品减排量补贴还是研发成本补贴，产品减排量和供应链利润都会随着消费者低碳偏

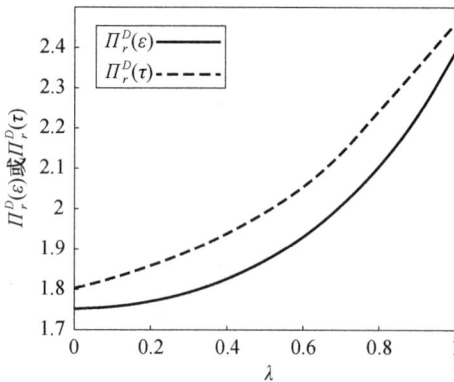

图 13-10　消费者低碳偏好系数对零售商利润
的影响

好系数的增加而增加。这些结果验证了命题 13.9 和命题 13.13。

此外，随着消费者低碳偏好系数的增加，产品减排量、制造商和零售商的利润均是在产品减排量补贴下更高，但是消费者低碳偏好系数增大到一定程度后，产品减排量反而在研发成本补贴下更高。这是因为在相同的政府补贴支出下，研发成本补贴系数大于产品减排量补贴系数，且研发成本补贴取决于产品减排量，而产品减排量补贴还受到销量的影响，当消费者对低碳产品的需求增

大时，制造商在产品减排量补贴下反而会降低产品减排量来节约低碳研发成本，在研发成本补贴下会提高产品减排量来获取更多的研发成本补贴。这表明虽然低碳消费是引导制造商低碳生产的关键因素，但是政府补贴政策也会影响制造商的减排决策。

（二）k 对两种政府补贴政策的影响

在满足均衡解存在的条件下，取 $\alpha = 10$，$s = 2$，$u = 4$，$\lambda = 0.8$，$\tau = 0.5$，在相同政府补贴支出下，对应的 $\varepsilon = 0.521$。由命题 13.23 可知，消费者低碳偏好也会影响制造商的减排决策。因此，为了更好地反映渠道竞争系数对产品减排量的影响，用 $s = 0.1$ 和 $s = 5$ 来分别代表制造商直销成本低和高两种情况。在制造商采取分散式入侵及政府相同

的补贴支出下，渠道竞争系数k对两种政府补贴政策的影响如图 13-11 所示。

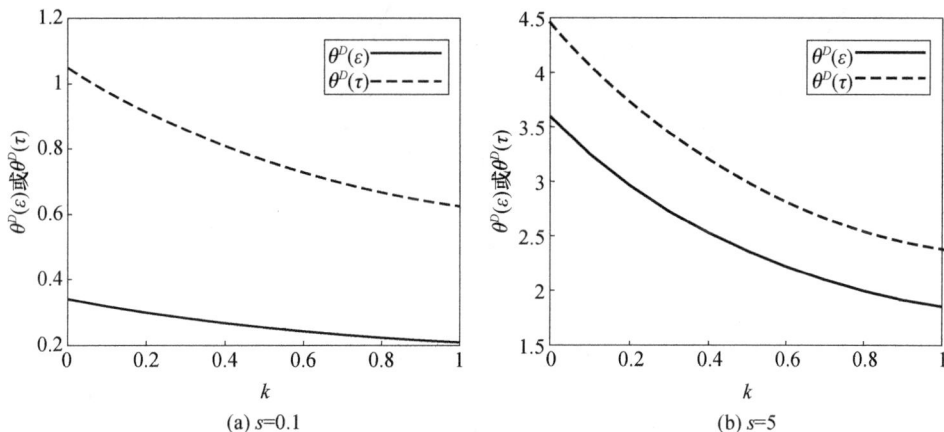

(a) $s=0.1$ (b) $s=5$

图 13-11 渠道竞争系数对产品减排量的影响

从图 13-11 中可以看出，在制造商分散式入侵策略下，随着渠道竞争系数k的增加，无论政府采取产品减排量补贴政策还是研发成本补贴政策，产品减排量都会降低，这与命题 13.11 和命题 13.15 一致。此外，无论制造商直销成本高或低，产品减排量补贴下的产品减排量大于研发成本补贴下的产品减排量。

为了更好地检验渠道竞争系数k对制造商和零售商利润的影响，仍然选择$s=0.1$和$s=5$来分别代表制造商直销成本低和高的情况。其他参数设置仍然和之前一样，即$\alpha=10$，$u=4$，$\lambda=0.8$，$\tau=0.5$，$\varepsilon=0.521$。在两种政府补贴政策下制造商和零售商的利润如图 13-12 和图 13-13 所示。

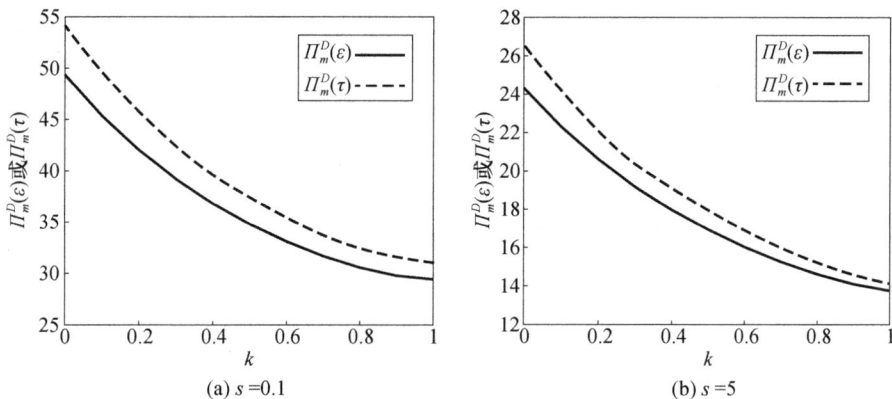

(a) $s=0.1$ (b) $s=5$

图 13-12 渠道竞争系数对制造商利润的影响

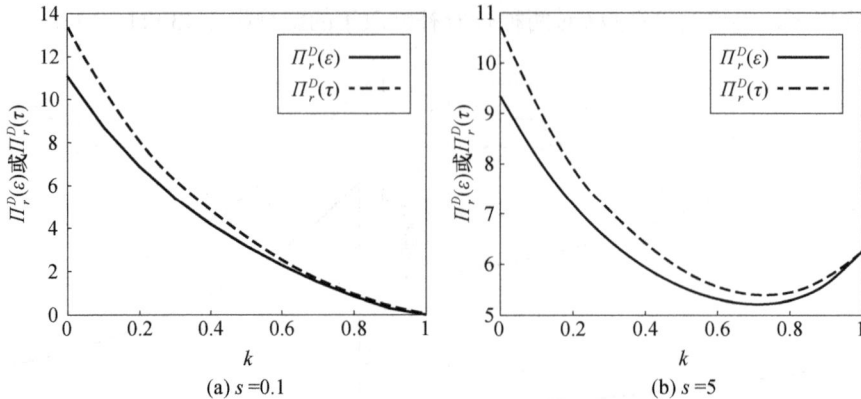

(a) $s = 0.1$ (b) $s = 5$

图 13-13　渠道竞争系数对零售商利润的影响

对于低直销成本（$s = 0.1$），制造商和零售商在每种政府补贴政策下的利润都随着 k 的增大而减少。这些结果与命题 13.12 和命题 13.16 是一致的。这说明渠道间竞争激烈对供应链成员都是不利的。产品减排量补贴政策下制造商利润及零售商利润都高于研发成本补贴政策，分散式入侵策略的好处在于制造商可以通过制定合理的转移价格，向零售商传达一个不过分入侵市场的信息，从而提高批发渠道的需求。随着 k 增大，竞争变得更加激烈，分散式入侵策略可以获得更多的批发利润。但是，当 k 很大时，分散式入侵下制造商会降低转移价格以应对激烈的竞争，值得注意的是，在 $k = 1$ 的极端情况下，零售商利润趋近零，这说明在政府补贴下，激烈的渠道竞争会促使制造商排除零售商。

对于高直销成本（$s = 5$），制造商在每种政府补贴政策下的利润也随着 k 的增大而减少。原因是当直销成本足够高时，制造商就不会轻易选择开通直销渠道，而是更多地依赖其批发渠道。图 13-13（b）说明了零售商在分散式入侵下的利润会随着 k 的增大先减少后增大。由于分散式入侵起到缓和竞争的作用，当零售商受益于不断增长的市场需求时，制造商也可以在直销成本较高的情况下受益于批发渠道需求的增加和政府补贴的增加。这些结果也与命题 13.12 和命题 13.16 一致。

（三）补贴系数对两种政府补贴政策的影响

政府补贴系数取值范围为 [0, 1] 时，产品减排量、零售价格、绩效价格比、制造商的利润、零售商的利润的变化情况分别如图 13-14～图 13-18 所示。同样地，用 $\lambda = 0.1$ 和 $\lambda = 0.9$ 来反映消费者低碳偏好程度分别在低和高的情况下对减排决策的影响。

由图 13-14 可知，随着政府补贴系数的增加，产品减排量补贴和研发成本补贴政策下的产品减排量均增加。此外，在相同的政府补贴支出下，当消费者对低碳产品的需求较低时，减排量成本补贴下的产品减排量更高，而当消费者低碳偏好程度较高时，研发成本补贴下的产品减排量更高。这也验证了命题 13.23。

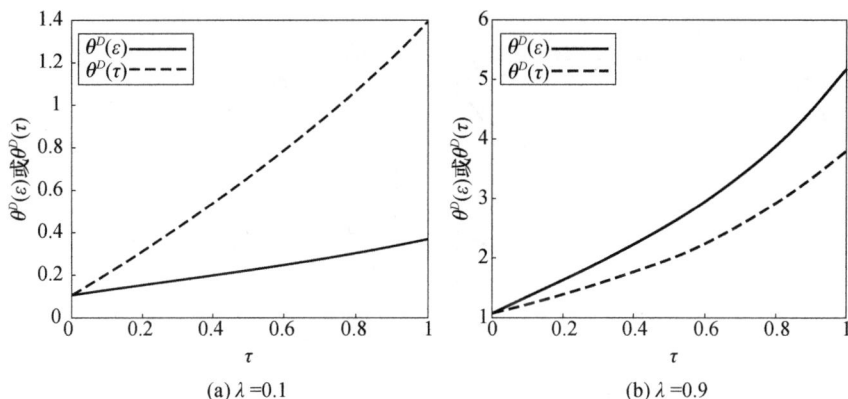

(a) $\lambda = 0.1$ (b) $\lambda = 0.9$

图 13-14　相同政府补贴支出下产品减排量

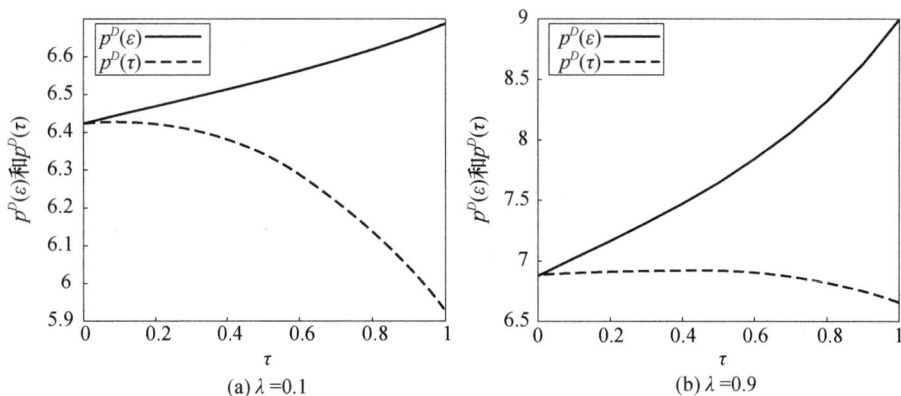

(a) $\lambda = 0.1$ (b) $\lambda = 0.9$

图 13-15　相同政府补贴支出下零售商的零售价格

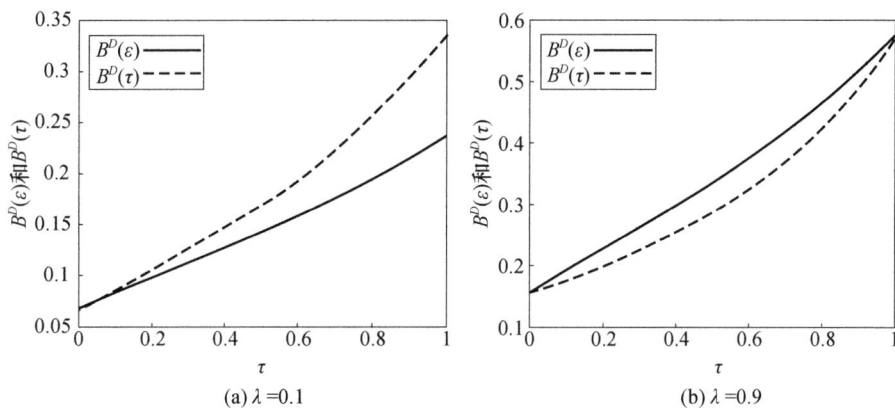

(a) $\lambda = 0.1$ (b) $\lambda = 0.9$

图 13-16　相同政府补贴支出下绩效价格比

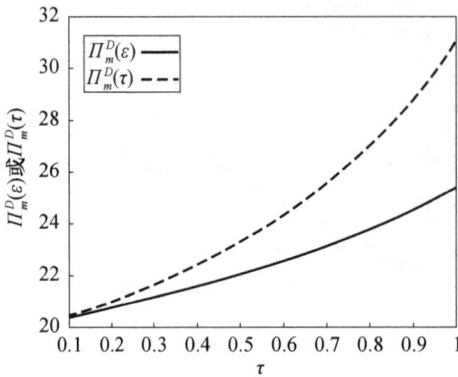

图 13-17　相同政府补贴支出下制造商利润　　　图 13-18　相同政府补贴支出下零售商利润

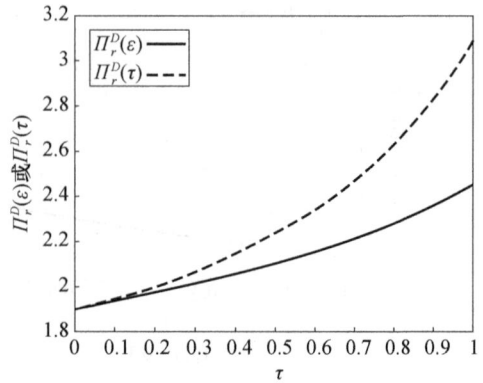

　　由图 13-15 可以看出，随着政府补贴系数的增加，研发成本补贴下的零售价格是增加的，而产品减排量补贴下的零售价格是降低的。在相同的政府补贴支出下，研发成本补贴政策下的零售价格更高。由图 13-16 可以看出，随着政府补贴系数的增加，产品减排量补贴和研发成本补贴下的绩效价格比均是增加的。这验证了命题 13.22。但是两种政府补贴政策下的绩效价格比会随着消费者低碳偏好系数的变化而变化，当消费者低碳偏好系数较小时，产品减排量补贴下的产品减排量较高，而其零售价格一直在降低，所以在这种情况下，产品减排量补贴下的绩效价格比高于研发成本补贴下的相应值；但当消费者低碳偏好系数相当大时，研发成本补贴下的产品减排量较高，故其绩效价格比高于产品减排量补贴下的相应值。

　　由图 13-17 和图 13-18 可以看出，随着政府补贴系数的增加，产品减排量补贴和研发成本补贴下的制造商和零售商利润均增加。在相同的政府补贴支出下，产品减排量补贴下的利润会更高。这也验证了命题 13.24。

本 章 小 结

　　在电商不断发展的今天，制造商可以通过不同的网络零售平台直接销售产品。但对产品的低碳化离不开政府补贴政策，这促使着企业的低碳转型，也保障了供应链中各企业利益不受侵犯。本章考虑了制造商与零售商进行市场竞争的集中式入侵情形、制造商的零售部门与零售商进行市场竞争的分散式入侵情形，还考虑了政府补贴政策的影响，为此构建了双渠道低碳供应链的政府产品减排量补贴模型和研发成本补贴模型，分析两种政府补贴政策对供应链成员和低碳水平的影响，通过对两种政府补贴政策的比较分析，为政府实施相应补贴措施提供了理论依据。主要结论如下。

　　（1）通过理论研究和数值分析，随着补贴系数的增加，产品减排量及供应链各成员的利润都会增加，而且制造商分散式入侵下的产品减排量和利润优于集中式入侵。这说明政府对制造商进行补贴，能够促进低碳产品的生产，并且有助于整个供应链利润的提升，而且在双渠道低碳供应链中，制造商在政府补贴下采取分散式入侵会更有益。

（2）当制造商采用分散式入侵策略时，若以供应链利润为衡量标准，政府实施产品减排量补贴政策效果更好，这时供应链利润更高。消费者低碳偏好也会影响两种政府补贴政策下制造商的减排决策，当消费者低碳偏好程度较低时，产品减排量补贴下的产品减排量较高，但随着低碳偏好程度不断增加，超过某一阈值后，研发成本补贴下的产品减排量会更高。因此，在相同的政府补贴支出下，若以产品减排量为衡量标准，当消费者低碳偏好程度较低时，随着补贴力度的增大，政府采取产品减排量补贴效果更佳。但是，当消费者低碳偏好程度增大到一定阈值后，随着补贴力度的增大，政府采取研发成本补贴效果更佳，这时生产的低碳产品性价比也更高，消费者更愿意购买。

本章为政府补贴政策的选择及低碳企业生产提供一些管理启示：第一，在政府补贴过程中，企业之间的博弈是很重要的，是参照政府补贴政策进行的，若企业不了解相关信息，则制造商的低碳研发会受到影响，因此企业与政府之间进行有效的沟通、保证信息传递的完整性是促使企业积极低碳创新的关键；第二，对于低碳生产企业，由于需要支付巨大的研发成本，政府补贴政策正好能弥补这一损失，而且该政策能很好地调动生产企业的积极性，产品减排量得以进一步提升，社会环保效益也能逐步提高；第三，政府对制造商进行补贴时，若想提高产品减排量及供应链的低碳水平，必须考虑消费者对低碳产品的需求。

第十四章 碳限额与交易机制下竞争供应链协同减碳与政策设计研究

第一节 研究背景

进入 21 世纪,如何降低碳排放以减轻温室效应和大气污染已成为全球重要议题。从 1997 年的《京都议定书》到 2015 年的《巴黎协定》,各国政府都在积极制定减排目标。例如,2014 年,欧盟提出到 2030 年将碳排放量在 1990 年的基础上降低 40%。中国作为全球最大的发展中国家,一直非常重视碳排放的控制,采取了有效的政策和措施(邹清明等,2022)。

各国政府纷纷制定并实施了相应的低碳政策和法律法规,如碳税、碳补贴、碳限额与交易等,目的是降低碳排放。其中,碳限额与交易机制被认为是控制碳排放的有效手段之一(Giarola et al.,2012)。在碳限额与交易机制下,政府预先分配一定的碳配额(二氧化碳排放权)给企业用于生产经营,当企业有不足或剩余的碳配额时,可以到碳交易市场上购入或出售,其中,碳价格由市场决定。世界上最大的碳交易市场是 EU ETS,美国也从 2013 年开始建立碳交易市场。目前,上海、北京、广东、天津、湖北等被列为我国碳限额与交易政策的试点地区。

本章主要研究在碳限额与交易机制管制下竞争性供应链的最优减排策略,研究考虑供应链竞争的减排策略及决策结构选择问题,分析哪种决策方式(集中化决策、分散化决策)更有利于供应链减排和获利,并探讨碳配额和碳价格的影响。

第二节 模型建立

一、问题描述

本章主要研究碳限额与交易机制下供应链间竞争对供应链减排和成员决策的影响,供应链系统为两条二级供应链,由一个制造商和一个零售商组成。集中化决策和分散化决策是供应链的两种决策方式。在集中化决策下,制造商根据供应链整体最优决策直接控制下游零售商,生产产品并销售给终端消费者。在分散化决策下,制造商和零售商各自决策,制造商生产产品,按照批发价格出售给零售商,再由零售商卖给消费者。目前,全球各大企业的生产经营过程广泛应用这两种决策方式。

本章假设两条供应链面对同一个需求市场竞争,每条供应链都由一个制造商和一个零售商构成，其中，制造商生产的低碳可替代产品具有差异化。在碳限额与交易机制的管控下，首先，制造商从政府处获得一定量的初始碳配额，制造商在给定的碳配额下各自进行生产活动，同时进行碳减排技术投资决策，目的是减少生产过程中碳排放量，从而控制碳配额使用，实现利益最大化；然后，制造商按照一定的批发价格把产品转卖给零售商，并在碳交易市场上交易剩余或不足的碳配额，基本模型如图 14-1 所示。

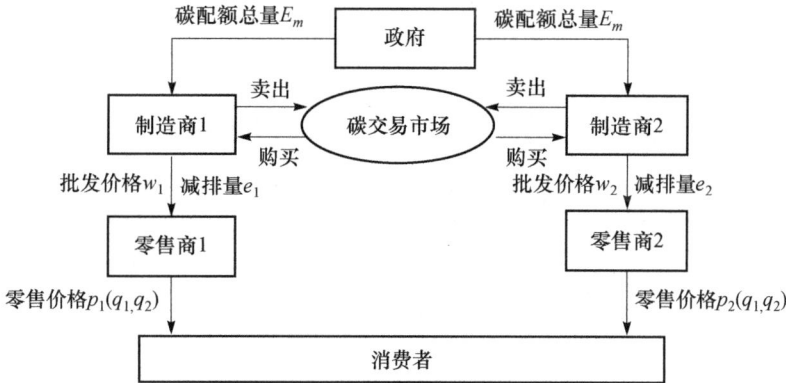

图 14-1　碳限额与交易机制下竞争性供应链减排模型

为了研究方便，本章对两条对称低碳供应链间的竞争展开研究，每条供应链由一个制造商和一个零售商构成，供应链内开展的是以制造商为主导的 Stackelberg 博弈，供应链间开展的是以供应量竞争的古诺（Cournot）博弈。供应链成员的决策顺序如下：第一阶段，两个制造商基于政府给定的初始碳配额，同时制定产品减排量与批发价格，并投入资金开展减排研发与运营；第二阶段，两个零售商在给定的批发价格下同时确定产品在市场上的供应量；第三阶段，制造商交付生产，将剩余或不足的碳配额在碳交易市场上进行交易。

二、假设与符号说明

为更好地推进研究和简化计算，本章的研究基于以下假设和范围界定。

（1）参考 Alizamir 等（2019）、Arya 等（2015）的研究，本章使用如下的逆需求函数：

$$p_i = \alpha - q_i - \beta q_j, i=1; j=3-i \tag{14.1}$$

其中，产品零售价格取决于市场上同类产品的供应量，不考虑其他因素的影响；参数 α 为市场潜力，即供应链生产的产品在市场上的最高零售价格；参数 $\beta \in [0,1]$ 为供应链间竞争强度，反映产品的差异化水平，$\beta=0$ 和 $\beta=1$ 分别对应两种极端情况，即两条供应链完全独立和两条供应链竞争极端激烈。

（2）制造商的减排投资成本为关于单位产品减排量 e_i 的二次函数：$h = ke_i^2 / 2$，其中，参数 k 是制造商减排投资成本系数，k 越大，代表减排的难度越高，生产单位产品能降低单位碳排放量所需的投资成本越高，这与实际情况相同，也和 Ji 等（2017）、Singh 和 Vives（1984）的研究结果类似。

（3）市场需求量和产品供应量相等，没有多余产品剩余。

（4）制造商所获得的初始碳配额会被使用或在碳交易市场上交易，碳价格由整个碳交易市场决定。

（5）制造商和零售商是理性的，分别追求各自利益最大化。

（6）为了使均衡解存在，需满足 $2k - p_e^2 > 0$，$\alpha - c - e_c p_e > 0$。

为了理解方便，模型涉及的参数符号及定义如表 14-1 所示。

表 14-1 模型参数符号及定义

符号	定义	符号	定义
α	市场潜力	e_i	单位产品减排量，$i = 1,2$
β	供应链间竞争强度，$\beta \in [0,1]$	w_i	单位产品批发价格，$i = 1,2$
c	单位产品制造成本（不含减排成本）	q_i	产品供应量，$i = 1,2$
k	制造商减排投资成本系数	p_i	单位产品零售价格，$i = 1,2$
E_m	政府分配给制造商的碳配额总量	Π_{SCi}	供应链利润，$i = 1,2$
p_e	碳交易市场上单位碳价格	Π_{Mi}	制造商利润，$i = 1,2$
e_c	减排前单位产品碳排放量	Π_{Ri}	零售商利润，$i = 1,2$

第三节 模型求解和分析

在碳限额与交易机制下，本节分别构建供应链集中化决策和分散化决策的供应链竞争模型，并对模型进行求解计算，使用上标 $t = c,d$ 分别表示集中化和分散化供应链结构。

一、集中化决策

在集中化决策时，制造商和下游零售商作为一个整体，追求供应链整体利益最大化，决定产品在市场上的供应量，同时受碳限额与交易机制管制，需要投资减排来降低产品的碳排放量，并将剩余或不足的碳配额在碳交易市场上进行交易，以此满足政府设置的排放标准。这时供应链利润主要由销售收入 $(p_i - c)q_i$、减排投资成本 $ke_i^2 / 2$

和碳交易成本 $p_e[(e_c - e_i)q_i - E_m]$ 三部分组成，每条供应链的利润函数如下：

$$\Pi_{SCi} = (p_i - c)q_i - \frac{ke_i^2}{2} - p_e[(e_c - e_i)q_i - E_m], i = 1, 2; j = 3 - i \qquad (14.2)$$

定理 14.1 在碳限额与交易机制下，供应链集中化决策时均衡的产品供应量、减排量、零售价格和供应链利润的均衡解为

$$q_i = \frac{k(\alpha - c - e_c p_e)}{2k + k\beta - p_e^2} \qquad (14.3)$$

$$e_i = \frac{p_e(\alpha - c - e_c p_e)}{2k + k\beta - p_e^2} \qquad (14.4)$$

$$p_i = \frac{(k + k\beta)(c + e_c p_e) + \alpha(k - p_e^2)}{2k + k\beta - p_e^2} \qquad (14.5)$$

$$\Pi_{SCi} = \frac{(2k^2 - kp_e^2)(\alpha - c - e_c p_e)^2}{2(2k + k\beta - p_e^2)^2} + E_m p_e, i = 1, 2 \qquad (14.6)$$

证明： 采用逆向归纳法对模型进行求解，对式（14.2）关于 q_i、e_i 求二阶导数和混合偏导，得到 Π_{SCi} 的黑塞矩阵：

$$H = \begin{pmatrix} -2 & p_e \\ p_e & -k \end{pmatrix}$$

可得 $|H_1| = -2 < 0$，$|H_2| = 2k - p_e^2$，当满足 $|H_2| > 0$，即 $2k - p_e^2 > 0$ 时，黑塞矩阵负定，供应链利润函数是关于产品供应量和产品减排量的严格凸函数，解得 $k > p_e^2/2$。

对式（14.2）分别求关于 q_i、e_i 的一阶导数，令 $\frac{\partial \Pi_{SCi}}{\partial q_i} = 0$，$\frac{\partial \Pi_{SCi}}{\partial e_i} = 0$，联立可解得

$$q_i = \frac{k(c - \alpha + \beta q_j + e_c p_e)}{p_e^2 - 2k}, i = 1, 2; j = 3 - i$$

$$e_i = \frac{p_e(c - \alpha + \beta q_j + e_c p_e)}{p_e^2 - 2k}, i = 1, 2; j = 3 - i$$

联立上述方程组，可得两条供应链在集中化决策下产品供应量和减排量的均衡解为

$$q_i = \frac{k(\alpha - c - e_c p_e)}{2k + k\beta - p_e^2}, i = 1, 2$$

$$e_i = \frac{p_e(\alpha - c - e_c p_e)}{2k + k\beta - p_e^2}, i = 1, 2$$

其中，$q_i > 0$，$e_i > 0$，因为 $k > p_e^2/2$，所以 $2k + k\beta - p_e^2 > 0$，供应量和减排量的均衡解存在。

证明完毕。

命题 14.1 产品的供应量和减排量均随着竞争强度的增加而降低。

证明：对式（14.3）和式（14.4）分别关于 β 求导，得

$$\frac{\partial q_i}{\partial \beta} = \frac{k^2(c - \alpha - e_c p_e)}{(-p_e^2 + 2k + k\beta)^2} < 0$$

$$\frac{\partial e_i}{\partial \beta} = \frac{kp(c - \alpha + e_c p_e)}{(-p_e^2 + 2k + k\beta)^2} < 0$$

因此，q_i、e_i 是关于 β 的减函数。

证明完毕。

命题 14.1 说明当产品可替代性增加，也就是竞争逐渐激烈时，将会有部分消费者转而购买竞争产品的情况发生，使得供应链利润下降。此时，面对竞争加剧，企业不仅要适当降低产品供应量以适应市场需求的下降，而且应该降低产品减排量以减少减排投资成本，又或者减少碳配额使用量来降低碳交易支出。

命题 14.2 当减排投资成本系数 $k < p_e^2$ 时，产品零售价格随着竞争强度的增加而上升；而当 $k > p_e^2$ 时，产品零售价格随着竞争强度的增加而下降。

证明：对 p_i 关于 β 求导，得

$$\frac{\partial p_i}{\partial \beta} = \frac{k(-p_e^2 + k)(c - \alpha + e_c p_e)}{(-p_e^2 + 2k + \beta k)^2}$$

求解得临界点：$k = p_e^2$，即当 $k < p_e^2$ 时，$\frac{\partial p_i}{\partial \beta} > 0$，当 $k > p_e^2$ 时，$\frac{\partial p_i}{\partial \beta} < 0$。

证明完毕。

命题 14.2 说明竞争强度的变化会对产品价格造成影响，影响的程度与减排投资成本系数相关。产品可替代性越高，供应链之间的竞争越激烈，当减排投资成本系数低于 p_e^2 时，企业减排会比较容易，此时其应对方法为制造低碳产品，提高价格，以扩大产品的利润空间，减少由竞争带来的需求下降所造成的利润损失；当减排投资成本系数较高时，企业减排投资成本上升，面对竞争企业减排的积极性下降，可能会降低产品价格，意在薄利多销，尽可能多地在市场上出售产品。

命题 14.3 随着竞争强度的增加，供应链利润下降。

证明：对 Π_{SCi} 关于 β 求导，得

$$\frac{\partial \Pi_{SCi}}{\partial \beta} = \frac{k(-2k^2 + kp_e^2)(c - \alpha + e_c p_e)^2}{(-p_e^2 + 2k + \beta k)^3}$$

由均衡解存在条件，可得 $\frac{\partial \Pi_{SCi}}{\partial \beta} < 0$。

证明完毕。

命题 14.3 说明供应链的利润与竞争强度成反比。其原因是当产品可替代性上升

时，供应链间的市场潜力和减排量受到竞争性供应链的影响。特别地，为了更好地应对供应链之间增强的竞争，企业会选择较低的生产量和较少的减排量，这最终减弱了供应链的盈利能力。

命题 14.4　供应链利润随着政府分配的碳配额总量的增加而上升，但政府无法通过调控碳配额总量直接影响制造商的供应量、碳排放量和定价决策。

证明：对式（14.3）～式（14.6）关于 E_m 求导，得

$$\frac{\partial q_i}{\partial E_m} = \frac{\partial e_i}{\partial E_m} = \frac{\partial p_i}{\partial E_m} = 0$$

$$\frac{\partial \Pi_{SCi}}{\partial E_m} = p_e > 0$$

证明完毕。

从命题 14.4 中可以看出，虽然供应链成员在进行决策时必须要考虑减排政策环境的管制，但是政府无法通过调节分配给制造商的碳配额总量直接影响供应链成员的销售和定价决策。尽管如此，碳配额的发放会减少企业参与碳交易市场的压力，增加企业减排的积极性。同时，适当宽松的减排政策有利于推动企业向环境有益型方向发展，也有利于消费者购买行为，在碳限额与交易政策的限制下，企业的目标不仅是追求利润最大化，而且会在产品的环保性上投入更多的精力，承担一定的社会责任。

二、分散化决策

在分散化决策时，零售商具有相对独立性，即制造商不可以直接控制下游零售商。在碳限额与交易机制下，两条供应链中的制造商基于利润最大化的原则同时决定产品减排量和批发价格，并将剩余或不足的碳配额在碳交易市场上进行交易。制造商利润由销售收入 $(w_i - c)q_i$、减排投资成本 $ke_i^2 / 2$ 和碳交易成本 $p_e[(e_c - e_i)q_i - E_m]$ 三部分组成。零售商不受碳限额与交易机制管制，只需要从自身利益最大化角度出发，在考虑制造商决策的情况下决定产品在市场上的供应量。这时供应链的利润函数和集中化决策的情况下相同，制造商和零售商的利润函数分别为

$$\Pi_{Mi} = (w_i - c)q_i - \frac{ke_i^2}{2} - p_e[(e_c - e_i)q_i - E_m], i = 1,2; j = 3 - i \quad （14.7）$$

$$\Pi_{Ri} = (p_i - w_i)q_i, i = 1,2; j = 3 - i \quad （14.8）$$

定理 14.2　在碳交易机制下，供应链分散化决策时，产品的供应量、批发价格、减排量、零售价格、制造商利润、供应链利润和零售商利润的均衡解为

$$q_i = \frac{2k(\alpha - c - e_c p_e)}{2k\beta - k\beta^2 + 8k - 2p_e^2} \quad （14.9）$$

$$w_i = \frac{2k\beta e_c p_e - \alpha k\beta^2 + 2kc\beta - 2\alpha p_e^2 + 4ke_c p_e + 4\alpha k + 4kc}{2k\beta - k\beta^2 + 8k - 2p_e^2} \quad （14.10）$$

$$e_i = \frac{2p_e(\alpha - c - e_c p_e)}{2k\beta - k\beta^2 + 8k - 2p_e^2} \quad (14.11)$$

$$p_i = \frac{2k\beta e_c p_e - \alpha k\beta^2 + 2kc\beta - 2\alpha p_e^2 + 2ke_c p_e + 6\alpha k + 2kc}{2k\beta - k\beta^2 + 8k - 2p_e^2} \quad (14.12)$$

$$\Pi_{Mi} = \frac{2k(4k - k\beta^2 - p_e^2)(\alpha - c - e_c p_e)^2}{(8k - k\beta^2 + 2k\beta - 2p_e^2)^2} + E_m p_e \quad (14.13)$$

$$\Pi_{SCi} = \frac{2k(6k - k\beta^2 - pe^2)(\alpha - c - e_c p_e)^2}{(8k - k\beta^2 + 2k\beta - 2p_e^2)^2} + E_m p_e \quad (14.14)$$

$$\Pi_{Ri} = \frac{4k^2(\alpha - c - e_c p_e)^2}{(8k - k\beta^2 + 2k\beta - 2p_e^2)^2}, i = 1, 2 \quad (14.15)$$

证明：对式（14.8）关于 q_i 分别求一阶导数、二阶导数，可得

$$\frac{\partial \Pi_{Ri}}{\partial q_i} = \alpha - 2q_i - w_i - \beta q_j$$

$$\frac{\partial^2 \Pi_{Ri}}{\partial q_i^2} = -2$$

零售商利润函数关于产品供应量 q_i 的二阶导数 $\frac{\partial^2 \Pi_{Ri}}{\partial q_i^2} < 0$，故 Π_{Ri} 为关于 q_i 的凸函数，存在最大值，令 $\frac{\partial \Pi_{Ri}}{\partial q_i} = 0$，解得

$$q_i = \frac{\alpha - w_i - \beta q_j}{2}, i = 1, 2; j = 3 - i$$

联立上述方程组，可得两条供应链在分散化决策下产品供应量的均衡解为

$$q_i = \frac{2\alpha - 2w_i - \alpha\beta + \beta w_j}{4 - \beta^2}, i = 1, 2; j = 3 - i \quad (14.16)$$

将式（14.9）代入式（14.7），得到均衡制造商利润：

$$\Pi_{Mi}(q_i(w_i, e_i), w_i, e_i), i = 1, 2; j = 3 - i \quad (14.17)$$

对式（14.17）关于 w_i、e_i 求二阶导数和混合偏导，得到 Π_{Mi} 的黑塞矩阵：

$$H = \begin{pmatrix} \dfrac{4}{\beta^2 - 4} & \dfrac{2p_e}{\beta^2 - 4} \\ \dfrac{2p_e}{\beta^2 - 4} & -k \end{pmatrix}$$

可得 $|H_1| = \dfrac{4}{\beta^2 - 4} < 0$，$|H_2| = \dfrac{16k - 4k\beta^2 - 4p_e^2}{(\beta^2 - 4)^2}$，当满足 $|H_2| > 0$，即 $16k - 4k\beta^2 - 4p_e^2 > 0$ 时，黑塞矩阵负定，制造商利润函数是关于产品批发价格和产品减排量的严格

凸函数，存在最大值。在满足 $16k - 4k\beta^2 - 4p_e^2 > 0$ 条件下，解得 $k > \dfrac{p_e^2}{4 - \beta^2}$ 。

对式（14.17）关于 w_i、e_i 求一阶导数，令 $\dfrac{\partial \Pi_{Mi}}{\partial w_i} = 0$，$\dfrac{\partial \Pi_{Mi}}{\partial e_i} = 0$，联立可解得

$$w_i = \frac{F_1}{4k\beta^2 + 4p_e^2 - 16k}, i = 1,2; j = 3 - i$$

$$e_i = \frac{p_e(2c - 2\alpha + \alpha\beta + 2e_c p_e - \beta w_j)}{2k\beta^2 + 2p_e^2 - 8k}, i = 1,2; j = 3 - i$$

其中，$F_1 = 4\alpha p_e^2 - 8k - 8\alpha k + k\beta^3 w_j + 2\beta w_j p_e^2 + 4\alpha k\beta - 8ke_c p_e - 4k\beta w_j + 2\alpha k\beta^2 - \alpha k\beta^3 + 2kc\beta^2 - 2\alpha\beta p_e^2 + 2k\beta^2 e_c p_e$。

联立上述方程组，可得供应链在分散化决策下产品批发价格和产品减排量的均衡解为

$$w_i = \frac{2k\beta e_c p_e - \alpha k\beta^2 + 2kc\beta - 2\alpha p_e^2 + 4ke_c p_e + 4\alpha k + 4kc}{2k\beta - k\beta^2 + 8k - 2p_e^2}, i = 1,2 \quad （14.18）$$

$$e_i = \frac{2p_e(\alpha - c - e_c p_e)}{2k\beta - k\beta^2 + 8k - 2p_e^2}, i = 1,2 \quad （14.19）$$

其中，$w_i > 0$，$e_i > 0$。因为 $0 < \beta < 1$，且 $k > \dfrac{p_e^2}{4 - \beta^2} > \dfrac{p_e^2}{4}$，所以 $2k\beta - k\beta^2 + 8k - 2p_e^2 > 0$，则当 $\alpha - c - e_c p_e > 0$，$2k\beta e_c p_e - \alpha k\beta^2 + 2kc\beta - 2\alpha p_e^2 + 4ke_c p_e + 4\alpha k + 4kc > 0$ 时，供应链在分散化决策下的产品批发价格和产品减排量均衡解存在。

证明完毕。

命题 14.5　产品的供应量和减排量均随着竞争强度的增加而降低。

证明：对式（14.9）、式（14.11）分别关于 β 求导，得

$$\frac{\partial q_i}{\partial \beta} = \frac{4k^2(\beta - 1)(\alpha - c - e_c p_e)}{(2k\beta - k\beta^2 - 2p_e^2 + 8k)^2} < 0$$

$$\frac{\partial e_i}{\partial \beta} = \frac{4kp_e(\beta - 1)(\alpha - c - e_c p_e)}{(2k\beta - k\beta^2 - 2p_e^2 + 8k)^2} < 0$$

证明完毕。

命题 14.5 说明当产品可替代性增加时，竞争逐渐激烈，产品的供应量和减排量的变化与集中化决策时类似，分散化决策下的供应链也将面临顾客购买竞争产品从而市场需求下降，导致供应链利润下降的情况。面对竞争加剧，供应链既要适当降低产品供应量，又要降低产品减排量以减少减排投资成本，同时减少碳配额使用量以降低碳交易支出。

命题 14.6　当减排投资成本系数 $k < \dfrac{2p_e^2}{\beta^2 + 2\beta + 6}$ 时，零售价格随着竞争强度的增加而下降，反之，零售价格随竞争强度的增加而上升；当 $k < \dfrac{2p_e^2}{\beta^2 + 4\beta + 4}$ 时，批发价格随着竞争强度的增加而上升，反之，批发价格随竞争强度的增加而下降。

证明： 对式（14.12）关于 β 求导，得

$$\frac{\partial p_i}{\partial \beta} = \frac{2k(\alpha - c - e_c p_e)F_2}{(2k\beta - k\beta^2 - 2p_e^2 + 8k)^2}$$

其中，$F_2 = k\beta^2 + 2k\beta - 2p_e^2 + 6k$。

已知 $\alpha - c - e_c p_e > 0$，只需判断 F_2 的正负，求解得临界点：$k_1 = \dfrac{2p_e^2}{\beta^2 + 2\beta + 6}$。

对式（14.10）关于 β 求导，得

$$\frac{\partial w_i}{\partial \beta} = \frac{2k(\alpha - c - e_c p_e)F_3}{(2k\beta - k\beta^2 - 2p_e^2 + 8k)^2}$$

其中，$F_3 = 2p_e^2 - k\beta^2 - 4k\beta - 4k$。

已知 $\alpha - c - e_c p_e > 0$，只需判断 F_3 的正负，求解得临界点：$k_2 = \dfrac{2p_e^2}{\beta^2 + 4\beta + 4}$。

求得临界点后，对 F_2、F_3 关于 k 求一阶导数，得

$$\frac{\partial F_2}{\partial k} = \beta^2 + 2\beta + 6 > 0$$

$$\frac{\partial F_3}{\partial k} = -\beta^2 - 4\beta - 4 < 0$$

因此，F_2 是关于 k 的增函数，F_3 是关于 k 的减函数。当 $k < k_1$ 时，$\dfrac{\partial p_i}{\partial \beta} < 0$，反之，$\dfrac{\partial p_i}{\partial \beta} > 0$；当 $k < k_2$ 时，$\dfrac{\partial w_i}{\partial \beta} > 0$，反之，$\dfrac{\partial w_i}{\partial \beta} < 0$。

证明完毕。

命题 14.6 说明竞争强度与减排投资成本系数的变化会影响产品价格。特别地，当减排难度较高时，随着竞争强度的增加，产品零售价格升高，批发价格下降。随着产品可替代性增加，供应链之间的竞争逐渐激烈，相比集中化决策，分散化决策下产品价格下降的速度比较缓慢，这说明分散化决策的双重边际化有利于缓和竞争。企业面对竞争增强的反应与集中化决策相似，减排投资成本低时，企业会降低零售价格，提高批发价格，降低零售价格以增强市场竞争力，提高批发价格以提高利润收入。

命题 14.7　随着竞争强度的增加，分散化决策下的制造商利润、零售商利润和供应链利润均下降。

证明： 对式（14.13）～式（14.15）关于 β 求导，得

$$\frac{\partial \Pi_{Mi}}{\partial \beta} = \frac{4k^2(\alpha - c - e_c p_e)^2(k\beta^3 - 2p_e^2 + 8k)}{(2k\beta - k\beta^2 - 2p_e^2 + 8k)^3} < 0$$

$$\frac{\partial \Pi_{Ri}}{\partial \beta} = \frac{16k^3(\beta - 1)(\alpha - c - e_c p_e)^2}{(2k\beta - k\beta^2 - 2p_e^2 + 8k)^3} < 0$$

$$\frac{\partial \Pi_{SCi}}{\partial \beta} = \frac{4k^2(\alpha - c - e_c p_e)^2 F_4}{(2k\beta - k\beta^2 - 2p_e^2 + 8k)^3} < 0$$

其中，$F_4 = k\beta^3 - 4k\beta - 2p_e^2 + 12k$。

由均衡解存在条件，可得 $\dfrac{\partial \Pi_{SCi}}{\partial \beta} < 0$，$\dfrac{\partial \Pi_{Mi}}{\partial \beta} < 0$，$\dfrac{\partial \Pi_{Ri}}{\partial \beta} < 0$。其中，$\dfrac{\partial \Pi_{SCi}}{\partial \beta}$ 分母大于 0，对分子中 F_4 求关于 β 的一阶导数，得 $\dfrac{\partial F_4}{\partial \beta} = 3k\beta^2 - 4k = k(3\beta^2 - 4) < 0$。因此，$F_4$ 为关于 β 的减函数，且当 $\beta = 1$ 时，$F_4 = 9k - 2p_e^2 > 0$，所以 $\dfrac{\partial \Pi_{SCi}}{\partial \beta}$ 分子小于 0，故 $\dfrac{\partial \Pi_{SCi}}{\partial \beta} < 0$。

证明完毕。

命题 14.3 和命题 14.7 说明无论是集中化决策还是分散化决策，供应链及其成员的利润与竞争强度都成反比。因此，企业应该生产个性化、差异化的低碳产品，减少自身产品的可替代性，从而提高企业及其供应链的核心竞争力。

命题 14.8　供应链利润随着政府分配的碳配额总量的增加而上升，但政府无法通过调控碳配额总量直接影响企业的供应量、减排量和定价决策。

证明： 对式（14.9）～式（14.15）关于 E_m 求导，得

$$\frac{\partial q_i}{\partial E_m} = \frac{\partial e_i}{\partial E_m} = \frac{\partial w_i}{\partial E_m} = \frac{\partial p_i}{\partial E_m} = \frac{\partial \Pi_{Ri}}{\partial E_m} = 0$$

$$\frac{\partial \Pi_{Mi}}{\partial E_m} = p_e > 0$$

$$\frac{\partial \Pi_{SCi}}{\partial E_m} = p_e > 0$$

证明完毕。

从命题 14.8 中可以看出，与集中化决策一样，供应链关于减排量、供应量等决策受到产品碳配额总量及碳价格的影响，且政府只能通过碳交易市场间接影响企业的决策。同时，在碳限额与交易机制的管制下，政府分配的碳配额作为一种资源，随着碳配额总量的增加，供应链利润将会增加。政府分配的碳配额总量主要依据制造商的历

史碳排放量,当制造商企业为高碳企业时,分配到的碳配额反而更多,这对政策实施前就开始减排的低碳企业显然不公平。因此,政府在进行碳配额分配时需要将企业减排前的碳排放水平纳入分配标准中,为了鼓励企业在低碳上的努力,可以考虑在企业边际减排成本上给予一定财政支持以保证企业维持一个较低的碳排放水平,从而更好地调动环保企业的减排积极性。

三、集中化决策与分散化决策模型结果对比分析

命题 14.9 (1)分散化决策下产品零售价格大于集中化决策下产品零售价格,$p_i^d > p_i^c$;(2)分散化决策下产品供应量小于集中化决策下产品供应量,$q_i^d < q_i^c$。

证明:(1)将集中化决策下产品零售价格减去分散化决策下产品零售价格,判断大小:

$$p_i^d - p_i^c = \frac{k^2(\alpha - c - e_c p_e)(4 + 4\beta - \beta^2 - \beta^3)}{k\beta^2 p_e^2 - k^2\beta^3 + 12k^2\beta - 4k\beta p_e^2 + 16k^2 - 12k p_e^2 + 2p_e^4}$$

已知满足均衡解的存在条件 $\alpha - c - e_c p_e > 0$ 且 $\beta \in [0,1]$,因此分子大于 0,只需判断分母的大小,令分母为 F_5,对 F_5 关于 k 分别求一阶导数和二阶导数,得

$$\frac{\partial F_5}{\partial k} = 2k(16 + 12\beta - \beta^3) + [p_e^2(\beta^2 - 4\beta - 12)]$$

$$\frac{\partial^2 F_5}{\partial k^2} = 2(16 + 12\beta - \beta^3) > 0$$

令 $\frac{\partial F_5}{\partial k} = 0$,求得临界点 $k_3 = \frac{p_e^2(12 + 4\beta - \beta^2)}{2(16 + 12\beta - \beta^3)}$,由于 $\frac{\partial^2 F_5}{\partial k^2} > 0$,故 F_5 存在极小值,将 k_3 代入 F_5,求得极小值为 $\frac{p_e^4(\beta - 2)^2}{16 - 4\beta} > 0$,因此 $F_5 > 0$,即 $p_i^c < p_i^d$。

(2)将集中化决策下产品供应量减去分散化决策下产品供应量,判断大小:

$$q_i^c - q_i^d = \frac{k^2(4 - \beta^2)(\alpha - c - e_c p_e)}{(2k + k\beta - p_e^2)(2k\beta - k\beta^2 - 2p_e^2 + 8k)} > 0$$

证明完毕。

命题 14.9 表明与分散化决策相比,集中化决策下的产品供应量更多,但零售价格更低。这说明分散化决策产生的双重边际化效应导致较高的零售价格,而集中化决策制订了供应量较高的生产计划,并产生了较低的零售价格,使消费者受益,更有利于消费市场的发展。

命题 14.10 相比分散化决策,集中化决策更能促进供应链提高产品减排量。

证明:将集中化决策下产品减排量减去分散化决策下产品减排量,判断大小:

$$e_i^c - e_i^d = \frac{kp_e(4-\beta^2)(\alpha-c-e_c p_e)}{(2k+k\beta-p_e^2)(2k\beta-k\beta^2-2p_e^2+8k)} > 0$$

证明完毕。

命题 14.10 表明集中化决策下的产品减排量更高，根据命题 14.9 和命题 14.10，集中化决策不仅在销售上使消费者受益，而且降低了产品生产对环境的损害，促进企业减排，进一步表明集中化决策下供应链的生产模式和政府的低碳目标更为接近，有利于推动企业向着环境友好型转变。

命题 14.11 在竞争强度较低，即 $\beta < \beta_1 = \dfrac{4k-2p_e^2+\sqrt{64k^2-49kp_e^2}}{p_e^2-6k}$ 时，集中化决策相较分散化决策更有利于供应链获利，但竞争强度超过一定水平，即 $\beta > \beta_1$ 时，采用分散化决策可以使供应链获得更高的利润。

证明： 将集中化决策下供应链利润减去分散化决策下供应链利润，判断大小：

$$\varPi_{\text{SC}i}^c - \varPi_{\text{SC}i}^d = \frac{k^3(4-\beta^2)(\alpha-c-e_c p_e)^2 F_6}{2(k\beta^2 p_e^2 - k^2\beta^3 + 12k^2\beta - 4k\beta p_e^2 + 16k^2 - 12kp_e^2 + 2p_e^4)^2}$$

其中，$F_6 = \beta^2 p_e^2 - 6k\beta^2 + 4\beta p_e^2 - 8k\beta - 4p_e^2 + 8k$。已知分母大于 0，分子中 $k>0$ 且 $\beta \in [0,1]$，故只需判断 F_6 的正负，对 F_6 关于 β 求一阶导数和二阶导数，得

$$\frac{\partial F_6}{\partial \beta} = 2\beta(p_e^2 - 6k) + (4p_e^2 - 8k)$$

$$\frac{\partial^2 F_6}{\partial \beta^2} = 2(p_e^2 - 6k)$$

由均衡解的满足条件知 $k > \dfrac{p_e^2}{2}$，故 $\dfrac{\partial^2 F_6}{\partial \beta^2} < 0$，即 $\dfrac{\partial F_6}{\partial \beta}$ 为关于 β 的减函数。由 $\beta \in [0,1]$ 知，$\dfrac{\partial F_6}{\partial \beta} < 0$，即 F_6 为关于 β 的减函数。根据求根公式，求得临界点：

$\beta_1 = \dfrac{4k-2p_e^2+\sqrt{64k^2-49kp_e^2}}{p_e^2-6k}$，当 $\beta < \beta_1$ 时，$F_6 > 0$，即 $\varPi_{\text{SC}i}^c > \varPi_{\text{SC}i}^d$，当 $\beta > \beta_1$ 时，$F_6 < 0$，即 $\varPi_{\text{SC}i}^c < \varPi_{\text{SC}i}^d$。

证明完毕。

命题 14.11 表明从供应链盈利的角度来看，决策结构的选择和产品可替代性密切相关。当产品的竞争强度较小时，集中化决策才能够协调供应链，当产品的竞争强度较大时，分散化决策会更有利于供应链整体收益的提高。其原因是，虽然分散化加剧了供应链的双重边际化效应（见命题 14.7），但它有利于缓解制造商之间的直接竞争，当竞争强度较大时，分散化可以用软化竞争的方法，使供应链从较高的价

格中获利。另外，由命题 14.2、命题 14.3、命题 14.6、命题 14.7、命题 14.9 和命题 14.11 可见，当竞争强度较小时，竞争强度的增加会令集中化决策下的产品零售价格上升，产品的供应量、减排量均高于分散化决策，因此供应链利润更高；但随着竞争逐渐激烈，当减排难度较高时，分散化决策下的供应链利润下降的速度相对较慢；当竞争强度达到一定程度后，分散化决策下的供应链利润先是与集中化决策达到相同水平，最终将会超过集中化决策。

制造商和零售商联合决策时会带来零售价格更低、供应量和减排量更高的产品，满足了政府减排目标和消费者需求。政府若想达到更高的减排效益，应当通过碳配额与交易政策激励引导企业在生产经营中关注其他供应链成员的利益，推动供应链成员基于供应链整体最优进行决策。另外，对于高碳产品，在低碳政策管控下，即使投入资金进行减排，受到碳交易成本的影响，产品零售价格相对低碳产品还是较高，绩效价格比也会相对较低。因此，对生产依赖碳排放的企业，政府可以在管控初期给予相对宽松的政策，给企业适当的减排过渡周期，在企业的碳排放下降到一定水平后再将管控收紧。

第四节　数值仿真

前面主要分析和对比了集中化决策与分散化决策情形下的均衡解。本节将通过数值仿真进一步验证上述结论，并对一些较为复杂的结论进行研究分析，以便于更直观地了解一些关键因素对供应链决策和利润的影响。下面将重点分析竞争强度和碳价格对供应链减排策略与利润的影响，这有助于为低碳企业决策和政府政策制定提供依据。

一、竞争强度影响分析

首先分析竞争强度对企业决策及利润的影响。为了更好地分析数值算例，使其符合均衡解存在条件，并参考 Yang 等（2017b）、Ji 等（2017）的研究，将算例参数设置如下：$\alpha = 100$，$k = 2000$，$c = 10$，$e_c = 5$，$E_m = 20$，$p_e = 3$。令 $\beta \in [0,1]$，则可观察到竞争强度在不同供应链结构下对产品零售价格、供应量、批发价格、减排量、供应链及其成员利润的影响。由于竞争的两条供应链为对称供应链，参数设置一致，均衡解结果也一致，本节对比的算例结果只取其中任意一条供应链作为代表。

从图 14-2～图 14-4 中可以看出，在减排投资成本系数足够大时，集中化决策或分散化决策下，随着竞争强度的增加，产品减排量、供应量、批发价格和零售价格均降低，这与本章之前的结论一致。从图 14-5 中可以看出，随着竞争强度的增加，集中化决策或分散化决策下的供应链利润同样会降低，当竞争强度 $\beta \in [0, 0.667)$ 时，供应链采用集中化决策会获得更高的利润；当竞争强度 $\beta \in (0.667, 1]$ 时，供应链采用分散化决策的利润会更高。这表示当竞争强度较小时，制造商与零售商合作或收购零售商对供应链利润更有利，而当竞争特别激烈时，分散化决策通过增强双重边际化以缓解供应链竞争更有利于供应链获利。

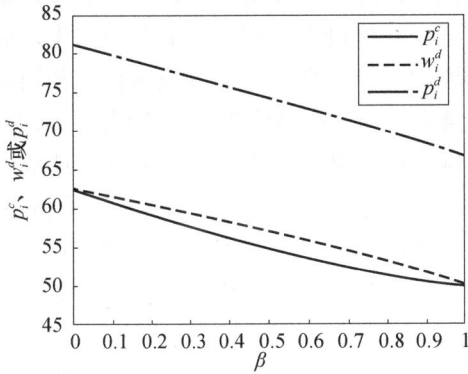

图 14-2　竞争强度对产品价格的
影响

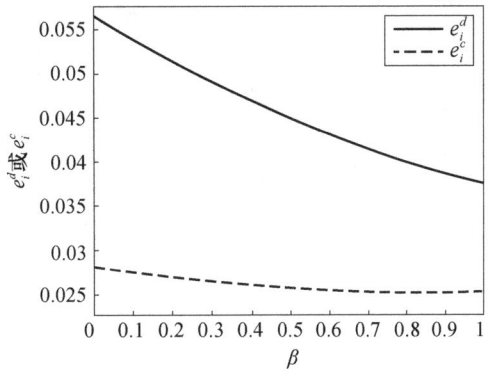

图 14-3　竞争强度对产品减排量的
影响

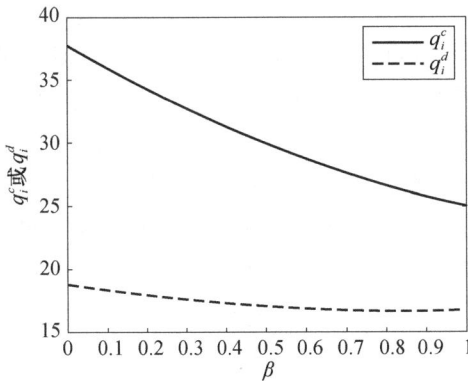

图 14-4　竞争强度对产品供应量的
影响

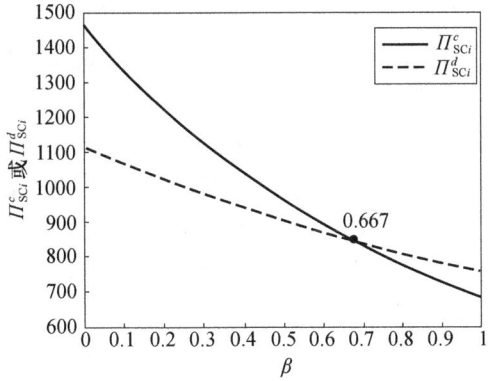

图 14-5　竞争强度对供应链利润的
影响

二、碳价格影响分析

碳价格作为研究碳限额与交易机制的一个核心参数，它的变化将会导致管控企业决策的变化，下面通过数值仿真分析碳价格对企业减排决策及利润的影响。算例的参数设置如下：$\alpha = 100$，$k = 2000$，$c = 10$，$e_c = 5$，$E_m = 20$，$\beta = 0.3$，$p_e \in (0,18)$。可得到两条低碳供应链在集中化决策与分散化决策下，碳价格变化对产品零售价格、供应量、批发价格、减排量、供应链及其成员利润的影响。

从图 14-6 中可以看出，集中化决策下的产品零售价格小于分散化决策下的产品批发价格和零售价格，并随着碳价格的上升，趋近市场潜力即消费者所能接受的产品最高零售价格。这再次验证了分散化决策的双重边际化效应将会导致较高的零售价格，与前面的结论一致。同时，这意味着在政府分配的碳配额总量一定的情况下，企业一方面需要在碳交易市场中进行碳配额交易，另一方面需要通过减排技术投入降低产品的碳排

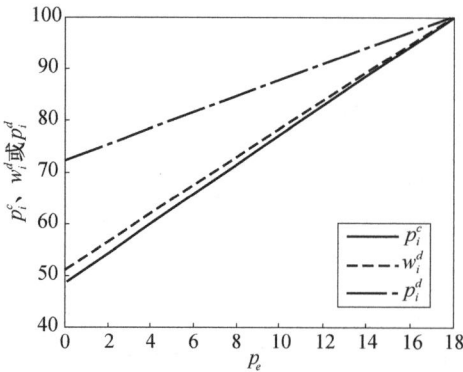

图 14-6　碳价格对产品价格的影响

放量，而碳价格上升时，无论是增加减排技术投入以降低碳交易成本还是降低减排量以减少减排投入，都会造成企业的生产成本增加，企业会将这部分成本转嫁到消费者身上，提高产品价格以保证利润。显然，当碳价格过高时，会对消费者利益造成巨大损失，此时需要政府适当降低碳价格。

从图 14-7 中可以看出，集中化决策下的产品供应量比分散化决策下的产品供应量高，并随着碳价格的上升逐渐减少。这表示碳价格的上升必然导致企业生产成本的增加，这一过程中，企业会降低产品供应量以减少碳配额的使用，从而降低部分碳交易支出。

由图 14-8 可以看出，集中化决策下的产品减排量比分散化决策下的产品减排量高。产品减排量随着碳价格上升表现为抛物线图形，在达到峰值后逐渐下降并趋于 0。这说明在碳价格较低时，碳交易支出较少，制造商受到的管制不太明显，此时制造商没有足够的动力进行减排；随着碳价格的上升，碳交易支出越来越高，制造商为了维持自身利润，必须开始减排。在达到一定减排量后，减排技术投入的回报越来越低，继续进行减排的收益已经无法弥补减排投资成本的持续上升，制造商开始考虑降低产品减排量、减少供应量等方式降低碳配额的使用，通过在碳交易市场上售卖碳配额来平衡利润损失，这意味着碳价格维持在一定范围内才能促进企业减排，过高或过低都会适得其反。

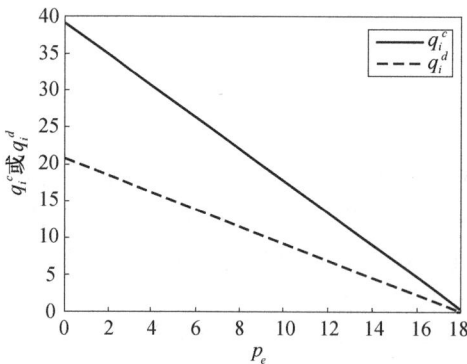

图 14-7　碳价格对产品供应量的影响

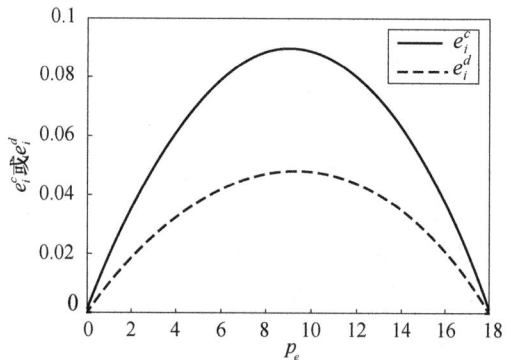

图 14-8　碳价格对产品减排量的影响

由图 14-9 可以得到一个有趣的结论，制造商和供应链利润先随着碳价格的上升而减少，在达到一定水平后随着碳价格的上升小幅度增加；零售商利润随着碳价格的上升严格下降。这说明在政府分配的碳配额总量一定时，碳价格对两种供应链结构下的供应链成员及供应链利润均存在影响。当政府分配的碳配额总量不足以满足生产需要时，制造商需要在碳交易市场上额外购买碳配额，此时碳价格的上升必然增加制造商生产成本，而在分散化决策下，制造商会将这部分成本转移给零售商，导致零售商利润的下降。随着碳价格的进一步上升，由命题 14.1 可知，制造商将持续减少产品的供应量，通过将剩余碳配额在

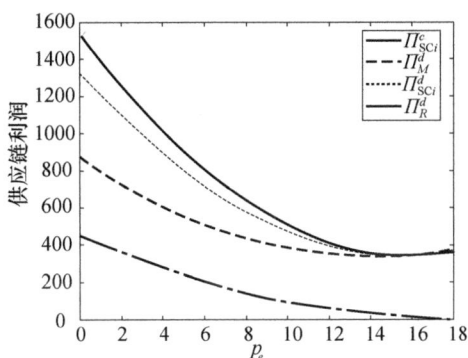

图 14-9　碳价格对利润的影响

碳交易市场上售卖获利，使利润得到小幅上升；零售商显然无法分得碳配额售卖的收益，利润将持续减少。政府适当提高分配给制造商的碳配额总量有利于引导企业积极减排，使其朝着环境友好型企业发展，生产更符合消费者"价廉物优"需求的产品。

本 章 小 结

本章基于碳限额与交易机制管制环境，构建了由两条对称供应链组成的供应链间竞争模型。每条供应链由一个制造商一个零售商组成，两条供应链在链间存在以供应量竞争的 Cournot 博弈，在链内存在以制造商主导的 Stackelberg 博弈。基于供应链集中化决策和分散化决策的情况，分析并比较了企业最优生产和减排决策。

本章的主要结论和管理启示如下。

（1）供应链在集中化决策竞争强度较低时更容易获利，但当链间竞争太过激烈时，集中化决策反而会令供应链产生"囚徒困境"现象，在这种情况下，分散化决策能使供应链获得更高的利润，原因是它通过双重边际化软化供应链之间的竞争，成为供应链利润改进的占优决策结构。因此，面对竞争强度的变化，企业通过调整决策结构，可以降低竞争带来的利润损失。

（2）政府无法通过碳配额影响企业的减排与销售决策，但通过增加碳配额能够提高供应链及其企业的利润，提高企业参与减排的积极性。

（3）碳价格是影响企业减排和销售决策的关键政策因素，碳价格过高或过低都无法激励企业尽可能减少产品碳排放，只有适当的碳价格能够保证制造商最高的减排量，使环境绩效提高。在经济效益方面，过高或过低的碳价格对于制造商和供应链可能是有帮助的，因为制造商可以交易碳配额获利而将碳价格的成本转嫁给零售商，所以当碳价格较低时对零售商才是有利的。

决策建议篇
供应链协同减碳的决策建议研究

第十五章 政府有效落实供应链协同减碳的政策建议

面对全球气候变化的严峻挑战，我国正积极构建低碳供应链体系，以实现碳达峰碳中和。作为世界上人口较多、经济体量巨大的国家之一，我国在低碳发展方面取得了显著进展，不仅通过优化资源配置和提高资源循环利用率来缓解资源短缺问题，而且通过一系列政策和措施表明了其履行国际环保承诺、展现大国责任的决心。本章基于政府落实低碳供应链的社会问题和法律法规，提出加强供应链协同减碳体系机制的政策建议。

第一节 政府落实低碳供应链的社会问题和法律法规

低碳经济是重大社会问题，我国正通过一系列政策和市场机制的创新实施，积极构建低碳供应链体系，以实现碳达峰碳中和，展现自身全球生态文明建设和可持续发展中的领导力与责任感。

一、低碳经济是社会重大问题

发展低碳供应链是应对气候变化、实现碳中和目标的重要措施。我国作为世界上人口较多、经济体量巨大的国家，也是主要的碳排放国之一，我国的发展模式对全球经济和环境都具有重要影响。我国虽然资源丰富，但人均资源拥有量较低，资源的高效利用对于保障国家长远发展至关重要。低碳供应链通过优化资源配置，可以减少生产和物流过程中的能源消耗与废物排放，减少不必要的资源消耗，提高资源的循环利用率，有助于缓解资源短缺问题，实现资源的可持续利用。这不仅能够提升人民的生活质量，而且是我国履行国际环保承诺、展现大国责任的重要体现。因此，我国的低碳供应链生态体系构建成为国际社会、政府和人民关注的社会问题。

我国在 2021 年正式启动了全国碳排放权交易市场，这是全球最大的碳市场之一。根据《低碳发展蓝皮书：中国碳中和发展报告（2022）》的数据，中国碳中和发展指数2007～2014 年呈现上升趋势，2015～2019 年呈现加速上升趋势，这表明我国在低碳发展方面取得了积极进展。2001～2019 年，中国碳中和发展指数从 164.95 增长至182.50，其中，2019 年的绿色能源、绿色交通、生态碳汇指数较 2001 年显著提升，这反映了我国在绿色能源、绿色交通和生态碳汇等方面的显著进步。

我国自 2011 年起先后建立 8 个试点碳市场，经过近十年实践，2021 年 7 月 16 日全国碳市场启动上线交易，首批纳入 2162 家发电企业，首年覆盖排放量超 45 亿吨。

截至 2023 年 12 月 31 日，全国碳市场碳排放配额累计成交 4.42 亿吨，累计成交额达 249.19 亿元。全国碳市场制度框架初步建立，制度规则的科学性、合理性和可操作性全面提升，数据质量大幅提高，企业减排意识和能力明显增强，有力支撑了我国"双碳"工作沿着"1+N"政策体系确定的方向和路径持续推进。

二、政府支持低碳发展的法律法规

近年来，我国政府高度重视低碳发展，陆续出台了一系列支持低碳供应链发展的相关文件，彰显了政府在推动绿色低碳发展方面坚定不移的决心，更是其实际行动的有力证明。通过这些政策的深入实施，我国正朝着建设美丽中国的目标稳步前进，为子孙后代留下绿水青山，为全球生态文明建设提供中国智慧与解决方案。

2020 年 12 月，生态环境部部务会议审议通过《碳排放权交易管理办法（试行）》。该管理办法规范了全国碳排放权交易及相关活动，包括确定温室气体重点排放单位，碳排放配额分配和清缴，碳排放权登记、交易、结算，温室气体排放报告与核查等活动，强化了政府对碳排放权交易市场的监督管理[①]。近年来，政府不断完善碳排放权交易管理的相关法律法规。2024 年 1 月，国务院常务会议通过《碳排放权交易管理暂行条例》。随着条例的实施，我国在低碳发展和应对气候变化方面的法治建设将迈上新的台阶。

2023 年 7 月，中央全面深化改革委员会第二次会议审议通过《关于推动能耗双控逐步转向碳排放双控的意见》。该意见提出了有计划、分步骤推动制度转变的工作安排和实施路径，为加快促进经济社会发展全面绿色转型、助力推动高质量发展提供了有力的政策支持[②]。8 月，国家发展改革委等九部门印发《绿色低碳先进技术示范工程实施方案》，实施绿色低碳先进技术示范工程，布局一批技术水平领先、减排效果突出、示范效应明显、减污降碳协同的示范项目，不仅有利于先进适用技术应用推广，而且有利于完善支持绿色低碳新产业新业态发展的商业模式和政策环境，是促进形成绿色低碳产业竞争优势的关键举措。国家发展改革委相关负责人表示，要聚焦源头减碳、过程降碳、末端固碳三大重点方向，布局一批技术水平领先、减排效果突出、减污降碳协同、示范效应明显的项目，为经济社会高质量发展提供绿色动能[③]。11 月，国家发展改革委会同有关部门印发《关于加快建立产品碳足迹管理体系的意见》，推动建立符合国情实际的产品碳足迹管理体系，发挥产品碳足迹管理体系对生产生活方式绿色低碳转型的

---

① 中国政府网. 中华人民共和国生态环境部令（第 19 号）碳排放权交易管理办法（试行）[EB/OL]. (2020-12-31)[2025-01-10]. https://www.gov.cn/gongbao/content/2021/content_5591410.htm.

② 中国政府网. 习近平主持召开中央全面深化改革委员会第二次会议强调：建设更高水平开放型经济新体制　推动能耗双控逐步转向碳排放双控[EB/OL]. (2023-07-11)[2025-01-10]. https://www.gov.cn/yaowen/liebiao/202307/content_6891167.htm.

③ 中国政府网. 国家发展改革委有关负责同志就《绿色低碳先进技术示范工程实施方案》答记者问[EB/OL]. (2023-08-22)[2025-01-10]. https://www.gov.cn/zhengce/202308/content_6899563.htm.

促进作用，为实现碳达峰碳中和提供支撑①。产品碳足迹管理体系的建立将有利于推动产业升级，助力企业节能降碳。

2024年2月，国家发展改革委会同有关部门在《绿色产业指导目录（2019年版）》基础上，结合发展新形势、新任务、新要求，修订形成《绿色低碳转型产业指导目录（2024年版）》。2024年5月，国务院印发《2024—2025年节能降碳行动方案》，在重点任务方面，部署了化石能源消费减量替代行动，非化石能源消费提升行动，钢铁行业、石化化工行业、有色金属行业、建材行业、建筑、交通运输、公共机构、用能产品设备节能降碳行动等10方面行动27项任务；在管理机制方面，提出了强化节能降碳目标责任和评价考核、严格固定资产投资项目节能审查和环评审批、加强重点用能单位节能降碳管理、加大节能监察力度、加强能源消费和碳排放统计核算等5项任务②。

我国政府发布的一系列低碳供应链政策文件不仅为企业构建低碳供应链提供了明确的指导方针和有力的支持措施，而且进一步强化了企业的环保责任意识。通过这些政策的引领和激励，企业在供应链管理中更加注重节能减排和资源循环利用，为构建资源节约型、环境友好型社会贡献了积极力量。同时，这也为我国在全球范围内树立了负责任大国的形象，展现了我国在应对气候变化、推动可持续发展方面的坚定决心和实际行动。

第二节　加强我国供应链协同减碳体系机制的政策建议

我国政府高度重视低碳供应链的构建和发展，旨在通过一系列政策措施和战略规划，实现经济社会的可持续发展。本节基于我国低碳供应链的政策发展定位，主要包括我国低碳供应链政策的出发点、构建目的和基本原则，提出政府在构建供应链协同减碳体系机制方面的具体发展建议。

一、我国低碳供应链的政策发展定位

我国低碳供应链的政策发展定位以响应全球气候变化挑战与促进国内经济转型升级为出发点，以构建低碳循环发展的经济体系、实现碳达峰碳中和为目的，以创新、协调、绿色、开放、共享的新发展理念为原则，以制造业高质量、可持续、绿色化发展为核心。

（一）以响应全球气候变化挑战与促进国内经济转型升级为出发点

我国低碳供应链政策的出发点是实现经济社会的可持续发展，该目标与全球气候变化带来的严峻挑战及国内经济结构转型升级的迫切需求紧密相连。当前，我国经济

---

① 中国政府网. 国家发展改革委有关负责同志就《关于加快建立产品碳足迹管理体系的意见》答记者问[EB/OL]. (2023-11-25)[2025-01-10]. https://www.gov.cn/zhengce/202311/content_6917129.htm.

② 中国政府网. 国务院印发《2024－2025年节能降碳行动方案》[EB/OL]. (2024-05-29)[2025-01-10]. https://www.gov.cn/yaowen/liebiao/202405/content_6954373.htm.

正处于转变发展模式、优化产业布局、转换增长动力的关键阶段。通过科技创新加速产业链与供应链的转型升级，扶持新兴产业并抢占未来发展先机，是国家实现高质量发展的重要部署。2024年政府工作报告指出，要大力推进现代化产业体系建设，加快发展新质生产力。推动产业链供应链优化升级，保持工业经济平稳运行，实施制造业重点产业链高质量发展行动，着力补齐短板、拉长长板、锻造新板，增强产业链供应链韧性和竞争力。

在全球化背景下，气候变化已成为全人类共同面临的重大问题，对生态系统、农业生产、人类健康等方面产生了深远影响。我国作为世界上最大的发展中国家和主要的碳排放国之一，有责任也有义务采取行动，积极参与全球气候治理，为减缓气候变化做出贡献。随着经济的快速发展，资源环境的压力不断增大，以往依赖高投入、高消耗及高污染的增长方式难以持续。推动低碳供应链的发展，不仅有助于减少温室气体排放，而且是实现经济转型升级、提高发展质量和效益的内在要求。构建低碳供应链是我国可持续发展战略的关键一环，通过优化资源分配、提升能源利用效率、普及清洁生产和循环经济模式，从而推动产业结构升级和经济发展模式转变。通过政策引导、技术创新和实践探索，我国有望在低碳供应链领域取得更多突破和进展，为全球可持续发展做出更大贡献。

（二）以构建低碳循环发展的经济体系、实现碳达峰碳中和为目的

我国低碳供应链政策的构建目的是实现一个全面绿色低碳循环发展的经济体系，并以此为路径实现碳达峰碳中和。这一目标不仅体现了对全球气候变化挑战的积极回应，而且是推动国内经济向更高质量、更有效率、更可持续方向转型的内在需求。通过《国务院关于加快建立健全绿色低碳循环发展经济体系的指导意见》等政策文件，我国已经明确了到2025年产业结构、能源结构、运输结构的优化目标。要实现这一目标，需要从调整能源结构、提高能效、发展循环经济、推广绿色技术和产品等多方面综合施策。尽管存在技术创新不足、转型成本高、市场接受度低等挑战，但在政府提供财政补贴、税收优惠等激励措施的支持下，通过企业增加研发投资及社会各界的协同努力，我国低碳供应链的建设定能克服这些挑战。

（三）以创新、协调、绿色、开放、共享的新发展理念为原则

我国低碳供应链政策规划是一个全面、深入且具有前瞻性的战略规划，在推动低碳供应链政策发展的过程中，我国政府遵循了一系列基本原则，这些原则体现了习近平新时代中国特色社会主义思想中的新发展理念：遵循创新原则，政府出台政策鼓励技术创新和低碳减排；遵循协调原则，政府强调政策之间的协同和各地区、各行业的平衡发展，确保低碳供应链政策与国家整体发展战略相一致；遵循绿色原则，将生态文明建设纳入国家发展总体布局，通过低碳政策等措施引导公共机构和消费者选择低碳产品；遵循开放原则，积极参与全球环境治理，通过国际合作共享绿色低碳发展的经验和技术，如"一带一路"倡议中的投资和项目合作；遵循共享原则，确保绿色低碳发

展成果由全体社会成员共享，提高公众的环保意识和参与度，例如，通过教育和公共宣传提高社会对低碳生活方式的认知。

（四）以制造业高质量、可持续、绿色化发展为核心

习近平总书记指出，"绿色发展是高质量发展的底色，新质生产力本身就是绿色生产力""必须加快发展方式绿色转型，助力碳达峰碳中和"①。在碳减排成为全球共识的背景下，产业的碳排放水平在很大程度上影响其国际竞争力，低碳竞争力已经成为产业国际竞争力的重要内容。制造业是节能减碳的主体，也是整个绿色低碳循环经济体系的重要组成部分，既能为新能源发展提供创新和消纳应用场景，又能为节能减碳和污染治理提供技术设备支持，还能为高品质生活提供绿色低碳产品。加快制造业绿色低碳转型，实现绿色可持续发展，是实现制造业高质量发展的关键所在。在产业实践中，各个制造业部门需要提升能源使用效率、降低能源消费强度，从而减少碳排放。同时，制造业还要为全社会的绿色低碳转型提供技术和物质支持。

二、我国政府构建供应链协同减碳体系机制的发展建议

在我国政府构建供应链协同减碳体系机制方面，本书提出以下发展建议：第一，提倡创新多主体协同减排治理模式，以实现跨部门、跨行业的协同效应；第二，倡导优化设计低碳闭环供应链网络，以优化资源配置和降低环境影响；第三，规范和完善激励措施与环保政策，以提高企业在低碳发展方面的主动性和积极性；第四，打造基于数字化平台的新的消费增长点，以减少物流过程中的碳排放；第五，加强顶层设计，公平合理地分配碳配额，以实现整体供应链的低碳转型。这些建议旨在通过系统性的方法和政策支持，推动我国政府在低碳供应链建设方面取得实质性进展。具体如下。

（一）提倡创新多主体协同减排治理模式

在应对温室气体排放问题的过程中，单一的治理模式（如政府主导模式、市场自决模式和社会自治模式）都存在一些局限性。例如，在政府主导模式中，有时会出现效率不高的情况；在市场自决模式中，可能会因缺乏足够的政府监管而导致问题；在社会自治模式中，公众和企业的环保意识可能尚未完全形成，导致环保行动不够主动和有效。因此，政府需要创新治理模式：首先，政府要协调减排各方的资源、动机，提高主体间的初始信任水平，促进各主体达成协作共识；其次，政府作为协同减排的领导者，在宣传环保方面，要主动开展对公众和企业的低碳理念传输，深化与第三方公益环保组织的合作，在市场监管方面，要严格监管企业的碳排放和碳交易，坚决贯彻国家发布的法规政策；再次，政府在制度设计时应举办相应的听证会，聆听各方主体建议和诉求，兼顾减排社会效益和减排效率；最后，协同全过程要保持诚信的沟通、

① 人民网. 发展新质生产力是推动高质量发展的内在要求和重要着力点[EB/OL]. (2024-05-31) [2025-03-24]. http://jhsjk.people.cn/article/40247809.

交流、协商，提升各阶段协同减排效率。此外，以政府为核心治理主体，承认各方在治理时的地位，充分发挥减排企业、社会组织与公众（包含消费者）的作用，并给予社会组织一定监督权，使其积极投入减排治理中。只有将政府、企业、社会组织、公众（包含消费者）整合起来，才能打破固有的只有政府推动的减排模式，真正地调动各参与主体，充分发挥其积极性和优势，进行资源和能力的交换，共同组织管理，从而实现多主体协同减排效果的最优化。

（二）倡导优化设计低碳闭环供应链网络

供应链中的生产制造、运输、回收等环节是能耗和碳排放的重要来源，因此，发展低碳供应链是实现可持续和低碳经济发展的关键路径。2021 年，《国务院关于加快建立健全绿色低碳循环发展经济体系的指导意见》为促进经济社会发展全面绿色转型、解决我国资源环境生态问题，提出了总体要求、工作原则、主要目标，并就如何健全绿色低碳循环发展的生产体系、流通体系、消费体系等方面提出了具体的指导意见[①]。优化设计低碳闭环供应链网络可以为有效和低成本地控制碳排放提供决策支持与方法指导。因此，政府应支持和鼓励低碳闭环供应链网络优化与设计，以实现经济目标和环境目标的有效平衡，这包括倡导建立机会约束多目标模糊规划模型，优化决策变量，以控制碳排放。此外，政府还应当倡导在供应链网络设计中综合考虑经济、环境和社会层面的因素，不仅要关注成本效益和运营效率，而且要评估其对环境的影响，以及对社会福利的贡献。

（三）规范和完善激励措施与环保政策

本书对竞争环境下的供应链协同减碳的研究表明，首先，当企业在低碳研发上投入较多资源时，企业在生产运营中往往会倾向于生产减排量较低的产品以实现利润最大化。因此，政府可以考虑对制造企业实施产品减排量补贴、研发成本补贴等激励政策，以此推动低碳发展，实现更高的环保效益。其次，分散式入侵策略可以改善供应链的环境绩效和社会福利。因此，政府可以设计环保政策，如奖惩机制和碳限额交易机制或补贴，激励制造商的分散化入侵，这样也有利于改进整个供应链的社会福利。再次，环境绩效系数对社会福利也具有积极影响，政府对环境保护的态度在改善企业的社会福利方面起着重要作用。因此，政府应当重视环境保护，在制定政策时重视环境绩效，为从事低碳制造的企业提供补贴或免税激励。最后，随着产品可替代性的增强，在市场竞争激烈的环境下，同质化产品难以提高减排效果。因此，政府可以采取措施激励制造商开发与销售更具特色和差异化的产品。这既可以降低渠道竞争的强度，又能在保障制造企业经济效益的同时，有效提升其产品的低碳性能。另外，部分纵向集中化可以成为具有产品可替代性供应链的均衡结构。因此，政府可以推行针对性财政激励措施，以鼓励供

---

① 中国政府网. 国务院关于加快建立健全绿色低碳循环发展经济体系的指导意见[EB/OL]. (2021-02-02)[2025-01-10]. https://www.gov.cn/gongbao/content/2021/content_5591405.htm.

应链中的制造商和零售商建立部分纵向集中化合作关系，推动双方在减碳技术投资和运营优化上实现协同效应，从而有效降低整个供应链的碳排放。

（四）打造基于数字化平台的新的消费增长点

消费是最终需求，是经济增长的持久动力。充分激发我国超大规模市场潜力，根据不同群体需求制定差异化支持政策，重点抓好增长性、带动性强的领域，将进一步充分释放我国消费需求潜力。近年来，数字技术的创新应用在引领消费"向绿向新"发展方面发挥着重要作用。本书对供应链协同减碳模式选择的研究表明，数字化平台直销可以更好地平衡零售和批发市场之间的盈利，有助于减少产品流通中的碳排放。因此，政府要为电商发展建立良好的商业环境，制定相关政策鼓励企业采用直销模式，这包括提供直销平台的税收减免、简化直销流程的行政审批等，引导企业通过直销模式销售产品。除此之外，制造商和零售商的利润都受到消费者低碳意识的积极影响，具有低碳意识的消费者愿意支付更高的价格去购买低碳产品，提高消费者低碳意识有利于低碳制造商、零售商和社会福利。因此，一方面，政府可以通过公共教育活动来提高消费者的低碳意识，培育公众低碳文化，促使更多的消费者去购买低碳产品；另一方面，政府可以为低碳产品提供补贴，推出生态友好的消费措施，降低购买者的成本，激励消费者购买绿色低碳产品。

（五）加强顶层设计，公平合理地分配碳配额

政府补贴政策主要分为产品减排量补贴和研发成本补贴两种，而消费者低碳偏好会影响两种政府补贴政策下制造商的减排决策，在不同的市场需求下，选择不同的补贴政策，这样可以更好地激励企业生产减排量更高的产品，达到更佳的低碳补贴效果。具体来说，当消费者低碳偏好程度较低时，产品减排量补贴下的减排量较高，但随着低碳偏好程度不断增加，超过某一阈值后，研发成本补贴下的减排量会更高。因此，在政府补贴预算相同的情况下，如果以产品减少的碳排放量作为评价指标，当消费者低碳偏好程度较低时，政府实施基于产品减排量的补贴政策将更为有效；但当消费者低碳偏好程度增加到一定阈值后，随着补贴力度的增大，生产的低碳产品性价比更高，消费者更愿意购买，此时政府采取研发成本补贴效果更佳。

碳配额分配在低碳供应链管理和碳限额与交易机制中扮演着重要的角色，公平合理地分配碳配额对政府和企业来说都至关重要。如果政府分配的碳配额主要依据制造商的历史碳排放总量，那么当制造商企业为高碳排放企业时，分配到的碳配额反而更多，这对政策实施前就开始减排的低碳企业显然不公平。因此，政府在进行碳配额分配时需要将企业减排前的排放水平纳入分配标准中，为了鼓励企业在低碳上的努力，可以考虑在企业边际减排成本上给予一定财政支持以保证企业维持一个较低的碳排放，从而更好地调动环保企业的减排积极性。政府若想达到更高的减排效益，可以出台适当宽松的减排政策，通过碳配额与交易政策激励引导企业在生产经营中关注其他供应链成员的利益，向环境有益型方向发展，并承担社会责任。

第十六章　企业有效实施供应链协同减碳的对策建议

我国政府高度重视低碳供应链的建设与发展，为了应对气候变化和推动绿色低碳经济转型，制定并实施了一系列政策措施。这些措施旨在通过政策引导、市场激励和法规约束等手段，鼓励和督促企业在供应链管理中采取低碳环保的实践。我国政府正通过多方面的政策组合，推动企业构建绿色、低碳、可持续的供应链体系，以促进经济社会发展与生态环境保护之间的和谐和平衡。在这一过程中，企业的角色至关重要，企业积极响应政府号召，通过技术创新和管理优化，不断提升供应链的低碳水平，共同推动我国经济的绿色低碳转型。

第一节　企业实施供应链协同减碳的总体态势

一、低碳供应链的发展阶段演变

1972 年，中国参加联合国第一次人类与环境大会，开始治理工业化进程中出现的污染。20 世纪 80 年代，节约资源和保护环境成为基本国策，中国逐步建立环境保护理念、政策体系和行政体系。20 世纪 90 年代，可持续发展理念确立为国家战略，环境友好型经济发展的理念逐步落实到行动。

21 世纪前 10 年，中国深入推进可持续发展，坚持科学发展观。党的十七大首次提出"建设生态文明"的重要命题，强调在全社会牢固树立生态文明观念，建设生态文明，基本形成节约能源资源和保护生态环境的产业结构、增长方式、消费模式[①]；党的十八大将生态文明建设纳入中国特色社会主义事业"五位一体"总体布局，着力推进绿色发展、循环发展、低碳发展，形成节约资源和保护环境的空间格局、产业结构、生产方式、生活方式[②]。

"十二五"期间，低碳发展成为中国绿色发展的内容，碳排放强度纳入经济发展的约束性指标。"十三五"期间，绿色发展同创新发展、协调发展、开放发展、共享发展并列为新时期的五大发展理念。这一新发展理念是中国在党的十八大把生态文明建设纳入中国特色社会主义事业"五位一体"总体布局之后的一种理论升华。党的十九

---

① 中国政府网. 胡锦涛在中共第十七次全国代表大会上的报告全文 [EB/OL]. (2007-10-24) [2025-01-10]. https://www.gov.cn/ldhd/2007-10/24/content_785431.htm.

② 中国政府网. 胡锦涛在中国共产党第十八次全国代表大会上的报告 [EB/OL]. (2012-11-17) [2025-01-10]. https://www.gov.cn/ldhd/2012-11/17/content_2268826_4.htm.

大提出推进绿色发展，建设的现代化是人与自然和谐共生的现代化。加快建立绿色生产和消费的法律制度和政策导向，建立健全绿色低碳循环发展的经济体系。构建市场导向的绿色技术创新体系，发展绿色金融，壮大节能环保产业、清洁生产产业、清洁能源产业。形成节约资源和保护环境的空间格局、产业结构、生产方式、生活方式。形成绿色发展方式和生活方式，坚定走生产发展、生活富裕、生态良好的文明发展道路，建设美丽中国，为人民创造良好生产生活环境，为全球生态安全作出贡献。成为全球生态文明建设的重要参与者、贡献者、引领者[①]。

《中华人民共和国国民经济和社会发展第十四个五年规划和 2035 年远景目标纲要》提出加快发展方式绿色转型，坚持生态优先、绿色发展，推进资源总量管理、科学配置、全面节约、循环利用，协同推进经济高质量发展和生态环境高水平保护[②]。"十四五"时期，中国生态文明建设进入了以降碳为重点战略方向、推动减污降碳协同增效、促进经济社会发展全面绿色转型、实现生态环境质量改善由量变到质变的关键时期。2021 年，中国把"双碳"纳入生态文明建设整体布局，制定出台"1+N"政策体系，以经济社会发展全面绿色转型为引领，推动中国实现高质量发展。基于此，表 16-1 分析了低碳供应链的发展阶段演变。

表 16-1　低碳供应链的发展阶段演变

发展阶段	主要内容
初始阶段（2000 年以前）	中国低碳政策处于探索阶段，政策主题主要集中在污染防治和生态保护上。低碳供应链的概念尚未明确，但已有相关政策关注提高能效和减少工业污染
发展阶段（2001~2012 年）	随着国际社会对气候变化问题的关注加深，中国开始实施节能减排政策，低碳供应链政策向节能减排方向演进。政策开始鼓励企业采用清洁生产技术，优化物流和供应链管理，减少能源消耗和温室气体排放
深化阶段（2013~2020 年）	中国提出并实施了更为全面的低碳发展战略，低碳供应链政策进一步深化。政策开始强调绿色供应链的构建，鼓励企业从产品设计的初期到原料采购、生产制造、运输配送、仓储、使用直至回收处理的全过程中贯彻低碳环保理念
加速阶段（2021 年至今）	低碳供应链政策进入加速实施阶段。2024 年，国务院发布《2024—2025 年节能降碳行动方案》，强调节能降碳是推进碳达峰碳中和、促进经济社会发展全面绿色转型的重要举措，并提出了具体的节能降碳目标和重点任务，包括化石能源消费减量替代行动、非化石能源消费提升行动等

二、企业实施供应链协同减碳的趋势

我国企业实施供应链协同减碳的趋势主要有设定低碳目标与规划、技术创新与应用，从"政策驱动"转向"主动布局"，信息逐渐公开化、透明化三个方面。

---

① 中国政府网. 习近平：决胜全面建成小康社会 夺取新时代中国特色社会主义伟大胜利——在中国共产党第十九次全国代表大会上的报告[EB/OL]. (2017-10-27) [2025-01-10]. https://www.gov.cn/zhuanti/2017/10/27/content_5234876.htm.

② 中国政府网. 中华人民共和国国民经济和社会发展第十四个五年规划和2035年远景目标纲要[EB/OL]. (2021-03-13) [2025-01-10]. https://www.gov.cn/xinwen/2021/03/13/content_5592681.htm.

（一）设定低碳目标与规划，技术创新与应用

随着全球对气候变化的关注，许多国家和地区都提出了碳达峰碳中和。这些政策目标为企业实施低碳供应链提供了方向和动力。

当前，许多企业制定了低碳目标，并在产品创新、推进减排等方面进行了规划和实践，涵盖制定企业低碳目标、创新技术提高能效、管控绿色采购流程、数字赋能、要求供应商低碳生产等细分领域。联想集团、施耐德电气就是国内低碳供应链的标杆案例。联想集团构建了一个全方位的绿色低碳发展体系，采取了包括技术赋能和严格的减碳要求在内的多种方法，如要求供应商向 CDP、责任商业联盟（Responsible Business Alliance，RBA）等国际组织披露温室气体排放数据并推动第三方核查；自主研发温水水冷技术以降低数据中心能耗，制定与科学碳目标倡议一致的减排规划，承诺到 2025/2026 财年实现全球运营 90%电力来自可再生能源且供应链减排 100 万吨；还利用数字智能技术为低碳供应链赋能，通过物联网技术、智慧节能系统等手段优化低碳供应链管理。联想的低碳转型实践获得了国际认可，也为全球企业提供了碳中和发展样本。施耐德电气针对不同行业特点和客户个性化、定制化需求陆续推出千里眼资产顾问、云能效楼宇顾问等可灵活组合的数字化解决方案，通过整合数字化知识与客户需求形成定制化端到端全生命周期方案，帮助客户实现数字化低碳转型（王永贵等，2023）。

（二）从"政策驱动"转向"主动布局"

在应对全球气候变化的碳达峰碳中和目标的推动下，欧盟、中国等主要经济体正在积极构建和完善低碳法律与政策体系。这不仅为低碳转型提供了法律依据和政策支持，而且为企业实现低碳发展指明了方向。值得关注的是，众多企业不仅积极响应这些政策要求，而且在社会责任的驱动下，主动采取行动，通过整合和优化供应链，打造低碳供应链。

不同企业根据自身的业务特点和市场需求，采取了不同的低碳供应链管理措施。一些企业主动采取数字化平台建设、创新技术应用、行业解决方案覆盖等措施实现供应链的减排。例如，箱箱共用作为物流包装循环利用及解决方案领域的先驱，在全球范围内引领低碳供应链的创新步伐。箱箱共用借助数字化平台的搭建，深度融合大数据、云计算、物联网技术与智能算法，促进了物流包装的共享使用，有效降低了对环境的负面影响。其智能化的包装解决方案不仅优化了成本和效率，而且通过技术创新，如一箱一码和人工智能辅助决策，提高了循环效率并降低了损耗。箱箱共用在技术创新方面获得了国内外多项发明专利授权，其循环包装解决方案已广泛应用于多个行业。通过提出"零碳循环伙伴"的品牌定位，发布在线循环服务客户端、碳核算成果和中国核证自愿减排量（China Certified Emission Reduction，CCER）方法学研究等成果，箱箱共用推动了物流包装行业的碳中和探索，并与权威机构合作，共同推动物流

包装的碳核算和碳中和目标的实现①。此外，箱箱共用与罗戈研究院联合发布了《2021中国低碳供应链物流创新发展报告》，为行业提供了低碳转型的框架和实践案例，展现了其在推动低碳供应链发展中的主动性、领导力和创新能力。

（三）信息逐渐公开化、透明化

提高环境信息的公开度，扩大其可访问范围，对于构建一个更加透明、负责任的低碳供应链体系至关重要。过去，除了受法律强制要求必须公开环境信息的大型企业，大多数企业的环境信息并未对外披露。即便部分企业已经着手实施低碳管理措施，并向上游供应商索取环境信息，这些信息的流通通常也局限于点对点的封闭渠道，只有提出要求的企业能够访问，公众和更广泛的利益相关者则难以获得这些关键信息。只有当环境信息被公开披露，广泛接受社会各界的监督时，其真实性和可信度才能得到保障。

当前，众多核心企业已积极公开其供应链的碳中和时间表、各阶段减排目标，以及供应商名单等环保信息，主动接受政府监管、业界同行及社会公众的广泛监督，信息逐渐公开化、透明化。例如，苹果公司通过一系列积极措施和承诺，展现了其在低碳供应链信息公开和透明度方面的主动性。苹果公司不仅设定并公开了到 2030 年实现供应链和产品 100%碳中和的宏伟目标，而且积极推动供应链合作伙伴转向 100%可再生能源，公开了超过 70 家供应商的承诺，这些承诺预计将显著减少供应链的碳排放。此外，苹果公司成立了碳解决方案基金，投资于全球森林和自然生态系统的恢复与保护，并通过定期发布《环境进展报告》，详细披露了公司在环境保护方面的进展和成就。苹果公司还与供应商合作，通过中美绿色基金在中国投资开发可再生能源项目，并公开其规模和目标。苹果公司不仅自身采取行动，而且与全球范围内的政府、企业、非政府组织合作，支持推行环境保护和清洁能源过渡的政策，并公开倡导这些政策的重要性，从而推动了更广泛的环境保护行动②。

第二节　加强我国企业实施供应链协同减碳的对策建议

企业在低碳供应链管理方面面临的问题具有复杂性和多维性。企业需要在技术应用、供应链协同、消费者低碳意识培养、政策响应等多方面进行综合考量和策略制定，以实现可持续发展。

---

① 罗戈网.箱箱智能科技：1+2+N 用数字化定义循环包装新秩序[EB/OL]. (2022-04-22) [2025-01-10]. https://www.logclub.com/articleInfo/NDc4OTA=.

② 澎湃网. 苹果要清理供应商，不搞碳中和就出局[EB/OL]. (2023-04-23) [2025-01-10]. https://www.thepaper.cn/newsDetail_forward_22793707.

一、我国企业实施低碳供应链的特点与不足

我国企业在实施低碳供应链时普遍存在碳排放数据管理困难、低碳供应链网络设计尚未完善、低碳竞争环境复杂、市场接受度有限、政企间信息不对称等问题。

（一）碳排放数据管理困难，碳交易效率低

许多大型减排企业的子公司遍布全国，各自独立地收集和管理碳排放数据。然而，这种分散的数据管理模式存在诸多问题：数据透明度不足，易被窜改；各子公司的数据存储形成了孤立的数据池。此外，收集的碳排放数据质量不一，关键信息追踪与整合困难重重，数据读取存在障碍，收集方法多样导致数据难以统一。这些问题不仅增加了母公司在编制碳排放报告时的复杂性，而且导致缺乏统一且可靠的碳排放数据基础，对实施有效的碳排放管理构成了障碍。此外，碳交易是一个包含企业间买卖、碳排放报告编制、排放额度分配等多个环节的复杂过程。在这一过程中，多个参与者的介入导致交易成本的显著增加，碳交易链的整体效率低。

（二）技术应用面临挑战，低碳供应链网络设计尚未完善

低碳技术和模型的研发与应用是推动低碳供应链的关键。然而，这些技术和模型往往面临各种挑战。低碳供应链网络设计需要大量的专业知识和技能，许多企业受限于专业人才短缺。例如，企业可能缺乏低碳技术工程师，或者缺乏低碳供应链管理人员，导致企业无法适应新的技术和管理方法。尽管现阶段已有研究提出了基于运作优化的碳排放控制方法，如通过改进货运方式和优化运输路径来实现企业的碳足迹管理，但在实际应用中，企业仍面临诸多挑战。例如，供应链中存在的需求估计不确定性、产品回收的复杂性，以及多产品流和多种运输方式的选择等问题，都增加了供应链网络设计的难度。此外，供应链网络设计的战略决策也需要综合考虑实现成本效益和环境效益的双重目标。因此，企业在网络设计方面的不足主要体现在对这些复杂因素的综合考量和应对策略方面。

（三）低碳竞争策略具有复杂性，双渠道供应链模式选择困境

在竞争策略方面，由于低碳竞争策略具有复杂性，我国面临产品同质化与需求多样化难题，如何在市场中（特别是在低碳产品和服务的差异化方面）脱颖而出对企业至关重要。如何在保持价格竞争力的同时提高产品的低碳性能也是企业面临的一个重要问题。此外，企业还需要考虑如何在价格竞争中融入低碳因素，以及如何通过营销策略来提升低碳产品的市场认可度。企业在这方面的不足表现为缺乏对低碳市场动态的敏感性，在制定竞争策略时未能充分考虑环境因素和消费者偏好。

在模式选择方面，我国企业面临的挑战在于如何根据自身的资源和市场条件，选择最合适的供应链运营模式。例如，制造商在与电商平台合作时，需要在分销模式和代销模式之间做出选择。每种模式都有其优势和劣势，企业需要权衡代理费用、市场需求、成本效益及其对环境的影响。企业在这方面的不足表现为对不同模式的理解和

应用不够深入，以及在实际操作中缺乏灵活性和适应性。

（四）市场接受度有限，消费者低碳行为培养周期长

尽管低碳产品和概念越来越受到重视，但市场接受度仍然有限。实际消费市场中，消费者与企业客户可能对低碳产品的性能、价格和可用性存在较大的疑虑。例如，一些低碳产品可能在性能上与传统产品相比有差距或者价格较高，这可能影响消费者的购买意愿。又如，许多消费者对低碳产品的认知不足，他们可能不了解低碳产品的优势，或者不知道如何选择低碳产品。此外，即使企业提供了低碳产品，改变消费者的行为和习惯也是一个长期、复杂的过程，不仅涉及消费者个人的认知和习惯，而且与社会文化、价值观念、市场供给等多方面因素紧密相关。消费者可能需要更多的时间和信息来了解低碳产品的优势，并学习如何使用这些产品。

（五）政企间信息不对称，政府激励政策实施受阻

信息不对称是市场经济中一个普遍存在的问题，它在企业与政府之间尤为明显。企业在制定研发和市场策略时，往往需要依赖政府的政策导向和激励措施。然而，由于信息传递不畅通，企业可能对政府的低碳激励政策的细节了解不足，无法准确评估政策对自身业务的潜在影响。例如，如果企业不清楚政府对低碳供应链的财政补贴政策，或者不了解如何申请这些补贴，就会错失获得资金支持的机会，进而影响研发投入和创新能力的提升。企业在不完全了解政策导向的情况下，容易选择不符合低碳发展趋势的产品或服务，从而在市场竞争中处于不利地位。这不仅限制了企业优化策略的能力，而且影响了企业在低碳发展道路上的决策效率和效果。

二、我国企业实施供应链协同减碳的对策建议

我国企业实施供应链协同减碳的对策建议主要围绕协同减排、网络设计、竞争策略、减碳模式、规制政策五个方面展开。

（一）充分应用区块链和人工智能等技术，提高低碳供应链协同减排效率

企业在参与低碳供应链协同减排时，可以应用区块链、人工智能等技术来解决碳排放管理、碳交易效率难题，提高低碳供应链协同减排效率。首先，准确、精细的碳排放数据是企业进行碳资产管理的基础和前提，也为碳管制增加了一致性和可信度。因此，企业可以通过区块链技术构建一个去中心化、防窜改、可追溯的超级碳排放账本，结合人工智能技术深度学习和数据分析，增强企业对碳足迹的全流程监控和管理能力，使得奖惩制度和减排策略更加精准、有效。其次，进行碳交易时可以应用智能合约机制，再辅以人工智能技术分析市场动态，预测碳价格波动，为企业提供更精准的交易时机和策略。双方企业在事先规定好的交易金额和数量的基础上达成约定后，合约将自动生效并实施后续工作。智能合约机制能使合约永久运行，并使内容透明化和不可窜改化，可以在缺乏信任的环境下安全交易，降低交易成本，提升交易效率。

（二）考虑碳排放影响和参数的模糊性，完善低碳供应链网络设计

企业在设计供应链网络时，需要采取综合措施来优化其供应链。首先，应确立多目标优化策略，旨在同时最小化总成本和总碳排放，以实现经济和环境目标的平衡。其次，考虑供应链网络参数的模糊性、多产品流和多种运输方式的选择等特点，应采用模糊规划模型来处理这种模糊性，从而更准确地预测和规划供应链活动。此外，企业还应将机会约束的最低置信水平纳入决策变量，优化这一置信水平以平衡经济和环境目标。在设计供应链时，企业需要综合考虑多产品流和多种运输方式的选择，以优化产品分配和运输策略，减少物流成本和碳排放。同时，企业需要识别降低碳排放的经济成本临界值，避免因过度减少碳排放而导致经济成本急剧上升，减少不确定性带来的风险。

（三）培养消费者低碳意识，灵活调整企业竞争策略

消费者低碳意识对制造商和零售商的盈利能力都有积极影响。因此，企业可以通过营销活动来提升消费者对低碳产品环保价值的认识，提高他们为低碳产品支付的意愿，从而提升产品附加值和企业盈利能力。在产品同质化与差异化之间找到平衡点对企业十分重要，在产品可替代性高的市场环境中，企业可以生产同质化的低碳产品以降低成本，同时在销售渠道、客户服务等方面进行差异化，以避免激烈的价格竞争。在制造商入侵策略上，制造商可以设计利润分享合同，鼓励零售子公司采用分散式入侵策略，平衡制造商和零售商的利润。同时，制造商可以把更多的决策权交给零售子公司，用一个适当的转移价格来协调制造子公司和零售子公司的利润，以实现供应链的整体优化。此外，企业应管理好渠道竞争，根据市场入侵成本和市场环境来选择集中式或分散式入侵策略。当入侵成本低于阈值时，可以采用集中式入侵策略来降低渠道冲突；当低碳消费需求增加时，可以积极采用分散式入侵策略，以提高产品减排量和双方利润。

值得一提的是，企业还可以根据实际生产经营活动采取灵活的部分纵向集中化策略，根据产品可替代性和市场需求动态调整供应链中制造商与零售商的所有权比例。在产品差异化显著时，增加对零售商的所有权以降低双重边际化；在产品高度可替代时，减少所有权比例以缓解价格竞争，实现整体利润最大化。

（四）运用策略、合作与创新的协同路径，及时调整供应链减碳模式

第一，企业在实施低碳供应链管理时，应积极与供应链中的其他成员合作，共同提高生产和营销的低碳效率。第二，企业应评估直销成本，以确定是否增加直销渠道，扩大市场总需求，从而提高自身的收益。在确保成本可控的情况下，通过直销渠道扩大市场覆盖。利用直销渠道收集消费者反馈，快速响应市场变化，提升产品与服务。第三，消费者低碳意识与制造商、零售商和电商平台的盈利能力成正相关。在消费者低碳意识存在的情况下，企业以分销模式提供低碳产品会产生更高的零售价格和更高的需求。各方都能从积极的消费者低碳意识中受益。第四，渠道竞争对制造商利润的

影响也是正向的，随着渠道竞争的加剧，电商平台在代销模式下的利润往往会增加，而在代销模式下，其利润可能会下降。此外，制造商能否从代销模式中（与分销模式相比）受益，取决于低碳投资研发成本系数和收益分成比例，当收益分成比例足够低时，制造商能通过代销模式的电商平台实现资源的高效利用，这有助于减轻供应链中的双重边际效应，提升市场需求，并从代销模式中获益。因此，企业不妨考虑借助电商平台推广低碳产品，根据消费者低碳意识、渠道竞争及收益分成比例，灵活采取分销或代销策略，优化供应链的成本结构与利润分配。

（五）响应政府激励政策，加强信息沟通，灵活调整决策

首先，在政府补贴政策激励下，产品需求增长带来的收益超过了减排投资成本。消费者低碳偏好系数与零售商低碳推广努力系数的提高会带来更多的政府补贴，从而促进企业利润的提高。因此，企业应积极响应政府的低碳激励政策，发挥主观能动性，投入资金和资源进行低碳产品的研发，同时加大宣传力度，提高消费者对低碳产品的认知和接受度，增加产品需求，从而提高企业利润，促进供应链的低碳发展。其次，政府补贴过程中，企业之间的博弈受到政府补贴政策的影响，若企业不了解相关信息，企业的低碳研发就会受到影响。因此，企业与政府之间需要进行有效的沟通，保证信息传递的完整性，从而制订出更符合政策导向的低碳发展计划。最后，面对市场和竞争的变化，企业需要灵活调整供应链结构和决策模式。当竞争逐渐激烈时，企业要适当降低产品供应量以适应市场需求的下降，还要降低产品减排量以减少减排投资支出，又或者减少碳配额使用量来降低碳交易支出。此外，碳价格是影响企业减排和销售决策的关键政策因素，碳价格过高或过低都无法激励企业尽可能减少产品碳排放，只有适当的碳价格能够保证制造商最高的减排量，使环境绩效提高。因此，企业还应考虑碳价格对供应链各环节的影响，参与碳价格的制定过程，以确保整个供应链的协调发展。

参 考 文 献

柏庆国，徐贤浩．2018．碳排放政策下二级易变质产品供应链的联合订购策略[J]．管理工程学报，32(4)：167-177.

边展，张红艳．2024．考虑资金约束的制造商双渠道供应链融资策略[J/OL]．中国管理科学．(2024-01-03) [2024-06-22]．https://doi.org/10.16381/j.cnki.issn1003-207x.2022.1699.

蔡馨玥，肖勇波，张继红．2024．利润与福利的两难抉择：考虑双边社会责任的平台定价策略[J]．系统工程理论与实践，44(6)：2003-2017.

曹裕，周默亭，胡韩莉．2020．考虑政府补贴与企业社会责任的两级供应链优化[J]．中国管理科学，28(5)：101-111.

陈剑．2012．低碳供应链管理研究[J]．系统管理学报，21(6)：721-728，735.

陈克兵，孔颖琪，雷东．2023．考虑消费者偏好及渠道权力的可替代产品供应链的定价和绿色投入决策[J]．中国管理科学，31(5)：1-10.

陈克兵，王雨琦．2024．基于政府不同补贴形式下的绿色产品制造商渠道选择策略分析[J]．中国管理科学，32(3)：167-177.

陈晓红，汪继，王傅强．2016．消费者偏好和政府补贴下双渠道闭环供应链决策研究[J]．系统工程理论与实践，36(12)：3111-3122.

陈晓红，杨柠屹，周艳菊．2024．后疫情时代新能源车产业的供应链共建策略研究[J/OL]．中国管理科学．(2024-01-30) [2024-07-14]．https://doi.org/10.16381/j.cnki.issn1003-207x.2023.0430.

大卫·波维特，约瑟夫·玛撒，R. 柯克·克雷默．2001．价值网：打破供应链 挖掘隐利润[M]．仲伟俊，钟德强，胡汉辉，译．北京：人民邮电出版社．

代颖，马祖军，朱道立，等．2012．震后应急物资配送的模糊动态定位——路径问题[J]．管理科学学报，15(7)：60-70.

戴定一．2008．物流与低碳经济[J]．中国物流与采购(21)：24-25.

丁军飞，浦徐进，曹雨馨，等．2024．EPR制度下新能源汽车闭环供应链的回收成本分担机制研究[J/OL]．中国管理科学．(2024-05-24) [2024-06-19]．https://doi.org/10.16381/j.cnki.issn1003-207x.2023.1759.

杜华峰，官振中．2023．考虑策略型消费者和企业成本削减的垂直差异化产品投放策略[J]．系统管理学报，32(1)：1-22.

方国昌，何宇，田立新．2024．碳交易驱动下的政企碳减排演化博弈分析[J]．中国管理科学，32(5)：196-206.

冯颖，汪梦园，张炎治，等．2022．制造商承担社会责任的绿色供应链政府补贴机制[J]．管理工程学报，36(6)：156-167.

高举红，王瑞，王海燕．2015．碳补贴政策下闭环供应链网络优化[J]．计算机集成制造系统，21(11)：3033-3040.

官振中，赵娜，张爱凤，等．2021．垂直差异化竞争软件产品的最优定价策略[J]．系统工程，39(1)：133-147.

郭松波，艾兴政，钟丽，等．2024．非对称零售商药品带量采购的团购协调机制研究[J]．中国管理科学，32(4)：208-217.

韩同银，刘丽，金浩．2022．考虑政府补贴和公平关切的双渠道绿色供应链决策研究[J]．中国管理科学，30(4)：194-204.

何波，孟刁东．2010．产品回收逆向物流网络设计问题的两阶段启发式算法[J]．运筹与管理，19(1)：73-79.

何奇龙，唐娟红，罗兴，等．2023．政企农协同治理农业面源污染的演化博弈分析[J]．中国管理科学，31(7)：202-213.

贺勇，陈志豪，廖诺．2022．政府补贴方式对绿色供应链制造商减排决策的影响机制[J]．中国管理科学，30(6)：87-98.

胡志强，胡渊，狄晨晨．2020．IPO前后的企业产品差异化动态策略：引入股价信息学习的模型与实证[J]．中国管理科学，28(5)：52-61.

黄德林，陈宏波，李晓琼．2012．协同治理：创新节能减排参与机制的新思路[J]．中国行政管理(1)：23-26.

黄宗盛，聂佳佳，赵映雪．2019．再制造闭环供应链产品回收合作模式研究[J]．管理工程学报，33(3)：147-152.

纪祥, 王玖河, 隋依庭. 2024. 第三方环境信息平台参与下供应商污染问题协同治理研究[J]. 运筹与管理, 33(2): 137-143.

贾茹. 2012. 欧盟碳排放权交易体系的运行及启示与借鉴[D]. 长春: 吉林大学.

江佳秀, 何新华, 胡文发. 2022. 考虑碳补贴和企业社会责任的三级供应链减排策略[J]. 系统工程, 40(1): 97-106.

江世英, 方鹏骞. 2019. 基于绿色供应链的政府补贴效果研究[J]. 系统管理学报, 28(3): 594-600.

李伯棠, 赵刚, 葛颖恩. 2017. 基于遗传算法的闭环物流网络随机规划模型[J]. 计算机集成制造系统, 23(9): 2003-2011.

李跟强, 潘文卿. 2016. 国内价值链如何嵌入全球价值链: 增加值的视角[J]. 管理世界, 32(7): 10-22, 187.

李辉, 任晓春. 2010. 善治视野下的协同治理研究[J]. 科学与管理, 30(6): 55-58.

李建, 达庆利, 何瑞银. 2010. 多车次同时集散货物路线问题研究[J]. 管理科学学报, 13(10): 1-7, 62.

李金溪, 任大磊, 易余胤. 2023. 供应链部分整合下的渠道入侵和广告决策研究[J]. 系统工程理论与实践, 43(10): 2952-2980.

李进. 2015. 基于可信性的低碳物流网络设计多目标模糊规划问题[J]. 系统工程理论与实践, 35(6): 1482-1492.

李进, 傅培华, 李修琳, 等. 2015. 低碳环境下的车辆路径问题及禁忌搜索算法研究[J]. 中国管理科学, 23(10): 98-106.

李进, 傅培华. 2013. 具有固定车辆数的多车型低碳路径问题及算法[J]. 计算机集成制造系统, 19(6): 1351-1362.

李进, 张江华. 2014a. 基于碳排放与速度优化的带时间窗车辆路径问题[J]. 系统工程理论与实践, 34(12): 3063-3072.

李进, 张江华. 2014b. 碳交易机制对物流配送路径决策的影响研究[J]. 系统工程理论与实践, 34(7): 1779-1787.

李进, 刘格格, 张海霞, 等. 2024a. 基于消费者绿色偏好和渠道竞争的制造商分散式入侵策略[J]. 中国管理科学, 32(7): 281-290.

李进, 江赫奇, 丁圣琪, 等. 2024b. 碳限额与交易机制下竞争供应链减排策略与政策设计[J/OL]. 中国管理科学. (2024-05-24) [2024-07-22]. https://doi.org/10.16381/j.cnki.issn1003-207x.2022.2144.

李雷, 刘博. 2020. 生态型企业的合法性溢出战略: 小米公司纵向案例研究[J]. 管理学报, 17(8): 1117-1129.

李梦祺, 李登峰, 南江霞. 2023. 考虑链间竞争与链内研发成本共担的绿色供应链决策——基于非合作-合作两型博弈方法[J/OL]. 中国管理科学. (2023-03-17) [2024-06-22]. https://www.chndoi.org/Resolution/Handler?doi=10.16381/j.cnki.issn1003-207x.2022.2073.

李娜, 马德青, 胡劲松. 2021. 基于利他偏好的绿色供应链动态均衡分析[J]. 系统工程学报, 36(6): 798-816.

李秋香, 吉慧敏, 黄毅敏, 等. 2023. 非对称信息下制造商策略选择: 渠道入侵与信息泄露[J]. 管理评论, 35(12): 169-181.

李小平, 蔡东, 郭春香, 等. 2019. 多维视角下建筑废弃物减量化系统物流网络设计[J]. 系统工程理论与实践, 39(11): 2842-2854.

梁喜, 魏承莉. 2020. 双重补贴下双渠道供应链创新及协调策略研究[J]. 工业工程与管理, 25(6): 172-182.

林金钗, 祝静, 代应. 2015. 低碳供应链内涵解析及其研究现状[J]. 重庆理工大学学报(社会科学), 29(9): 48-54.

林强, 冯佳丽, 雒兴刚, 等. 2021. 不同消费支付方式下电商供应链销售模式选择[J]. 系统工程理论与实践, 41(11): 2913-2928.

林强, 马嘉昕, 陈亮君, 等. 2023. 考虑成本信息不对称的生鲜电商销售模式选择研究[J]. 中国管理科学, 31(6): 153-163.

林志炳, 鲍蕾. 2021. 企业社会责任对供应链减排决策及政府补贴效率的影响研究[J]. 中国管理科学, 29(11): 111-121.

林志炳, 吴清. 2023. 考虑随机参照价格的双渠道绿色供应链定价和渠道策略研究[J]. 计算机集成制造系统, 29(1): 320-330.

凌六一, 董鸿翔, 梁樑. 2012. 从政府补贴的角度分析垄断的绿色产品市场[J]. 运筹与管理, 21(5): 139-144.

凌艳涛, 徐静, 张华. 2021. 基于异质性消费者偏好下的绿色产品垂直差异化设计与定价策略[J]. 管理工程学报, 35(6): 208-217.

刘宝碇, 彭锦. 2005. 不确定理论教程[M]. 北京: 清华大学出版社.

刘杰, 彭其渊, 殷勇. 2018. 低碳背景下的多式联运路径规划[J]. 交通运输系统工程与信息, 18(6): 243-249.

刘名武，刘亚琼，付巧灵．2022．关税、权力结构与消费者偏好下的绿色供应链决策研究[J]．中国管理科学，30(3)：131-141．

刘云志，樊治平．2017．考虑损失规避与产品质量水平的供应链协调契约模型[J]．中国管理科学，25(1)：65-77．

楼高翔，雷鹏，马海程，等．2023．不同回收补贴政策下新能源汽车动力电池闭环供应链运营决策研究[J]．管理学报，20(2)：267-277．

鲁其辉，朱道立．2009．质量与价格竞争供应链的均衡与协调策略研究[J]．管理科学学报，12(3)：56-64．

罗春林．2014．基于政府补贴的电动汽车供应链策略研究[J]．管理评论，26(12)：198-205．

罗剑玉，宋华，杨晓叶，等．2023．竞争性绿色供应链中制造商提供绿色服务的信息共享研究[J]．中国管理科学，31(9)：105-113．

马德青，王晓晴，胡劲松．2024．多渠道零售下考虑消费者反展厅现象的平台型供应链销售模式选择[J]．中国管理科学，32(5)：133-146．

马建华，舒美珍，潘燕春，等．2023．EPR 制度下竞争供应链渠道结构和政府回收奖惩机制研究[J/OL]．中国管理科学．(2023-04-17) [2024-06-22]．https://doi.org/10.16381/j.cnki.issn1003-207x.2022.0869．

马鹏，卢雨佳．2024．碳税政策下考虑三重底线的低碳供应链优化决策及协调[J]．南京信息工程大学学报，16(4)：573-586．

马卫民，李彬，徐博，等．2015．考虑节点中断和需求波动的可靠供应链网络设计问题[J]．系统工程理论与实践，35(8)：2025-2033．

马雪，王洪涛．2015．生命周期评价在国内的研究与应用进展分析[J]．化学工程与装备(2)：164-166．

孟庆春，潘建，王自然，等．2023．基于中小供应商低碳融资需求的核心企业统一授信额度配置研究[J]．中国管理科学，31(6)：71-81．

倪玲霖，史峰．2012．多分配快递轴辐网络的枢纽选址与分配优化方法[J]．系统工程理论与实践，32(2)：441-448．

聂佳佳，李芳．2022．制造商渠道入侵对零售商双渠道策略的影响[J]．软科学，36(5)：75-82．

潘震东，唐加福，韩毅．2007．带货物权重的车辆路径问题及遗传算法[J]．管理科学学报，10(3)：23-29．

瞿群臻，王明新．2012．低碳供应链管理绩效评价模型的构建[J]．中国流通经济，26(3)：39-44．

饶卫振，周俐辰，马翔宇，等．2022．碳交易背景下依托平台的协作配送双重低碳激励策略研究[J/OL]．中国管理科学．(2022-11-25) [2024-06-22]．https://doi.org/10.16381/j.cnki.issn1003-207x.2022.1434．

尚春燕，关志民，米力阳．2020．考虑双重消费偏好的绿色供应链政府补贴策略分析[J]．系统工程，38(5)：93-102．

施蒂格勒 G J．1996．产业组织和政府管制[M]．潘振民，译．上海：上海人民出版社．

石褚巍，马昌喜，麻存瑞．2023．基于两阶段鲁棒优化的可靠性物流网络设计[J]．交通运输系统工程与信息，23(2)：285-299．

孙迪，余玉苗．2018．绿色产品市场中政府最优补贴政策的确定[J]．管理学报，15(1)：118-126．

孙芬，曹杰．2011．基于 KMRW 模型的低碳供应链合作激励机制研究[J]．财经问题研究(12)：45-49．

田林，徐以汎．2015．基于顾客行为的企业动态渠道选择与定价策略[J]．管理科学学报，18(8)：39-51，94．

王春晖．2022．基于价值链理论的档案文创产品开发：模型构建与路径探析[J]．档案管理(5)：53-55．

王海平，林军，冉伦．2024．竞争环境下 SaaS 提供商的定价策略选择及其社会福利分析[J]．中国管理科学，32(10)：89-96．

王洪峰，张翼天，陈景泽．2021．一种面向需求不确定性供应链的进化多目标仿真优化方法[J]．系统仿真学报，33(12)：2761-2770．

王君，程先学，蒋雨珊，等．2021．碳税政策下考虑参考碳排放的供应链成员行为选择研究[J]．中国管理科学，29(7)：128-138．

王鹏，王要玉，王建才．2024．零售平台自有品牌与制造商渠道策略的竞合博弈分析[J]．中国管理科学，32(9)：214-224．

王珊珊，张李浩，范体军．2020．基于碳减排技术的竞争供应链投资均衡策略研究[J]．中国管理科学，28(6)：73-82．

王桐远, 李延来. 2020. 零售商信息分享对双渠道绿色供应链绩效影响研究[J]. 运筹与管理, 29(12): 98-106.

王旭, 王非. 2019. 无米下锅抑或激励不足? 政府补贴、企业绿色创新与高管激励策略选择[J]. 科研管理, 40(7): 131-139.

王永贵, 洪傲然. 2020. 千篇一律还是产品定制——"一带一路"背景下中国企业跨国渠道经营研究[J]. 管理世界, 36(12): 110-127.

王永贵, 汪淋淋, 李霞. 2023. 从数字化搜寻到数字化生态的迭代转型研究——基于施耐德电气数字化转型的案例分析[J]. 管理世界, 39(8): 91-114.

王永贵, 汪寿阳, 吴照云, 等. 2021. 深入贯彻落实习近平总书记在哲学社会科学工作座谈会上的重要讲话精神加快构建中国特色管理学体系[J]. 管理世界, 37(6): 1-35.

魏守道, 孙铭. 2022. 消费者补贴下供应链间减排研发策略研究[J]. 计算机集成制造系统, 28(4): 1220-1232.

温兴琦, 程海芳, 蔡建湖, 等. 2018. 绿色供应链中政府补贴策略及效果分析[J]. 管理学报, 15(4): 625-632.

吴建伟. 2016. 产业经济学[M]. 北京: 清华大学出版社.

吴隽, 徐迪. 2020. 基于文献计量的低碳供应链管理研究述评[J]. 经济管理, 42(3): 192-208.

吴鹏, 余泽威, 储诚斌. 2024. 路况不确定下通勤定制公交网络设计鲁棒优化[J/OL]. 系统工程理论与实践. (2024-05-17) [2024-06-19]. Https://link.cnki.net/urlid/11.2267.n.20240515.1825.043.

吴小节, 刘鑫, 林晓刚, 等. 2024. 考虑碳排放与交付时间敏感的渠道选择研究[J]. 工业工程, 27(3): 138-146.

夏良杰, 白永万, 秦娟娟, 等. 2018. 碳交易规制下信息不对称供应链的减排和低碳推广博弈研究[J]. 运筹与管理, 27(6): 37-45.

夏良杰, 孔清逸, 李友东, 等. 2021. 考虑交叉持股的低碳供应链减排与定价决策研究[J]. 中国管理科学, 29(4): 70-81.

夏西强, 曹裕. 2020. 外包再制造下政府补贴对制造/再制造影响研究[J]. 系统工程理论与实践, 40(7): 1780-1791.

夏西强, 李飚. 2022. 政府碳税与补贴政策对外包再制造影响研究[J]. 中国管理科学, 30(9): 105-115.

夏西强, 朱庆华, 路梦圆. 2022. 外包制造下碳交易对低碳供应链影响及协调机制研究[J]. 系统工程理论与实践, 42(5): 1290-1302.

肖迪, 黄培清, 顾锋. 2008. 需求不确定条件下供应链之间的库存竞争策略[J]. 上海交通大学学报, 42(9): 1511-1514.

肖兴志, 王萍. 2001. 公共规制的捞性与理论起源[J]. 公共行政与人力资源(3): 27-30.

谢世鑫, 王旭, 杜建辉, 等. 2023. 考虑同城配送的多产品多中心两级物流网络设计及车辆路径研究[J]. 管理工程学报, 37(3): 178-190.

解学梅, 朱琪玮. 2022. 创新支点还是保守枷锁: 绿色供应链管理实践如何撬动企业绩效?[J]. 中国管理科学, 30(5): 131-143.

熊峰, 魏瑶瑶, 王琼林, 等. 2022. 考虑成员风险规避的双渠道绿色供应链定价与绿色投入决策研究[J]. 中国管理科学, 30(8): 267-276.

熊浩, 胡列格. 2009. 多车型动态车辆调度及其遗传算法[J]. 系统工程, 27(10): 21-24.

熊中楷, 张盼, 郭年. 2014. 供应链中碳税和消费者环保意识对碳排放影响[J]. 系统工程理论与实践, 34(9): 2245-2252.

徐浩鑫, 关志民, 于天阳, 等. 2023a. 考虑制造商失望规避的低碳供应链运营决策及协调[J]. 系统工程, 41(5): 68-76.

徐浩鑫, 于天阳, 关志民, 等. 2023b. 不同权力结构下考虑制造商失望规避行为的低碳供应链决策研究[J]. 运筹与管理, 32(2): 45-52.

徐华亮. 2021. 中国制造业高质量发展研究: 理论逻辑、变化态势、政策导向: 基于价值链升级视角[J]. 经济学家(11): 52-61.

杨建华, 解雯倩. 2022. 碳限额交易下考虑平台推广服务的竞争制造商减排决策研究[J]. 系统工程理论与实践, 42(12): 3305-3318.

杨善林, 马华伟, 顾铁军. 2010. 时变条件下带时间窗车辆调度问题的模拟退火算法[J]. 运筹学学报, 14(3): 83-90.

杨越, 顾伟, 侯旭敏. 2023. 价值链视角下某院药品精细化管理探析[J]. 中国药房, 34(3): 285-288.

游达明，朱桂菊．2016．低碳供应链生态研发、合作促销与定价的微分博弈分析[J]．控制与决策，31(6)：1047-1056．

于国栋，张雪婷，霍鑫．2024．自适应风险规避型院前急救网络设计鲁棒优化[J]．工业工程与管理，29(2)：170-180．

余晖．1997．政府与企业：从宏观管理到微观管制[M]．福州：福建人民出版社．

余娜娜，王道平，赵超．2022．考虑产品绿色度的双渠道供应链协调研究[J]．运筹与管理，31(4)：75-81．

袁开福，王盼盼，王大飞，等．2023．碳交易下考虑补贴的供应链定价与拆卸性决策[J]．计算机集成制造系统，29(8)：2830-2845．

曾渝，黄璜．2021．数字化协同治理模式探究[J]．中国行政管理(12)：58-66．

张川，田雨鑫，崔梦雨．2024．电动汽车动力电池制造商混合渠道回收模式选择与碳减排决策[J]．中国管理科学，32(6)：184-195．

张翠华，李慧思．2020．考虑产品质量差异的制造商入侵决策研究[J]．管理工程学报，34(4)：161-170．

张福安，李娜，达庆利，等．2023．基于两种补贴政策的多元需求闭环供应链低碳减排研究[J]．中国管理科学，31(10)：116-127．

张会臣，韩小雅．2024．碳税政策下考虑消费者环保意识的再制造系统优化策略[J]．运筹与管理，33(4)：63-69．

张继焦．2001．价值链管理：优化业务流程，组织提升企业综合竞争力[M]．北京：中国物价出版社．

张林波，虞慧怡，郝超志，等．2021．国内外生态产品价值实现的实践模式与路径[J]．环境科学研究，34(6)：1407-1416．

张令荣，徐航，李云风．2023．碳配额交易背景下双渠道供应链减排决策研究[J]．管理工程学报，37(2)：90-98．

张天瑞，魏铭琦，高秀秀，等．2021．基于交互式模糊规划方法的可持续闭环供应链网络规划[J]．运筹与管理，30(8)：81-86．

张鑫，赵刚，齐颖秀，等．2020．基于 Memetic 算法的闭环物流网络模糊规划模型[J]．计算机集成制造系统，26(9)：2590-2602．

张雪峰，李果．2024．开放引入还是放任不管？平台商应对制造商渠道入侵的策略研究[J]．中国管理科学，32(1)：251-259．

张炎亮，程燕培，夏西强．2023．不同权力结构下考虑碳税政策的制造/再制造决策[J]．运筹与管理，32(12)：36-42．

赵骅，张晗，李志国．2022．零售商信息禀赋优势下制造商电商直销渠道决策[J]．中国管理科学，30(3)：96-105．

赵晓敏，黄培清．2011．SM 两级闭环供应链系统建模与仿真研究[J]．管理科学学报，14(5)：29-42．

郑本荣，李芯怡，黄燕婷．2022．考虑在线评论的双渠道供应链定价与服务决策[J]．管理学报，19(2)：289-298．

郑本荣，杨超，杨珺，等．2016．闭环供应链的销售渠道选择与协调策略研究[J]．系统工程理论与实践，36(5)：1180-1192．

郑巧，肖文涛．2008．协同治理：服务型政府的治道逻辑[J]．中国行政管理(7)：48-53．

钟昌宝，魏晓平，聂茂林，等．2012．考虑 DNCVaR-利润-客户满意度的分销网络设计多目标优化模型[J]．系统工程理论与实践，32(10)：2154-2162．

周沫，刘同．2021．互联网企业横向产品差异化竞争策略研究[J]．系统科学学报，29(1)：132-136．

周艳菊，鲍茂景，陈晓红，等．2017a．基于公平关切的低碳供应链广告合作-减排成本分担契约与协调[J]．中国管理科学，25(2)：121-129．

周艳菊，胡凤英，周正龙，等．2017b．最优碳税税率对供应链结构和社会福利的影响[J]．系统工程理论与实践，37(4)：886-900．

周艳菊，胡凤英，周正龙．2020．零售商主导下促进绿色产品需求的联合研发契约协调研究[J]．管理工程学报，34(2)：194-204．

周志家．2008．环境意识研究：现状、困境与出路[J]．厦门大学学报(哲学社会科学版)，58(4)：19-26．

朱锦维，柯新利，何利杰，等．2023．基于价值链理论的生态产品价值实现机制理论解析[J]．生态环境学报，32(2)：421-428．

邹清明，胡李庆，邹霆钧．2022．碳限额与碳交易机制下考虑公平关切的供应链定价与协调研究[J]．中国管理科学，30(10)：142-154．

Abhishek V, Jerath K, Zhang Z J. 2016. Agency selling or reselling? Channel structures in electronic retailing[J]. Management Science, 62(8): 2259-2280.

Ala A, Goli A, Mirjalili S, et al. 2024. A fuzzy multi-objective optimization model for sustainable healthcare supply chain network design[J]. Applied Soft Computing, 150: 111012.

Alizamir S, Iravani F, Mamani H. 2019. An analysis of price vs. revenue protection: Government subsidies in the agriculture industry[J]. Management Science, 65(1): 32-49.

Allen J W, Phillips G M. 2000. Corporate equity ownership, strategic alliances, and product market relationships[J]. The Journal of Finance, 55(6): 2791-2815.

Alles M, Datar S. 1998. Strategic transfer pricing[J]. Management Science, 44(4): 451-461.

Al-Madani M H M, Fernando Y, Iranmanesh M, et al. 2024. Renewable energy supply chain in Malaysia: Fostering energy management practices and ecological performance[J]. Renewable Energy, 226: 120441.

Altiparmak F, Gen M, Lin L, et al. 2006. A genetic algorithm approach for multi-objective optimization of supply chain networks[J]. Computers & Industrial Engineering, 51(1): 196-215.

Altug M S. 2016. Supply chain contracting for vertically differentiated products[J]. International Journal of Production Economics, 171: 34-45.

Amaeshi K M, Osuji O K, Nnodim P. 2008. Corporate social responsibility in supply chains of global brands: A boundaryless responsibility? clarifications, exceptions and implications[J]. Journal of Business Ethics, 81(1): 223-234.

Amaldoss W, He C. 2018. Reference-dependent utility, product variety, and price competition[J]. Management Science, 64(9): 4302-4316.

Amazon. 2022. Selling on Amazon fee schedule[EB/OL]. [2024-08-10]. https://sellercentral.amazon.com/gp/help/external/200336920.

Amiri A. 2006. Designing a distribution network in a supply chain system: Formulation and efficient solution procedure[J]. European Journal of Operational Research, 171(2): 567-576.

An Q X, Yan H, Wu J, et al. 2016. Internal resource waste and centralization degree in two-stage systems: An efficiency analysis[J]. Omega, 61: 89-99.

Anderson E J, Bao Y. 2010. Price competition with integrated and decentralized supply chains[J]. European Journal of Operational Research, 200(1): 227-234.

Ansell C, Gash A. 2008. Collaborative governance in theory and practice[J]. Journal of Public Administration Research and Theory, 18(4): 543-571.

Anupindi R, Bassok Y, Zemel E. 2001. A general framework for the study of decentralized distribution systems[J]. Manufacturing & Service Operations Management, 3(4): 349-368.

Arya A, Frimor H, Mittendorf B. 2015. Decentralized procurement in light of strategic inventories[J]. Management Science, 61(3): 578-585.

Arya A, Mittendorf B, Sappington D E M. 2007. The bright side of supplier encroachment[J]. Marketing Science, 26(5): 651-659.

Arya A, Mittendorf B, Yoon D H. 2008. Friction in related-party trade when a rival is also a customer[J]. Management Science, 54(11): 1850-1860.

Arya A, Mittendorf B. 2015. Supply chain consequences of subsidies for corporate social responsibility[J]. Production and Operations Management, 24(8): 1346-1357.

Aslani A, Heydari J. 2019. Transshipment contract for coordination of a green dual-channel supply chain under channel disruption[J]. Journal of Cleaner Production, 223: 596-609.

Bai Q G, Gong Y M, Jin M Z, et al. 2019. Effects of carbon emission reduction on supply chain coordination with vendor-managed deteriorating product inventory[J]. International Journal of Production Economics, 208: 83-99.

Baumol W J, Ordover J A. 1994. On the perils of vertical control by a partial owner of a downstream enterprise[J]. Revue D'économie Industrielle, 69(1): 7-20.

Belavina E, Girotra K. 2012. The benefits of decentralized decision-making in supply chains[J]. SSRN Electronic Journal.

Benjaafar S, Li Y Z, Daskin M. 2013. Carbon footprint and the management of supply chains: Insights from simple models[J]. IEEE Transactions on Automation Science and Engineering, 10(1): 99-116.

Berger J, Draganska M, Simonson I. 2007. The influence of product variety on brand perception and choice[J]. Marketing Science, 26(4): 460-472.

Bernstein F, Federgruen A. 2005. Decentralized supply chains with competing retailers under demand uncertainty[J]. Management Science, 51(1): 18-29.

Bian J S, Lai K K, Hua Z S, et al. 2018. Bertrand vs. cournot competition in distribution channels with upstream collusion[J]. International Journal of Production Economics, 204: 278-289.

Bian J S, Liao Y, Wang Y Y, et al. 2021. Analysis of firm CSR strategies[J]. European Journal of Operational Research, 290(3): 914-926.

Bian J S, Zhao X. 2020. Tax or subsidy? An analysis of environmental policies in supply chains with retail competition[J]. European Journal of Operational Research, 283(3): 901-914.

Bian W L, Shang J, Zhang J L. 2016. Two-way information sharing under supply chain competition[J]. International Journal of Production Economics, 178: 82-94.

Bouchery Y, Fransoo J. 2015. Cost, carbon emissions and modal shift in intermodal network design decisions[J]. International Journal of Production Economics, 164: 388-399.

Boyaci T, Ray S. 2003. Product differentiation and capacity cost interaction in time and price sensitive markets[J]. Manufacturing & Service Operations Management, 5(1): 18-36.

Cai G S, Zhang Z G, Zhang M. 2009. Game theoretical perspectives on dual-channel supply chain competition with price discounts and pricing schemes[J]. International Journal of Production Economics, 117(1): 80-96.

Cai J H, Jiang F Y. 2023. Decision models of pricing and carbon emission reduction for low-carbon supply chain under cap-and-trade regulation[J]. International Journal of Production Economics, 264: 108964.

Cai J H, Sun H N, Shang J, et al. 2023. Information structure selection in a green supply chain: Impacts of wholesale price and greenness level[J]. European Journal of Operational Research, 306(1): 34-46.

Cattani K, Gilland W, Heese H S, et al. 2006. Boiling frogs: Pricing strategies for a manufacturer adding a direct channel that competes with the traditional channel[J]. Production and Operations Management, 15(1): 40-56.

Chai J W, Qian Z F, Wang F, et al. 2024. Process innovation for green product in a closed loop supply chain with remanufacturing[J]. Annals of Operations Research, 333(2): 533-557.

Chen C K, 'Ulya M A. 2019. Analyses of the reward-penalty mechanism in green closed-loop supply chains with product remanufacturing[J]. International Journal of Production Economics, 210: 211-223.

Chen J G, Hu Q Y, Song J S. 2017a. Effect of partial cross ownership on supply chain performance[J]. European Journal of Operational Research, 258(2): 525-536.

Chen J X, Liang L, Yang F. 2015a. Cooperative quality investment in outsourcing[J]. International Journal of Production Economics, 162: 174-191.

Chen J X, Liang L, Yao D Q, et al. 2017b. Price and quality decisions in dual-channel supply chains[J]. European Journal of Operational Research, 259(3): 935-948.

Chen J X, Liang L, Yao D Q. 2019a. Factory encroachment and channel selection in an outsourced supply chain[J]. International Journal of Production Economics, 215: 73-83.

Chen J Y, Dimitrov S, Pun H. 2019b. The impact of government subsidy on supply Chains' sustainability innovation[J]. Omega, 86: 42-58.

Chen J, Zhang H, Sun Y. 2012. Implementing coordination contracts in a manufacturer Stackelberg dual-channel supply chain[J]. Omega, 40(5): 571-583.

Chen L, Shen H, Liu Q R, et al. 2024. Joint optimization on green investment and contract design for sustainable supply chains with fairness concern[J/OL]. Annals of Operations Research. (2024-02-08) [2024-08-10]. https://doi.org/10.1007/ s10479-024-05880-2.

Chen P P, Zhao R Q, Yan Y C, et al. 2020a. Promotional pricing and online business model choice in the presence of retail competition[J]. Omega, 94: 102085.

Chen P P, Zhao R Q, Yan Y C, et al. 2021. Promoting end-of-season product through online channel in an uncertain market[J]. European Journal of Operational Research, 295(3): 935-948.

Chen T H, Chen J M. 2005. Optimizing supply chain collaboration based on joint replenishment and channel coordination[J]. Transportation Research Part E: Logistics and Transportation Review, 41(4): 261-285.

Chen X, Hao G. 2015. Sustainable pricing and production policies for two competing firms with carbon emissions tax[J]. International Journal of Production Research, 53(21): 6408-6420.

Chen X, Yang H, Wang X J, et al. 2020b. Optimal carbon tax design for achieving low carbon supply chains[J/OL]. Annals of Operations Research. (2020-04-28)[2024-07-25]. https://doi.org/10.1007/s10479-020-03621-9.

Chen Y T, Chan F T S, Chung S H. 2015b. An integrated closed-loop supply chain model with location allocation problem and product recycling decisions[J]. International Journal of Production Research, 53(10): 3120-3140.

Chen Z L, Xu H. 2006. Dynamic column generation for dynamic vehicle routing with time windows[J]. Transportation Science, 40(1): 74-88.

Chiang W Y K, Chhajed D, Hess J D. 2003. Direct marketing, indirect profits: A strategic analysis of dual-channel supply-chain design[J]. Management Science, 49(1): 1-20.

Chitra K. 2007. In search of the green consumers: A perceptual study[J]. Journal of Services Research, 7(1): 173-191.

Cho S H. 2014. Horizontal mergers in multitier decentralized supply chains[J]. Management Science, 60(2): 356-379.

Choi S C. 1991. Price competition in a channel structure with a common retailer[J]. Marketing Science, 10(4): 271-296.

Christopher M, Peck H. 2004. Building the resilient supply chain[J]. The International Journal of Logistics Management, 15(2): 1-14.

CIMdata Inc. 2002. Collaborative product definition management(cPDm):An overview[R]. Ann Arbor: CIMData Inc.

Clement J. 2024. E-commerce in the United States—Statistics & facts[N/OL]. (2024-06-25) [2024-07-25]. https://www. statista.com/topics/2443/us-ecommerce/#topicOverview.

Conrad K. 2005. Price competition and product differentiation when consumers care for the environment[J]. Environmental and Resource Economics, 31(1): 1-19.

Corallo A, de Giovanni M, Latino M E, et al. 2024. Leveraging on technology and sustainability to innovate the supply chain: A proposal of agri-food value chain model[J]. Supply Chain Management, 29(3): 661-683.

Dai R, Zhang J X, Tang W S. 2017. Cartelization or Cost-sharing? Comparison of cooperation modes in a green supply chain[J]. Journal of Cleaner Production, 156: 159-173.

Daniela C. 2021. 67 remarkable cyber monday statistics: 2024 shopping data & consumer behavior[N/OL]. [2024-06-15]. https://financesonline.com/cyber-monday-statistics/.

Darmawan A. 2024. Evaluating proactive and reactive strategies in supply chain network design with coordinated inventory control in the presence of disruptions[J]. Journal of Industrial and Production Engineering, 41(4): 307-323.

Das C, Jharkharia S. 2018. Low carbon supply chain: A state-of-the-art literature review[J]. Journal of Manufacturing Technology Management, 29(2): 398-428.

de Giovanni P. 2014. Environmental collaboration in a closed-loop supply chain with a reverse revenue sharing contract[J]. Annals of Operations Research, 220(1): 135-157.

de Oliveira U R, Espindola L S, da Silva I R, et al. 2018. A systematic literature review on green supply chain management: Research implications and future perspectives[J]. Journal of Cleaner Production, 187: 537-561.

Demirel N, Özceylan E, Paksoy T, et al. 2014. A genetic algorithm approach for optimising a closed-loop supply chain network with crisp and fuzzy objectives[J]. International Journal of Production Research, 52(12): 3637-3664.

den Boer A V, Chen B X, Wang Y N. 2024. Pricing and positioning of horizontally differentiated products with incomplete demand information[J]. Operations Research, 72(6): 2263-2775.

Dobbs I M. 1991. Litter and waste management: Disposal Taxes versus user charges[J]. The Canadian Journal of Economics, 24(1): 221.

Dong L X, Guo X M, Turcic D. 2019. Selling a product line through a retailer when demand is stochastic: Analysis of price-only contracts[J]. Manufacturing & Service Operations Management, 21(4): 742-760.

Drake D F, Kleindorfer P R, Van Wassenhove L N. 2016. Technology choice and capacity portfolios under emissions regulation[J]. Production and Operations Management, 25(6): 1006-1025.

Du Q, Pang Q Y, Bao T N, et al. 2021. Critical factors influencing carbon emissions of prefabricated building supply chains in China[J]. Journal of Cleaner Production, 280: 124398.

Du S F, Tang W Z, Zhao J J, et al. 2018. Sell to whom? Firm's green production in competition facing market segmentation[J]. Annals of Operations Research, 270(1): 125-154.

Elhedhli S, Merrick R. 2012. Green supply chain network design to reduce carbon emissions[J]. Transportation Research Part D: Transport and Environment, 17(5): 370-379.

El-Sayed M, Afia N, El-Kharbotly A. 2010. A stochastic model for forward-reverse logistics network design under risk[J]. Computers & Industrial Engineering, 58(3): 423-431.

Eppen G D. 1979. Note-effects of centralization on expected costs in a multi-location newsboy problem[J]. Management Science, 25(5): 498-501.

European Commission. 2020. Attitudes of Europeans towards the environment[R/OL]. (2020-03-01) [2023-08-10]. https://europa.eu/eurobarometer/surveys/detail/2257.

Fahimnia B, Sarkis J, Choudhary A, et al. 2015. Tactical supply chain planning under a carbon tax policy scheme: A case study[J]. International Journal of Production Economics, 164: 206-215.

Fang L, Zhao S. 2023. On the green subsidies in a differentiated market[J]. International Journal of Production Economics, 257: 108758.

Fang L. 2015. Centralized resource allocation based on efficiency analysis for step-by-step improvement paths[J]. Omega, 51: 24-28.

Feng H R, Zeng Y L, Cai X Q, et al. 2021. Altruistic profit allocation rules for joint replenishment with carbon cap-and-trade policy[J]. European Journal of Operational Research, 290(3): 956-967.

Fernando Y, Hor W L. 2017. Impacts of energy management practices on energy efficiency and carbon emissions reduction: A survey of Malaysian manufacturing firms[J]. Resources, Conservation and Recycling, 126: 62-73.

Fiocco R. 2016. The strategic value of partial vertical integration[J]. European Economic Review, 89: 284-302.

Fogarty J J, Sagerer S. 2016. Exploration externalities and government subsidies: The return to government[J]. Resources Policy, 47: 78-86.

Francas D, Minner S. 2009. Manufacturing network configuration in supply chains with product recovery[J]. Omega, 37(4): 757-769.

Frostenson M, Prenkert F. 2015. Sustainable supply chain management when focal firms are complex: A network perspective[J]. Journal of Cleaner Production, 107: 85-94.

Fu H Y, Lei Y F, Zhang S G, et al. 2024. Unravelling the carbon emissions compliance in sustainable supply chains: The impacts of carbon audit cooperation[J]. Omega, 129: 103143.

Fu K, Li Y Z, Mao H Q, et al. 2023. Firms' production and green technology strategies: The role of emission asymmetry and carbon Taxes[J]. European Journal of Operational Research, 305(3): 1100-1112.

Furlan Matos Alves M W, Lopes de Sousa Jabbour A B, Kannan D, et al. 2017. Contingency theory, climate change, and low-carbon operations management[J]. Supply Chain Management, 22(3): 223-236.

Gao J Z, Xiao Z D, Wei H X, et al. 2018. Active or passive? sustainable manufacturing in the direct-channel green supply chain: A perspective of two types of green product designs[J]. Transportation Research Part D: Transport and Environment, 65: 332-354.

Gao J Z, Xiao Z D, Wei H X, et al. 2020a. Dual-channel green supply chain management with eco-label policy: A perspective of two types of green products[J]. Computers & Industrial Engineering, 146: 106613.

Gao L, Hiruta Y, Ashina S. 2020b. Promoting renewable energy through willingness to pay for transition to a low carbon society in Japan[J]. Renewable Energy, 162: 818-830.

Gao Y, Lu S J, Cheng H, et al. 2024. Data-driven robust optimization of dual-channel closed-loop supply chain network design considering uncertain demand and carbon cap-and-trade policy[J]. Computers & Industrial Engineering, 187: 109811.

Garcia-Najera A, Bullinaria J A. 2011. An improved multi-objective evolutionary algorithm for the vehicle routing problem with time windows[J]. Computers & Operations Research, 38(1): 287-300.

Ghasemy Yaghin R, Farmani Z. 2023. Planning a low-carbon, price-differentiated supply chain with scenario-based capacities and eco-friendly customers[J]. International Journal of Production Economics, 265: 108986.

Ghosh D, Shah J. 2012. A comparative analysis of greening policies across supply chain structures[J]. International Journal of Production Economics, 135(2): 568-583.

Giarola S, Shah N, Bezzo F. 2012. A comprehensive approach to the design of ethanol supply chains including carbon trading effects[J]. Bioresource Technology, 107: 175-185.

Gilo D, Spiegel Y. 2011. Partial vertical integration in telecommunication and media markets in Israel[J]. Israel Economic Review, 2011, 9(1): 29-51.

Giri B C, Bardhan S. 2017. Sub-supply chain coordination in a three-layer chain under demand uncertainty and random yield in production[J]. International Journal of Production Economics, 191: 66-73.

Glock C H, Kim T. 2015. The effect of forward integration on a single-vendor-multi-retailer supply chain under retailer competition[J]. International Journal of Production Economics, 164: 179-192.

Gong H L, Zhang Z H. 2022. Benders decomposition for the distributionally robust optimization of pricing and reverse logistics network design in remanufacturing systems[J]. European Journal of Operational Research, 297(2): 496-510.

Gopalakrishnan S, Granot D, Granot F, et al. 2021. Incentives and emission responsibility allocation in supply chains[J]. Management Science, 67(7): 4172-4190.

Govindan K, Sivakumar R. 2016. Green supplier selection and order allocation in a low-carbon paper industry: Integrated multi-criteria heterogeneous decision-making and multi-objective linear programming approaches[J]. Annals of Operations Research, 238(1): 243-276.

Green K, McMeekin A, Irwin A. 1994. Technological trajectories and R&D for environmental innovation in UK firms[J]. Futures, 26(10): 1047-1059.

Guan H Q, Gurnani H, Geng X, et al. 2019. Strategic inventory and supplier encroachment[J]. Manufacturing & Service Operations Management, 21(3): 536-555.

Guan X, Liu B S, Chen Y J, et al. 2020a. Inducing supply chain transparency through supplier encroachment[J]. Production and Operations Management, 29(3): 725-749.

Guan Z L, Zhang X M, Zhou M S, et al. 2020b. Demand information sharing in competing supply chains with manufacturer-provided service[J]. International Journal of Production Economics, 220: 107450.

Guo K, Hu S S, Zhu H, et al. 2022. Industrial information integration method to vehicle routing optimization using grey target decision[J]. Journal of Industrial Information Integration, 27: 100336.

Gupta A, Chen I J, Chiang D. 1997. Determining organizational structure choices in advanced manufacturing technology management[J]. Omega, 25(5): 511-521.

Ha A Y, Tong S L, Wang Y J. 2022. Channel structures of online retail platforms[J]. Manufacturing & Service Operations Management, 24(3): 1547-1561.

Ha A, Long X Y, Nasiry J. 2016. Quality in supply chain encroachment[J]. Manufacturing & Service Operations Management, 18(2): 280-298.

Hafezalkotob A. 2017. Competition, cooperation, and coopetition of green supply chains under regulations on energy saving levels[J]. Transportation Research Part E: Logistics and Transportation Review, 97: 228-250.

Hagiu A, Wright J. 2014. Marketplace or reseller? [J]. Management Science, 61(1): 184-203.

Han Y H, Fang X. 2024. Systematic review of adopting blockchain in supply chain management: Bibliometric analysis and theme discussion[J]. International Journal of Production Research, 62(3): 991-1016.

Harris I, Mumford C L, Naim M M. 2014. A hybrid multi-objective approach to capacitated facility location with flexible store allocation for green logistics modeling[J]. Transportation Research Part E: Logistics and Transportation Review, 66: 1-22.

Haytko D L, Matulich E. 2008. Green advertising and environmentally responsible consumer behaviors: Linkages examined[J]. Journal of Management and Marketing Research, 1: 2-11.

He L F, Yuan B Y, Bian J S, et al. 2023. Differential game theoretic analysis of the dynamic emission abatement in low-carbon supply chains[J]. Annals of Operations Research, 324(1): 355-393.

Hejazi S R, Zarei J, Rasti Barzoki M. 2021. A game theoretic approach for integrated pricing, lot-sizing and advertising decisions in a dual-channel supply chain[J]. International Journal of Operational Research, 40(3): 342.

Hervani A A, Helms M M, Sarkis J. 2005. Performance measurement for green supply chain management[J]. Benchmarking, 12(4): 330-353.

Heydari J, Choi T M, Radkhah S. 2017a. Pareto improving supply chain coordination under a money-back guarantee service program[J]. Service Science, 9(2): 91-105.

Heydari J, Ghasemi M. 2018. A revenue sharing contract for reverse supply chain coordination under stochastic quality of returned products and uncertain remanufacturing capacity[J]. Journal of Cleaner Production, 197: 607-615.

Heydari J, Govindan K, Aslani A. 2019. Pricing and greening decisions in a three-tier dual channel supply chain[J]. International Journal of Production Economics, 217: 185-196.

Heydari J, Norouzinasab Y. 2015. A two-level discount model for coordinating a decentralized supply chain considering stochastic price-sensitive demand[J]. Journal of Industrial Engineering International, 11(4): 531-542.

Heydari J, Rastegar M, Glock C H. 2017b. A two-level delay in payments contract for supply chain coordination: The case of credit-dependent demand[J]. International Journal of Production Economics, 191: 26-36.

Heydari J. 2014a. Coordinating supplier's reorder point: A coordination mechanism for supply chains with long supplier lead time[J]. Computers & Operations Research, 48: 89-101.

Heydari J. 2014b. Supply chain coordination using time-based temporary price discounts[J]. Computers & Industrial Engineering, 75: 96-101.

Heydari J. 2015. Coordinating replenishment decisions in a two-stage supply chain by considering truckload limitation based on delay in payments[J]. International Journal of Systems Science, 46(10): 1897-1908.

Hoen K M R, Tan T, Fransoo J C, et al. 2014. Effect of carbon emission regulations on transport mode selection under stochastic demand[J]. Flexible Services and Manufacturing Journal, 26(1): 170-195.

Holling C S. 1996. Engineering resilience versus ecological resilience[J]. Engineering within ecological constraints.

Hong H, Shore E. 2023. Corporate social responsibility[J]. Annual Review of Financial Economics, 15: 327-350.

Hong P, Jagani S, Kim J, et al. 2019. Managing sustainability orientation: An empirical investigation of manufacturing firms[J].

International Journal of Production Economics, 211: 71-81.

Hong Z F, Guo X L. 2019. Green product supply chain contracts considering environmental responsibilities[J]. Omega, 83: 155-166.

Hosseini-Motlagh S M, Nematollahi M, Nouri M. 2018. Coordination of green quality and green warranty decisions in a two-echelon competitive supply chain with substitutable products[J]. Journal of Cleaner Production, 196: 961-984.

Hotkar P, Gilbert S M. 2021. Supplier encroachment in a nonexclusive reselling channel[J]. Management Science, 67(9): 5821-5837.

Hsieh C C, Chang Y L, Wu C H. 2014. Competitive pricing and ordering decisions in a multiple-channel supply chain[J]. International Journal of Production Economics, 154: 156-165.

Hu H G, Zheng Q, Pan X A. 2022a. Agency or wholesale? the role of retail pass-through[J]. Management Science, 68(10): 7538-7554.

Hu M, Xu X L, Xue W L, et al. 2022b. Demand pooling in omnichannel operations[J]. Management Science, 68(2): 883-894.

Hua G W, Wang S Y, Cheng T C E. 2010. Price and lead time decisions in dual-channel supply chains[J]. European Journal of Operational Research, 205(1): 113-126.

Huang L C, Huang Z S, Liu B. 2022. Interacting with strategic waiting for store brand: Online selling format selection[J]. Journal of Retailing and Consumer Services, 67: 102987.

Huang L C, Liu B, Zhang R. 2024. Channel strategies for competing retailers: Whether and when to introduce live stream?[J]. European Journal of Operational Research, 312(2): 413-426.

Huang M, Hu S Y. 2015. Impacts of government subsidies on green supply chain based on game theory[J]. Metallurgical & Mining Industry(9): 394-401.

Huang Q H, Yang S L, Shi V, et al. 2018. Strategic decentralization under sequential channel structure and quality choices[J]. International Journal of Production Economics, 206: 70-78.

Hugo A, Pistikopoulos E N. 2005. Environmentally conscious long-range planning and design of supply chain networks[J]. Journal of Cleaner Production, 13(15): 1471-1491.

Hunold M, Stahl K. 2016. Passive vertical integration and strategic delegation[J]. The RAND Journal of Economics, 47(4): 891-913.

Hunt P A. 2009. Structuring Mergers & Acquisitions: A Guide to Creating Shareholder Value, Fourth Edition[M]. Chicago: Wolters Kluwer Law & Business.

Hwang C L, Masud A S M. 1979. Multiple Objective Decision Making — Methods and Applications[M]. Berlin, Heidelberg: Springer -Verlag.

Inuiguchi M, Ramík J. 2000. Possibilistic linear programming: A brief review of fuzzy mathematical programming and a comparison with stochastic programming in portfolio selection problem[J]. Fuzzy Sets and Systems, 111(1): 3-28.

Jabarzare N, Rasti-Barzoki M. 2020. A game theoretic approach for pricing and determining quality level through coordination contracts in a dual-channel supply chain including manufacturer and packaging company[J]. International Journal of Production Economics, 221: 107480.

Jabbour C J C, Neto A S, Gobbo J A, et al. 2015. Eco-innovations in more sustainable supply chains for a low-carbon economy: A multiple case study of human critical success factors in Brazilian leading companies[J]. International Journal of Production Economics, 164: 245-257.

Jaber M Y, Glock C H, El Saadany A M A. 2013. Supply chain coordination with emissions reduction incentives[J]. International Journal of Production Research, 51(1): 69-82.

Jaber M Y, Goyal S K. 2008. Coordinating a three-level supply chain with multiple suppliers, a vendor and multiple buyers[J]. International Journal of Production Economics, 116(1): 95-103.

Jaber M Y, Osman I H. 2006. Coordinating a two-level supply chain with delay in payments and profit sharing[J]. Computers &

Industrial Engineering, 50(4): 385-400.

Jamali M B, Rasti-Barzoki M. 2018. A game theoretic approach for green and non-green product pricing in chain-to-chain competitive sustainable and regular dual-channel supply chains[J]. Journal of Cleaner Production, 170: 1029-1043.

Javadi T, Hafezalkotob A. 2019. Impacts of government interventions on pricing policies of the dual-channel supply chain by considering retailer services[J]. Journal of Industrial Engineering International, 15(1): 231-252.

Ji J N, Zhang Z Y, Yang L. 2017. Comparisons of initial carbon allowance allocation rules in an O2O retail supply chain with the cap-and-trade regulation[J]. International Journal of Production Economics, 187: 68-84.

Jiang S C, Huang M, Zhang Y X, et al. 2024. Fourth-party logistics network design with demand surge: A greedy scenario-reduction and scenario-price based decomposition algorithm[J]. International Journal of Production Economics, 269: 109135.

Johnson J P. 2017. The agency model and MFN clauses[J]. The Review of Economic Studies, 84(3): 1151-1185.

Joo M, Thompson M L, Allenby G M. 2019. Optimal product design by sequential experiments in high dimensions[J]. Management Science, 65(7): 3235-3254.

Kalnins A. 2004. An empirical analysis of territorial encroachment within franchised and company-owned branded chains[J]. Marketing Science, 23(4): 476-489.

Kamble S S, Gunasekaran A, Subramanian N, et al. 2023. Blockchain technology's impact on supply chain integration and sustainable supply chain performance: Evidence from the automotive industry[J]. Annals of Operations Research, 327(1): 575-600.

Kannan D, Solanki R, Darbari J D, et al. 2023. A novel bi-objective optimization model for an eco-efficient reverse logistics network design configuration[J]. Journal of Cleaner Production, 394: 136357.

Keller C, Köhler M. 2021. Risk assessment of technology trends in supply chain management[J]. Journal of Supply Chain and Operations Management, 19(2): 128-152.

Kemfert C. 2017. Germany must go back to its low-carbon future[J]. Nature, 549(7670): 26-27.

Khatami M, Mahootchi M, Farahani R Z. 2015. Benders' decomposition for concurrent redesign of forward and closed-loop supply chain network with demand and return uncertainties[J]. Transportation Research Part E: Logistics and Transportation Review, 79: 1-21.

Kim B, Park K S. 2016. Organizational structure of a global supply chain in the presence of a gray market: Information asymmetry and valuation difference[J]. International Journal of Production Economics, 175: 71-80.

Klein R J T, Nicholls R J, Thomalla F. 2003. Resilience to natural hazards: How useful is this concept?[J]. Environmental Hazards, 5(1): 35-45.

Koberg E, Longoni A. 2019. A systematic review of sustainable supply chain management in global supply chains[J]. Journal of Cleaner Production, 207: 1084-1098.

Kogut B. 1985. Designing global strategies: Comparative and competitive value-added chains[J]. Sloan Management Review, 26(1): 15-18.

Köket A G, Fisher M L, Vaidyanathan R. 2008. Assortment planning: Review of literature and industry practice[J]. Retail Supply Chain Management: Quantitative Models and Empirical Studies: 99-153.

Kong J J, Leung C, Miao C Y, et al. 2024. Selling format choices in e-commerce platform considering green investment and corporate social responsibility[J]. Computers & Industrial Engineering, 193: 110299.

Krass D, Nedorezov T, Ovchinnikov A. 2013. Environmental Taxes and the choice of green technology[J]. Production and Operations Management, 22(5): 1035-1055.

Kumar A, Jain V, Kumar S. 2014. A comprehensive environment friendly approach for supplier selection[J]. Omega, 42(1): 109-123.

Kumar P, Mangla S K, Kazancoglu Y, et al. 2023. A decision framework for incorporating the coordination and behavioural issues in sustainable supply chains in digital economy[J]. Annals of Operations Research, 326(2): 721-749.

Kuo Y. 2010. Using simulated annealing to minimize fuel consumption for the time-dependent vehicle routing problem[J]. Computers & Industrial Engineering, 59(1): 157-165.

Kurniawan T A, Maiurova A, Kustikova M, et al. 2022. Accelerating sustainability transition in St. Petersburg (Russia) through digitalization-based circular economy in waste recycling industry: A strategy to promote carbon neutrality in era of Industry 4.0[J]. Journal of Cleaner Production, 363: 132452.

Laroche M, Bergeron J, Barbaro-Forleo G. 2001. Targeting consumers who are willing to pay more for environmentally friendly products[J]. Journal of Consumer Marketing, 18(6): 503-520.

Lash J, Wellington F. 2007. Competitive advantage on a warming planet[J]. Harvard Business Review, 85(3): 94-102, 143.

Le Bouthillier A, Crainic T G. 2005. A cooperative parallel meta-heuristic for the vehicle routing problem with time windows[J]. Computers & Operations Research, 32(7): 1685-1708.

Lee D H, Dong M. 2009. Dynamic network design for reverse logistics operations under uncertainty[J]. Transportation Research Part E: Logistics and Transportation Review, 45(1): 61-71.

Lee J, Ko C, Moon I. 2024. E-commerce supply chain network design using on-demand warehousing system under uncertainty[J]. International Journal of Production Research, 62(5): 1901-1927.

Lenny Koh S C, Genovese A, Acquaye A A, et al. 2013. Decarbonising product supply chains: Design and development of an integrated evidence-based decision support system—The supply chain environmental analysis tool (SCEnAT)[J]. International Journal of Production Research, 51(7): 2092-2109.

Levy N, Spiegel Y, Gilo D. 2018. Partial vertical integration, ownership structure, and foreclosure[J]. American Economic Journal: Microeconomics, 10(1): 132-180.

Li B, Zhu M Y, Jiang Y S, et al. 2016a. Pricing policies of a competitive dual-channel green supply chain[J]. Journal of Cleaner Production, 112: 2029-2042.

Li F Y, Golden B, Wasil E. 2007. The open vehicle routing problem: Algorithms, large-scale test problems, and computational results[J]. Computers & Operations Research, 34(10): 2918-2930.

Li G, Li L, Sun J S. 2019a. Pricing and service effort strategy in a dual-channel supply chain with showrooming effect[J]. Transportation Research Part E: Logistics and Transportation Review, 126: 32-48.

Li J, Chen Y N, Liao Y, et al. 2025. Managing strategic inventories in a three-echelon supply chain of durable goods[J]. Omega, 131: 103204.

Li J, Hu Z N, Shi V, et al. 2021a. Manufacturer's encroachment strategy with substitutable green products[J]. International Journal of Production Economics, 235: 108102.

Li J, Liang J, Shi V, et al. 2021b. The benefit of manufacturer encroachment considering consumer's environmental awareness and product competition[J]. Annals of Operations Research: 1-12.

Li J, Shi V. 2019. The benefit of horizontal decentralization in durable good procurement[J]. Omega, 82: 13-23.

Li J, Wang D P, Zhang J H. 2018. Heterogeneous fixed fleet vehicle routing problem based on fuel and carbon emissions[J]. Journal of Cleaner Production, 201: 896-908.

Li J, Wang H Y, Shi V, et al. 2024. Manufacturer's choice of online selling format in a dual-channel supply chain with green products[J]. European Journal of Operational Research, 318(1): 131-142.

Li J, Yang S, Shi V, et al. 2020a. Partial vertical centralization in competing supply chains[J]. International Journal of Production Economics, 224: 107565.

Li J, Yang X D, Shi V, et al. 2023. Partial centralization in a durable-good supply chain[J]. Production and Operations Management, 32(9): 2775-2787.

Li J, Yi L, Shi V, et al. 2021c. Supplier encroachment strategy in the presence of retail strategic inventory: Centralization or decentralization? [J]. Omega, 98: 102213.

Li L, Zhang H T. 2008. Confidentiality and information sharing in supply chain coordination[J]. Management Science, 54(8): 1467-1481.

Li M, Sethi S P, Zhang J. 2016b. Competing with bandit supply chains[J]. Annals of Operations Research, 240(2): 617-640.

Li P. 2018. Reseller, marketplace, or hybrid: Business model of retailers[J]. Journal of Management Science in China, 21(9): 50-75.

Li P, Rao C J, Goh M, et al. 2021d. Pricing strategies and profit coordination under a double echelon green supply chain[J]. Journal of Cleaner Production, 278: 123694.

Li T T, Xie J X, Zhao X B. 2015. Supplier encroachment in competitive supply chains[J]. International Journal of Production Economics, 165: 120-131.

Li Y M, Li G, Tayi G K, et al. 2019b. Omni-channel retailing: Do offline retailers benefit from online reviews?[J]. International Journal of Production Economics, 218: 43-61.

Li Y N, Tong Y, Ye F, et al. 2020b. The choice of the government green subsidy scheme: Innovation subsidy vs. product subsidy[J]. International Journal of Production Research, 58(16): 4932-4946.

Li Z X, Gilbert S M, Lai G M. 2014. Supplier encroachment under asymmetric information[J]. Management Science, 60(2): 449-462.

Linton J D, Klassen R, Jayaraman V. 2007. Sustainable supply chains: An introduction[J]. Journal of Operations Management, 25(6): 1075-1082.

Liu B D, Liu Y K. 2002. Expected value of fuzzy variable and fuzzy expected value models[J]. IEEE Transactions on Fuzzy Systems, 10(4): 445-450.

Liu B L, de Giovanni P. 2019. Green process innovation through Industry 4.0 technologies and supply chain coordination[J]. Annals of Operations Research.

Liu J J, Ke H, Gao Y. 2022. Manufacturer's R &D cooperation contract: Linear fee or revenue-sharing payment in a low-carbon supply chain[J]. Annals of Operations Research, 318(1): 323-355.

Liu W H, Yan X Y, Li X, et al. 2020a. The impacts of market size and data-driven marketing on the sales mode selection in an Internet platform based supply chain[J]. Transportation Research Part E: Logistics and Transportation Review, 136: 101914.

Liu Y C, Tyagi R K. 2011. The benefits of competitive upward channel decentralization[J]. Management Science, 57(4): 741-751.

Liu Y, Li J, Ren W W, et al. 2020b. Differentiated products pricing with consumer network acceptance in a dual-channel supply chain[J]. Electronic Commerce Research and Applications, 39: 100915.

Liu Y, Lin C X, Zhao G. 2024. A pricing strategy of dual-channel supply chain considering online reviews and in-sale service[J]. Journal of Business & Industrial Marketing, 39(7): 1513-1531.

Liu Y, Quan B T, Xu Q, et al. 2019. Corporate social responsibility and decision analysis in a supply chain through government subsidy[J]. Journal of Cleaner Production, 208: 436-447.

Liu Z G, Anderson T D, Cruz J M. 2012. Consumer environmental awareness and competition in two-stage supply chains[J]. European Journal of Operational Research, 218(3): 602-613.

Lu Q H, Shi V, Huang J Z. 2018. Who benefit from agency model: A strategic analysis of pricing models in distribution channels of physical books and e-books[J]. European Journal of Operational Research, 264(3): 1074-1091.

Ma J H, Hong Y L. 2021. Research on manufacturer encroachment with advertising and design of incentive advertising: A game-theoretic approach[J]. RAIRO - Operations Research, 55: S1261-S1286.

Ma X L, Mao J Y, Luo Q, et al. 2024. Effects of information superiority and green optimism on green supply chains under different power structures[J]. International Journal of Production Economics, 268: 109105.

Ma Y. 2024. Alibaba's Annual E-commerce Revenue FY 2014-FY 2024, by Region[N/OL]. (2024-03-31) [2024-08-10]. https://www.statista.com/statistics/226793/e-commerce-revenue-of-alibabacom/.

Mahmood S, Misra P, Sun H P, et al. 2024. Sustainable infrastructure, energy projects, and economic growth: Mediating role of sustainable supply chain management[J]. Annals of Operations Research: 1-32.

Mai F X, Zhang J X, Sun X J. 2021. Dynamic analysis of pricing model in a book supply chain[J]. International Journal of Production Economics, 233: 108026.

Manez J A, Waterson M. 2001. Multiproduct firms & product differentiation: A survey[D]. Coventry: The University of Warwick.

Mantin B, Krishnan H, Dhar T. 2014. The strategic role of third-party marketplaces in retailing[J]. Production and Operations Management, 23(11): 1937-1949.

Mao Z F, Zhang S, Li X M. 2017. Low carbon supply chain firm integration and firm performance in China[J]. Journal of Cleaner Production, 153: 354-361.

Martí J M C, Tancrez J S, Seifert R W. 2015. Carbon footprint and responsiveness trade-offs in supply chain network design[J]. International Journal of Production Economics, 166: 129-142.

Martin F, Hemmelmayr V C, Wakolbinger T. 2021. Integrated express shipment service network design with customer choice and endogenous delivery time restrictions[J]. European Journal of Operational Research, 294(2): 590-603.

Martinez E. 2010. Eco friendly fashion[EB/OL]. [2024-08-10]. https://ecofriendly-fashion.com/.

Martins C L, Pato M V. 2019. Supply chain sustainability: A tertiary literature review[J]. Journal of Cleaner Production, 225: 995-1016.

Matsui K. 2020. Optimal bargaining timing of a wholesale price for a manufacturer with a retailer in a dual-channel supply chain[J]. European Journal of Operational Research, 287(1): 225-236.

Mavrotas G. 2009. Effective implementation of the ε-constraint method in multi-objective mathematical programming problems[J]. Applied Mathematics and Computation, 213(2): 455-465.

Mayo B. 2016. Foxconn finally agrees to buy Sharp for $3.5 billion[R/OL]. (2016-03-30) [2024-08-10]. https://9to5mac.com/2016/03/30/foxconn-finally-agrees-to-buy-sharp-for-3-5-billion/.

McAdams D, Lopomo G, Marx L M, et al. 2010. Carbon allowance auction design: An assessment of options for the U.S.[J]. SSRN Electronic Journal.

McGuire T W, Staelin R. 1983. An industry equilibrium analysis of downstream vertical integration[J]. Marketing Science, 2(2): 161-191.

Meng J. 2016. Buying air conditioners online has become a fun task[N/OL]. (2016-07-04) [2024-08-10]. http://www.chinadaily.com.cn/cndy/2016-07/04/content_25953242.htm.

Mester D, Bräysy O. 2005. Active guided evolution strategies for large-scale vehicle routing problems with time windows[J]. Computers & Operations Research, 32(6): 1593-1614.

Miranda P A, Garrido R A. 2004. Incorporating inventory control decisions into a strategic distribution network design model with stochastic demand[J]. Transportation Research Part E: Logistics and Transportation Review, 40(3): 183-207.

Mirzaee H, Samarghandi H, Willoughby K. 2023. A robust optimization model for green supplier selection and order allocation in a closed-loop supply chain considering cap-and-trade mechanism[J]. Expert Systems with Applications, 228: 120423.

Mitra S, Webster S. 2008. Competition in remanufacturing and the effects of government subsidies[J]. International Journal of Production Economics, 111(2): 287-298.

Miva. 2021. The economic and environmental benefits of ecommerce[EB/OL]. (2021-10-28) [2024-08-10]. https://blog.miva.com/economic-environmental-benefits-of-selling-online.

Mladenović N, Hansen P. 1997. Variable neighborhood search[J]. Computers & Operations Research, 24(11): 1097-1100.

Modak N M, Kelle P. 2018. Managing a dual-channel supply chain under price and delivery-time dependent stochastic demand[J]. European Journal of Operational Research, 272(1): 147-161.

Mondal M A H, Rosegrant M, Ringler C, et al. 2018. The Philippines energy future and low-carbon development strategies[J]. Energy, 147: 142-154.

Moorman C, Sorescu A, Tavassoli N T. 2024. Brands in the labor market: How vertical and horizontal brand differentiation impact pay and profits through employee-brand matching[J]. Journal of Marketing Research, 61(2): 204-224.

Moorthy K S. 1984. Market segmentation, self-selection, and product line design[J]. Marketing Science, 3(4): 288-307.

Moriarty R T, Moran U. 1990. Managing hybrid marketing systems[J]. Harvard Business Review, 68(6): 146-155.

Moussawi-Haidar L, Dbouk W, Jaber M Y, et al. 2014. Coordinating a three-level supply chain with delay in payments and a discounted interest rate[J]. Computers & Industrial Engineering, 69: 29-42.

Munson C L, Hu J. 2010. Incorporating quantity discounts and their inventory impacts into the centralized purchasing decision[J]. European Journal of Operational Research, 201(2): 581-592.

Mussa M, Rossen S. 1978. Monopoly and product quality[J]. Economic Theory, 18: 310-317.

Nagurney A, Li D. 2015. A supply chain network game theory model with product differentiation, outsourcing of production and distribution, and quality and price competition[J]. Annals of Operations Research, 226(1): 479-503.

Ow T T, Wood C A. 2011. Which online channel is right? Online auction channel choice for personal computers in the presence of demand decay[J]. Electronic Commerce Research and Applications, 10(2): 203-213.

Özkır V, Başlıgil H. 2013. Multi-objective optimization of closed-loop supply chains in uncertain environment[J]. Journal of Cleaner Production, 41: 114-125.

Pal B, Sarkar A. 2021. Optimal strategies of a dual-channel green supply chain with recycling under retailer promotional effort[J]. RAIRO - Operations Research, 55(2): 415-431.

Pal R, Saha B. 2015. Pollution tax, partial privatization and environment[J]. Resource and Energy Economics, 40: 19-35.

Palevich R. 2012. The Lean Sustainable Supply Chain: How to Create a Green Infrastructure with Lean Technologies[M]. London: FT Press.

Panda S. 2014. Coordination of a socially responsible supply chain using revenue sharing contract[J]. Transportation Research Part E: Logistics and Transportation Review, 67: 92-104.

Pang K W. 2011. An adaptive parallel route construction heuristic for the vehicle routing problem with time windows constraints[J]. Expert Systems with Applications, 38(9): 11939-11946.

Patra P. 2018. Distribution of profit in a smart phone supply chain under Green sensitive consumer demand[J]. Journal of Cleaner Production, 192: 608-620.

Peng H G. 2013. Optimal subsidy policy for accelerating the diffusion of green products[J]. Journal of Industrial Engineering and Management, 6(2): 626-641.

Pishchulov G, Richter K, Golesorkhi S. 2016. A supplier-buyer bargaining model with asymmetric information and partial vertical integration[R]. Manchester: University of Manchester.

Pishvaee M S, Farahani R Z, Dullaert W. 2010. A memetic algorithm for bi-objective integrated forward/reverse logistics network design[J]. Computers & Operations Research, 37(6): 1100-1112.

Pishvaee M S, Rabbani M, Ali Torabi S. 2011. A robust optimization approach to closed-loop supply chain network design under uncertainty[J]. Applied Mathematical Modelling, 35(2): 637-649.

Pishvaee M S, Rabbani M. 2011. A graph theoretic-based heuristic algorithm for responsive supply chain network design with direct and indirect shipment[J]. Advances in Engineering Software, 42(3): 57-63.

Pishvaee M S, Torabi S A. 2010. A possibilistic programming approach for closed-loop supply chain network design under uncertainty[J]. Fuzzy Sets and Systems, 161(20): 2668-2683.

Pu X J, Zhang S M, Ji B W, et al. 2021. Online channel strategies under different offline channel power structures[J]. Journal of Retailing and Consumer Services, 60: 102479.

Qin Z F, Ji X Y. 2010. Logistics network design for product recovery in fuzzy environment[J]. European Journal of Operational Research, 202(2): 479-490.

Qing Q K, Deng T H, Wang H W. 2017. Capacity allocation under downstream competition and bargaining[J]. European Journal of Operational Research, 261(1): 97-107.

Quariguasi Frota Neto J, Walther G, Bloemhof J, et al. 2009. A methodology for assessing eco-efficiency in logistics networks[J]. European Journal of Operational Research, 193(3): 670-682.

Radhi M, Zhang G Q. 2019. Optimal cross-channel return policy in dual-channel retailing systems[J]. International Journal of Production Economics, 210: 184-198.

Rajagopalan S, Xia N. 2012. Product variety, pricing and differentiation in a supply chain[J]. European Journal of Operational Research, 217(1): 84-93.

Ramezani M, Bashiri M, Tavakkoli-Moghaddam R. 2013. A new multi-objective stochastic model for a forward/reverse logistic network design with responsiveness and quality level[J]. Applied Mathematical Modelling, 37(1-2): 328-344.

Ranjan A, Jha J K. 2019. Pricing and coordination strategies of a dual-channel supply chain considering green quality and sales effort[J]. Journal of Cleaner Production, 218: 409-424.

Reiffen D. 1998. Partial ownership and foreclosure: An empirical analysis[J]. Journal of Regulatory Economics, 13: 227-244.

Ren D, Guo R, Lan Y F, et al. 2021. Shareholding strategies for selling green products on online platforms in a two-echelon supply chain[J]. Transportation Research Part E: Logistics and Transportation Review, 149: 102261.

Ren S D, Zhao Y W, Lou J J, et al. 2018. Multifactor correlation analysis and modeling for product low-carbon design[J]. Journal of Industrial and Production Engineering, 35(7): 432-443.

Reuters. 2017. Coty to buy majority stake in Younique for about $600 million[R/OL]. (2017-01-10) [2024-08-10]. https://www.businessoffashion.com/news/beauty/coty-to-buy-majority-stake-in-younique-for-about-600-million/.

Rezaee A, Dehghanian F, Fahimnia B, et al. 2017. Green supply chain network design with stochastic demand and carbon price[J]. Annals of Operations Research, 250(2): 463-485.

Rice J B Jr, Caniato F. 2003. Building a secure and resilient supply network[J]. Supply Chain Management Review, 7(5): 22-30.

Rink D R, Swan J E. 1979. Product life cycle research: A literature review[J]. Journal of Business Research, 7(3): 219-242.

Riordan M. 2008. Competitive effects of vertical integration[M]//Buccirossi P. Hand-book of Antitrust Economics. Cambridge: MIT Press: 145-182.

Romeijn H E, Shu J, Teo C P. 2007. Designing two-echelon supply networks[J]. European Journal of Operational Research, 178(2): 449-462.

Rouyre A, Fernandez A S, Estrada I. 2024. Co-evolution of governance mechanisms and coopetition in public-private projects[J]. Journal of Operations Management, 70(1): 50-79.

Salema M I G, Barbosa-Povoa A P, Novais A Q. 2007. An optimization model for the design of a capacitated multi-product reverse logistics network with uncertainty[J]. European Journal of Operational Research, 179(3): 1063-1077.

Sally H. 2021. E-Commerce isn't going anywhere and online shoppers want sustainable options[J/OL]. Green Queen. (2021-08-20) [2024-08-10]. https://www.greenqueen.com.hk/online-shopping-sustainable-ecommerce-trends/.

Santoso T, Ahmed S, Goetschalckx M, et al. 2005. A stochastic programming approach for supply chain network design under uncertainty[J]. European Journal of Operational Research, 167(1): 96-115.

Schmitt A J, Sun S A, Snyder L V, et al. 2015. Centralization versus decentralization: Risk pooling, risk diversification, and supply chain disruptions[J]. Omega, 52: 201-212.

Schütz P, Tomasgard A, Ahmed S. 2009. Supply chain design under uncertainty using sample average approximation and dual decomposition[J]. European Journal of Operational Research, 199(2): 409-419.

Sen S, Bhattacharya C B. 2001. Does doing good always lead to doing better? consumer reactions to corporate social responsibility[J]. Journal of Marketing Research, 38(2): 225-243.

Servaes H, Tamayo A. 2013. The impact of corporate social responsibility on firm value: The role of customer awareness[J]. Management Science, 59(5): 1045-1061.

Shaharudin M S, Fernando Y, Chiappetta Jabbour C J, et al. 2019. Past, present, and future low carbon supply chain management: A content review using social network analysis[J]. Journal of Cleaner Production, 218: 629-643.

Shan S N, Zhang Z C, Ji W Y, et al. 2023. Analysis of collaborative urban public crisis governance in complex system: A multi-agent stochastic evolutionary game approach[J]. Sustainable Cities and Society, 91: 104418.

Shao X F. 2013. Integrated product and channel decision in mass customization[J]. IEEE Transactions on Engineering Management, 60(1): 30-45.

Shao X F. 2020. What is the right production strategy for horizontally differentiated product: Standardization or mass customization?[J]. International Journal of Production Economics, 223: 107527.

Shen B, Ding X M, Chen L Z, et al. 2017. Low carbon supply chain with energy consumption constraints: Case studies from China's textile industry and simple analytical model[J]. Supply Chain Management, 22(3): 258-269.

Sheu J B, Chen Y J. 2012. Impact of government financial intervention on competition among green supply chains[J]. International Journal of Production Economics, 138(1): 201-213.

Shu J, Teo C P, Shen Z J M. 2005. Stochastic transportation-inventory network design problem[J]. Operations Research, 53(1): 48-60.

Singh N, Vives X. 1984. Price and quantity competition in a differentiated duopoly[J]. The RAND Journal of Economics, 15(4): 546-554.

Song J P, Leng M M. 2012. Analysis of the single-period problem under carbon emissions policies[M]//International Series in Operations Research & Management Science. New York: Springer: 297-313.

Sony A, Ferguson D, Beise-Zee R. 2015. How to go green: Unraveling green preferences of consumers[J]. Asia-Pacific Journal of Business Administration, 7(1): 56-72.

Srivastava S K. 2007. Green supply-chain management: A state-of-the-art literature review[J]. International Journal of Management Reviews, 9(1): 53-80.

Statista. 2024. Annual e-commerce revenue of Alibaba from financial year 2014 to 2024, by region[N/OL]. (2024-05-01) [2025-02-10]. https://www.statista.com/statistics/226793/e-commerce-revenue-of-alibabacom/.

Su J C P, Wang L Y, Ho J C. 2017. The timing of green product introduction in relation to technological evolution[J]. Journal of Industrial and Production Engineering, 34(3): 159-169.

Subramanian A, Drummond L M A, Bentes C, et al. 2010. A parallel heuristic for the vehicle routing problem with simultaneous pickup and delivery[J]. Computers & Operations Research, 37(11): 1899-1911.

Sun X J, Tang W S, Chen J, et al. 2019. Manufacturer encroachment with production cost reduction under asymmetric information[J]. Transportation Research Part E: Logistics and Transportation Review, 128: 191-211.

Suzuki Y. 2011. A new truck-routing approach for reducing fuel consumption and pollutants emission[J]. Transportation Research Part D: Transport and Environment, 16(1): 73-77.

Swami S, Shah J. 2013. Channel coordination in green supply chain management[J]. Journal of the Operational Research Society, 64(3): 336-351.

Syam N B, Ruan R R, Hess J D. 2005. Customized products: A competitive analysis[J]. Marketing Science, 24(4): 569-584.

Tajani E K, Kanafi A G, Mehr M D, et al. 2024. Designing the agile green sustainable multi-channel closed-loop supply chain with dependent demand to price and greenness under epistemic uncertainty[J]. European Journal of Industrial Engineering, 18(4): 557-605.

Tannir M, Mills G, Krystallis I, et al. 2024. Governance, cooperation and coordination in large inter-organisational project networks: Aviable system perspective[J]. International Journal of Operations & Production Management, 44(3): 617-642.

Tansakul N, Suanmali S, Shirahada K. 2018. The impact of product labels on green preferences and perceptions of customers: An empirical study of milk products in Japan[J]. International Journal of Sustainable Society, 10(2): 75.

Tasoglu G, Ali Ilgin M. 2024. A simulation-based genetic algorithm approach for the simultaneous consideration of reverse logistics network design and disassembly line balancing with sequencing[J]. Computers & Industrial Engineering, 187: 109794.

Tavakoli Kafiabad S, Zanjani M K, Nourelfath M. 2022. Robust collaborative maintenance logistics network design and planning[J]. International Journal of Production Economics, 244: 108370.

Tavares G, Zsigraiova Z, Semiao V, et al. 2008. A case study of fuel savings through optimisation of MSW transportation routes[J]. Management of Environmental Quality, 19(4): 444-454.

Theißen S, Spinler S. 2014. Strategic analysis of manufacturer-supplier partnerships: An ANP model for collaborative CO_2 reduction management[J]. European Journal of Operational Research, 233(2): 383-397.

Tookanlou P B, Wong H. 2020. Determining the optimal customization levels, lead times, and inventory positioning in vertical product differentiation[J]. International Journal of Production Economics, 221: 107479.

Torabi S A, Hassini E. 2008. An interactive possibilistic programming approach for multiple objective supply chain master planning[J]. Fuzzy Sets and Systems, 159(2): 193-214.

Tsai W H, Lai S Y, Hsieh C L. 2023. Exploring the impact of different carbon emission cost models on corporate profitability[J]. Annals of Operations Research, 322(1): 41-74.

Tsay A A, Agrawal N. 2004. Channel conflict and coordination in the ecommerce age[J]. Production and Operations Management, 13(1): 93-110.

Tseng M L, Islam M S, Karia N, et al. 2019. A literature review on green supply chain management: Trends and future challenges[J]. Resources, Conservation and Recycling, 141: 145-162.

Turken N, Carrillo J, Verter V. 2020. Strategic supply chain decisions under environmental regulations: When to invest in end-of-pipe and green technology[J]. European Journal of Operational Research, 283(2): 601-613.

Ulph A. 1996. Environmental policy and international trade when governments and producers act strategically[J]. Journal of Environmental Economics and Management, 30(3): 265-281.

US Department of Energy. 2009. Office of energy efficiency and renewable energy[R]//Transportation Energy Data Book. 28th ed. Washington D.C.: USDoE.

US Department of Transportation, Federal Highway Administration. 2007. Office of freight management and operations [R]//Development of Truck Payload Equivalent Factor. Washington D.C.: USDoT.

Vernon R. 1966. International investment and international trade in the product cycle[J]. The Quarterly Journal of Economics, 80(2): 190-207.

Walls M, Palmer K. 2001. Upstream pollution, downstream waste disposal, and the design of comprehensive environmental policies[J]. Journal of Environmental Economics and Management, 41(1): 94-108.

Wang C J, Chen Y J, Wu C C. 2011a. Advertising competition and industry channel structure[J]. Marketing Letters, 22(1): 79-99.

Wang C X, Leng M M, Liang L P. 2018a. Choosing an online retail channel for a manufacturer: Direct sales or consignment?[J]. International Journal of Production Economics, 195: 338-358.

Wang F, Lai X F, Shi N. 2011b. A multi-objective optimization for green supply chain network design[J]. Decision Support Systems, 51(2): 262-269.

Wang J B, Zhao C P. 2023. Reducing carbon footprint in a resilient supply chain: Examining the critical influencing factors of process integration[J]. International Journal of Production Research, 61(18): 6197-6214.

Wang M Z, Liu J L, Chan H L, et al. 2016a. Effects of carbon tariffs trading policy on duopoly market entry decisions and price competition: Insights from textile firms of developing countries[J]. International Journal of Production Economics, 181: 470-484.

Wang M, Zhang Q, Wang Y, et al. 2016b. Governing local supplier opportunism in China: Moderating role of institutional forces[J]. Journal of Operations Management, 46: 84-94.

Wang M, Zhao L D, Herty M. 2018b. Modelling carbon trading and refrigerated logistics services within a fresh food supply chain under carbon cap-and-trade regulation[J]. International Journal of Production Research, 56(12): 4207-4225.

Wang Q P, He L F, Zhao D Z, et al. 2018c. Diverse schemes of cost pooling for carbon-reduction outsourcing in low-carbon supply chains[J]. Energies, 11(11): 3013.

Wang X Y, Du Q, Lu C, et al. 2022. Exploration in carbon emission reduction effect of low-carbon practices in prefabricated building supply chain[J]. Journal of Cleaner Production, 368: 133153.

Wang X, Ng C T. 2020. New retail versus traditional retail in e-commerce: Channel establishment, price competition, and consumer recognition[J]. Annals of Operations Research, 291(1): 921-937.

Wang Y, Lee J, Fang E, et al. 2017. Project customization and the supplier revenue-cost dilemmas: The critical roles of supplier-customer coordination[J]. Journal of Marketing, 81(1): 136-154.

Wei J, Lu J H, Zhao J. 2020. Interactions of competing manufacturers' leader-follower relationship and sales format on online platforms[J]. European Journal of Operational Research, 280(2): 508-522.

Xia N, Rajagopalan S. 2009. A competitive model of customization with lead-time effects[J]. Decision Sciences, 40(4): 727-758.

Xia T S, Wang Y Y, Lv L X, et al. 2023. Financing decisions of low-carbon supply chain under chain-to-chain competition[J]. International Journal of Production Research, 61(18): 6153-6176.

Xiao T J, Choi T M, Cheng T C E. 2014. Product variety and channel structure strategy for a retailer-Stackelberg supply chain[J]. European Journal of Operational Research, 233(1): 114-124.

Xiao Y J, Niu W J, Zhang L M, et al. 2023. Store brand introduction in a dual-channel supply chain: The roles of quality differentiation and power structure[J]. Omega, 116: 102802.

Xie G. 2015. Modeling decision processes of a green supply chain with regulation on energy saving level[J]. Computers & Operations Research, 54: 266-273.

Xu H, Liu Z Z, Zhang S H. 2012. A strategic analysis of dual-channel supply chain design with price and delivery lead time considerations[J]. International Journal of Production Economics, 139(2): 654-663.

Xu X P, Zhang W, He P, et al. 2017. Production and pricing problems in make-to-order supply chain with cap-and-trade regulation[J]. Omega, 66: 248-257.

Xu Z T, Pokharel S, Elomri A. 2023. An eco-friendly closed-loop supply chain facing demand and carbon price uncertainty[J]. Annals of Operations Research, 320(2): 1041-1067.

Yang D Y, Xiao T J, Huang J. 2019. Dual-channel structure choice of an environmental responsibility supply chain with green investment[J]. Journal of Cleaner Production, 210: 134-145.

Yang H X, Luo J W, Wang H J. 2017a. The role of revenue sharing and first-mover advantage in emission abatement with carbon tax and consumer environmental awareness[J]. International Journal of Production Economics, 193: 691-702.

Yang L, Hu Y J, Huang L J. 2020. Collecting mode selection in a remanufacturing supply chain under cap-and-trade regulation[J]. European Journal of Operational Research, 287(2): 480-496.

Yang L, Zhang Q, Ji J N. 2017b. Pricing and carbon emission reduction decisions in supply chains with vertical and horizontal cooperation[J]. International Journal of Production Economics, 191: 286-297.

Yang Z L, Shang W L, Miao L, et al. 2024. Pricing decisions of online and offline dual-channel supply chains considering data resource mining[J]. Omega, 126: 103050.

Yao D Q, Liu J J. 2005. Competitive pricing of mixed retail and e-tail distribution channels[J]. Omega, 33(3): 235-247.

Yenipazarli A. 2016. Managing new and remanufactured products to mitigate environmental damage under emissions regulation[J]. European Journal of Operational Research, 249(1): 117-130.

Yenipazarli A. 2017. To collaborate or not to collaborate: Prompting upstream eco-efficient innovation in a supply chain[J]. European Journal of Operational Research, 260(2): 571-587.

Yi Y Y, Li J X. 2018. The effect of governmental policies of carbon Taxes and energy-saving subsidies on enterprise decisions in a two-echelon supply chain[J]. Journal of Cleaner Production, 181: 675-691.

Yoon D H. 2016. Supplier encroachment and investment spillovers[J]. Production and Operations Management, 25(11): 1839-1854.

Yu B, Yang Z Z. 2011. An ant colony optimization model: The period vehicle routing problem with time windows[J]. Transportation Research Part E: Logistics and Transportation Review, 47(2): 166-181.

Yu D Z, Cheong T, Sun D. 2017. Impact of supply chain power and drop-shipping on a manufacturer's optimal distribution channel strategy[J]. European Journal of Operational Research, 259(2): 554-563.

Zhang C, Liu Y, Han G H. 2021. Two-stage pricing strategies of a dual-channel supply chain considering public green preference[J]. Computers & Industrial Engineering, 151: 106988.

Zhang J J, Nie T F, Du S F. 2011. Optimal emission-dependent production policy with stochastic demand[J]. International Journal of Society Systems Science, 3(1-2): 21.

Zhang J X, Li S, Zhang S C, et al. 2019a. Manufacturer encroachment with quality decision under asymmetric demand information[J]. European Journal of Operational Research, 273(1): 217-236.

Zhang L H, Wang J G, You J X. 2015. Consumer environmental awareness and channel coordination with two substitutable products[J]. European Journal of Operational Research, 241(1): 63-73.

Zhang L H, Zhang C. 2022. Manufacturer encroachment with capital-constrained competitive retailers[J]. European Journal of Operational Research, 296(3): 1067-1083.

Zhang S C, Zhang J X, Zhu G W. 2019b. Retail service investing: An anti-encroachment strategy in a retailer-led supply chain[J]. Omega, 84: 212-231.

Zhang S C, Zhang J X. 2020. Agency selling or reselling: E-tailer information sharing with supplier offline entry[J]. European Journal of Operational Research, 280(1): 134-151.

Zhang X X, Huang J R, Shen C L. 2023. Retailers' incentives for green investment in differentiated competition channels[J]. Journal of Management Science and Engineering, 8(4): 465-489.

Zhang X Y, Hou W H. 2022. The impacts of e-tailer's private label on the sales mode selection: From the perspectives of economic and environmental sustainability[J]. European Journal of Operational Research, 296(2): 601-614.

Zhang Y M, Hezarkhani B. 2021. Competition in dual-channel supply chains: The manufacturers' channel selection[J]. European Journal of Operational Research, 291(1): 244-262.

Zhao X, Shi C M. 2011. Structuring and contracting in competing supply chains[J]. International Journal of Production Economics, 134(2): 434-446.

Zhou H N, Tan Y, Guan X, et al. 2023. Extended Vidale-Wolfe model on joint emission reduction and low-carbon advertising strategy design in a secondary supply chain[J]. Annals of Operations Research, 1-40.

Zhou Y W, Guo J S, Zhou W H. 2018. Pricing/service strategies for a dual-channel supply chain with free riding and service-cost sharing[J]. International Journal of Production Economics, 196: 198-210.

Zhu Q H, Sarkis J, Geng Y. 2005. Green supply chain management in China: Pressures, practices and performance[J]. International Journal of Operations & Production Management, 25(5): 449-468.

Zhu Q H, Sarkis J, Lai K H. 2012. Examining the effects of green supply chain management practices and their mediations on performance improvements[J]. International Journal of Production Research, 50(5): 1377-1394.

Zsidisin G A, Siferd S P. 2001. Environmental purchasing: A framework for theory development[J]. European Journal of Purchasing & Supply Management, 7(1): 61-73.

附录　证明及表达式

附录 1　第七章证明

附录 1.1

定理 7.1 证明：在集中式入侵策略下，采用逆向归纳法，首先求解模型中后决策的变量。在第二阶段，求解关于制造商和零售商的零售价格的二阶导数：

$$\frac{\partial^2 \Pi_m}{\partial p_d^2} = \frac{\partial^2 \Pi_r}{\partial p_r^2} = -2(k+1) < 0$$

因此，Π_m 和 Π_r 分别是关于 p_d 和 p_r 的凸函数。因此，p_d 和 p_r 存在最优解，分别列在式（7.5）和式（7.6）中。

在 $w_r^C = \dfrac{2(3k+2)(3k^2+6k+4)a - 2bk^3 + (27k^3+74k^2+72k+24)H\lambda^2}{4(k+1)(9k^2+16k+8)}$ 的第一阶段，将求得的 p_d^C 和 p_r^C 的最优解代入式（7.7），同时求解式（7.7）的一阶导数。

定义

$$B^C = \frac{(3k+2)(4k^2+7k+4)(2a+H\lambda^2)}{2(6k^4+30k^3+47k^2+32k+8)}$$

当 $b < B^C$ 时，只有一个解满足第七章的假设（纳什均衡的必要条件）。唯一的最优解为

$$g_d^C = g_r^C = \lambda H$$

$$q_d^C = \frac{(3k+2)(4k^2+7k+4)(2a+H\lambda^2) - 2(6k^4+30k^3+47k^2+32k+8)b}{4(k+1)(9k^2+16k+8)}$$

$$q_r^C = \frac{(3k^2+4k+2)(2a+2bk+H\lambda^2)}{2(9k^2+16k+8)}$$

当 $b < B^C$ 时，均衡解中的需求和利润都是正的，这是最基本的假设。求解 q_d^C 关于 b 的一阶导数，可得

$$\frac{\partial q_d^C}{\partial b} = -\frac{6k^4+30k^3+47k^2+32k+8}{2(k+1)(9k^2+16k+8)} < 0$$

此外，$q_d^C(B^C) = 0$。因此，当 $b < B^C$ 时，$q_d^C > 0$，同时，$q_r^C > 0$。

供应链中每个参与者的利润也是正的。制造商和零售商的均衡利润见式（7.3）和

式（7.4）。可以计算出 $\dfrac{\partial \Pi_m^{C2}}{\partial^2 b} = \dfrac{4k^4 + 26k^3 + 45k^2 + 32k + 8}{2(k+1)(9k^2 + 16k + 8)} > 0$，这意味着 Π_m^C 是关于 b 的凸函数。此外，还可以验证，$\Pi_m^C(b) = 0$ 没有实根。因此，$\Pi_m^C > 0$ 恒成立。同理可得，$\Pi_r^C > 0$。

由于式（7.7）中制造商的优化问题不是一个凸函数，不能简单地用二阶导数来检验函数的凹凸性。相反，可以选择证明 (g_r^C, w_r^C, g_d^C) 也符合纳什均衡的以下条件：

$$\Pi_m(g_r^C, w_r^C, g_d^C) > \Pi_m(g_r, w_r, g_d)$$

对于所有满足正需求和利润假设的情况，都有非负的 g_r、w_r 和 g_d。因此，现在用反证法来证明这个结果，步骤如下。

（1）如果 (g_r^C, w_r^C, g_d^C) 不是制造商利润最大化的唯一最优解，那么至少可以从一个维度来改进这个解。现在检查是否可以通过固定其他变量找到每个决策变量变得更优的解。假设 (g_r, w_r^C, g_d^C) 是比 (g_r^C, w_r^C, g_d^C) 更好的解。定义 $\Delta\Pi_m(g_r) = \Pi_m(g_r, w_r^C, g_d^C) - \Pi_m(g_r^C, w_r^C, g_d^C)$，它是关于 g_r 的四阶多项式函数。第七章的相关假设要求线性需求和利润都是正的，因此单位利润也是正的，即 $w_r^C - \dfrac{hg_r^2}{2} > 0$。因此，可行集是一个满足相关假设的凸集。接下来表明，g_r^C 是可行集中唯一的 $\Delta\Pi_m(g_r) \geqslant 0$ 的解。

（2）$\Delta\Pi_m(g_r)$、g_r^4 的系数均为正，而 g_r^3 的系数为负。求解 $\Delta\Pi_m(g_r) = 0$，得到四个根，即 GR1、GR2、GR3 和 GR4，其中，GR1 = GR2 = $H\lambda = g_r^C$，GR3 < g_r^C < GR4。GR3 和 GR4 是一对共轭根，其平均值为

$$\frac{\text{GR3} + \text{GR4}}{2} = \frac{(k^4 + 20k^3 + 42k^2 + 32k + 8)H\lambda}{k^4}$$

因此，$\Delta\Pi_m(g_r)$ 是关于 g_r 的 W 形函数，其中，$\Delta\Pi_m(g_r^C) = 0$ 和 $\Delta\Pi_m(g_r) \geqslant 0$，$g_r \leqslant$ GR3 或 $g_r \geqslant$ GR4。为了保证 $\Delta\Pi_m(g_r) \geqslant 0$，至少要具备以下条件之一：①$g_r = g_r^C$；②$g_r \leqslant$ GR3；③$g_r \leqslant$ GR4。

（3）当 $g_r \leqslant$ GR3 时，零售商的需求与本章的假设不一致，当 $g_r \leqslant$ GR3 时，g_r 是不可行的。当 $g_r =$ GR3 时，可以验证零售商的需求 $q_r(g_r)$ 对于 $b < B^C$ 是负的。需求函数在 g_r 上是连续的。因此，当 $g_r \leqslant$ GR3 时，$q_r(g_r)$ 一定是负的。换句话说，$g_r \leqslant$ GR3 的条件是不可行的，它不满足第七章的假设。

同样，可以证明，$g_r \geqslant$ GR4 的条件也是不可行的，它不满足第七章的假设。

（4）目前可以得出以下结论：只有 $g_r = g_r^C$ 的条件是可行的，当 $g_r = g_r^C$ 时，有 $\Delta\Pi_m(g_r) = 0$，可行集是凸函数，利润函数是连续函数。因此，无法在可行集中找到满足 $\Delta\Pi_m(g_r) > 0$ 的 g_r，而 g_r^C 是唯一的解，这样满足 $\Delta\Pi_m(g_r) \geqslant 0$。

使用类似的论证方法，可以证明：w_r^C 是唯一满足 $\Pi_m(g_r^C, w_r, g_d^C) - \Pi_m(g_r^C, w_r^C, g_d^C) \geqslant 0$ 的解，g_d^C 是唯一满足 $\Pi_m(g_r^C, w_r^C, g_d) - \Pi_m(g_r^C, w_r^C, g_d^C) \geqslant 0$ 的解。

总而言之，(g_r^C, w_r^C, g_d^C) 是唯一解，在第七章的相关假设下，对所有非负的 g_r、w_r 和 g_d 满足 $\Pi_m(g_r^C, w_r^C, g_d^C) > \Pi_m(g_r, w_r, g_d)$。

当 $b \geq B^C$ 时，根据纳什均衡的必要条件，不存在同时满足一阶导数和第七章假设的解。具体来说，当 $b \geq B^C$ 时，制造商在直销渠道中没有绝对的成本优势，所以他会关闭直销渠道。因此，当 $b \geq B^C$ 时，不能得出满足假设的均衡解。

将所得的均衡解 (g_r^C, w_r^C, g_d^C) 代入式（7.5）和式（7.6）中，可以得到如定理 7.1 所示的均衡结果。

证明完毕。

附录 1.2

命题 7.1 证明： 根据定理 7.1，可得

$$\frac{\partial \Pi_m^C}{\partial \lambda} = H\lambda \frac{(2a + H\lambda^2)(3k+2)(6k^2+11k+6) - 2b(14k^3+33k^2+28k+8)}{4(k+1)(9k^2+16k+8)}$$

还可以证明，当 $b < B_m^C = \dfrac{(2a+H\lambda^2)(3k+2)(6k^2+11k+6)}{2(14k^3+33k^2+28k+8)}$ 时，$\dfrac{\partial \Pi_m^C}{\partial \lambda} > 0$。此外，

在集中式入侵策略下，可以验证，$b < B^C < B_m^C$。因此，总是有 $\dfrac{\partial \Pi_m^C}{\partial \lambda} > 0$。

利用定理 7.1 中零售商的均衡利润，可得

$$\frac{\partial \Pi_r^C}{\partial \lambda} = \frac{\lambda H(3k^2+4k+2)^2(2a+H\lambda^2+2bk)}{(k+1)(9k^2+16k+8)^2} > 0$$

因此，总是有 $\dfrac{\partial \Pi_r^C}{\partial \lambda} > 0$。

证明完毕。

附录 1.3

命题 7.2 证明： 给定制造商的均衡利润，参考定理 7.1，求解其关于 k 的一阶导数：

$$\frac{\partial \Pi_m^C}{\partial k} = \frac{A_m^1 b^2 - 4A_m^2(2a+H\lambda^2)b + A_m^3(2a+H\lambda^2)^2}{16(k+1)^2(9k^2+16k+8)^2}$$

其中，$A_m^1 = 4(36k^6+200k^5+533k^4+800k^3+688k^2+320k+64)$，$A_m^2 = 53k^4+168k^3+212k^2+128k+32$，$A_m^3 = 45k^4+144k^3+188k^2+120k+32$。

$\dfrac{\partial \Pi_m^C}{\partial k}$ 的符号取决于其分子 N，它是关于 b 的二次函数，且 $\dfrac{\partial^2 N}{\partial b^2} = A_m^1 > 0$。

$N(b) = 0$ 没有实根。因此，$\dfrac{\partial \Pi_m^C}{\partial k} > 0$。

利用定理 7.1 中零售商的利润，其一阶导数为

$$\frac{\partial \Pi_r^C}{\partial k} = \frac{(3k^2 + 4k + 2)(2a + 2bk + \lambda^2 H)[A_r^1 b - A_r^2 (2a + \lambda^2 H)]}{4(k+1)^2 (9k^2 + 16k + 8)^3}$$

其中，$A_r^1 = 2(27k^5 + 162k^4 + 322k^3 + 322k^2 + 144k + 32)$，$A_r^2 = 27k^4 + 60k^3 + 58k^2 + 40k + 16$。

为了保持子公司不倒闭，应该满足 $b < B^C$。定义 $B_r^C = A_r^2 (2a + \lambda^2 H) / A_r^1$，可以得到：当 $B_r^C < b < B^C$ 时，$\dfrac{\partial \Pi_r^C}{\partial k} > 0$；当 $b < B_r^C$ 时，$\dfrac{\partial \Pi_r^C}{\partial k} < 0$。

证明完毕。

附录 1.4

定理 7.2 证明：使用逆向归纳法进行求解，制造商和零售商在分散式入侵下的动态博弈得到了解决。在第二阶段，可以验证：

$$\frac{\partial \Pi_d^2}{\partial^2 p_d} = \frac{\partial \Pi_r^2}{\partial^2 p_r} = -2(k+1) < 0$$

因此，Π_d 和 Π_r 分别是关于 p_d 和 p_r 的凸函数，进而得到关于 p_d 和 p_r 唯一的最优解，如式（7.9）和式（7.10）所示。

在第一阶段，给定零售价格 p_d^D 和 p_r^D，同时求解式（7.11）的一阶导数。定义

$$B^D = \frac{(3k+2)(2a + H\lambda^2)}{2(k^2 + 4k + 2)}$$

当 $b < B^D$ 时，只存在一个既满足一阶导数又满足第七章假设（纳什均衡的必要条件）的解。这个唯一的解为

$$g_d^D = g_r^D = \lambda H$$

$$w_d^D = \frac{2k(2k+1)a - 2bk^2 + (6k^2 + 9k + 4)H\lambda^2}{8(k+1)^2}, \quad w_r^D = \frac{a}{2} + \frac{3H\lambda^2}{4}$$

$$q_d^D = \frac{2(3k+2)a - 2(k^2 + 4k + 2)b + (3k+2)H\lambda^2}{8(k+1)}, \quad q_r^D = \frac{a}{4} + \frac{kb}{4} + \frac{H\lambda^2}{8}$$

首先，参考定理 7.1 中的证明过程提供的类似方法，可以验证当 $b < B^D$ 时，均衡解中的需求和利润为正，这与第七章的假设是一致的。

由于式（7.11）中制造商的优化问题不是一个凸函数，不能简单地用二阶导数来检查凹凸性。相反，类似定理 7.1 的证明，也可以证明，对于所有符合假设的非负 w_d、w_r、g_d 和 g_r，$(g_r^D, w_r^D, g_d^D, w_d^D)$ 是满足以下纳什均衡的必要条件的：

$$\Pi_m(g_r^D, w_r^D, g_d^D, w_d^D) > \Pi_m(g_r, w_r, g_d, w_d)$$

因此，$(g_r^D, w_r^D, g_d^D, w_d^D)$ 是 $b < B^D$ 的唯一最优解。

当 $b \geqslant B^D$ 时，这些解不能同时满足一阶导数和第七章的假设。更具体地说，当 $b \geqslant B^D$ 时，与制造商相比，零售商有绝对的成本优势，所以制造商选择关闭直销渠道。因此，在 $b \geqslant B^D$ 的情况下并不能找到一个均衡的结果，直销渠道将被关闭。

将均衡解 $(g_r^D, w_r^D, g_d^D, w_d^D)$ 代入式（7.9）和式（7.10）中，就可以得到定理 7.2 中的均衡零售价格。

证明完毕。

附录 1.5

命题 7.3 证明：一方面，证明制造商的利润总是随着 λ 的增加而增加。从定理 7.2 中可以得出分散式入侵下的制造商的利润均衡，其关于 λ 的一阶导数为

$$\frac{\partial \Pi_m^D}{\partial \lambda} = \frac{H\lambda[(4k+3)(2a+H\lambda^2) - 2(3k+2)b]}{8(k+1)}$$

很容易看出，当 $b < B_m^D = \dfrac{(4k+3)(2a+H\lambda^2)}{2(3k+2)}$ 时，$\dfrac{\partial \Pi_m^D}{\partial \lambda} > 0$。然而当 $b < B^D < B_m^D$ 时，总是有 $\dfrac{\partial \Pi_m^D}{\partial \lambda} > 0$。另一方面，研究 λ 对零售商利润的影响。利用定理 7.2 中零售商的均衡利润，求其关于 λ 的一阶导数，可得

$$\frac{\partial \Pi_r^D}{\partial \lambda} = \frac{H\lambda(2a + 2bk + H\lambda^2)}{16(k+1)} > 0$$

由此可见，随着 λ 的增加，零售商的利润也会增加。

证明完毕。

附录 1.6

命题 7.4 证明：使用定理 7.2 中分散式入侵下的制造商的均衡利润，可得

$$\frac{\partial \Pi_m^D}{\partial k} = \frac{4a^2 + 4(k^2 + 2k + 2)b^2 - 4b(2a + H\lambda^2) + (4a + H\lambda^2)H\lambda^2}{32(k+1)^2}$$

$\dfrac{\partial \Pi_m^D}{\partial k}$ 是关于 b 的二次函数，其二次系数为正数。可以用 $\dfrac{\partial \Pi_m^D}{\partial k} = 0$ 来求解关于 b 的实根，发现其没有实根。因此，$\dfrac{\partial \Pi_m^D}{\partial k}$ 总是正的。

根据定理 7.2 中分散式入侵下的零售商的利润，求解其关于 k 的一阶导数：

$$\frac{\partial \Pi_r^D}{\partial k} = \frac{(2a + 2bk + H\lambda^2)[2(2+k)b - 2a - H\lambda^2]}{64(k+1)^2}$$

定义 $B_r^D = \dfrac{2a + H\lambda^2}{2(k+2)}$ 。由于 $B_r^D < B^D$ ，可以得到：当 $\dfrac{\partial \Pi_r^D}{\partial k} > 0$ 时， b 满足

$B_r^D < b < B^D$ ；而当 $\dfrac{\partial \Pi_r^D}{\partial k} < 0$ 时， b 满足 $0 \leqslant b < B_r^D$ 。

证明完毕。

附录 1.7

命题 7.5 证明：（1）根据定理 7.2 中的 w_d^D ， $w_d^D > 0$ ，可得 $b < B^T = \dfrac{2ak(2k+1) + H\lambda^2(6k^2 + 9k + 4)}{2k^2}$ 。由于 $b < B^D < B^T$ ，这个结果可以被证明。

（2）利用定理 7.2 中的 p_d^D 和定理 7.1 中的 p_d^C ，可得

$$p_d^D - p_d^C = -\frac{k(2a + 2bk + H\lambda^2)}{2(9k^2 + 16k + 8)} < 0$$

同样地，可得

$$p_r^D - p_r^C = -\frac{k^2(2a + 2bk + H\lambda^2)}{8(k+1)(9k^2 + 16k + 8)} < 0$$

（3）使用定理 7.2 中的 p_d^D 和定理 7.1 中的 p_d^C ，并将其代入式（7.1）和式（7.2）中，得到关于需求量的如下关系：

$$q_d^D = \frac{2(3k+2)a - 2(k^2 + 4k + 2)b + (2 + 3k)H\lambda^2}{8(k+1)}$$

$$q_r^D = \frac{a}{4} + \frac{bk}{4} + \frac{H\lambda^2}{8}$$

因此，

$$q_d^D - q_d^C = \frac{k(k+2)(3k+2)(2a + 2bk + H\lambda^2)}{8(k+1)(9k^2 + 16k + 8)} > 0$$

$$q_r^D - q_r^C = -\frac{3k^2(2a + 2bk + H\lambda^2)}{8(9k^2 + 16k + 8)} < 0$$

（4）使用定理 7.2 中的 w_r^D 和定理 7.1 中的 w_r^C ，可得

$$w_r^D - w_r^C = \frac{k^2(2a + 2bk + H\lambda^2)}{4(k+1)(9k^2 + 16k + 8)} > 0$$

证明完毕。

附录 1.8

命题 7.6 证明：从定理 7.1 和定理 7.2 中得到关于制造商利润的均衡解，可得

$$\Delta \Pi_m = \Pi_m^D - \Pi_m^C = \frac{k^2(2a + 2bk + H\lambda^2)^2}{32(k+1)(9k^2 + 16k + 8)} > 0$$

由此可见，$\Pi_m^D > \Pi_m^C$。

比较零售商在分散式入侵与集中式入侵策略下的利润，可得

$$\Delta \Pi_r = \Pi_r^D - \Pi_r^C = -\frac{3k^2(21k^2 + 32k + 16)(2a + 2bk + H\lambda^2)^2}{64(k+1)(9k^2 + 16k + 8)^2} < 0$$

因此，$\Pi_r^D < \Pi_r^C$。

证明完毕。

附录 1.9

命题 7.7 证明：使用命题 7.6 的证明中的 $\Delta \Pi_m = \Pi_m^D - \Pi_m^C$，可得

$$\frac{\partial \Delta \Pi_m}{\partial \lambda} = \frac{\lambda H k^2 (2a + 2bk + H\lambda^2)}{8(k+1)(9k^2 + 16k + 8)} > 0$$

因此，当 λ 增加时，$\Delta \Pi_m$ 将始终增加。

证明完毕。

附录 1.10

命题 7.8 证明：与命题 7.7 的证明类似，可得

$$\frac{\partial \Delta \Pi_m}{\partial k} = \frac{k(2a + 2bk + H\lambda^2)[(2a + H\lambda^2)(16 + 24k - 9k^3) + 2k(9k^3 + 50k^2 + 72k + 32)b]}{32(k+1)^2(9k^2 + 16k + 8)^2}$$

定义

$$B^{\mathrm{IR}} = \frac{(2a + H\lambda^2)(9k^3 - 24k - 16)}{2k(9k^3 + 50k^2 + 72k + 32)}$$

解 $9k^3 - 24k - 16 = 0$，得到 $k = 1.898$。由于 $0 \leqslant b < B^C$，当 $0 \leqslant k < 1.898$ 时，$\dfrac{\partial \Delta \Pi_m}{\partial k} > 0$；当 $k \geqslant 1.898$ 时，如果 $B^{\mathrm{IR}} < b < B^C$，则 $\dfrac{\partial \Delta \Pi_m}{\partial k} > 0$，如果 $0 \leqslant b < B^{\mathrm{IR}}$，则 $\dfrac{\partial \Delta \Pi_m}{\partial k} < 0$。

证明完毕。

附录 1.11

命题 7.9 证明：（1）从定理 7.1 和定理 7.2 中可以看出，$g_i^C = g_i^D = \lambda H = \dfrac{\lambda}{h}$（$i = d, r$）将随着 h 的减少而增加。由于 $C(g_i) = h\dfrac{g_i^2}{2} = \dfrac{\lambda^2}{2h}$，低碳改进的单位成本也将随着 h 的

减少而增加。

（2）将 g_d^i、q_d^i、g_r^i 和 q_r^i 的值代入 EB^i，$i=C,D$，可得

$$EB^D - EB^C = \frac{Hk\lambda(5k+4)(2a+2bk+H\lambda^2)}{8(k+1)(9k^2+16k+8)} > 0$$

由此可见，$EB^D > EB^C$。同样地，将定理 7.1 和定理 7.2 中的均衡结果代入 SW^i，$i=C,D$，可得

$$SW^D - SW^C = \frac{k(2a+2bk+H\lambda^2)[A_s^1 a - A_s^2 b + H\lambda(A_s^3 f + A_s^4 \lambda)]}{128(k+1)^2(9k^2+16k+8)^2}$$

其中，$A_s^1 = 540k^4 + 1910k^3 + 2592k^2 + 1600k + 384$，$A_s^2 = 2(90k^5 + 513k^4 + 1108k^3 + 1168k^2 + 608k + 128)$，$A_s^3 = 16(k+1)(5k+4)(9k^2+16k+8)$，$A_s^4 = 270k^4 + 955k^3 + 1296k^2 + 800k + 192$。

可以得出，当 $b < B^{SW} = \dfrac{A_s^1 a + H\lambda(A_s^3 f + A_s^4 \lambda)}{A_s^2}$ 时，$SW^D - SW^C > 0$。如果集中式入侵和分散式入侵都可以使用，则需要满足 $b < B^C$。由于 $B^C < B^{SW}$，$SW^D > SW^C$。

证明完毕。

附录 2　第八章证明

附录 2.1

定理 8.1 证明：首先，计算 $\dfrac{\partial \Pi_m^2}{\partial^2 q_d} = \dfrac{\partial \Pi_r^2}{\partial^2 q_r} = -2 < 0$。因此，$\Pi_m$ 和 Π_r 分别是关于决策变量 q_d 和 q_r 的凸函数。对式（8.1）和式（8.2）分别求关于 q_d 和 q_r 的一阶导数，联立并解出制造商、零售商的销量为

$$q_d^C(\theta, w_r) = \frac{2\alpha - 2s - \alpha k + 2\lambda\theta + kw_r - k\lambda\theta}{4-k^2}$$

$$q_r^C(\theta, w_r) = \frac{2\alpha - 2w_r - \alpha k + sk + 2\lambda\theta - k\lambda\theta}{4-k^2}$$

然后，将以上公式代入式（8.1），求出式（8.1）关于 θ、w_r 的一阶导数和二阶导数，可得黑塞矩阵如下：

$$H = \begin{pmatrix} \dfrac{6k^2-16}{(k^2-4)^2} & \dfrac{\lambda(k^2-2k-4)}{(k-2)(k+2)^2} \\ \dfrac{\lambda(k^2-2k-4)}{(k-2)(k+2)^2} & -u + \dfrac{2\lambda^2}{(k+2)^2} \end{pmatrix}$$

易知 $|H_1| = \dfrac{6k^2 - 16}{(k^2 - 4)^2} < 0$ ， $|H_2| = -\dfrac{A}{(k^2 - 4)^2}$ ，当满足 $|H_2| > 0$ ，即 $A < 0$ 时，黑塞矩阵负定，制造商利润函数存在极大值。当满足 $A < 0$ ， $0 < k < 1$ 时，解得 $u > \dfrac{3}{4}\lambda^2$ 。令 $\dfrac{\partial \Pi_m}{\partial w_r} = 0$ ， $\dfrac{\partial \Pi_m}{\partial \theta} = 0$ ，可联立并求解得最优批发价格 w_r^C 和最优产品减排量 θ^C ，进而可分别得到制造商、零售商的最优销量 q_d^C 、 q_r^C 。将求得的 q_d^C 、 q_r^C 、 w_r^C 、 θ^C 代入式（8.1）和式（8.2），可分别得到制造商、零售商的最优利润 Π_m^C 和 Π_r^C 。

在得到的均衡解中满足以下条件：

$$A = \lambda^2(k^2 - 8k + 12) + 2u(3k^2 - 8) < 0$$

$$B = 8s - 12\alpha + 8\alpha k - 4sk - \alpha k^2 + sk^2 < 0$$

$$E = s\lambda^2 - 2u(\alpha - \alpha k + sk) < 0$$

$$U = s\lambda^2(k - 2) < 0$$

又因 $\dfrac{\partial q_d^C}{\partial s} = \dfrac{\lambda^2(k - 2) + u(8 - k^2)}{A} < 0$ ，即制造商的直销成本随着直销数量的增大而减小，令

$$q_d^C = \frac{U + u[\alpha(k + 4)(k - 2) + s(8 - k^2)]}{A} = 0$$

即可得出 $s^* = \dfrac{u\alpha(2 - k)(k + 4)}{\lambda^2(k - 2) + u(8 - k^2)}$ 。因此，当 $q_d^C > 0$ 时，有 $s < s^*$ ，这就说明当制造商直销渠道的销售成本小于上述阈值时，制造商才会开通双渠道。

证明完毕。

附录 2.2

命题 8.1 证明： 已知 $0 < k < 1$ ， $E < 0$ ， $B < 0$ ， $A < 0$ ，对 q_d^C 、 q_r^C 、 w_r^C 、 θ^C 、 Π_m^C 、 Π_r^C 分别关于 λ 求导，可得

$$\frac{\partial q_d^C}{\partial \lambda} = \frac{2\lambda u(k^2 + 2k - 8)B}{A^2} > 0 ， \quad \frac{\partial q_r^C}{\partial \lambda} = \frac{8\lambda u(k - 1)B}{A^2} > 0$$

$$\frac{\partial w_r^C}{\partial \lambda} = \frac{2\lambda u(4k^2 - k^3 - 8)B}{A^2} > 0$$

$$\frac{\partial \theta^C}{\partial \lambda} = \frac{-B[k^2\lambda^2 + u(16 - 6k^2) + \lambda^2(12 - 8k)]}{A^2} > 0$$

$$\frac{\partial \Pi_m^C}{\partial \lambda} = \frac{\lambda u B^2}{A^2} > 0$$

$$\frac{\partial \Pi_r^C}{\partial \lambda} = \frac{32\lambda u(k - 1)BE}{A^3} > 0$$

因此，q_d^C、q_r^C、w_r^C、θ^C、Π_m^C、Π_r^C 都是关于 λ 的增函数。

证明完毕。

附录 2.3

命题 8.2 证明：对 θ^C 求关于 k 的一阶导数，可得

$$\frac{\partial \theta^C}{\partial k} = \frac{4\lambda Y}{A^2}$$

其中，$Y = 16su - 32\alpha u + 4s\lambda^2 + 2sk\lambda^2 + 6sk^2u - sk^2\lambda^2 + 44\alpha ku - 32sku - 12\alpha k^2 u$，已知分母大于 0，分子是关于 k 的二次函数，对 Y 求一阶导数、二阶导数，$\frac{\partial Y}{\partial k} = 4u(11\alpha - 8s - 6\alpha k + 3sk) + 2s\lambda^2(1-k)$，$\frac{\partial^2 Y}{\partial k^2} = -[2s\lambda^2 + 12u(2\alpha - s)] < 0$，可知一阶导数递减，当 $k = 1$ 时，$Y = 5s(\lambda^2 - 2u) < 0$，$\frac{\partial Y}{\partial k} = 20u(\alpha - s) > 0$，可知 Y 递增。因此，$\frac{\partial \theta^C}{\partial k} = \frac{4\lambda Y}{A^2} < 0$。

证明完毕。

附录 2.4

定理 8.2 证明：与定理 8.1 采用同样的方法证明。计算 $\frac{\partial \Pi_m^2}{\partial^2 q_d} = \frac{\partial \Pi_r^2}{\partial^2 q_r} = -2 < 0$，所以，$\Pi_m$ 和 Π_r 分别是关于决策变量 q_d 和 q_r 的凸函数。对式（8.2）和式（8.3）分别求关于 q_d、q_r 的一阶导数，联立解出：

$$q_d^D = \frac{2s - 2\alpha + 2w_d + \alpha k - 2\lambda\theta - kw_r + k\lambda\theta}{k^2 - 4}$$

$$q_r^D = \frac{2\alpha - 2w_r - \alpha k + sk + 2\lambda\theta + kw_d - k\lambda\theta}{4 - k^2}$$

将以上公式代入式（8.1）中，并对其求关于 w_r、w_d、θ 的一阶导数和二阶导数，得到如下黑塞矩阵：

$$H = \begin{pmatrix} \dfrac{6k^2 - 16}{(k^2-4)^2} & \dfrac{(-2k^3+4k)}{(k^2-4)^2} & \dfrac{\lambda(k^2-2k-4)}{(k-2)(k+2)^2} \\[3mm] \dfrac{(-2k^3+4k)}{(k^2-4)^2} & \dfrac{4k^2-8}{(k^2-4)^2} & \dfrac{k^2\lambda}{(k-2)(k+2)^2} \\[3mm] \dfrac{\lambda(k^2-2k-4)}{(k-2)(k+2)^2} & \dfrac{k^2\lambda}{(k-2)(k+2)^2} & \dfrac{2(2\lambda - k\lambda)^2}{(k^2-4)^2} - u \end{pmatrix}$$

其中，$|H_1| = \dfrac{6k^2 - 16}{(k^2 - 4)^2} < 0$，$|H_2| = \dfrac{4(2 - k^2)}{(k^2 - 4)^2} > 0$，当$|H_3| = \dfrac{2F}{(k - 2)^2(k + 2)^2} < 0$时，$F < 0$，

黑塞矩阵负定，利润函数存在极大值。在满足$F < 0$，$0 < k < 1$的条件下，解得$u > \dfrac{3}{4}\lambda^2$。

令$\dfrac{\partial \Pi_m}{\partial w_d} = 0$，$\dfrac{\partial \Pi_m}{\partial w_r} = 0$，$\dfrac{\partial \Pi_m}{\partial \theta} = 0$，联立求解出$w_d^D$、$w_r^D$及$\theta^D$，再将它们代入以上

公式，可分别得到制造商和零售商的最优销量q_d^D、q_r^D。将求得的q_d^D、q_r^D、w_r^D、w_d^D、

θ^D代入式（8.1）和式（8.2）中即可分别得到制造商和零售商的最优利润Π_m^D和Π_r^D。

均衡解中，$F = 2u(k^2 - 2) + \lambda^2(3 - 2k) < 0$，$G = 3\alpha - 2s - 2\alpha k + sk > 0$。

又因$\dfrac{\partial q_d^D}{\partial s} = \dfrac{4u - \lambda^2}{4F} < 0$，故令$q_d^D = 0$，有$\hat{s} = \dfrac{2\alpha u(2 - k)}{4u - \lambda^2}$。因此，要满足$q_d^D > 0$，

有$s < \hat{s}$。

证明完毕。

附录 2.5

命题 8.3 证明： 对Π_m^C关于k求导，可得

$$\frac{\partial \Pi_m^C}{\partial k} = \frac{-2EY_1}{A^2}$$

其中，$Y_1 = 16su - 16\alpha u - 4s\lambda^2 + 6\alpha ku + sk\lambda^2$。

已知$E < 0$，只需判断Y_1的正负。对Y_1关于s求导，有$\dfrac{\partial Y_1}{\partial s} = 16u + (k - 4)\lambda^2 > 0$，

可知Y_1是关于s的增函数。令$Y_1 = 0$，可求解得临界点：

$$s_1 = \frac{2\alpha u(8 - 3k)}{16u + (k - 4)\lambda^2}$$

比较s_1与s^*的大小，有

$$s^* - s_1 = \frac{\alpha ukA}{(16u + k\lambda^2 - 4\lambda^2)[(k^2 - 8)u + (2 - k)\lambda^2]} > 0$$

因此，当$s < s_1$时，$Y_1 < 0$，$\dfrac{\partial \Pi_m^C}{\partial k} < 0$；当$s_1 < s < s^*$时，$Y_1 > 0$，$\dfrac{\partial \Pi_m^C}{\partial k} > 0$。

同样地，对Π_r^C关于k求导，可得

$$\frac{\partial \Pi_r^C}{\partial k} = \frac{-16EY_2}{A^3}$$

其中，$Y_2 = 16\alpha u^2 - 4s\lambda^4 - 16su^2 - 4\alpha\lambda^2 u + 12s\lambda^2 u + 6\alpha k^2 u^2 - 6sk^2 u^2 + sk\lambda^4 - 12\alpha ku^2 - 2\alpha k\lambda^2 u + 6sk\lambda^2 u + \alpha k^2\lambda^2 u - sk^2\lambda^2 u$。

已知 $A<0$ ，只需判断 Y_2 的正负。对 Y_2 关于 s 求导，有 $\frac{\partial Y_2}{\partial s} = -2(3k^2+8)u^2 +$ $(12+6k-k^2)u\lambda^2 - (4-k)\lambda^4<0$ ，可知 Y_2 是关于 s 的减函数。令 $Y_2=0$ ，可求解得临界点：

$$s_2 = \frac{\alpha u[2(3k^2-6k+8)u-(4+2k-k^2)\lambda^2]}{2(3k^2+8)u^2-(12+6k-k^2)\lambda^2 u+(4-k)\lambda^4}$$

比较 s_2 与 s^* 的大小，有

$s^* - s_2 =$

$$\frac{2\alpha u[4k(3k^2-8)u^2+2(k^3+k^2\lambda^2-12k^2+12k-8\lambda^2+16)\lambda^2 u-(k^2+2k\lambda^2-10k-4\lambda^2+16)\lambda^4]}{[u(k^2-8)+(2-k)\lambda^2][2(3k^2+8)u^2+(k^2-6k-12)\lambda^2 u+(4-k)\lambda^4]}>0$$

因此，当 $s<s_2$ 时， $Y_2>0$ ， $\frac{\partial \Pi_r^C}{\partial k}<0$ ；当 $s_2<s<s^*$ 时， $Y_2<0$ ， $\frac{\partial \Pi_r^D}{\partial k}>0$ 。

比较 s_1 与 s_2 的大小，有 $s_2-s_1<0$ ，故有 $s_2<s_1<s^*$ 。

综上，当 $s<s_2$ 时， $\frac{\partial \Pi_m^C}{\partial k}<0$ ， $\frac{\partial \Pi_r^C}{\partial k}<0$ ；当 $s_2<s<s_1$ 时， $\frac{\partial \Pi_m^C}{\partial k}<0$ ， $\frac{\partial \Pi_r^D}{\partial k}>0$ ；

当 $s_1<s<s^*$ 时， $\frac{\partial \Pi_m^C}{\partial k}>0$ ， $\frac{\partial \Pi_r^D}{\partial k}>0$ 。

证明完毕。

附录 2.6

命题 8.7 证明：（1）转移价格 $w_d^D = \frac{kE}{2F}$ ，在满足 $0<k<1$ 的条件下， $E<0$ ， $F<0$ ，因此， $w_d^D>0$ 。

（2）将分散式入侵下的制造商、零售商的销量减去集中式入侵下的相应值，已知 $E<0$ ， $A<0$ ， $F<0$ ， $u>\frac{3}{4}\lambda^2$ ，故有 $q_r^D-q_r^C = \frac{k^2(\lambda^2-2u)E}{2AF}>0$ ， $q_d^D-q_d^C = \frac{k(2-k)(-3\lambda^2+4u+2ku)E}{2AF}<0$ 。

（3）将分散式入侵下的减排量减去集中式入侵下的相应值，即 $\theta^D-\theta^C = \frac{k^2\lambda(k-1)E}{AF}>0$ 。

（4）将分散式入侵下零售商的批发价格减去集中式入侵下的相应值，在满足 $u>\frac{3}{4}\lambda^2$ 的条件下， $2u(k^2-2)+\lambda^2(2-k)<0$ ，因此， $w_r^D-w_r^C = \frac{k^2E[2u(k^2-2)+\lambda^2(2-k)]}{2AF}>0$ 。

证明完毕。

附录 2.7

命题 8.8 证明：将分散式入侵下制造商和零售商的利润分别减去集中式入侵下的相应值，可得 $\Pi_m^D - \Pi_m^C = \dfrac{k^2 E^2}{4AF} > 0$ ， $\Pi_r^D - \Pi_r^C = \dfrac{k^2(\lambda^2 - 2u)E^2(4F+A)}{4A^2F^2} > 0$ 。

证明完毕。

附录 2.8

命题 8.9 证明：（1）由于 $\mathrm{ED}^D = 0$ ， $\mathrm{ED}^C = \dfrac{1}{2}d(\theta^D - \theta^C)(q_d^C + q_r^C)^2$ ，又由命题 8.7 可知， $\theta^D - \theta^C > 0$ ，可以得出 $\mathrm{ED}^D < \mathrm{ED}^C$ 。

（2）由于 $\mathrm{SW}^i = \mathrm{SC}^i + \mathrm{CS}^i - \mathrm{ED}^i$ ， $\mathrm{CS}^i = \dfrac{1}{2}(q_d^i + q_r^i)^2$ ，其中， $i = C, D$ 。结合命题 8.8 可知， $\mathrm{SC}^D = \Pi_m^D + \Pi_r^D > \mathrm{SC}^C = \Pi_m^C + \Pi_r^C$ 。又因

$$q_d^D + q_r^D - q_d^C - q_r^C = \frac{-kB[u(k^2 + k - 4) + (3 - 2k)\lambda^2]}{AF} < 0$$

因此， $\mathrm{CS}^D < \mathrm{CS}^C$ 。

比较分散式入侵与集中式入侵下的社会福利，有

$$\mathrm{SW}^D - \mathrm{SW}^C = \mathrm{SC}^D - \mathrm{SC}^C + \mathrm{CS}^D - \mathrm{CS}^C + \frac{1}{2}d(\theta^D - \theta^C)(q_d^C + q_r^C)^2$$

因此，存在 d^* ，当 $d = d^*$ 时，使得 $\mathrm{SW}^D = \mathrm{SW}^C$ ，即 $d^* = \dfrac{2(\mathrm{CS}^C - \mathrm{CS}^D + \mathrm{SC}^C - \mathrm{SC}^D)}{(\theta^D - \theta^C)(q_d^C + q_r^C)^2}$ 。

又因

$$\frac{\partial(\mathrm{SW}^D - \mathrm{SW}^C)}{\partial d} = -\frac{(q_d^C + q_r^C)^2(\theta^C - \theta^D)}{2} > 0$$

因此，当 $d \leqslant d^*$ 时， $\mathrm{SW}^D \leqslant \mathrm{SW}^C$ ；当 $d > d^*$ 时， $\mathrm{SW}^D > \mathrm{SW}^C$ 。

证明完毕。

附录 3 第九章证明

附录 3.1

引理 9.1 证明：在集中化下，决定 p_i 以使如式（9.6）所示的供应链利润最大化，最优零售价格为 $\hat{p}_i$ ， $\hat{p}_i = 1/(2-k)$ 。将 $\hat{p}_i$ 代回式（9.3）、式（9.5）和式（9.6），就可以得到集中化下的所有均衡解。

证明完毕。

附录 3.2

引理 9.2 证明： 当两个供应链都使用分散化决策时，问题被简化为一个两阶段模型。更具体地说，在博弈的第二阶段，$m_i = 0$ 时，零售商都将如式（9.4）所示，使自身的利润最大化。可以验证最优零售价格为

$$p_i(W) = \frac{2w_i + kw_j + k + 2}{4 - k^2}$$

在给定任何批发价格的情况下，制造商都能正确地预测其零售商的零售价格 w_i。因此，在第一阶段，制造商将选择其批发价格以最大化利润函数，如 $m_i = 0$ 时的式（9.5）所示，其最优批发价格为

$$\breve{w}_i = \frac{k + 2}{4 - k - 2k^2}$$

逆推该过程，可得分散化下的其他均衡解。

证明完毕。

附录 3.3

定理 9.1 证明： 第一阶段的目标是使式（9.11）中的供应链利润最大化。$k = 1$ 时，求解 $\frac{\partial \Pi_{Ci}(m_i)}{\partial m_i} = 0$（$i = 1, 2$），得 $\tilde{m}_1 = 11/4$，$\tilde{m}_2 = 9/4$ 或 $\tilde{m}_1 = 9/4$，$\tilde{m}_2 = 11/4$，但这不是部分纵向集中化下的可行解。由引理 9.1 和引理 9.2，我们可以导出 $k = 1$ 时分散化和集中化下的均衡供应链利润为 $\breve{\Pi}_{Ci}(k=1) = 4 > \hat{\Pi}_{Ci}(k=1) = 1$。因此，供应链均衡结构为分散化，即 $\tilde{m}_i = 0$，$k = 1$。

当 $0 \leqslant k < 1$ 时，求解 $\frac{\partial \Pi_{Ci}(m_i)}{\partial m_i} = 0$（$i = 1, 2$），得到以下五个解。

$$m_1^1 = \frac{(2+k)(4+k-2k^2)}{2(2-k^2)(1+k)}; \quad m_2^1 = \frac{16+8k-12k^2-3k^3+2k^4}{2(1+k)(2-k)(2-k^2)}$$

$$m_1^2 = \frac{16+8k-12k^2-3k^3+2k^4}{2(1+k)(2-k)(2-k^2)}; \quad m_2^2 = \frac{(2+k)(4+k-2k^2)}{2(2-k^2)(1+k)}$$

$$m_1^3 = m_2^3 = \frac{3-k^2}{2-k^2} + \frac{1}{2\sqrt{1-k^2}}$$

$$m_1^4 = m_2^4 = \frac{3-k^2}{2-k^2} - \frac{1}{2\sqrt{1-k^2}}$$

$$m_1^5 = m_2^5 = \frac{4-6k-k^2+2k^3}{2(1-k)(2-k^2)}$$

对于第一个解，我们可以验证 $m_1^1 > 1$，$m_2^1 > 1$ 和 $q_2 = 0$，不满足必要条件（正需求和

$0 \leqslant m_i \leqslant 1$）。由于第二个解与第一个解是等价的，它也不满足必要条件。对于第三个解，有 $m_1^3 = m_2^3 > 1$，这是不可行的。只有最后两个解 $m_1^4 = m_2^4$ 和 $m_1^5 = m_2^5$ 满足必要条件。

对于解 $m_1^4 = m_2^4$，当 $k = 0$ 时，$m_i^4 = 1$（$i = 1,2$）。当 $0 < k < 1$ 时，我们可以验证 $\dfrac{\partial m_i^4}{\partial k} < 0$。这表明 m_i^4 在 $0 < k < 1$ 时完全随 k 的减少而减少。求解 $m_i^4(k) = 0$，得 $k \approx 0.9661$。因此，当 $0 < k < 0.9661$ 时，$0 < m_i^4 < 1$；当 $0.9661 \leqslant k \leqslant 1$ 时，$m_i^4 = 0$。将所有权比例 m_i^4 代入式（9.11），得到供应链利润：

$$\Pi_{Ci}^4 = \begin{cases} \dfrac{\sqrt{1-k^2} + k^2 - 1}{2k^2(1-k)}, & 0 < k < 0.9661 \\[3mm] \dfrac{2(2-k^2)(3-k^2)}{(2-k)^2(4-k-2k^2)^2}, & 0.9661 \leqslant k \leqslant 1 \end{cases}$$

同样，对于最后一个解 $m_1^5 = m_2^5$，当 $k = 0$ 时，$m_i^5 = 1$。当 $0 < k < 1$ 时，我们可以验证 $\dfrac{\partial m_i^5}{\partial k} < 0$。这意味着 m_i^5 在 $0 < k < 1$ 时随 k 的减少而减少。求解 $m_i^5(k) = 0$，得 $k \approx 0.6991$。因此，当 $0 < k < 0.6991$ 时，$0 < m_i^5 < 1$；当 $0.6991 \leqslant k \leqslant 1$ 时，$m_i^5 = 0$。将所有权比例 m_i^5 代入式（9.11），供应链利润为

$$\Pi_{Ci}^5 = \begin{cases} \dfrac{1}{4(1-k)}, & 0 < k < 0.6991 \\[3mm] \dfrac{2(2-k^2)(3-k^2)}{(2-k)^2(4-k-2k^2)^2}, & 0.6991 \leqslant k \leqslant 1 \end{cases}$$

现在比较解 m_i^4 和 m_i^5。当 $0 < k < 0.6991$ 时，$\dfrac{\partial(\Pi_{Ci}^5 - \Pi_{Ci}^4)}{\partial k} > 0$，$\Pi_{Ci}^5 - \Pi_{Ci}^4\big|_{k=0} = 0$。它表明当 $0 < k < 0.6991$ 时，$\Pi_{Ci}^5 - \Pi_{Ci}^4 > 0$。当 $0.6991 \leqslant k < 0.9661$ 时，可以得到利润差：

$$\Pi_{Ci}^5 - \Pi_{Ci}^4 = \frac{(1-k)\alpha(k) - (2-k)^2(4-k-2k^2)^2\sqrt{1-k^2}}{2k^2(1-k)(2-k)^2(4-k-2k^2)^2}$$

其中，$\alpha(k) = 64 - 32k - 84k^2 + 56k^3 + 33k^4 - 27k^5 - 4k^6 + 4k^7$。当 $0.6991 \leqslant k < 0.9134$ 时，$\dfrac{\partial(\Pi_{Ci}^5 - \Pi_{Ci}^4)}{\partial k} > 0$；当 $0.9134 < k < 0.9661$ 时，$\dfrac{\partial(\Pi_{Ci}^5 - \Pi_{Ci}^4)}{\partial k} < 0$。这意味着 $\Pi_{Ci}^5 - \Pi_{Ci}^4$ 在 $0.6991 \leqslant k < 0.9134$ 时随 k 的增加而增加，而在 $0.9134 < k < 0.9661$ 时随 k 的增加而减少。此外，我们可以验证 $\Pi_{Ci}^5 - \Pi_{Ci}^4\big|_{k=0.6991} > 0$ 和 $\Pi_{Ci}^5 - \Pi_{Ci}^4\big|_{k=0.9661} = 0$。因此，当 $0.6991 \leqslant k < 0.9661$ 时，$\Pi_{Ci}^5 - \Pi_{Ci}^4 > 0$。总的来说，当 $0 < k < 0.9661$ 时，$\Pi_{Ci}^5(m_i^5) > \Pi_{Ci}^4(m_i^4)$；当 $0.9661 \leqslant k \leqslant 1$ 时，$\Pi_{Ci}^5(m_i^5) = \Pi_{Ci}^4(m_i^4) = \breve{\Pi}_{Ci}(m_i = 0)$。

在可行集中，供应链的利润在 $0 \leqslant m_i \leqslant 1$ 时是连续的。将 m_i^5 与 $m_i = 1$（集中化）

和 $m_i = 0$（分散化）的特殊情况进行比较。当 $0 < k < 0.6991$ 时，根据定理 9.1 的 Π_{Ci}^5 和引理 9.1 的 $\widehat{\Pi}_{Ci}$，解得部分纵向集中化和集中化下供应链的利润差异：

$$\Pi_{Ci}^5 - \widehat{\Pi}_{Ci} = \frac{k^2}{4(1-k)(2-k)^2} > 0$$

因此，当 $0 < k < 0.6991$ 时，$\Pi_{Ci}^5(m_i^5) > \widehat{\Pi}_{Ci}(m_i = 1)$。

同样，根据定理 9.1 的 Π_{Ci}^5 和引理 9.2 的 $\breve{\Pi}_{Ci}$，当 $0 < k < 0.6991$ 时，可以得到利润差异：

$$\Pi_{Ci}^5 - \breve{\Pi}_{Ci} = \frac{(4 - 6k - k^2 + 2k^3)^2}{4(1-k)(2-k)^2(4-k-2k^2)^2} > 0$$

因此，当 $0 < k < 0.6991$ 时，$\Pi_{Ci}^5(m_i^5) > \breve{\Pi}_{Ci}(m_i = 0)$。

此外，我们可以验证，当 $0.6991 \leqslant k \leqslant 1$ 时，$\breve{\Pi}_{Ci}(m_i = 0) > \widehat{\Pi}_{Ci}(m_i = 1)$。

最后，根据各供应链利润的连续性，可以明显看出，当 $0.6991 \leqslant k \leqslant 1$ 时，$\tilde{m}_i = \frac{4 - 6k - k^2 + 2k^3}{2(1-k)(2-k^2)}$ 为均衡所有权比例。当 $0 < k < 1$，特别是 $0 < k < 0.6991$ 时，供应链的均衡结构为部分纵向集中化；随着 k 趋近 1，供应链的均衡结构将变成分散化，利用均衡所有权比例和向后替代，我们可以导出定理 9.1 中的所有均衡解。

证明完毕。

附录 3.4

命题 9.1 证明：（1）根据定理 9.1 的 $\tilde{p}_i$ 和引理 9.1 的 $\widehat{p}_i$，解得

$$\tilde{p}_i - \widehat{p}_i = \begin{cases} \dfrac{k}{2(1-k)(2-k)} > 0, & 0 < k < 0.6991 \\[3mm] \dfrac{2+k}{(2-k)(4-k-2k^2)} > 0, & 0.6991 \leqslant k \leqslant 1 \end{cases}$$

因此，$\tilde{p}_i > \widehat{p}_i$。

（2）根据定理 9.1 的 $\tilde{q}_i$ 和引理 9.1 的 $\widehat{q}_i$，解得

$$\tilde{q}_i - \widehat{q}_i = \begin{cases} -\dfrac{k}{2(2-k)} < 0, & 0 < k < 0.6991 \\[3mm] -\dfrac{(1-k)(2+k)}{(2-k)(4-k-2k^2)} < 0, & 0.6991 \leqslant k \leqslant 1 \end{cases}$$

因此，$\tilde{q}_i < \widehat{q}_i$。

证明完毕。

附录 3.5

　　命题 9.2 证明： 根据定理 9.1 的 $\tilde{\Pi}_{Ci}$ 和引理 9.1 的 $\hat{\Pi}_{Ci}$，当 $0<k<0.6991$ 时，得到供应链在部分纵向集中化和集中化下的利润差异：

$$\tilde{\Pi}_{Ci} - \hat{\Pi}_{Ci} = \frac{k^2}{4(1-k)(2-k)^2}$$

因此，

$$\frac{\partial(\tilde{\Pi}_{Ci} - \hat{\Pi}_{Ci})}{\partial k} = \frac{k(4-2k-k^2)}{4(1-k)^2(2-k)^3} > 0 ，\quad 0<k<0.6991$$

证明完毕。

附录 3.6

　　命题 9.3 证明：（1）根据定理 9.1 的 $\tilde{w}_i$ 和引理 9.2 的 $\breve{w}_i$，解得

$$\tilde{w}_i - \breve{w}_i = -\frac{4-6k-k^2+2k^3}{2(1-k)(4-k-2k^2)}$$

因为当 $0<k<0.6991$ 时，有 $\dfrac{\partial(\tilde{w}_i - \breve{w}_i)}{\partial k} > 0$，所以当 $0<k<0.6991$ 时，$\tilde{w}_i - \breve{w}_i$ 随 k 的增加而增加。又因为 $\tilde{w}_i - \breve{w}_i \big|_{k=0.6991} = 0$，所以当 $0<k<0.6991$ 时，$\tilde{w}_i - \breve{w}_i < 0$。

　　（2）根据定理 9.1 的 $\tilde{p}_i$ 和引理 9.2 的 $\breve{p}_i$，当 $0<k<0.6991$ 时，有

$$\tilde{p}_i - \breve{p}_i = -\frac{4-6k-k^2+2k^3}{2(1-k)(2-k)(4-k-2k^2)} < 0$$

因此，当 $0<k<0.6991$ 时，$\tilde{p}_i < \breve{p}_i$。

　　（3）根据定理 9.1 的 $\tilde{q}_i$ 和引理 9.2 的 $\breve{q}_i$，当 $0<k<0.6991$ 时，有

$$\tilde{q}_i - \breve{q}_i = \frac{4-6k-k^2+2k^3}{2(2-k)(4-k-2k^2)} > 0$$

因此，当 $0<k<0.6991$ 时，$\tilde{q}_i > \breve{q}_i$。

证明完毕。

附录 3.7

　　命题 9.4 证明： 根据定理 9.1 的 $\tilde{\Pi}_{Ci}$ 和引理 9.2 的 $\breve{\Pi}_{Ci}$，得到利润差异：

$$\tilde{\Pi}_{Ci} - \breve{\Pi}_{Ci} = \frac{(4-6k-k^2+2k^3)^2}{4(1-k)(2-k)^2(4-k-2k^2)^2}$$

因此，当 $0<k<0.6991$ 时，有

$$\frac{\partial(\tilde{\Pi}_{Ci} - \breve{\Pi}_{Ci})}{\partial k} = -\frac{(16 + 8k - 24k^2 - 24k^3 + 29k^4 - 4k^6)(4 - 6k - k^2 + 2k^3)}{4(1-k)^2(2-k)^3(4-k-2k^2)^3} < 0$$

证明完毕。

附录 3.8

命题 9.5 证明：从命题 9.4 证明中的利润差异可得，当 $0 < k < 0.6991$ 时，存在一个满足 $\lambda(\tilde{\Pi}_{Mi} + \tilde{\Pi}_{Ri}) \geqslant \breve{\Pi}_{Ri}$ 和 $(1-\lambda)(\tilde{\Pi}_{Mi} + \tilde{\Pi}_{Ri}) \geqslant \breve{\Pi}_{Mi}$ 的利润分成比例。因此，

$$\frac{\breve{\Pi}_{Ri}}{\tilde{\Pi}_{Mi} + \tilde{\Pi}_{Ri}} \leqslant \lambda \leqslant \frac{\tilde{\Pi}_{Mi} - \breve{\Pi}_{Mi} + \tilde{\Pi}_{Ri}}{\tilde{\Pi}_{Mi} + \tilde{\Pi}_{Ri}}$$。因为 $\tilde{\Pi}_{Ci} = \tilde{\Pi}_{Mi} + \tilde{\Pi}_{Ri} > \breve{\Pi}_{Ci} = \breve{\Pi}_{Mi} + \tilde{\Pi}_{Ri}$，所以区

间 $\left[\dfrac{\breve{\Pi}_{Ri}}{\tilde{\Pi}_{Mi} + \tilde{\Pi}_{Ri}}, \dfrac{\tilde{\Pi}_{Mi} - \breve{\Pi}_{Mi} + \tilde{\Pi}_{Ri}}{\tilde{\Pi}_{Mi} + \tilde{\Pi}_{Ri}}\right]$ 必须是非空的。

证明完毕。

附录 3.9

引理 9.3 证明：在集中化下，根据式（9.15）中供应链利润最大化，同时求解两种产品的均衡价格 $\hat{p}_i$，可得

$$\hat{p}_i = \frac{a}{2b+k}$$

将 $\hat{p}_i$ 代回式（9.14）和式（9.15），就可以得到集中化下的所有均衡解。

证明完毕。

附录 3.10

引理 9.4 证明：用逆向归纳法求解分散化下的博弈。式（9.17）中，在第二阶段，零售商 i 为了获得最大利润，制定零售价格 p_i。一阶导数的最优零售价格为

$$p_i(W) = \frac{2ab + 3ak + 2(b+k)^2 w_i + k(b+k)w_j}{4b^2 + 8bk + 3k^2}$$

在第一阶段，制造商 i 决定批发价格 w_i。将 $p_i(W)$ 代入式（9.16），可得

$$\breve{w}_i = \frac{a(2b+3k)}{4b^2 + 7bk + k^2}$$

将这个最优批发价格逆向代入式（9.14）、式（9.16）和式（9.17），就可以推导出分散化下的其他均衡解。

证明完毕。

附录 3.11

定理 9.2 证明：与定理 9.1 的证明类似，在第三阶段，给定制造商的所有权比例和批发价格，零售商 i 为了获得最大利润，制定零售价格 p_i，在式（9.18）中取一阶导数求解，可得到如引理 9.4 所示的最优零售价格 $p_i(W)$。

在第二阶段，制造商 i 决定批发价格 w_i。将 $p_i(W)$ 代入式（9.19），可得

$$w_i(M) = \frac{a[(2b+k)(2b+3k) - 2m_i(2b^2 + 4bk + k^2)][A_3 - 2m_j(b+2k)(2b^2 + 4bk + k^2)]}{-2A_1(2b^2 + 4bk + k^2)(m_i + m_j) + 4bm_i m_j(b+2k)(2b^2 + 4bk + k^2)^2 + A_2}$$

其中，$A_1 = 8b^4 + 32b^3 k + 39b^2 k^2 + 14bk^3 + k^4$，$A_2 = (2b+k)(2b+3k)(4b^2 + 9bk + 3k^2) \times (4b^2 + 7bk + k^2)$，$A_3 = (2b+3k)(4b^2 + 9bk + 3k^2)$。

在第一阶段，制造商 i 决定所有权比例 m_i。在得到的最优解下，解式（9.20）得到五个解，但只有两个解满足必要条件（正需求和 $0 \leqslant m_i \leqslant 1$）：

$$m_i^1 = \frac{3b^2 + 6bk + 2k^2}{2b^2 + 4bk + k^2} - \frac{b+k}{2\sqrt{b(b+2k)}} \,, \quad m_i^2 = \frac{4b^3 + 6b^2 k - bk^2 - k^3}{2b(2b^2 + 4bk + k^2)}$$

当解是 m_i^1 时，当 $k=0$ 时，$m_i^1 = 1$；当 $k>0$ 时，$\dfrac{\partial m_i^1}{\partial k}<0$。这表明 $k>0$ 时，m_i^1 随 k 的减少而减少。令 $k^1(b) = \{k \mid m_i^1 = 0\}$，则当 $0<k<k^1(b)$ 时，$0<m_i^1<1$；当 $k \geqslant k^1(b)$ 时，$m_i^1 = 0$。将所有权比例 m_i^1 代入式（9.20），得到每条供应链的利润：

$$\Pi_{Ci}^1 = \begin{cases} \dfrac{a^2(b+2k)}{4k^2}\left(1 - \sqrt{\dfrac{b}{b+2k}}\right)\left(\sqrt{\dfrac{b+2k}{b}} - 1\right), & 0<k<k^1(b) \\[4mm] \dfrac{2a^2(b+k)(2b^2 + 4bk + k^2)(3b^2 + 6bk + 2k^2)}{(2b+k)^2(4b^2 + 7bk + k^2)^2}, & k \geqslant k^1(b) \end{cases}$$

当解是 m_i^2 时，当 $k=0$ 时，$m_i^2 = 1$；当 $k>0$ 时，$\dfrac{\partial m_i^2}{\partial k}<0$。这意味着 $k>0$ 时，m_i^2 随着 k 的减少而减少。令 $k^*(b) = \{k \mid m_i^2 = 0\}$，则当 $0<k<k^*(b)$ 时，$0<m_i^2<1$；当 $k \geqslant k^*(b)$ 时，$m_i^2 = 0$。将所有权比例 m_i^2 代入式（9.20），每条供应链的利润如下：

$$\Pi_{Ci}^2 = \begin{cases} \dfrac{a^2}{4b}, & 0<k<k^*(b) \\[4mm] \dfrac{2a^2(b+k)(2b^2 + 4bk + k^2)(3b^2 + 6bk + 2k^2)}{(2b+k)^2(4b^2 + 7bk + k^2)^2}, & k \geqslant k^*(b) \end{cases}$$

通过比较 m_i^2 和 m_i^1，可知 $k^*(b)<k^1(b)$。当 $0<k<k^*(b)$ 时，$\dfrac{\partial(\Pi_{Ci}^2 - \Pi_{Ci}^1)}{\partial k}>0$ 且 $\Pi_{Ci}^2 - \Pi_{Ci}^1\big|_{k=0} = 0$。由此可得：当 $0<k<k^*(b)$ 时，$\Pi_{Ci}^2 - \Pi_{Ci}^1>0$；当 $k^*(b) \leqslant k<k^1(b)$

时，$\Pi_{Ci}^2 - \Pi_{Ci}^1$ 随着 k 的增加先增加后减少。因为 $\Pi_{Ci}^2 - \Pi_{Ci}^1\big|_{k=k^*(b)} > 0$ 且 $\Pi_{Ci}^2 - \Pi_{Ci}^1\big|_{k=k^1(b)} = 0$，所以当 $k^*(b) \leqslant k < k^1(b)$ 时，$\Pi_{Ci}^2 - \Pi_{Ci}^1 > 0$；当 $0 < k < k^1(b)$ 时，$\Pi_{Ci}^2(m_i^2) > \Pi_{Ci}^1(m_i^1)$；当 $k \geqslant k^1(b)$ 时，$\Pi_{Ci}^2(m_i^2) = \Pi_{Ci}^1(m_i^1) = \breve{\Pi}_{Ci}(m_i = 0)$。

另外，我们试图证明在 $0 < k < k^*(b)$ 下，部分集中化供应链灵活的所有权比例 m_i^2 能够得到比 $m_i = 1$ 的集中化供应链和 $m_i = 0$ 的分散化供应链更高的利润。供应链在 $0 < m_i^2 < 1$ 和 $m_i = 1$ 下的利润差异如下：

$$\Pi_{Ci}^2 - \widehat{\Pi}_{Ci} = \frac{k^2}{4b(2b+k)^2} > 0，\quad 0 < k < k^*(b)$$

供应链利润在 $0 < m_i^2 < 1$ 和 $m_i = 0$ 下的利润差异为

$$\Pi_{Ci}^2 - \breve{\Pi}_{Ci} = \frac{(4b^3 + 6b^2k - bk^2 - k^3)^2}{4b(2b+k)^2(4b^2 + 7bk + k^2)^2} > 0，\quad 0 < k < k^*(b)$$

综上所述，由于供应链的利润在 $0 \leqslant m_i \leqslant 1$ 上是连续的，我们可以推导出 $k > 0$ 时的所有权比例，即 $\tilde{m}_i = \frac{4b^3 + 6b^2k - bk^2 - k^3}{2b(2b^2 + 4bk + k^2)}$。具体来说，当 $0 < k < k^*(b)$ 时，供应链的均衡结构为部分纵向集中化；当 $k \geqslant k^*(b)$ 时，供应链的均衡结构是分散化，利用所有权比例和逆向代入，我们可以在定理 9.2 中推导出所有均衡解。

证明完毕。

附录 4　第十一章证明

附录 4.1

定理 11.1 证明：在分销模式下，采用逆向归纳法进行求解。首先，求解电商平台和零售商的利润分别关于 p_e、p_r 的二阶导数：

$$\frac{\partial^2 \Pi_e^S}{\partial p_e^2} = -2(k+1) < 0$$

$$\frac{\partial^2 \Pi_r^S}{\partial p_r^2} = -2(k+1) < 0$$

因此，Π_e^S 是关于 p_e 的凸函数，并且 Π_r^S 是关于 p_r 的凸函数。可以求得 p_e 和 p_r 有唯一的最优值，见式（11.5）。

然后，将 $p_r^S(\theta, w_e, w_r)$ 和 $p_e^S(\theta, w_e, w_r)$ 代入式（11.6），构造关于 (θ, w_e, w_r) 的三阶黑塞矩阵如下：

$$H = \begin{bmatrix} -h & \dfrac{\lambda(k+1)}{2+k} & \dfrac{\lambda(k+1)}{k+2} \\ \dfrac{\lambda(k+1)}{2+k} & \dfrac{-[2(k^3+5k^2+6k+2)]}{3k^2+8k+4} & \dfrac{2k(k+1)^2}{3k^2+8k+4} \\ \dfrac{\lambda(k+1)}{2+k} & \dfrac{2k(k+1)^2}{3k^2+8k+4} & \dfrac{-[2(k^3+5k^2+6k+2)]}{3k^2+8k+4} \end{bmatrix}$$

黑塞矩阵负定的必要条件是 $h > h_S = \dfrac{\lambda^2(k+1)}{2+k}$，可得

$$H(1,1) = -h < 0$$

$$H(1:2,1:2) = \frac{2h(k^3+6k^2+10k+4)-(3k^2+5k+2)\lambda^2}{(3k+2)(k+2)^2} > 0$$

$$H(1:3,1:3) = \frac{\lambda^2(k+1)-(2+k)h}{(k+2)(3k^2+8k+4)} < 0$$

关于 (θ^S, w_e^S, w_r^S) 的唯一最优解是

$$\theta^S = \frac{a\lambda(k+1)}{h(2+k)-\lambda^2(k+1)}, \quad w_r^S = w_e^S = \frac{ah(2+k)}{2[h(2+k)-\lambda^2(k+1)]}$$

最后，将所得的最优解 (θ^S, w_e^S, w_r^S) 代入式（11.3）~式（11.6）中，可以得到如定理 11.1 所示的均衡结果。

证明完毕。

附录 4.2

推论 11.1 证明： 在分销模式的基准模型下，制造商首先收取批发价格（w_r 和 w_e），然后零售商和电商平台同时选择零售价格（p_r 和 p_e）。因此，零售商和电商平台选择零售价格以实现利润最大化：

$$\max \Pi_r^{SN} = (p_r - w_r)[a - p_r + k(p_e - p_r)]$$

$$\max \Pi_e^{SN} = (p_e - w_e)[a - p_e + k(p_r - p_e)]$$

通过逆向归纳法求解，可得电商平台和零售商的利润分别关于 p_e、p_r 的二阶导数：

$$\frac{\partial^2 \Pi_e^{SN}}{\partial p_e^2} = -2(k+1) < 0$$

$$\frac{\partial^2 \Pi_r^{SN}}{\partial p_r^2} = -2(k+1) < 0$$

因此，Π_e^{SN} 是关于 p_e 的凸函数，并且 Π_r^{SN} 是关于 p_r 的凸函数，有唯一的最优 p_e 和 p_r：

$$p_e^{SN}(w_e, w_r) = p_r^{SN}(w_e, w_r) = \frac{(3k+2)a + (k^2+k)w_r + 2(k^2+2k+1)w_e}{3k^2+8k+4}$$

预计零售商和电商平台的最佳零售价格为 $p_e^{SN}(w_e, w_r)$ 和 $p_r^{SN}(w_e, w_r)$，制造商决定批发价格（w_r 和 w_d），以最大化其总利润如下：

$$\max \Pi_m^{SN} = w_r \left\{ a - p_r^{SN}(w_r, w_e) + k[p_e^{SN}(w_r, w_e) - p_r^{SN}(w_r, w_e)] \right\}$$
$$+ w_e a - p_e^{SN}(w_r, w_e) + k[p_r^{SN}(w_r, w_e) - p_e^{SN}(w_r, w_e)]$$

将 $p_e^{SN}(w_e, w_r)$ 和 $p_r^{SN}(w_e, w_r)$ 代入 Π_m^{SN}，构造关于 (w_e, w_r) 的二阶黑塞矩阵：

$$H = \begin{bmatrix} -\dfrac{2(k^3+5k^2+6k+2)}{3k^2+8k+4} & \dfrac{2k(k+1)^2}{3k^2+8k+4} \\ \dfrac{2k(k+1)^2}{3k^2+8k+4} & -\dfrac{2(k^3+5k^2+6k+2)}{3k^2+8k+4} \end{bmatrix}$$

黑塞矩阵负定的必要条件是

$$H(1,1) = -\frac{2(k^3+5k^2+6k+2)}{3k^2+8k+4}$$

$$H(1:2, 1:2) = \frac{4(2k+1)(k+1)^2}{3k^2+8k+4} > 0$$

(w_e, w_r) 的唯一最优解是

$$w_r^{SN} = w_e^{SN} = \frac{a}{2}$$

将解 (w_e^{SN}, w_r^{SN}) 代入零售价格和利润函数，可以得到如推论 11.1 所示的均衡结果。证明完毕。

附录 4.3

命题 11.1 证明：（1）将关于低碳产品的分销模式下的价格与基准模型下的进行比较，根据定理 11.1 和推论 11.1，可得

$$p_r^{S-SN} = p_r^S - p_r^{SN} = \frac{a\lambda^2(k^2+4k+3)}{2(k+2)[h(2+k) - \lambda^2(k+1)]} > 0$$

$$p_e^{S-SN} = p_e^S - p_e^{SN} = \frac{a\lambda^2(k^2+4k+3)}{2(k+2)[h(2+k) - \lambda^2(k+1)]} > 0$$

（2）比较定理 11.1 和推论 11.1 的需求函数，可得

$$D_e^{S-SN} = D_e^S - D_e^{SN} = \frac{a\lambda^2(k+1)^2}{2(k+2)[h(2+k) - \lambda^2(k+1)]} > 0$$

$$D_r^{S-SN} = D_r^S - D_r^{SN} = \frac{a\lambda^2(k+1)^2}{2(k+2)[h(2+k) - \lambda^2(k+1)]} > 0$$

（3）比较定理 11.1 和推论 11.1 的制造商的利润，可得

$$\Pi_m^{S-SN} = \Pi_m^S - \Pi_m^{SN} = \frac{a^2 \lambda^2 (k+1)^2}{2(k+2)[h(2+k)-\lambda^2(k+1)]}$$

当 $\lambda=0$ 时，$\Pi_m^{S-SN}=0$。当 $\lambda>0$ 和 $h>\dfrac{\lambda^2(k+1)}{2+k}$ 时，$\Pi_m^{S-SN}>0$，即 $\Pi_m^S>\Pi_m^{SN}$。

比较分销模式与基准模型下的零售商的利润和电商平台的利润，可得

$$\Pi_r^{S-SN} = \Pi_r^S - \Pi_r^{SN} = \frac{a^2 h^2 (k+1)(k+2)^2 - a^2(k+1)[h(2+k)-\lambda^2(k+1)]^2}{4[h(2+k)-\lambda^2(k+1)]^2(k+2)^2}>0$$

$$\Pi_e^{S-SN} = \Pi_e^S - \Pi_e^{SN} = \frac{a^2 h^2 (k+1)(k+2)^2 - a^2(k+1)[h(2+k)-\lambda^2(k+1)]^2}{4[h(2+k)-\lambda^2(k+1)]^2(k+2)^2}>0$$

证明完毕。

附录 4.4

命题 11.2 证明：首先，证明制造商的利润总是随着 λ 的增加而增加。由定理 11.1 推导出制造商在分销模式下的均衡利润，其关于 λ 的一阶导数为

$$\frac{\partial \Pi_m^S}{\partial \lambda} = \frac{a^2 h \lambda (k+1)^2}{\left[h(2+k)-\lambda^2(k+1)\right]^2}>0$$

根据定理 11.1 中零售商的均衡利润，可得

$$\frac{\partial \Pi_r^S}{\partial \lambda} = \frac{a^2 h^2 \lambda (k+1)^2}{[h(2+k)-\lambda^2(k+1)]^3}>0$$

然后，根据定理 11.1 中电商平台的均衡利润，可得

$$\frac{\partial \Pi_e^S}{\partial \lambda} = \frac{a^2 h^2 \lambda (k+1)^2}{[h(2+k)-\lambda^2(k+1)]^3}>0$$

证明完毕。

附录 4.5

定理 11.2 证明：在代销模式下，类似分销模式，采用逆向归纳法来求解博弈模型。零售商关于零售价格的二阶导数是

$$\frac{\partial^2 \Pi_r^A}{\partial p_r^2} = -2k-2<0$$

同时，制造商关于零售价格的二阶导数是

$$\frac{\partial^2 \Pi_m^A}{\partial p_e^2} = 2(\beta-1)(k+1)<0$$

因此，Π_r^A 是关于 p_r 的凸函数，Π_m^A 是关于 p_e 的凸函数。可以求解出关于 p_r 和 p_e 唯一的最优解，见式（11.8）和式（11.9）。

将式（11.8）和式（11.9）代入式（11.10）并求解式（11.10）的二阶导数，构造关于 (θ, w_r) 的二阶黑塞矩阵：

$$\begin{bmatrix} \dfrac{2(k+1)[\beta^2 k^4 + (2\beta^2 + 16\beta - 18)k^3 + (\beta^2 + 40\beta - 41)k^2 + 32(\beta - 1)k + 8\beta - 8]}{(1-\beta)(3k^2 + 8k + 4)^2} & \dfrac{[(6-2\beta)k^3 + (15-4\beta)k^2 + (14-2\beta)k + 4]\lambda}{(3k+2)(k+2)^2} \\[4mm] \dfrac{[(6-2\beta)k^3 + (15-4\beta)k^2 + (14-2\beta)k + 4]\lambda}{(3k+2)(k+2)^2} & \dfrac{2(1+k-\beta-\beta k)\lambda^2 - (4+4k+k^2)h}{(k+2)^2} \end{bmatrix}$$

黑塞矩阵负定的必要条件是 $h > h_A$，有

$$H(1,1) = \frac{2(k+1)[\beta^2 k^4 + (2\beta^2 + 16\beta - 18)k^3 + (\beta^2 + 40\beta - 41)k^2 + 32(\beta - 1)k + 8\beta - 8]}{(1-\beta)(3k^2 + 8k + 4)^2} < 0$$

$$H(1:2, 1:2) = \frac{A_1}{(3k+2)^2 (1-\beta)(k+2)^2} > 0$$

其中，

$A_1 = [-\beta^2(24k^4 + 76k^3 + 88k^2 + 44k + 8) + \beta(60k^4 + 184k^3 + 213k^2 + 108k + 20) - (36k^4 + 108k^3 + 125k^2 + 64k + 12)]\lambda^2 + h[(36k^4 + 118k^3 + 146k^2 + 80k + 16) - \beta^2(2k^5 + 6k^4 + 6k^3 + 2k^2) - \beta(32k^4 + 112k^3 + 144k^2 + 80k + 16)] > 0$

$$h_A = \frac{\begin{bmatrix} \beta^2(24k^4 + 76k^3 + 88k^2 + 44k + 8) - \beta(60k^4 + 184k^3 + 213k^2 + 108k + 20) \\ + (36k^4 + 108k^3 + 125k^2 + 64k + 12) \end{bmatrix}\lambda^2}{[(36k^4 + 118k^3 + 146k^2 + 80k + 16) - \beta^2(2k^5 + 6k^4 + 6k^3 + 2k^2) - \beta(32k^4 + 112k^3 + 144k^2 + 80k + 16)]}$$

(θ, w_r) 的唯一最优解是

$$\theta^A = \frac{a\lambda(1-\beta)(6k^2 + 7k + 2)[6(k^2 + 1) + 11k - \beta(4k^2 + 8k + 4)]}{A_1}$$

$$w_r^A = \frac{ah(3k+2)(1-\beta)[(6-2\beta)k^3 + (15-4\beta)k^2 + (14-2\beta)k + 4]}{A_1}$$

将解 (θ^A, w_r^A) 代入式（11.8）～式（11.10）中，可以得到如定理 11.2 所示的均衡结果。除此之外，还需要检查定理 11.2 中的所有均衡解是否大于 0，可得当 $0 < \beta < \dfrac{4k^2 + 7k + 4}{k^3 + 6k^2 + 9k + 4}$ 时，$D_e^A > 0$。

证明完毕。

附录 4.6

推论 11.2 证明：在考虑非低碳产品的代销模式下，类似推论 11.1 的证明，制造商和零售商选择其零售价格（p_e 和 p_r）：

$$\max \Pi_m^S = w_r[a - p_r + k(p_e - p_r)] + (1-\beta)p_e[a - p_e + k(p_r - p_e)]$$

$$\max \Pi_r^S = (p_r - w_r)[a - p_r + k(p_e - p_r)]$$

采用逆向归纳法来求解博弈顺序。电商平台和零售商关于零售价格的二阶导数是

$$\frac{\partial^2 \Pi_r^{AN}}{\partial p_r^2} = -2k - 2 < 0$$

$$\frac{\partial^2 \Pi_m^{AN}}{\partial p_e^2} = 2(\beta - 1)(k + 1) < 0$$

因此，Π_r^{AN} 是关于 p_r 的凸函数，且 Π_m^{AN} 是关于 p_e 的凸函数。可以求解唯一的最优 p_r 和 p_e：

$$p_r^{AN}(w_s) = \frac{a(2 + 3k - 3\beta k - 2\beta) + [(2 + 4k)(1 - \beta) + (3 - 2\beta)k^2]}{(1 - \beta)(3k^2 + 8k + 4)}$$

$$p_e^{AN}(w_s) = \frac{a(2 + 3k - 3\beta k - 2\beta) + [(2 + 4k)(1 - \beta) + (3 - 2\beta)k^2]}{(1 - \beta)(3k^2 + 8k + 4)}$$

制造商选择批发价格 w_r，使两个渠道的总利润最大化。制造商的优化问题是

$$\max \Pi_m^{AN} = w_r \left\{ a - p_r^{AN}(w_r) + k[p_r^{AN}(w_r) - p_r^{AN}(w_r)] \right\} + (1 - \beta) p_e^{AN}(w_r) a - p_e^{AN}(w_r)$$
$$+ k[p_r^{AN}(w_r) - p_e^{AN}(w_r)]$$

将 $p_r^{AN}(w_s)$ 和 $p_e^{AN}(w_s)$ 代入求解 Π_m^{AN} 关于批发价格的二阶导数，使两个渠道的总利润最大化：

$$\frac{\partial^2 \Pi_m^{AN}}{\partial w_r^2} = \frac{2(k+1)[8(\beta-1) + 32k(\beta-1) + k^2(\beta^2 + 40\beta - 41)k^2 + (2\beta^2 + 16\beta - 18)k^3 + \beta^2 k^4]}{(1-\beta)(3k^2 + 8k + 4)^2} < 0$$

唯一的最优解 w_r 是

$$w_r^{AN} = \frac{a(3k + 2)(1 - \beta)[(6 - 2\beta)k^3 + (15 - 4\beta)k^2 + (14 - 2\beta)k + 4]}{2(k+1)A_2}$$

其中，$A_2 = 2[\beta h + 2(1-\beta)\lambda^2]k^4 + [(14 - 18\beta)h - 2(1-\beta)\lambda^2]k^3$
$$+ [(33 - 38\beta)h - 18(1-\beta)\lambda^2]k^2 + [(28 - 30\beta)h - 10(1-\beta)\lambda^2]k$$
$$+ (1 - \beta)(8h + 2\lambda^2)$$

将唯一最优值 w_r^{AN} 代入零售价格和利润函数，可以得到如推论 11.2 所示的均衡结果。需要检查推论 11.2 中的所有均衡解都大于 0，可得当 $0 < \beta < \dfrac{4k^2 + 7k + 4}{k^3 + 6k^2 + 9k + 4}$ 时，

$$D_e^{AN} = \frac{a(6k^2 + 7k + 2)[4(1-\beta) + (7 - 9\beta)k + (4 - 6\beta)k^2 - \beta k^3]}{2(k+1)A_2} > 0 \text{ 。}$$

证明完毕。

附录 4.7

命题 11.3 证明：（1）从命题 11.3 中讨论渠道竞争系数 k 对产品减排量 θ^s 的影响，可得

$$\frac{\partial \theta^S}{\partial k} = \frac{ah\lambda}{h(2+k) - \lambda^2(k+1)^2} > 0$$

（2）定理 11.1 中，根据批发价格 w_r^S 和 w_e^S，可得

$$\frac{\partial w_r^S}{\partial k} = \frac{\partial w_e^S}{\partial k} = \frac{ah(h - 2\lambda^2)}{2[h(2+k) - \lambda^2(k+1)]^2} > 0$$

（3）定理 11.1 中，根据零售商的零售价格 p_r^S 及电商平台的零售价格 p_e^S，可得

$$\frac{\partial p_r^S}{\partial k} = \frac{\partial p_e^S}{\partial k} = \frac{ah(h - 2\lambda^2)}{2[h(2+k) - \lambda^2(k+1)]^2} < 0$$

（4）在定理 11.1，根据分销模式下的均衡需求 D_e^S 和 D_r^S，可得

$$\frac{\partial D_r^S}{\partial k} = \frac{\partial D_e^S}{\partial k} = \frac{ah^2}{2[h(2+k) - \lambda^2(k+1)]^2} > 0$$

（5）在定理 11.1 中，根据分销模式下的制造商均衡利润，可得

$$\frac{\partial \Pi_m^S}{\partial k} = \frac{a^2 h^2}{2[h(2+k) - \lambda^2(k+1)]^2} > 0$$

（6）讨论 k 对零售商利润的影响，可得

$$\frac{\partial \Pi_r^S}{\partial k} = \frac{a^2 h^2[(k+1)\lambda^2 - hk]}{4[h(2+k) - \lambda^2(k+1)]^3} < 0$$

（7）讨论 k 对电商平台利润的影响，可得

$$\frac{\partial \Pi_e^S}{\partial k} = \frac{a^2 h^2[(k+1)\lambda^2 - hk]}{4[h(2+k) - \lambda^2(k+1)]^3} < 0$$

证明完毕。

附录 4.8

命题 11.4 证明：（1）根据定理 11.2 和推论 11.2 中的均衡价格，可得

$$p_r^{A-AN} = p_r^A - p_r^{AN}$$

$$= \frac{\begin{aligned} & a\lambda^2(1-\beta)(6k^2 + 7k + 2)[(108 - 8\beta^3 + 84\beta^2 - 180\beta)k^6 + (612 - 40\beta^3 + 482\beta^2 - 1038\beta)k^5 \\ & + (1431 - 80\beta^3 + 1138\beta^2 - 2466\beta)k^4 + (1784 - 80\beta^3 + 1410\beta^2 - 3098\beta)k^3 \\ & + (1252 - 40\beta^3 + 962\beta^2 - 2170\beta)k^2 + (468 - 8\beta^3 + 340\beta^2 - 800\beta)k + 48\beta^2 - 120\beta + 72] \end{aligned}}{2(k+1)A_1 A_2} > 0$$

$$p_e^{A-AN} = p_e^A - p_e^{AN}$$

$$= \frac{\begin{aligned} & a\lambda^2(2k+1)(3k+2)^2(1-\beta)[(16\beta^2 - 48\beta + 36)k^4 + (68\beta^2 - 190\beta + 132)k^3 \\ & + (104\beta^2 - 275\beta + 181)k^2 + (68\beta^2 - 174\beta + 110)k + 16\beta^2 - 40\beta + 24] \end{aligned}}{2A_1 A_2} > 0$$

（2）根据定理 11.2 和推论 11.2 中的均衡需求量，可得

$D_r^{A-AN} = D_r^A - D_r^{AN}$

$$= \frac{\begin{aligned}a\lambda^2(1-\beta)(2k+1)(3k+2)^2[(8\beta^3-242\beta^2+18\beta)k^5+(32\beta^3-70\beta^2+9\beta+36)k^4+(48\beta^3-56\beta^2\\-98\beta+114)k^3+(32\beta^3+18\beta^2-194\beta+148)k^2+(8\beta^3-44\beta^2+144\beta+92)k+16\beta^2-40\beta+24]\end{aligned}}{2(k+1)A_1A_2} > 0$$

$D_e^{A-AN} = D_e^A - D_e^{AN}$

$$= \frac{\begin{aligned}a\lambda^2(6k^2+7k+2)^2(1-\beta)[(4\beta^2-6\beta)k^5+(32\beta^2-63\beta+24)k^4+(88\beta^2-186\beta\\+86)k^3+(112\beta^2-247\beta+125)k^2+(68\beta^2-158\beta+86)k+16\beta^2-40\beta+24]\end{aligned}}{2(k+1)A_1A_2} > 0$$

（3）根据定理 11.2 和推论 11.2 中的制造商利润，可得

$$\lambda = 0$$

相似地，当 $\lambda = 0$ 时，可以得出 $\varPi_m^{A-AN} = 0$。但是，当 $\lambda > 0$ 和 $h > h_A$ 时，$\varPi_m^{A-AN} > 0$，即 $\varPi_m^A > \varPi_m^{AN}$。将代销模式下零售商的利润和电商平台的利润与低碳产品的基准模型进行比较，可得

$\varPi_r^{A-AN} = \varPi_r^A - \varPi_r^{AN}$

$$= \frac{\alpha^2h^2(2k+1)(2k^2+3k+1)[k^3(2\beta^2-3\beta)+k^2(4\beta^2-6)+k(2\beta^2+6\beta-8)+4\beta-4]^2}{A_1^2}$$
$$- \frac{a^2(2k+1)^2[(3\beta-2\beta^2)k^3+(6-4\beta^2)k^2+(8-6\beta-2\beta^2)k+4(1-\beta)]^2}{4(k+1)A_2^2}$$

当 $\lambda = 0$ 时，可以得出 $\varPi_r^{A-AN} = 0$，即 $\varPi_r^A = \varPi_r^{AN}$。但是，当 $\lambda > 0$ 和 $h > h_A$ 时，可以得出 $\varPi_r^{A-AN} > 0$，即 $\varPi_r^A > \varPi_r^{AN}$。

根据定理 11.2 和推论 11.2，可得

$\varPi_e^{A-AN} = \varPi_e^A - \varPi_e^{AN}$

$$= \frac{\begin{aligned}\beta a^2h^2(3k+2)^2(6k^2+7k+2)(k^2+3k+2)[k^2(4\beta-6)\\+k(9\beta-11)+4-4\beta][-\beta k^3+k^2(4-6\beta)+k(8-9\beta)+4-4\beta]\end{aligned}}{A_1^2}$$
$$- \frac{\begin{aligned}\beta a^2(3k+2)^2(k+2)(6k^2+7k+2)[(6-4\beta)k^2+(11-9\beta)k+4(1-\beta)]\\\times[4(1-\beta)+(7-9\beta)k+(4-6\beta)k^2-\beta k^3]\end{aligned}}{4(k+1)(3k^2+8k+4)A_2^2}$$

同样，当时 $\lambda = 0$ 时，可以得到 $\varPi_e^{A-AN} = 0$。但是，当 $\lambda > 0$ 和 $h > h_A$ 时，可以得到 $\varPi_e^{A-AN} > 0$，即 $\varPi_e^A > \varPi_e^{AN}$。

证明完毕。

附录 4.9

命题 11.5 证明：与命题 11.2 类似，首先证明制造商的利润总是随着 λ 的增加而增加。

由定理 11.2 推导出制造商在代销模式下的均衡利润，其关于 λ 的一阶导数为

$$\frac{\partial \Pi_m^A}{\partial \lambda} = \frac{a^2 h\lambda(1-\beta)^2(6k^2+7k+2)^2[6k^2+11k+6-(4k^2+8k+4)\beta]^2}{A_1^2} > 0$$

根据定理 11.2 中零售商的均衡利润，可得

$$\frac{\partial \Pi_r^A}{\partial \lambda} = \frac{\begin{array}{c}4a^2h^2\lambda(2k+1)(1-\beta)(2k^2+3k+1)(6k^2+7k+2)[6k^2+11k+6-(4k^2\\+8k+4)\beta][(3\beta-2\beta^2)k^3+(6-4\beta^2)k^2+(8-6\beta-2\beta^2)k+4-4\beta]^2\end{array}}{A_1^3} > 0$$

同样，根据定理 11.2 中零售商的均衡利润，可得

$$\frac{\partial \Pi_e^A}{\partial \lambda} = \frac{\begin{array}{c}4\beta a^2h^2\lambda(3k+2)^2(1-\beta)(6k^2+7k+2)^2(k^2+3k+2)[6k^2+11k+4-(4k^2\\+9k+4)\beta][6k^2+11k+6-(4k^2+8k+4)\beta][4k^2+7k+4-(k^3+6k^2+9k+4)\beta]\end{array}}{A_1^3},$$

当 $0 < \beta < T$ 时，求解每个均衡解关于 λ 的一阶导数：

$$\frac{\partial \theta^A}{\partial \lambda} = \frac{a(1-\beta)(6k^2+7k+2)[6k^2+11k+6-(4k^2+8k+4)\beta]}{A_1} > 0$$

$$\frac{\partial w_r^A}{\partial \lambda} = \frac{\begin{array}{c}2ah\lambda(3k+2)(1-\beta)^2(6k^2+7k+2)[6k^2+11k+6-(4k^2+8k+4)\beta]\\\times[(6-2\beta)k^3+(15-4\beta)k^2+(14-2\beta)k+4]\end{array}}{A_1^2} > 0$$

$$\frac{\partial p_r^A}{\partial \lambda} = \frac{\begin{array}{c}2ah\lambda(1-\beta)(6k^2+7k+2)[6k^2+11k+6-(4k^2+8k+4)\beta][(2\beta^2-18\alpha+18)\\\times k^4+(6\beta^2-70\beta+69)k^3+(6\beta^2-98\beta+94)k^2+(2\beta^2-58\beta+56)k+12(1-\beta)]\end{array}}{A_1^2} > 0$$

$$\frac{\partial p_e^A}{\partial \lambda} = \frac{\begin{array}{c}2ah\lambda(1-\beta)(3k^2+5k+2)(6k^2+7k+2)[6k^2+11k+6-(4k^2+8k+4)\beta]\\\times[6k^2+11k+4-(4k^2+9k+4)\beta]\end{array}}{A_1^2} > 0$$

$$\frac{\partial D_r^A}{\partial \lambda} = \frac{\begin{array}{c}2ah\lambda(1-\beta)(2k^2+3k+1)(6k^2+7k+2)[6k^2+11k+6-(4k^2+8k+4)\beta]\\\times[(3\beta-2\beta^2)k^3+(6-4\beta^2)k^2+(8-6\beta-2\beta^2)k+4-4\beta]\end{array}}{A_1^2} > 0$$

$$\frac{\partial D_e^A}{\partial \lambda} = \frac{\begin{array}{c}2ah\lambda(1-\beta)(6k^2+7k+2)^2[6k^2+11k+6-(4k^2+8k+4)\beta]\\\times[4k^2+7k+4-(k^3+6k^2+9k+4)\beta]\end{array}}{A_1^2} > 0$$

证明完毕。

附录 4.10

命题 11.6 证明：（1）当 $0 < \beta < T$ 和 $k \in (0,1)$ 时，从定理 11.2 中讨论渠道竞争系数 k 对产品减排量 θ_A 的影响，可得

$$\frac{\partial \theta^A}{\partial k} = \frac{2ah\lambda(1-\beta)f_1(k)}{A_1^2}$$

当 $k \in (0,1)$ 时，有 $f_1(k) > 0$。

其中，

$$\begin{aligned}
f_1(k) = &(36\beta^2 - 24\beta^3)k^8 + (216\beta^2 - 152\beta^3)k^7 + (180 - 336\beta + 719\beta^2 - 420\beta^3)k^6 \\
&+ (765 - 1520\beta + 1547\beta^2 - 656\beta^3)k^5 + (1373 - 2884\beta + 2215\beta^2 - 624\beta^3)k^4 \\
&+ (1376 - 2936\beta + 1936\beta^2 - 360\beta^3)k^3 + (796 - 1684\beta + 1004\beta^2 - 116\beta^3)k^2 \\
&+ (248 - 512\beta + 280\beta^2 - 16\beta^3)k + 32(1-\beta)^2
\end{aligned}$$

（2）在定理 11.2 中，根据表达式 w_r^A，当 $0 < \beta < T$，$k \in (0,1)$ 时，可得

$$\frac{\partial w_r^A}{\partial k} = \frac{ah(\beta-1)f_2(k)}{A_1^2}$$

当 $k \in (0,1)$ 时，有 $f_2(k) > 0$，意味着 $\frac{\partial w_r^A}{\partial k} < 0$。

其中，

$$\begin{aligned}
f_2(k) = &(12\beta^3 - 36\beta^2)hk^8 + (64\beta^3 - 228\beta^2)hk^7 \\
&+ [(144h - 72\lambda^2)\beta^3 + (144\lambda^2 - 826h)\beta^2 + (36\lambda^2 + 324h)\beta - 108\lambda^2 - 72h]k^6 \\
&+ [(176h - 384\lambda^2)\beta^3 + (588\lambda^2 - 1944h)\beta^2 + (1320h + 480\lambda^2)\beta - 72h - 684\lambda^2]k^5 \\
&+ [(124h - 848\lambda^2)\beta^3 + (1096\lambda^2 - 2910h)\beta^2 + (1267h + 2316\lambda^2)\beta + 174h - 1515\lambda^2]k^4 \\
&+ [(48h - 992\lambda^2)\beta^3 + (1208\lambda^2 - 2720h)\beta^2 + (2288h + 1416\lambda^2)\beta + 320h - 1632\lambda^2]k^3 \\
&+ [(8h - 648\lambda^2)\beta^3 + (812\lambda^2 - 1536h)\beta^2 + (1352h + 768\lambda^2)\beta + 176h - 932\lambda^2]k^2 \\
&+ [(304h - 224\lambda^2)\beta^3 + (192\lambda^2 - 480h)\beta^2 + (448h + 192\lambda^2)\beta + 32h - 272\lambda^2]k \\
&- (32\beta^3 - 48\beta^2 - 16\beta + 32)\lambda^2 - 64h\beta^2 + 64h\beta
\end{aligned}$$

（3）在定理 11.2 中，根据零售商的零售价格 p_r^A 及电商平台的零售价格 p_e^A，可得

$$\frac{\partial p_r^A}{\partial k} = \frac{ahf_3(k)}{A_1^2}$$

当 $k \in (0,1)$ 时，有 $f_3(k) < 0$ 和 $\frac{\partial p_r^A}{\partial k} < 0$。

其中，

$$\begin{aligned}
f_3(k) = &(4h\beta^2 - 36h\beta^3 + 36h\beta^2)k^8 + (24\beta^2 - 280\beta^3 + 276\beta^2)hk^7 \\
&+ [(60h - 8\lambda^2)\beta^4 - (304\lambda^2 + 932h)\beta^3 + (1176\lambda^2 + 666h)\beta^2 + (588h - 1404\lambda^2)\beta + 540\lambda^2 - 360h]k^6 \\
&+ [(80h - 64\lambda^2)\beta^4 - (1404\lambda^2 + 1760h)\beta^3 + (5368\lambda^2 + 568h)\beta^2 + (2632h - 6168\lambda^2)\beta + 2268\lambda^2 - 1512h]k^5 \\
&+ [(60h - 192\lambda^2)\beta^4 - (2626\lambda^2 + 2092h)\beta^3 + (10188\lambda^2 - 158h)\beta^2 + (4936h - 11489\lambda^2)\beta + 4119\lambda^2 - 2746h]k^4 \\
&+ [(24h - 288\lambda^2)\beta^4 - (2512\lambda^2 + 1624h)\beta^3 + (10248\lambda^2 - 600h)\beta^2 + (4925h - 11576\lambda^2)\beta + 4128\lambda^2 - 2752h]k^3 \\
&+ [(4h - 232\lambda^2)\beta^4 - (1266\lambda^2 + 812h)\beta^3 + (5716\lambda^2 - 380h)\beta^2 + (2780h - 6606\lambda^2)\beta + 2388\lambda^2 - 1592h]k^2 \\
&+ [-96\lambda^2\beta^4 - (304\lambda^2 + 240h)\beta^3 + (1656\lambda^2 - 80h)\beta^2 + (816h - 2000\lambda^2)\beta + 744\lambda^2 - 496h]k \\
&- 16\beta^4\lambda^2 - 24\beta^3\lambda^2 - 32h\beta^3 + 192\beta^2\lambda^2 - 248\beta\lambda^2 + 96h\beta + 96\lambda^2 - 64h
\end{aligned}$$

同样，当 $k \in (0,1)$ 时，有

$$\frac{\partial p_e^A}{\partial k} = \frac{ahf_4(k)}{A_1^2}$$

当 $k \in (0,1)$ 时，有 $f_4(k) > 0$ 和 $\frac{\partial p_e^A}{\partial k} > 0$ 。

其中，

$$
\begin{aligned}
f_4(k) =\ & k^4(8h\beta^2 - 7h\beta^3) + k^3(24h\beta^2 - 22h\beta^3) + k^2(102\beta^2\lambda^2 + 16h\beta^2 - 34\beta^3\lambda^2 \\
& -23h\beta^3 - 100\beta\lambda^2 + 8h\beta + 32\lambda^2) + k(116\beta^2\lambda^2 - 40\beta^3\lambda^2 - 8h\beta^3 - 8h\beta^2 \\
& -108\beta\lambda^2 + 16h\beta + 32\lambda^2) - 12\beta^3\lambda^2 + 34\beta^2\lambda^2 - 8h\beta^2 - 30\beta\lambda^2 + 8h\beta + 8\lambda^2
\end{aligned}
$$

（4）在定理 11.2 中，根据 D_e^A 和 D_r^A 的均衡需求，当 $k \in (0,1)$ 时，可得

$$\frac{\partial D_r^A}{\partial k} = \frac{ahf_5(k)}{A_1^2}$$

当 $k \in (0,1)$ 时，有 $f_5(k) > 0$ ，$\frac{\partial D_r^A}{\partial k} > 0$ 。

其中，

$$
\begin{aligned}
f_5(k) =\ & [(96\lambda^2 - 4h)\beta^4 + (110h - 384\lambda^2)\beta^3 + (504\lambda^2 - 312h)\beta^2 + 216(h - \lambda^2)\beta]k^8 \\
& +[(608\lambda^2 - 24h)\beta^4 + (788h - 2384\lambda^2)\beta^3 + (3072\lambda^2 - 2152h)\beta^2 \\
& +(1416h - 1296\lambda^2)\beta]k^7 + [(1688\lambda^2 - 60h)\beta^4 + (2420h - 6536\lambda^2)\beta^3 \\
& +(8298\lambda^2 - 6284h)\beta^2 + (3758h - 3378\lambda^2)\beta + 192h - 72\lambda^2]k^6 \\
& +[(2688\lambda^2 - 80h)\beta^4 + (4180h - 10380\lambda^2)\beta^3 + (13062\lambda^2 - 10256h)\beta^2 \\
& +(5396h - 5106\lambda^2)\beta + 768h - 264\lambda^2]k^5 + [(2688\lambda^2 - 60h)\beta^4 \\
& +(4458h - 10478\lambda^2)\beta^3 + (13257\lambda^2 - 10336h)\beta^2 + (4738h - 5177\lambda^2)\beta + 1200h \\
& -290\lambda^2]k^4 + [(1728\lambda^2 - 24h)\beta^4 + (3016h - 6888\lambda^2)\beta^3 + (8952\lambda^2 - 6648h)\beta^2 \\
& +(2744h - 3760\lambda^2)\beta + 912h - 32\lambda^2]k^3 + [(696\lambda^2 - 4h)\beta^4 \\
& +(1268h - 2870\lambda^2)\beta^3 + (3916\lambda^2 - 2684h)\beta^2 + (1084h - 1882\lambda^2)\beta + 336h + 140\lambda^2]k^2 \\
& +[160\lambda^2\beta^4 + (304h - 688\lambda^2)\beta^3 + (1000\lambda^2 - 624h)\beta^2 + (272h - 560\lambda^2)\beta \\
& +48h + 88\lambda^2]k + 16\lambda^2\beta^4 + (32h - 72\lambda^2)\beta^3 + (112\lambda^2 - 64h)\beta^2 \\
& +(32h - 72\lambda^2)\beta + 32h + 16\lambda^2
\end{aligned}
$$

同样，当 $k \in (0,1)$ 时，有

$$\frac{\partial D_e^A}{\partial k} = \frac{2ahf_6(k)}{A_1^2}$$

当 $k \in (0,1)$ 时，有 $f_6(k) > 0$ 和 $\frac{\partial D_e^A}{\partial k} > 0$ 。

其中，

$$f_6(k) = [(72\lambda^2 - 25h)\beta^3 + (120h - 180\lambda^2)\beta^2 + (108\lambda^2 - 108h)\beta]k^8$$
$$+ [(456\lambda^2 - 160h)\beta^3 + (812h - 1104\lambda^2)\beta^2 + (648\lambda^2 - 708h)\beta]k^7$$
$$+ [(1250\lambda^2 - 444h)\beta^3 + (2517h - 3005\lambda^2)\beta^2 + (1791\lambda^2 - 2311h)\beta$$
$$+ 156h - 36\lambda^2]k^6 + [(1936\lambda^2 - 692h)\beta^3 + (4590h - 4683\lambda^2)\beta^2$$
$$+ (2831\lambda^2 - 4538h)\beta + 588h - 84\lambda^2]k^5 + [(1852\lambda^2 - 653h)\beta^3$$
$$+ (5295h - 4529\lambda^2)\beta^2 + (2714\lambda^2 - 5597h)\beta + 943h - 37\lambda^2]k^4$$
$$+ [(1120\lambda^2 - 372h)\beta^3 + (3900h - 2768\lambda^2)\beta^2 + (1592\lambda^2 - 4364h)\beta + 836h + 56\lambda^2]k^3$$
$$+ [(418\lambda^2 - 118h)\beta^3 + (1770h - 1041\lambda^2)\beta^2 + (554\lambda^2 - 2090h)\beta + 438h + 69\lambda^2]k^2$$
$$+ [(88\lambda^2 - 16h)\beta^3 + (448h - 220\lambda^2)\beta^2 + (104\lambda^2 - 560h)\beta + 128h + 28\lambda^2]k$$
$$+ 8\lambda^2\beta^3 + (48h - 20\lambda^2)\beta^2 + (8\lambda^2 - 64h)\beta + 4h + 16\lambda^2$$

（5）在定理 11.2 中，根据代销模式下制造商的均衡利润，可得

$$\frac{\partial \Pi_m^A}{\partial k} = \frac{a^2 h^2 (1 - \beta) f_7(k)}{A_1^2}$$

当 $k \in (0,1)$ 时，有 $f_7(k) > 0$ 和 $\frac{\partial \Pi_m^A}{\partial k} > 0$。

其中，

$$f_7(k) = (36\beta^2 - 24\beta^3)k^8 + (216\beta^2 - 152\beta^3)k^7 + (180 - 336\beta + 719\beta^2 - 420\beta^3)k^6$$
$$+ (756 - 1520\beta + 1574\beta^2 - 656\beta^3)k^5 + (1373 - 2884\beta + 22159\beta^2 - 624\beta^3)k^4 + (1376$$
$$- 2936\beta + 1936\beta^2 - 360\beta^3)k^3 + (796 - 1684\beta + 1004\beta^2 - 116\beta^3)k^2 + (248 - 512\beta + 280\beta^2$$
$$- 16\beta^3)k + 32(1 - \beta)^2.$$

讨论 k 对零售商利润的影响，可得

$$\frac{\partial \Pi_r^A}{\partial k} = \frac{a^2 h^2 (2k+1)[(3\beta - 2\beta^2)k^3 + (6 - 4\beta^2)k^2 + (8 - 6\beta - 2\beta^2)k + 4 - 4\beta]f_8(8)}{A_1^3}$$

当 $k \in (0,1)$ 时，有 $f_8(k) < 0$ 和 $\frac{\partial \Pi_r^A}{\partial k} < 0$。

讨论 k 对电商平台利润的影响，可得

$$\frac{\partial \Pi_e^A}{\partial k} = \frac{\beta a^2 h^2 (3k+2) f_9(k)}{A_1^3}$$

当 $k \in (0,1)$ 时，有 $f_9(k) > 0$ 和 $\frac{\partial \Pi_e^A}{\partial k} > 0$。$f_8(k)$ 和 $f_9(k)$ 的表达式很复杂，此处不再列出。

证明完毕。

附录 4.11

命题 11.7 证明： （1）首先证明代销模式下的产品减排量总是随着 β 的增加而降

低。根据定理 11.2 在代销模式下的均衡产品减排量 θ^A，其关于 β 的一阶导数为

$$\frac{\partial \theta^A}{\partial \beta} = \frac{-2ah\lambda(6k^3 + 13k^2 + 9k + 2)f_1(\beta)}{A_1^2} < 0$$

其中，

$$\begin{aligned}
f_1(\beta) = &(10\beta^2 - 12\beta)k^6 + (103\beta^2 - 190\beta + 84)k^5 + (346\beta^2 - 684\beta + 336)k^4 \\
&+ (551\beta^2 - 1102\beta + 551)k^3 + (458\beta^2 - 916\beta + 458)k^2 + (192\beta^2 - 384\beta + 192)k \\
&+ 32(1 - \beta)^2 > 0
\end{aligned}$$

（2）根据定理 11.2 在代销模式下的制造商的均衡利润，可得

$$\frac{\partial \Pi_m^A}{\partial \beta} = \frac{-a^2 h^2 (6k^3 + 13k^2 + 9k + 2)f_2(\beta)}{A_1^2}$$

对于 $0 < \beta < T$，有 $f_2(\beta) > 0$。

其中，

$$\begin{aligned}
f_2(\beta) = &(10\beta^2 - 12\beta)k^6 + (103\beta^2 - 190\beta + 84)k^5 + (346\beta^2 - 684\beta + 336)k^4 + (103\beta^2 \\
&- 190\beta + 84)k^3 + (458\beta^2 - 916\beta + 458)k^2 + (192\beta^2 - 384\beta + 192)k + 32(1 - \beta)^2
\end{aligned}$$

（3）根据定理 11.2 中代销模式下零售商的均衡利润，可得

$$\frac{\partial \Pi_r^A}{\partial \beta} = \frac{2a^2 h^2 (2k+1)^2 (3k^2 + 5k + 2)f_3(\beta)}{A_1^3}$$

为简单起见，定义以下符号：

$$\begin{aligned}
h_r^A = &[(16\beta^2 - 48\beta + 36)\lambda^2 k^6 + (116\beta^2 - 304\beta + 204)\lambda^2 k^5 + (310\beta^2 - 732\beta + 445)\lambda^2 k^4 \\
&+ (412\beta^2 - 896\beta + 500)\lambda^2 k^3 + (294\beta^2 - 604\beta + 314)\lambda^2 k^2 + (108\beta^2 - 216\beta + 108)\lambda^2 k \\
&+ 16(1 - \beta)^2]/[2\beta^2 k^7 + (26\beta^2 - 40\beta + 36)k^6 + (102\beta^2 - 192\beta + 158)k^5 \\
&+ (186\beta^2 - 368\beta + 278)k^4 + (176\beta^2 - 352\beta + 240)k^3 + (84\beta^2 - 168\beta + \\
&100)k^2 + (16\beta^2 - 32\beta + 16)k];
\end{aligned}$$

$$\begin{aligned}
\beta_r^A = &[(20h - 24\lambda^2)k^5 + (76h - 128\lambda^2)k^4 + (108h - 238\lambda^2)k^3 + (68h - 210\lambda^2 + 3\sqrt{2}\,\beta)k^2 \\
&+ (16h - 92\lambda^2 + 2\sqrt{2}\,\beta)k - 16\lambda^2]/[(24h - 16\lambda^2)k^5 + (78h - 100\lambda^2)k^4 + (108h \\
&- 210\lambda^2)k^3 + (68h - 202\lambda^2)k^2 + (16h - 92\lambda^2)k - 16\lambda^2];
\end{aligned}$$

$$\begin{aligned}
\beta = &(2k^2 + 5k + 4)[2(\lambda^2 - h)k^2 + (5\lambda^2 - 2h)k + 222][hk^3 + 5hk^2 - 2k\lambda^2 + 8hk \\
&- \lambda^2 + 4h]^2.
\end{aligned}$$

求解 $f_3(\beta) = 0$，可以得到以下条件。

①考虑函数 $f_3(\beta) = 0$ 有一个实根 β 的情况，可得 $h_A < h < h_r^A$，$f_3(\beta)$ 有一个实根 $\beta = \beta_r^A$。因此，当 $h_A < h < h_r^A$ 时，如果 $0 < \beta < \beta_r^A$，则 $f_3(\beta) < 0$ 和 $\frac{\partial \Pi_r^A}{\partial \beta} < 0$，如果 $\beta_r^A < \beta < T$，则 $f_3(\beta) > 0$ 和 $\frac{\partial \Pi_r^A}{\partial \beta} > 0$。

②考虑函数 $f_3(\beta) = 0$ 没有实根 β 的情况，当 $0 < \beta < T$，当且仅当 $h > h_r^A$ 时，$f_3(\beta)$

没有真正的根，在这种情况下，$0 < \beta < T$，因此，$f_3(\beta) > 0$，表明 $\dfrac{\partial \Pi_r^A}{\partial \beta} > 0$。

（4）根据定理 11.2 中代销模式下的电商平台的均衡利润，可得

$$\frac{\partial \Pi_e^A}{\partial \beta} = \frac{a^2 h^2 (2k+1)(k+1) f_4(\beta)}{A_1^3}$$

当 $0 < \beta < T$ 时，可以证明：

①当 $0 < \beta < \beta_e^A$ 时，$f_4(\beta) > 0$，因此 $\dfrac{\partial \Pi_e^A}{\partial \beta} > 0$；

②当 $\beta_e^A < \beta < T$ 时，$f_4(\beta) < 0$，因此 $\dfrac{\partial \Pi_e^A}{\partial \beta} < 0$。

$f_3(\beta)$、$f_4(\beta)$ 和 β_e^A 的表达式很复杂，此处不再列出。

证明完毕。

附录 4.12

命题 11.8 证明： 从定理 11.1 和定理 11.2 中，比较每种销售模式下低碳投资研发成本系数的阈值：

$$\Delta f_h(\beta) = h_A - h_S = \frac{\begin{bmatrix} \beta^2(24k^4+76k^3+88k^2+44k+8) - \beta(60k^4+184k^3 \\ +213k^2+108k+20) + (36k^4+108k^3+125k^2+64k+12) \end{bmatrix} \lambda^2}{\begin{bmatrix} (36k^4+118k^3+146k^2+80k+16) - \beta^2(2k^5+6k^4 \\ +6k^3+2k^2) - \beta(32k^4+112k^3+144k^2+80k+16) \end{bmatrix}} - \frac{\lambda^2(k+1)}{2+k}$$

可以证明：
①当 $0 < \beta < \beta_\theta$ 时，$h_A > h_S$；
②当 $\beta_\theta < \beta < T$ 时，$h_A < h_S$。
为了表达方便，定义：

$$h_0 = \max\{h_A, h_S\} = \begin{cases} h_A, & 0 < \beta \leq \beta_\theta \\ h_S, & \beta_\theta < \beta < \dfrac{4k^2+7k+4}{k^3+6k^2+9k+4} \end{cases}$$

因此，当可以使用分销模式和代销模式时，$h > h_0$ 应满足条件：

$$\Delta f_\theta(\beta) = \theta^A - \theta^S = \frac{\begin{array}{c} a\lambda(1-\beta)(6k^2+7k+2)[6(k^2+1)+11k \\ -\beta(4k^2+8k+4)][h(2+k) - \lambda^2(k+1)] \end{array}}{A_1[h(2+k) - \lambda^2(k+1)]}$$

求解上述方程时，$h > h_0$，可以证明：
①当 $0 < \beta < \beta_\theta$ 时，$\Delta f_\theta(\beta) > 0$，所以 $\theta^A > \theta^S$；
②当 $\beta_\theta < \beta < T$ 时，$\Delta f_\theta(\beta) < 0$，所以 $\theta^A < \theta^S$。
其中，

$$\beta_\theta = \frac{(2k+1)(92k-2W)+126k^2+73k^3+14k^4-3kW}{4(k+1)^2(k^4+14k^3+39k^2+32k+8)}$$

$$W = \sqrt{\frac{(k+2)(4k^3+10k^2+7k+2)(8k^3+19k^2+19k+4)}{2k+1}}$$

证明完毕。

附录 4.13

命题 11.9 证明： 当 $h>h_0$ 时，根据定理 11.1 和定理 11.2 中的制造商的均衡利润，可得

$$\Delta f_{\Pi_m}(\beta) = \Pi_m^A - \Pi_m^S = \frac{\begin{array}{l}a^2h(1-\beta)(6k^2+7k+2)[k^2(6-4\beta)+(11-8\beta)k\\[4pt]+6-4\beta][h(2+k)-\lambda^2(k+1)]-a^2h(k+1)A_1\end{array}}{2A_1[h(2+k)-\lambda^2(k+1)]}$$

求解 $\Delta f_{\Pi_m}(\beta)$，当 $h>h_0$ 时，可以证明：

① 当 $0<\beta<\beta_m$ 时，$\Delta f_{\Pi_m}(\beta)>0$，所以 $\Pi_m^A>\Pi_m^S$；

② 当 $\beta_m<\beta<T$ 时，$\Delta f_{\Pi_m}(\beta)<0$，所以 $\Pi_m^A<\Pi_m^S$。

由此可得到阈值：$\beta_m=\beta_\theta$。

证明完毕。

附录 4.14

命题 11.10 证明：（1）根据定理 11.2 中的 Π_r^A 和定理 11.1 中的 Π_r^S，可得

$$\Delta f(\Pi_r) = \Pi_r^A - \Pi_r^S = \frac{\begin{array}{l}a^2h^2(2k+1)(2k^2+3k+1)[k^3(2\beta^2-3\beta)+k^2(4\beta^2-6)+k(2\beta^2\\[4pt]+6\beta-8)+4\beta-4]^2[h(2+k)-\lambda^2(k+1)]^2-a^2h^2(k+1)A_1^2\end{array}}{A_1^2[h(2+k)-\lambda^2(k+1)]^2}$$

求解 $\Delta f(\Pi_r)$，考虑 $h_A<h<h_r$，可得

① 当 $0<\beta<\beta_r$ 时，$\Pi_r^A>\Pi_r^S$；

② 当 $\beta_r<\beta<T$ 时，$\Pi_r^A<\Pi_r^S$。

（2）与（1）类似，考虑 $h>h_r$，可得

① 当 $0<\beta<\beta_r$ 时，$\Pi_r^A<\Pi_r^S$；

② 当 $\beta_r<\beta<T$ 时，$\Pi_r^A>\Pi_r^S$。

其中，

$$h_r = \frac{\begin{array}{l}\lambda^2(2k+1)[(4\beta^2-6\beta)k^4+6(4\beta^2-6\beta+1)k^3+(44\beta^2-65\beta+17)k^2+\\[4pt]16(2\beta^2-3\beta+16)k+4(2\beta^2-3\beta+1)]\end{array}}{\begin{array}{l}2k[3(\beta^2-2\beta)k^4+(15\beta^2-31\beta+6)k^3+(25\beta^2-50\beta+13)k^2+\\[4pt](17\beta^2-34\beta+13)k+4(\beta-1)^2]\end{array}},$$

$$\beta_r = (2k+1)[16hk+\beta_1(6k^2+2k+1)+36hk^2+28hk^3+6hk^4-60k\lambda^2-65k^2\lambda^2-36k^3\lambda^2$$
$$-6k^4\lambda^2]/\{4(k+1)^2[(3h-4\lambda^2)k^3+(9h-18\lambda^2)k^2+(4h-16\lambda^2)k-4\lambda^2]\}$$

$$\beta_1 = \sqrt{\dfrac{\begin{aligned}&7k[(8h^2-16h\lambda^2+8\lambda^4)k^7+(52h^2-120h\lambda^2+68\lambda^4)k^6+(128h^2-336h\lambda^2\\&+216\lambda^4)k^5+(144h^2-452h\lambda^2+332\lambda^4)k^4+(64h^2-288h\lambda^2+266\lambda^4)k^3\\&+(-64h\lambda^2+113\lambda^4)k^2+28\lambda^4k+4\lambda^4]\end{aligned}}{(2k+1)^3}}$$

证明完毕。

附录 4.15

命题 11.11 证明：（1）使用定理 11.2 中的 Π_e^A 和定理 11.1 中的 Π_e^S，可得

$$\Delta f(\Pi_e) = \Pi_e^A - \Pi_e^S$$

$$= \frac{\begin{aligned}&\beta a^2 h^2(3k+2)^2(6k^2+7k+2)(k^2+3k+2)[k^2(4\beta-6)+k(9\beta-11)+4-4\beta]\\&\times[-\beta k^3+k^2(4-6\beta)+k(8-9\beta)+4-4\beta][h(2+k)-\lambda^2(k+1)]^2-a^2h^2(k+1)A_1^2\end{aligned}}{A_1^2[h(2+k)-\lambda^2(k+1)]^2}$$

解上述方程，当 $h_A < h < h_e$ 时，可得

① 当 $0 < \beta < \beta_{e1}$ 时，$\Delta f(\Pi_e) > 0$，所以 $\Pi_e^A > \Pi_e^S$；

② 当 $\beta_{e1} < \beta < T$ 时，$\Delta f(\Pi_e) < 0$，所以 $\Pi_e^A < \Pi_e^S$。

（2）与（1）类似，当 $h > h_e$ 和 $0 < \beta < T$ 时，$\Delta f(\Pi_e) = 0$ 有两个根：$\beta = \beta_{e1}$ 和 $\beta = \beta_{e2}$，可得

① 当 $0 < \beta < \beta_{e1}$ 时，$\Delta f(\Pi_e) < 0$，所以 $\Pi_e^A < \Pi_e^S$；

② 当 $\beta_{e1} < \beta < \beta_{e2}$ 时，$\Delta f(\Pi_e) > 0$，所以 $\Pi_e^A > \Pi_e^S$；

③ 当 $\beta_{e2} < \beta < T$ 时，$\Delta f(\Pi_e) < 0$，所以 $\Pi_e^A < \Pi_e^S$。

β_m，β_r，β_{e1} 和 β_{e2} 的表达式都是关于 (h,k,λ) 的函数，h_e 的表达式是关于 (λ,k,β) 的函数。h_e，β_m，β_r，β_{e1} 和 β_{e2} 比较复杂，此处不再列出。

证明完毕。

附录 5　第十三章证明

附录 5.1

附表 5.1　不同政府补贴方式下制造商集中式入侵的低碳供应链均衡决策

	产品减排量补贴	研发成本补贴
条件	$s < \hat{s}(\tau) = \dfrac{u\alpha(2-k)(k+4)}{(\lambda+\tau)^2(k-2)+u(8-k^2)}$ $u > \dfrac{3}{4}(\lambda+\tau)^2$	$s < \hat{s}(\varepsilon) = \dfrac{\alpha u\left[(8-2k-k^2)(1-\varepsilon)\right]}{u(8-k^2)(1-\varepsilon)-2\lambda^2}$ $u > \dfrac{3\lambda^2}{4(1-\varepsilon)}$

续表

	产品减排量补贴	研发成本补贴
q_d	$\dfrac{\left\{\begin{array}{l}s(k-2)(\tau+\lambda)^2+u\alpha k(k+2)\\-8\alpha u+su(8-k^2)\end{array}\right\}}{A}$	$\dfrac{\left\{\begin{array}{l}s\lambda^2(2-k)-(8s-8\alpha\\+8\alpha\varepsilon-8s\varepsilon+2\alpha k+\alpha k^2\\-sk^2-2\alpha\varepsilon k-\alpha\varepsilon k^2+s\varepsilon k^2)u\end{array}\right\}}{F}$
q_r	$\dfrac{2E_1}{A}$	$\dfrac{2E_2}{F}$
w_r	$\dfrac{\left\{\begin{array}{l}u[4\alpha(2-k^2)+k^3(\alpha-s)]\\+2s(\tau+\lambda)^2(k-2)-\tau(\tau+\lambda)B\end{array}\right\}}{A}$	$\dfrac{\left\{\begin{array}{l}(8\alpha-8\alpha\varepsilon-4\alpha k^2+\alpha k^3\\-sk^3+4\alpha\varepsilon k^2-\alpha\varepsilon k^3\\+s\varepsilon k^3)u+2s\lambda^2(k-2)\end{array}\right\}}{F}$
θ	$\dfrac{(\lambda+\tau)B}{A}$	$\dfrac{\lambda B}{F}$
Π_m	$\dfrac{\left\{\begin{array}{l}4us(s-2ks-2\alpha)-u(\alpha-s)^2\\\times(k^2-8k+12)+2s^2[(\lambda+1)^2+(\tau^2-1)]\end{array}\right\}}{2A}$	$\dfrac{\left\{u(1-\varepsilon)\left[\begin{array}{l}(\alpha-s)^2(k^2+8)\\+4\alpha(\alpha-2k\alpha+2sk)\end{array}\right]-2s^2\lambda^2+\alpha^2k^2\right\}}{2F}$
Π_r	$\dfrac{4E_1^2}{A^2}$	$\dfrac{4E_2^2}{F^2}$

其中，

$$E_1=2u(\alpha-\alpha k+sk)-s(\lambda+\tau)^2>0$$
$$E_2=-s\lambda^2+2u(1-\varepsilon)(\alpha-\alpha k+sk)>0$$
$$A=(\tau+\lambda)^2(-k^2+8k-12)+2u(8-3k^2)>0$$
$$B=12\alpha-8s-8\alpha k+4sk+\alpha k^2-sk^2>0$$
$$F=\lambda^2(-k^2+8k-12)+2u(\varepsilon-1)(3k^2-8)>0$$

附表5.2　不同政府补贴方式下制造商分散式入侵的低碳供应链均衡决策

	产品减排量补贴	研发成本补贴
条件	$s<\bar{s}(\tau)=\dfrac{2\alpha u(k-2)}{(\lambda+\tau)^2-4u}$ $u>\dfrac{3}{4}(\lambda+\tau)^2$	$s<\bar{s}(\varepsilon)=\dfrac{2\alpha u(1-\varepsilon)(k-2)}{\lambda^2-4u(1-\varepsilon)}$ $u>\dfrac{3\lambda^2}{4(1-\varepsilon)}$
q_d	$\dfrac{s(\tau+\lambda)^2+2u(2\alpha-2s-\alpha k)}{2G}$	$\dfrac{s\lambda^2+2u(1-\varepsilon)(2\alpha-2s-\alpha k)}{2Y}$

	产品减排量补贴	研发成本补贴
q_r	$\dfrac{E_1}{2G}$	$\dfrac{E_2}{2Y}$
w_d	$\dfrac{(\tau+\lambda)\begin{bmatrix}ks(\tau+\lambda)+\\2\tau[\alpha(2k-3)+s(2-k)]\end{bmatrix}+2uk(\alpha-\alpha k+ks)}{2G}$	$\dfrac{2uk(\alpha-\alpha k+sk)(1-\varepsilon)-sk\lambda^2}{2Y}$
w_r	$\dfrac{(\tau+\lambda)[s(\tau-\lambda)(2-k)+2\tau\alpha(2k-3)]}{2G}$	$\dfrac{2\alpha u(1-\varepsilon)(2-k^2)+s\lambda^2(k-2)}{2Y}$
θ	$\dfrac{(\lambda+\tau)W}{G}$	$\dfrac{\lambda W}{Y}$
Π_m	$\dfrac{2\alpha^2 u(3-2k)-s(\tau+\lambda)^2+4su(\alpha k-2\alpha+s)}{4G}$	$\dfrac{\begin{Bmatrix}2u(1-\varepsilon)(3\alpha^2-2\alpha^2 k)\\-4\alpha s+2s^2+2\alpha sk)-s^2\lambda^2\end{Bmatrix}}{4Y}$
Π_r	$\dfrac{E_1^2}{4G^2}$	$\dfrac{E_2^2}{4Y^2}$

其中，

$$G=(\tau+\lambda)^2(2k-3)+2u(2-k^2)>0$$
$$Y=2u(2-k^2)(1-\varepsilon)+\lambda^2(2k-3)>0$$
$$W=3\alpha-2s-2\alpha k+sk>0$$

附录 5.2

1. 产品减排量补贴下制造商集中式入侵的均衡解

证明：易知 $\dfrac{\partial \Pi_m^2}{\partial^2 q_d}=\dfrac{\partial \Pi_r^2}{\partial^2 q_r}=-2<0$。因此，$\Pi_m$ 和 Π_r 分别是关于决策变量 q_d 和 q_r 的凸函数。对式（13.1）和式（13.2）分别求关于 q_r 和 q_d 的一阶导数，令其为 0，联立解出制造商、零售商的销量为

$$q_d^C(\theta,w_r,\tau)=\frac{2\alpha-2s-\alpha k+2\lambda\theta+2\tau\theta+kw_r-k\lambda\theta}{4-k^2}$$
$$q_r^D(\theta,w_r,w_d)=\frac{2a-2w_r-\alpha k+sk+2\lambda\theta+kw_d-k\lambda\theta}{4-k^2}$$

图 9-2 到图 9-3 中：

（a）的纵坐标为 $\tilde{\Pi}_{Ci}-\hat{\Pi}_{Ci}/\times10^{-2}a^2$；（b）的纵坐标为 $\tilde{\Pi}_{Mi}-\hat{\Pi}_{Mi}/\times10^{-2}a^2$

将以上公式代入式（13.1），并对其求关于 θ、w_r 的一阶导数和二阶导数，可得黑塞矩阵：

$$H = \begin{pmatrix} \dfrac{6k^2-16}{(k^2-4)^2} & \dfrac{\lambda(8-4k^2+k^3)+\tau(2k^2+k^3-8)}{(k^2-4)^2} \\ \dfrac{\lambda(8-4k^2+k^3)+\tau(2k^2+k^3-8)}{(k^2-4)^2} & \dfrac{\begin{pmatrix} 2\tau^2(k^3-4k+4)+2\tau(k^3\lambda-2k^2\lambda-8k\lambda+16\lambda) \\ +u(-k^4+8k^2-16)+2\lambda^2(k^2-8k+4) \end{pmatrix}}{(k^2-4)^2} \end{pmatrix}$$

易知 $|H_1| = \dfrac{6k^2-16}{(k^2-4)^2} < 0$，$|H_2| = \dfrac{A}{(k-2)^2(k+2)^2}$，当满足 $|H_2| > 0$，即 $A > 0$ 时，黑塞矩阵负定，利润函数存在极大值。在满足 $A > 0$，$0 < k < 1$ 的条件下，解得 $u > \dfrac{3}{4}(\lambda+\tau)^2$。

再令 $\dfrac{\partial \Pi_m}{\partial w_r} = 0$，$\dfrac{\partial \Pi_m}{\partial \theta} = 0$，可联立求解得最优批发价格 w_r^C 和最优产品减排量 θ^C，再将其代入以上公式可分别得到制造商、零售商的最优销量 q_d^C、q_r^C。将求得的 q_d^C、q_r^C、w_r^C、θ^C 代入式（13.1）和式（13.2）即可分别得到制造商、零售商的最优利润 Π_m^C、Π_r^C，最优解结果如附表 5.1 所示。又因 $\dfrac{\partial q_d^C(\tau)}{\partial s} = \dfrac{(\lambda+\tau)^2(k-2)+u(8-k^2)}{AB} < 0$，即在产品减排量补贴下，制造商的直销成本随着直销数量的增大而减小，令 $q_d^C(\tau)=0$，即可得出 $\hat{s}(\tau) = \dfrac{u\alpha(2-k)(k+4)}{(\lambda+\tau)^2(k-2)+u(8-k^2)}$。因此，当 $q_d^C(\tau) > 0$ 时，有 $s < \hat{s}(\tau)$，这说明在产品减排量补贴下，当制造商直销渠道的销售成本小于上述阈值时，制造商才会开通双渠道。

证明完毕。

2. 产品减排量补贴下制造商分散式入侵的均衡解

证明：易知 $\dfrac{\partial \Pi_m^2}{\partial^2 q_d} = \dfrac{\partial \Pi_r^2}{\partial^2 q_r} = -2 < 0$，因此，$\Pi_m$ 和 Π_r 分别是关于决策变量 q_d 和 q_r 的凸函数。对式（13.2）和式（13.4）分别求关于 q_r、q_d 的一阶导数，令其为 0，联立解出制造商零售部门、零售商的销量为

$$q_d^D(\theta, w_r, w_d) = \dfrac{2\alpha - 2s - \alpha k + 2\lambda\theta - 2w_d + kw_r - k\lambda\theta}{4-k^2}$$

$$q_r^D(\theta, w_r, w_d) = \dfrac{2a - 2w_r - \alpha k + sk + 2\lambda\theta + kw_d - k\lambda\theta}{4-k^2}$$

将以上公式代入式（13.1），并对其求关于 w_r, w_d, θ 的一阶导数和二阶导数，可得黑塞矩阵：

$$H = \begin{bmatrix} \dfrac{2(3k^2-8)}{(k^2-4)^2} & \dfrac{-2k(k^2-2)}{(k^2-4)^2} & \dfrac{(\lambda-\tau)(k^2-4)-2k\lambda}{(k-2)(k+2)^2} \\[4mm] \dfrac{-2k(k^2-2)}{(k^2-4)^2} & \dfrac{4k^2-8}{(k^2-4)^2} & \dfrac{k^2(\lambda-\tau)+4\tau}{(k-2)(k+2)^2} \\[4mm] \dfrac{(\lambda-\tau)(k^2-4)-2k\lambda}{(k-2)(k+2)^2} & \dfrac{k^2(\lambda-\tau)+4\tau}{(k-2)(k+2)^2} & \dfrac{4\tau\lambda(k+2)+2\lambda^2-u(k+2)^2}{(k-2)(k+2)^2} \end{bmatrix}$$

易知 $|H_1| = \dfrac{6k^2-16}{(k^2-4)^2} < 0$ ，$|H_2| = \dfrac{8-4k^2}{(k^2-4)^2} > 0$ ，$|H_3| = -\dfrac{2G}{(k-2)^2(k+2)^2}$ ，当满足 $|H_3| < 0$ ，即 $G > 0$ 时，黑塞矩阵负定，利润函数存在极大值。在满足 $G > 0$ ，$0 < k < 1$ 的条件下，解得 $u > \dfrac{3}{4}(\lambda+\tau)^2$ 。令 $\dfrac{\partial \Pi_m}{\partial w_r} = 0$ ，$\dfrac{\partial \Pi_m}{\partial \theta} = 0$ ，可联立求解得最优批发价格 w_r^D 和最优产品减排量 θ^D ，再将其代入以上公式可分别得到制造商、零售商的最优销量 q_d^D 、q_r^D 。将求得的 q_d^D 、q_r^D 、w_r^D 、θ^D 代入式（13.1）和式（13.2）即可分别得到制造商、零售商的最优利润 Π_m^D 、Π_r^D 。又因 $\dfrac{\partial q_d^D(\tau)}{\partial s} = \dfrac{(\lambda+\tau)^2-4u}{2G} < 0$ ，即在产品减排量补贴下，制造商的直销成本随着直销数量的增大而减小，令 $q_d^D(\tau)=0$ ，即可得出 $\breve{s}(\tau) = \dfrac{2\alpha u(k-2)}{(\lambda+\tau)^2-4u}$ 。因此，当 $q_d^D(\tau) > 0$ 时，有 $s < \breve{s}(\tau)$ ，这就说明在产品减排量补贴下，当制造商直销渠道的销售成本小于上述阈值时，制造商才会开通双渠道。

证明完毕。

3. 研发成本补贴下制造商集中式入侵的均衡解

证明：易知 $\dfrac{\partial \Pi_m^2}{\partial^2 q_d} = \dfrac{\partial \Pi_r^2}{\partial^2 q_r} = -2 < 0$ ，因此，Π_m 和 Π_r 分别是关于决策变量 q_d 和 q_r 的凸函数。对式（13.2）和式（13.3）分别求关于 q_r 、q_d 的一阶导数，令其为 0，联立解出制造商、零售商的销量为

$$q_d^C(\theta, w_r) = \dfrac{2\alpha - 2s - \alpha k + 2\lambda\theta + kw_r - k\lambda\theta}{4-k^2}$$

$$q_r^C(\theta, w_r) = \dfrac{2a - 2w_r - \alpha k + sk + 2\lambda\theta - k\lambda\theta}{4-k^2}$$

将以上公式代入式（13.3），并对其求关于 θ 、w_r 的一阶导数和二阶导数，可得黑塞矩阵：

$$H = \begin{pmatrix} \dfrac{6k^2-16}{(k^2-4)^2} & \dfrac{\lambda(k^2-2k-4)}{(k-2)(k+2)^2} \\[4mm] \dfrac{\lambda(k^2-2k-4)}{(k-2)(k+2)^2} & \dfrac{u(\varepsilon-1)+2\lambda^2}{(k+2)^2} \end{pmatrix}$$

易知 $|H_1| = \dfrac{6k^2 - 16}{(k^2 - 4)^2} < 0$ ，$|H_2| = \dfrac{F}{(k-2)^2(k+2)^2}$ ，当满足 $|H_2| > 0$ ，即 $F > 0$ 时，黑

塞矩阵负定，利润函数存在极大值。在满足 $F > 0$ ，$0 < k < 1$ 的条件下，解得 $u > \dfrac{3\lambda^2}{4(1-\varepsilon)}$ 。

令 $\dfrac{\partial \varPi_m}{\partial w_r} = 0$ ，$\dfrac{\partial \varPi_m}{\partial \theta} = 0$ ，可联立求解得最优批发价格 w_r^C 和最优产品减排量 θ^C ，再将

其代入以上公式可分别得到制造商、零售商的最优销量 q_d^C 、q_r^C 。将求得的 q_d^C 、q_r^C 、

w_r^C 、θ^C 代入式（13.3）和式（13.2）即可分别得到制造商、零售商的最优利润 $\varPi_m^C$ 、

$\varPi_r^C$ 。又因 $\dfrac{\partial q_d^C(\varepsilon)}{\partial s} = \dfrac{u(8-k^2)(1-\varepsilon) - 2\lambda^2}{F} < 0$ ，即在研发成本补贴下，制造商的直销成

本随着直销数量的增大而减小，令 $q_d^C(\varepsilon) = 0$ ，即可得出 $\hat{s}(\varepsilon) = \dfrac{\alpha u \big[(8 - 2k - k^2)(1-\varepsilon) \big]}{u(8-k^2)(1-\varepsilon) - 2\lambda^2}$ 。

因此，当 $q_d^C(\varepsilon) > 0$ 时，有 $s < \hat{s}(\varepsilon)$ ，这就说明在研发成本补贴下，当制造商直销渠道的

销售成本小于上述阈值时，制造商才会开通双渠道。

证明完毕。

4. 研发成本补贴下制造商分散式入侵的均衡解

证明：易知 $\dfrac{\partial \varPi_m^2}{\partial^2 q_d} = \dfrac{\partial \varPi_r^2}{\partial^2 q_r} = -2 < 0$ ，因此，$\varPi_m$ 和 $\varPi_r$ 分别是关于决策变量 q_d 和 q_r

的凸函数。同理，对式（13.2）和式（13.4）分别求关于 q_r 、q_d 的一阶导数，令其为

0，联立解出制造商零售部门、零售商的销量，将以上公式代入式（13.3），并对其求

关于 w_r 、w_d 、θ 的一阶导数和二阶导数，可得黑塞矩阵：

$$H = \begin{bmatrix} \dfrac{2(3k^2 - 8)}{(k^2 - 4)^2} & \dfrac{-2k(k^2 - 2)}{(k^2 - 4)^2} & \dfrac{\lambda(k^2 - 2k - 4)}{(k-2)(k+2)^2} \\[3mm] \dfrac{-2k(k^2 - 2)}{(k^2 - 4)^2} & \dfrac{4k^2 - 8}{(k^2 - 4)^2} & \dfrac{k^2 \lambda}{(k-2)(k+2)^2} \\[3mm] \dfrac{\lambda(k^2 - 2k - 4)}{(k-2)(k+2)^2} & \dfrac{k^2 \lambda}{(k-2)(k+2)^2} & \dfrac{u(\varepsilon - 1) + 2\lambda^2}{(k+2)^2} \end{bmatrix}$$

易知 $|H_1| = \dfrac{6k^2 - 16}{(k^2 - 4)^2} < 0$ ，$|H_2| = \dfrac{8 - 4k^2}{(k^2 - 4)^2} > 0$ ，$|H_3| = \dfrac{-2Y}{(k-2)^2(k+2)^2}$ ，当满足

$|H_3| < 0$ ，即 $Y > 0$ 时，黑塞矩阵负定，利润函数存在极大值。在满足 $Y > 0$ ，$0 < k < 1$ 的

条件下，解得 $u > \dfrac{3\lambda^2}{4(1-\varepsilon)}$ 。令 $\dfrac{\partial \varPi_m}{\partial w_r} = 0$ ，$\dfrac{\partial \varPi_m}{\partial \theta} = 0$ ，可联立求解得最优批发价格 w_r^D

和最优产品减排量 θ^D ，再将其代入以上公式可分别得到制造商、零售商的最优销量

q_d^D 、q_r^D 。将求得的 q_d^D 、q_r^D 、w_r^D 、θ^D 代入式（13.3）和式（13.2）即可分别得到制

造商、零售商的最优利润 Π_m^D、Π_r^D。又因 $\dfrac{\partial q_d^D(\varepsilon)}{\partial s} = \dfrac{\lambda^2 - 4u(1-\varepsilon)}{2Y} < 0$，即在研发成

本补贴下，制造商的直销成本随着直销数量的增大而减小，令 $q_d^D(\varepsilon)=0$，即可得出

$\breve{s}(\varepsilon) = \dfrac{2\alpha u(1-\varepsilon)(k-2)}{\lambda^2 - 4u(1-\varepsilon)}$。因此，当 $q_d^D(\varepsilon) > 0$ 时，有 $s < \breve{s}(\varepsilon)$，这就说明在研发成本补

贴下，当制造商直销渠道的销售成本小于上述阈值时，制造商才会开通双渠道。

证明完毕。

附录 5.3

命题 13.1 证明： 已知 $0 < k < 1$，$u > \dfrac{3}{4}(\lambda+\tau)^2$，$A>0$，$B>0$，$E_1>0$，对 $q_d^C(\tau)$、

$q_r^C(\tau)$、$w_r^C(\tau)$、$\theta^C(\tau)$、$\Pi_m^C(\tau)$、$\Pi_r^C(\tau)$ 分别关于 λ 求导：

$$\frac{\partial q_d^C(\tau)}{\partial \lambda} = \frac{2u(\tau+\lambda)(2-k)(k+4)B}{A^2} > 0$$

$$\frac{\partial q_r^C(\tau)}{\partial \lambda} = \frac{8u(\tau+\lambda)(1-k)B}{A^2} > 0$$

$$\frac{\partial w_r^C(\tau)}{\partial \lambda} = \frac{-B[2uk(k^2-4)(\lambda+\tau) - \tau(8k-k^2-12)(\lambda+\tau)^2 + 2uk^2(\tau+4\lambda) - 8u(\tau+3\lambda)]}{A^2} > 0$$

$$\frac{\partial \theta^C(\tau)}{\partial \lambda} = \frac{B[(\lambda+\tau)^2(k^2-8k+12) + 2u(8-3k^2)]}{A^2} > 0$$

$$\frac{\partial \Pi_m^C(\tau)}{\partial \lambda} = \frac{u(\tau+\lambda)B^2}{A^2} > 0$$

$$\frac{\partial \Pi_r^C(\tau)}{\partial \lambda} = \frac{32u(\tau+\lambda)(1-k)BE_1}{A^3} > 0$$

证明完毕。

附录 5.4

命题 13.2 证明： 已知 $0 < k < 1$，$u > \dfrac{3}{4}(\lambda+\tau)^2$，$A>0$，$B>0$，$E_1>0$，对 $q_d^C(\tau)$、

$q_r^C(\tau)$、$p_d^C(\tau)$、$p_r^C(\tau)$、$w_r^C(\tau)$、$\theta^C(\tau)$、$\Pi_m^C(\tau)$、$\Pi_r^C(\tau)$ 分别关于 τ 求导：

$$\frac{\partial q_d^C(\tau)}{\partial \tau} = \frac{2u(\tau+\lambda)(k+4)(2-k)B}{A^2} > 0$$

$$\frac{\partial q_r^C(\tau)}{\partial \tau} = \frac{8u(\tau+\lambda)(1-k)B}{A^2} > 0$$

$$\frac{\partial p_d^C(\tau)}{\partial \tau} = \frac{B[2u\tau(5k^2-2k-8) + 4uk\lambda(k-1) + \lambda(k^2-8k+12)(\lambda+\tau)^2]}{A^2} < 0$$

$$\frac{\partial p_r^C(\tau)}{\partial \tau} = \frac{B[2u\tau(k^3 + 2k^2 - 4k - 4) + 2u\lambda(k^3 + 4 - k^2) - \lambda(k^2 - 8k + 12)(\lambda + \tau)^2]}{A^2} < 0$$

$$\frac{\partial w_r^C(\tau)}{\partial \tau} = \frac{B[2u\tau(k^3 + 2k^2 - 8) + 2uk^2\lambda(k - 1) + \lambda(k^2 - 8k + 12)(\lambda + \tau)^2]}{A^2} < 0$$

$$\frac{\partial \theta^C(\tau)}{\partial \tau} = \frac{B[2u(8 - 3k^2) + (k^2 - 8k + 12)(\lambda + \tau)^2]}{A^2} > 0$$

$$\frac{\partial \Pi_m^C(\tau)}{\partial \tau} = \frac{u(\tau + \lambda)B^2}{A^2} > 0$$

$$\frac{\partial \Pi_r^C(\tau)}{\partial \tau} = \frac{32u(\tau + \lambda)(1 - k)BE_1}{A^3} > 0$$

证明完毕。

附录 5.5

命题 13.3 证明： 已知 $0 < k < 1$，$u > \frac{3}{4}(\lambda + \tau)^2$，$A > 0$，对 $\theta^C(\tau)$ 关于 k 求导：

$$\frac{\partial \theta^C(\tau)}{\partial k} = \frac{-4(\lambda + \tau)[4\alpha u(3k^2 - 11k - 8) + 16su(2k - 1) + s(k^2 - 2k - 4)(\lambda + \tau)^2]}{A^2} > 0$$

证明完毕。

附录 5.6

命题 13.4 证明： 已知 $0 < k < 1$，$u > \frac{3}{4}(\lambda + \tau)^2$，$A > 0$，$E_1 > 0$，对 $\Pi_m^C(\tau)$、$\Pi_r^C(\tau)$ 分别关于 k 求导：

$$\frac{\partial \Pi_m^C(\tau)}{\partial k} = \frac{2E_1[s(k - 4)(\lambda + \tau)^2 + 2u(8s - 8\alpha + 3\alpha k)]}{A^2} < 0$$

$$\frac{\partial \Pi_r^C(\tau)}{\partial k} = \frac{-16E_1 B_1}{A^3}$$

其中，

$$B_1 = (k - 4)[s[(\lambda + \tau)^2]^2 + 2s\lambda^2\tau^2] - u(\lambda + \tau)^2[s(k^2 - 6k - 12) + \alpha(k^2 - 2k - 4)]$$
$$- 2u^2[s(3k^2 + 8) - \alpha(3k^2 - 6k + 8)]$$

只需判断 B_1 的正负。对 B_1 关于 s 求导：

$$\frac{\partial B_1}{\partial s} = (k - 4)(\lambda + \tau)^4 + u(\lambda + \tau)^2(-k^2 + 6k + 12) > 0$$

可知，B_1 是关于 s 的增函数。令 $B_1 = 0$ 可先求解得临界点：

$$s_1 = \frac{\alpha u[(\lambda + \tau)^2(2k - k^2 + 4) + 2u(6k - 3k^2 - 8)]}{(k - 4)(\lambda + \tau)^4 + u(\lambda + \tau)^2(-k^2 + 6k + 12)}$$

比较 s_1 与 $\hat{s}(\tau)$ 的大小：

$$\hat{s}(\tau) - s_1 = \frac{2\alpha uA[(\lambda + \tau)^2 - 2ku]}{[(k-4)(\lambda+\tau)^4 + u(\lambda+\tau)^2(-k^2+6k+12)][(k-2)(\lambda+\tau)^2 + u(8-k^2)]} > 0$$

因此，当 $s < s_1$ 时，$B_1 < 0$，$\dfrac{\partial \Pi_r^C(\tau)}{\partial k} > 0$；当 $s_1 < s < \hat{s}(\tau)$ 时，$B_1 > 0$，$\dfrac{\partial \Pi_r^C(\tau)}{\partial k} < 0$。

证明完毕。

附录 5.7

命题 13.5 证明： 已知 $0 < k < 1$，$0 < \varepsilon < 1$，$u > \dfrac{3\lambda^2}{4(1-\varepsilon)}$，$\varepsilon \neq 1$，$F > 0$，$B > 0$，$E_2 > 0$，

对 $q_d^C(\varepsilon)$、$q_r^C(\varepsilon)$、$w_r^C(\varepsilon)$、$\theta^C(\varepsilon)$、$\Pi_m^C(\varepsilon)$、$\Pi_r^C(\varepsilon)$ 分别关于 λ 求导：

$$\frac{\partial q_d^C(\varepsilon)}{\partial \lambda} = \frac{2\lambda u(\varepsilon-1)(k-2)(k+4)B}{F^2} > 0$$

$$\frac{\partial q_r^C(\varepsilon)}{\partial \lambda} = \frac{8\lambda u(\varepsilon-1)(k-1)B}{F^2} > 0$$

$$\frac{\partial w_r^C(\varepsilon)}{\partial \lambda} = \frac{2\lambda u(2-k)(\varepsilon-1)(k^2-2k-4)B}{F^2} > 0$$

$$\frac{\partial \theta^C(\varepsilon)}{\partial \lambda} = \frac{B[2u(8-3k^2)(\varepsilon-1)+\lambda^2(k^2-8k+12)]}{F^2} > 0$$

$$\frac{\partial \Pi_m^C(\varepsilon)}{\partial \lambda} = \frac{-\lambda u(\varepsilon-1)B^2}{F^2} > 0$$

$$\frac{\partial \Pi_r^C(\varepsilon)}{\partial \lambda} = \frac{32\lambda u(\varepsilon-1)(k-1)BE_2}{F^3} > 0$$

证明完毕。

附录 5.8

命题 13.6 证明： 已知 $0 < k < 1$，$0 < \varepsilon < 1$，$u > \dfrac{3\lambda^2}{4(1-\varepsilon)}$，$\varepsilon \neq 1$，$F > 0$，$B > 0$，$E_2 > 0$，

对 $q_d^C(\varepsilon)$、$q_r^C(\varepsilon)$、$p_d^C(\varepsilon)$、$p_r^C(\varepsilon)$、$w_r^C(\varepsilon)$、$\theta^C(\varepsilon)$、$\Pi_m^C(\varepsilon)$、$\Pi_r^C(\varepsilon)$ 分别关于 ε 求导：

$$\frac{\partial q_d^C(\varepsilon)}{\partial \varepsilon} = \frac{\lambda^2 u(k+4)(2-k)B}{F^2} > 0$$

$$\frac{\partial q_r^C(\varepsilon)}{\partial \varepsilon} = \frac{4\lambda^2 u(k+4)(2-k)B}{F^2} > 0$$

$$\frac{\partial p_d^C(\varepsilon)}{\partial \varepsilon} = \frac{\lambda^2 u(k+4)(2-k)B}{F^2} > 0$$

$$\frac{\partial p_r^C(\varepsilon)}{\partial \varepsilon} = \frac{\lambda^2 u(k^3 - 4k^2 - 4k + 12)B}{F^2} > 0$$

$$\frac{\partial w_r^C(\varepsilon)}{\partial \varepsilon} = \frac{\lambda^2 u(k^2 - 2k - 4)(k - 2)B}{F^2} > 0$$

$$\frac{\partial \theta^C(\varepsilon)}{\partial \varepsilon} = \frac{2\lambda u(8 - 3k^2)B}{F^2} > 0$$

$$\frac{\partial \Pi_m^C(\varepsilon)}{\partial \varepsilon} = \frac{\lambda^2 u B^2}{2F^2} > 0$$

$$\frac{\partial \Pi_r^C(\varepsilon)}{\partial \varepsilon} = \frac{16\lambda^2 u(1 - k)BE_2}{F^3} > 0$$

证明完毕。

附录 5.9

命题 13.7 证明： 已知 $0 < k < 1$，$0 < \varepsilon < 1$，$u > \dfrac{3\lambda^2}{4(1 - \varepsilon)}$，$\varepsilon \neq 1$，$F > 0$，对 $\theta^C(\varepsilon)$ 关于 k 求导：

$$\frac{\partial \theta^C(\varepsilon)}{\partial k} = \frac{4\lambda[4\alpha u(\varepsilon - 1)(3k^2 - 11k + 8) + 2su(1 - \varepsilon)(3k^2 - 16k + 8) + s\lambda^2(-k^2 + 2k + 4)]}{F^2} < 0$$

证明完毕。

附录 5.10

命题 13.8 证明： 已知 $0 < k < 1$，$0 < \varepsilon < 1$，$u > \dfrac{3\lambda^2}{4(1 - \varepsilon)}$，$\varepsilon \neq 1$，$F > 0$，$E_2 > 0$，对 $\Pi_m^C(\varepsilon)$、$\Pi_r^C(\varepsilon)$ 分别关于 k 求导：

$$\frac{\partial \Pi_m^C(\varepsilon)}{\partial k} = \frac{-2E_2[s\lambda^2(4 - k) + 2u(\varepsilon - 1)(8s - 8\alpha + 3k)]}{F^2} < 0$$

$$\frac{\partial \Pi_r^C(\varepsilon)}{\partial k} = \frac{-16E_2 B_2}{F^3}$$

其中，

$$B_2 = s\lambda^2(k - 4) + 2u^2(\varepsilon - 1)^2[\alpha(3k^2 - 6k + 8) - s(3k^2 + 8)] + \lambda^2 u(\varepsilon - 1)[s(k^2 - 6k - 12)$$
$$- \alpha(k^2 - 2k - 4)]$$

对 B_2 关于 s 求导：

$$\frac{\partial B_2}{\partial s} = (k - 4)\lambda^4 - 2u^2(\varepsilon - 1)^2(8 + 3k^2) + \lambda^2 u(\varepsilon - 1)(k^2 - 6k - 12) < 0$$

可知，B_2 是关于 s 的减函数。令 $B_2 = 0$ 可先求解得临界点：

$$s_2 = \frac{\alpha u(1-\varepsilon)[\lambda^2(2k-k^2+4)+2u(\varepsilon-1)(3k^2-2k+8)]}{(k-4)\lambda^4-2u^2(\varepsilon-1)^2(8+3k^2)+\lambda^2 u(\varepsilon-1)(k^2-6k-12)}$$

比较 s_2 与 $\hat{s}(\varepsilon)$ 的大小：

$$\hat{s}(\varepsilon)-s_2 = \frac{2\alpha u(1-\varepsilon)F[\lambda^2-2ku(1-\varepsilon)]}{[2u^2(\varepsilon-1)^2(8+3k^2)+\lambda^2 u(1-\varepsilon)(k^2-6k-12)-(k-4)\lambda^4]}>0$$
$$\times[(k-2)\lambda^2+u(1-\varepsilon)(8-k^2)]$$

因此，当 $s<s_2$ 时，$B_2>0$，$\dfrac{\partial \Pi_r^C(\varepsilon)}{\partial k}<0$；当 $s_2<s<\hat{s}(\varepsilon)$ 时，$B_2<0$，$\dfrac{\partial \Pi_r^C(\varepsilon)}{\partial k}>0$。

证明完毕。

附录 5.11

命题 13.9 证明： 已知 $0<k<1$，$u>\dfrac{3}{4}(\lambda+\tau)^2$，$G>0$，$W>0$，$E_1>0$，对 $q_d^D(\tau)$、$q_r^D(\tau)$、$p_d^D(\tau)$、$p_r^D(\tau)$、$w_r^D(\tau)$、$w_d^D(\tau)$、$\theta^D(\tau)$、$\Pi_m^D(\tau)$、$\Pi_r^D(\tau)$ 分别关于 λ 求导：

$$\frac{\partial q_d^D(\tau)}{\partial \lambda}=\frac{2u(\tau+\lambda)(2-k)W}{G^2}>0$$

$$\frac{\partial q_r^D(\tau)}{\partial \lambda}=\frac{2u(\tau+\lambda)(1-k)W}{G^2}>0$$

$$\frac{\partial p_d^D(\tau)}{\partial \lambda}=\frac{W[2u\lambda(2-k^2)+\tau(2k-3)(\lambda+\tau)^2]}{G^2}>0$$

$$\frac{\partial p_r^D(\tau)}{\partial \lambda}=\frac{W[2u(\tau+3\lambda-k^2\lambda)+\tau(2k-3)(\lambda+\tau)^2-2uk(\lambda+\tau)]}{G^2}>0$$

$$\frac{\partial w_r^D(\tau)}{\partial \lambda}=\frac{W[2u\lambda(2-k^2)+\tau(2k-3)(\lambda+\tau)^2]}{G^2}>0$$

$$\frac{\partial w_d^D(\tau)}{\partial \lambda}=\frac{W[-2u(2\tau+k^2\lambda)+\tau(2k-3)(\lambda+\tau)^2+2uk(\lambda+\tau)]}{G^2}<0$$

$$\frac{\partial \theta^D(\tau)}{\partial \lambda}=\frac{W[2u(2-k^2)-(2k-3)(\lambda+\tau)^2]}{G^2}>0$$

$$\frac{\partial \Pi_m^D(\tau)}{\partial \lambda}=\frac{u(\tau+\lambda)W^2}{G^2}>0$$

$$\frac{\partial \Pi_r^D(\tau)}{\partial \lambda}=\frac{2u(\tau+\lambda)(1-k)WE_1}{G^3}>0$$

证明完毕。

附录 5.12

命题 **13.10** 证明：已知 $0<k<1$，$u>\dfrac{3}{4}(\lambda+\tau)^2$，$G>0$，$W>0$，$E_1>0$，对 $q_d^D(\tau)$、$q_r^D(\tau)$、$p_d^D(\tau)$、$p_r^D(\tau)$、$w_r^D(\tau)$、$w_d^D(\tau)$、$\theta^D(\tau)$、$\Pi_m^D(\tau)$、$\Pi_r^D(\tau)$ 分别关于 τ 求导：

$$\frac{\partial q_d^D(\tau)}{\partial\tau}=\frac{2u(\tau+\lambda)(2-k)W}{G^2}>0$$

$$\frac{\partial q_r^D(\tau)}{\partial\tau}=\frac{2u(\tau+\lambda)(1-k)W}{G^2}>0$$

$$\frac{\partial p_d^D(\tau)}{\partial\tau}=\frac{W[2u\tau(k^2-2)-\lambda(2k-3)(\lambda+\tau)^2]}{G^2}<0$$

$$\frac{\partial p_r^D(\tau)}{\partial\tau}=\frac{W[2u\tau(k^2-k-1)+2u\lambda(1-k)-\lambda(2k-3)(\lambda+\tau)^2]}{G^2}<0$$

$$\frac{\partial w_r^D(\tau)}{\partial\tau}=\frac{W[2u\tau(k^2-2)-\lambda(2k-3)(\lambda+\tau)^2]}{G^2}<0$$

$$\frac{\partial w_d^D(\tau)}{\partial\tau}=\frac{W[2uk\tau(1+k)+2u\lambda(k-2)-8u\tau-\lambda(2k-3)(\lambda+\tau)^2]}{G^2}<0$$

$$\frac{\partial\theta^D(\tau)}{\partial\tau}=\frac{W[2u(2-k^2)-(2k-3)(\lambda+\tau)^2]}{G^2}>0$$

$$\frac{\partial\Pi_m^D(\tau)}{\partial\tau}=\frac{u(\tau+\lambda)W^2}{G^2}>0$$

$$\frac{\partial\Pi_r^D(\tau)}{\partial\tau}=\frac{2u(\tau+\lambda)(1-k)WE_1}{G^3}>0$$

证明完毕。

附录 5.13

命题 **13.11** 证明：已知 $0<k<1$，$u>\dfrac{3}{4}(\lambda+\tau)^2$，$G>0$，对 $\theta^D(\tau)$ 关于 k 求导：

$$\frac{\partial\theta^D(\tau)}{\partial k}=\frac{-(\lambda+\tau)[4\alpha u(k^2-3k+2)+4su(2k-1)-(\lambda+\tau)^2]}{G^2}<0$$

证明完毕。

附录 5.14

命题 **13.12** 证明：已知 $0<k<1$，$u>\dfrac{3}{4}(\lambda+\tau)^2$，$G>0$，$E_1>0$，对 $\Pi_m^D(\tau)$、$\Pi_r^D(\tau)$ 分别关于 k 求导：

$$\frac{\partial \Pi_m^D(\tau)}{\partial k} = \frac{-E_1[s(\lambda+\tau)^2 + 2u(2\alpha-\alpha k-2s)]}{2G^2} < 0$$

$$\frac{\partial \Pi_r^D(\tau)}{\partial k} = \frac{-E_1 B_3}{G^3}$$

其中,

$$B_3 = -s(\lambda+\tau)^4 + 2u[\alpha(k^2-2k+2) - s(k^2+2)] + 2\lambda\tau u(3s+2ks-\alpha)$$
$$+ (\lambda+\tau)^2(3su+2ksu-\alpha u)$$

只需判断 B_3 的正负。对 B_3 关于 s 求导:

$$\frac{\partial B_3}{\partial s} = (\lambda+\tau)^2[u(2k+3) - (\lambda+\tau)^2] - 2u(k^2+2) + 2(2k+3)\lambda\tau u < 0$$

可知, B_3 是关于 s 的减函数。令 $B_3 = 0$,可求解得临界点:

$$s_3 = \frac{\alpha u[(\lambda+\tau)^2 - 2u(k^2-2k+2)]}{(\lambda+\tau)^2[u(2k+3) - (\lambda+\tau)^2] - 2u^2(k^2+2)}$$

比较 s_3 与 $\breve{s}(\tau)$ 的大小:

$$\breve{s}(\tau) - s_3 = \frac{\alpha u G[2ku - (\lambda+\tau)^2]}{[(\lambda+\tau)^4 - 4u]\{(\lambda+\tau)^2[u(2k+3) - (\lambda+\tau)^2] - 2u^2(k^2+2)\}} > 0$$

因此, 当 $s < s_3$ 时, $B_3 > 0$, $\frac{\partial \Pi_r^D(\tau)}{\partial k} < 0$; 当 $s_3 < s < \breve{s}(\tau)$ 时, $B_3 < 0$, $\frac{\partial \Pi_r^D(\tau)}{\partial k} > 0$ 。

证明完毕。

附录 5.15

命题 13.13 证明: 已知 $0 < k < 1$, $0 < \varepsilon < 1$, $u > \frac{3\lambda^2}{4(1-\varepsilon)}$, $\varepsilon \neq 1$, $Y > 0$, $W > 0$,

$E_2 > 0$, 对 $q_d^D(\varepsilon)$ 、 $q_r^D(\varepsilon)$ 、 $p_d^D(\varepsilon)$ 、 $p_r^D(\varepsilon)$ 、 $w_d^D(\varepsilon)$ 、 $w_r^D(\varepsilon)$ 、 $\theta^D(\varepsilon)$ 、 $\Pi_m^D(\varepsilon)$ 、 $\Pi_r^D(\varepsilon)$

分别关于 λ 求导:

$$\frac{\partial q_d^D(\varepsilon)}{\partial \lambda} = \frac{2\lambda u(\varepsilon-1)(k-2)W}{Y^2} > 0$$

$$\frac{\partial q_r^D(\varepsilon)}{\partial \lambda} = \frac{2\lambda u(\varepsilon-1)(k-1)W}{Y^2} > 0$$

$$\frac{\partial p_d^D(\varepsilon)}{\partial \lambda} = \frac{2\lambda u(\varepsilon-1)(k^2-2)W}{Y^2} > 0$$

$$\frac{\partial p_r^D(\varepsilon)}{\partial \lambda} = \frac{2\lambda u(\varepsilon-1)(k^2+k-3)W}{Y^2} > 0$$

$$\frac{\partial w_d^D(\varepsilon)}{\partial \lambda} = \frac{2k\lambda u(k-1)(\varepsilon-1)W}{Y^2} > 0$$

$$\frac{\partial w_r^D(\varepsilon)}{\partial \lambda} = \frac{2\lambda u(k^2-2)(\varepsilon-1)W}{Y^2} > 0$$

$$\frac{\partial \theta^D(\varepsilon)}{\partial \lambda} = \frac{W[2u(2-k^2)(1-\varepsilon)+\lambda^2(3-2k)]}{Y^2} > 0$$

$$\frac{\partial \Pi_m^D(\varepsilon)}{\partial \lambda} = \frac{-\lambda u(\varepsilon-1)W^2}{Y^2} > 0$$

$$\frac{\partial \Pi_r^D(\varepsilon)}{\partial \lambda} = \frac{2\lambda u(\varepsilon-1)(k-1)WE_2}{Y^3} > 0$$

证明完毕。

附录 5.16

命题 13.14 证明： 已知 $0 < k < 1$，$0 < \varepsilon < 1$，$u > \dfrac{3\lambda^2}{4(1-\varepsilon)}$，$\varepsilon \neq 1$，$Y > 0$，$W > 0$，$E_2 > 0$，对 $q_d^D(\varepsilon)$、$q_r^D(\varepsilon)$、$w_d^D(\varepsilon)$、$w_r^D(\varepsilon)$、$\theta^D(\varepsilon)$、$\Pi_m^D(\varepsilon)$、$\Pi_r^D(\varepsilon)$、$p_r^D(\varepsilon)$、$p_d^D(\varepsilon)$ 分别关于 ε 求导：

$$\frac{\partial q_d^D(\varepsilon)}{\partial \varepsilon} = \frac{\lambda^2 u(2-k)W}{Y^2} > 0$$

$$\frac{\partial q_r^D(\varepsilon)}{\partial \varepsilon} = \frac{\lambda^2 u(1-k)W}{Y^2} > 0$$

$$\frac{\partial w_d^D(\varepsilon)}{\partial \varepsilon} = \frac{k\lambda^2 u(1-k)W}{Y^2} > 0$$

$$\frac{\partial w_r^D(\varepsilon)}{\partial \varepsilon} = \frac{\lambda^2 u(2-k^2)W}{Y^2} > 0$$

$$\frac{\partial \Pi_m^D(\varepsilon)}{\partial \varepsilon} = \frac{\lambda^2 uW^2}{2Y^2} > 0$$

$$\frac{\partial \Pi_r^D(\varepsilon)}{\partial \varepsilon} = \frac{\lambda^2 u(1-k)WE_2}{Y^3} > 0$$

$$\frac{\partial p_d^D(\varepsilon)}{\partial \varepsilon} = \frac{-\lambda^2 u(k^2-2)W}{Y^2} > 0$$

$$\frac{\partial p_r^D(\varepsilon)}{\partial \varepsilon} = \frac{-\lambda^2 u(k^2+k-3)W}{Y^2} > 0$$

证明完毕。

附录 5.17

命题 13.15 证明：已知 $0<k<1$，$0<\varepsilon<1$，$u>\dfrac{3\lambda^2}{4(1-\varepsilon)}$，$\varepsilon\neq1$，$Y>0$，对 $\theta^D(\varepsilon)$ 关于 k 求导：

$$\frac{\partial\theta^D(\varepsilon)}{\partial k}=\frac{\lambda[4\alpha u(\varepsilon-1)(k^2-3k+2)+2su(1-\varepsilon)(k^2-4k+2)+s\lambda^2]}{Y^2}<0$$

证明完毕。

附录 5.18

命题 13.16 证明：已知 $0<k<1$，$0<\varepsilon<1$，$u>\dfrac{3\lambda^2}{4(1-\varepsilon)}$，$\varepsilon\neq1$，$Y>0$，$E_2>0$，对 $\varPi_m^D(\varepsilon)$、$\varPi_r^D(\varepsilon)$ 分别关于 k 求导：

$$\frac{\partial\varPi_m^D(\varepsilon)}{\partial k}=\frac{-E_2[s\lambda^2+2\alpha u(\varepsilon-1)(k-2)+4su(\varepsilon-1)]}{2Y^2}<0$$

$$\frac{\partial\varPi_r^D(\varepsilon)}{\partial k}=\frac{-E_2B_4}{Y^3}$$

其中，

$$B_4=\lambda^2u(1-\varepsilon)(3s-\alpha+2ks)+2u^2(1-\varepsilon)^2[\alpha(k^2-2k+2)-s(k^2+2)]$$

只需判断 B_4 的正负。对 B_4 关于 s 求导：

$$\frac{\partial B_4}{\partial s}=\lambda^2u(1-\varepsilon)(2k+3)-2u^2(1-\varepsilon)^2(k^2+2)<0$$

可知，B_4 是关于 s 的减函数。令 $B_4=0$，可求解得临界点：

$$s_4=\frac{\alpha uY(\varepsilon-1)}{-\lambda^4+\lambda^2u(1-\varepsilon)(2k+3)-2u^2(1-\varepsilon)^2(k^2+2)}$$

比较 s_4 与 $\breve{s}(\varepsilon)$ 的大小：

$$\breve{s}(\varepsilon)-s_4=\frac{\alpha u(\varepsilon-1)Y[\lambda^2-2ku(1-\varepsilon)]}{[\lambda^2-4u(1-\varepsilon)][-\lambda^4+\lambda^2u(1-\varepsilon)(2k+3)-2u^2(1-\varepsilon)^2(k^2+2)]}>0$$

因此，当 $s<s_4$ 时，$B_4>0$，$\dfrac{\partial\varPi_r^D(\varepsilon)}{\partial k}<0$；当 $s_4<s<\breve{s}(\varepsilon)$ 时，$B_4<0$，$\dfrac{\partial\varPi_r^D(\varepsilon)}{\partial k}>0$。

证明完毕。

附录 5.19

命题 13.17 证明：产品减排量补贴下，将分散式入侵下制造商和零售商的产品减排量分别减去集中式入侵下的相应值，并判断大小，其中，$0<k<1$，$u>\dfrac{3}{4}(\lambda+\tau)^2$，

$A>0$，$G>0$，$E_1>0$，即有

$$\theta^D(\tau)-\theta^C(\tau)=\frac{k^2(\lambda+\tau)(1-k)E_1}{AG}>0$$

证明完毕。

附录 5.20

命题 13.18 证明： 产品减排量补贴下，将分散式入侵下制造商和零售商的利润分别减去集中式入侵下的相应值，并判断大小，其中，$0<k<1$，$u>\frac{3}{4}(\lambda+\tau)^2$，$A>0$，$G>0$，$E_1>0$，即有

$$\Pi_m^D(\tau)-\Pi_m^C(\tau)=\frac{-k^2E_1^{\ 2}}{4AG}>0$$

$$\Pi_r^D(\tau)-\Pi_r^C(\tau)=\frac{k^2[(\lambda+\tau)^2-2u]E_1^{\ 2}(-A-4G)}{4A^2G^2}>0$$

证明完毕。

附录 5.21

命题 13.19 证明： 研发成本补贴下，将分散式入侵下制造商和零售商的产品减排量分别减去集中式入侵下的相应值，并判断大小，其中，$0<k<1$，$u>\frac{3\lambda^2}{4(1-\varepsilon)}$，$\varepsilon\neq1$，$F>0$，$Y>0$，$E_2>0$，即有

$$\theta^D(\varepsilon)-\theta^C(\varepsilon)=\frac{\lambda k^2(1-k)E_2}{FY}>0$$

证明完毕。

附录 5.22

命题 13.20 证明： 研发成本补贴下，将分散式入侵下制造商和零售商的利润分别减去集中式入侵下的相应值，并判断大小，其中，$0<k<1$，$u>\frac{3\lambda^2}{4(1-\varepsilon)}$，$\varepsilon\neq1$，$F>0$，$Y>0$，$E_2>0$，即有

$$\Pi_m^D(\varepsilon)-\Pi_m^C(\varepsilon)=\frac{k^2E_2^{\ 2}}{4FY}>0$$

$$\Pi_r^D(\varepsilon)-\Pi_r^C(\varepsilon)=\frac{k^2[\lambda^2-2u(1-\varepsilon)]E_2^{\ 2}(F+4Y)}{-4F^2Y^2}>0$$

证明完毕。

附录 5.23

　　命题 13.21 证明： 对绩效价格比关于消费者低碳偏好系数求导，其中，$0<k<1$，$u>\dfrac{3}{4}(\lambda+\tau)^2$，$u>\dfrac{3\lambda^2}{4(1-\varepsilon)}$，$\varepsilon\neq1$，$0<\tau<1$，$0<\varepsilon<1$，$W>0$，即有

$$\frac{\partial B_{\theta p_r}(\tau)}{\partial\lambda}=\frac{2W[2u(ks-\alpha k+3\alpha-\alpha k^2)+s(3-k)(\lambda+\tau)^2]}{[2\alpha\tau(\lambda+\tau)(3-2k)+s\tau^2(k-1)+s\lambda^2(3-k)+2\alpha u(k^2+k-3)+2s(\tau\lambda-ku)]^2}>0$$

$$\frac{\partial B_{\theta p_r}(\varepsilon)}{\partial\lambda}=\frac{2W[2u(\varepsilon-1)(\alpha k-sk+\alpha k^2-3\alpha)+s\lambda^2(3-k)]}{[2u(\varepsilon-1)(\alpha k-sk+\alpha k^2-3\alpha)+s\lambda^2(k-3)]^2}>0$$

证明完毕。

附录 5.24

　　命题 13.22 证明： 对绩效价格比关于补贴系数求导，其中，$0<k<1$，$u>\dfrac{3}{4}(\lambda+\tau)^2$，$u>\dfrac{3\lambda^2}{4(1-\varepsilon)}$，$\varepsilon\neq1$，$0<\tau<1$，$0<\varepsilon<1$，$W>0$，即有

$$\frac{\partial B_{\theta p_r}(\tau)}{\partial\tau}=\frac{2W[u(6\alpha+2sk-2\alpha k^2-2\alpha k)+(\tau+\lambda)^2(6\alpha+sk-4\alpha k-s)]}{[2\alpha\tau(\lambda+\tau)(3-2k)+s\tau^2(k-1)+s\lambda^2(3-k)+2\alpha u(k^2+k-3)+2s(\tau\lambda-ku)]^2}>0$$

$$\frac{\partial B_{\theta p_r}(\varepsilon)}{\partial\varepsilon}=\frac{4\lambda u(3\alpha-\alpha k+sk-\alpha k^2)W}{[2u(\varepsilon-1)(\alpha k-sk+\alpha k^2-3\alpha)+s\lambda^2(k-3)]^2}>0$$

证明完毕。

附录 5.25

　　命题 13.23 证明： 分别求得分散式入侵下两种政府补贴政策的补贴支出为 $E(\tau)=\dfrac{\tau u(\tau+\lambda)W^2}{G^2}$，$E(\varepsilon)=\dfrac{\lambda^2\varepsilon uW^2}{2Y^2}$，要得到相同的政府补贴支出，两个补贴系数就需要满足一定的数量关系。

　　令 $E(\tau)=E(\varepsilon)$，解得

$$\varepsilon_1=\frac{G^2\lambda^2+V-G\lambda\sqrt{G^2\lambda^2+2V}}{16G^2\tau u^2(k^2-2)^2(\lambda+\tau)}，\quad\varepsilon_2=\frac{G^2\lambda^2+V+G\lambda\sqrt{G^2\lambda^2+2V}}{16G^2\tau u^2(k^2-2)^2(\lambda+\tau)}$$

其中，$V=8u\tau(\lambda+\tau)[2u(k^4-4k^2+4)+\lambda^2(k^2-2)(3-2k)]>0$。由于 $0<\varepsilon<1$，取解 $\varepsilon=\varepsilon_1$。将 ε_1 的取值代入 $\theta^D(\varepsilon)$，并与 $\theta^D(\tau)$ 进行比较，其中，$Z=\tau u(k^2-2)^2(\lambda+\tau)>0$，$T=V+G^2\lambda^2-G\lambda\sqrt{G^2\lambda^2+2V}>0$，当 $\lambda=\lambda^*=\dfrac{\tau(3-2k)-\sqrt{8u(2-k^2)+\tau^2(3-2k)}}{2(3-2k)}$ 时，

即有

$$\theta^D(\tau) - \theta^D(\varepsilon) = \frac{(\lambda + \tau)W}{G} - \frac{\lambda W}{\lambda^2(2k-3) + 2u(2-k^2) - \dfrac{T}{4Z}} + \frac{k^2 T}{8Z} = 0$$

当 $\lambda < \lambda^*$ 时，$\theta^D(\tau) > \theta^D(\varepsilon)$；当 $\lambda \geq \lambda^*$ 时，$\theta^D(\tau) \leq \theta^D(\varepsilon)$。

证明完毕。

附录 5.26

命题 13.24 证明：将 ε_1 的取值分别代入 $\Pi_m^D(\varepsilon)$ 和 $\Pi_r^D(\varepsilon)$ 并分别与 $\Pi_m^D(\tau)$ 和 $\Pi_r^D(\tau)$ 进行比较。其中，$0 < k < 1$，$u > \dfrac{3}{4}(\lambda + \tau)^2$，$0 < \tau < 1$，$0 < \varepsilon < 1$，$W > 0$，$G > 0$，$T > 0$，$Z > 0$，$V > 0$，即有

$$\Pi_m^D(\tau) - \Pi_m^D(\varepsilon) = \frac{s^2\lambda^2 + X + \dfrac{T[\alpha^2(3-2k) + 2s(s-2\alpha + \alpha k)]}{8Z}}{4k\lambda^2(2k-3) + 8u(2-k^2) + \dfrac{T(k^2-2)}{2Z}} - s^2(\lambda + \tau)^2 > 0$$

$$\Pi_r^D(\tau) - \Pi_r^D(\varepsilon) = \frac{E_1^2}{4G^2} - \frac{\left[[s\lambda^2 - 2u(\alpha - \alpha k + ks)] + \dfrac{(\alpha - \alpha k + ks)T}{8Z} \right]^2}{4\left[\dfrac{\lambda^2(2k-3) + 2u(2-k^2) - T}{4Z + \dfrac{k^2 T}{(8Z)^2}} \right]} > 0$$

证明完毕。